Janssen · Elisabet und Hanna

Claudia Janssen

Elisabet und Hanna – zwei widerständige alte Frauen in neutestamentlicher Zeit

Eine sozialgeschichtliche Untersuchung

Mit einem Vorwort von Luise Schottroff

Matthias-Grünewald-Verlag · Mainz

Der Matthias-Grünewald-Verlag ist Mitglied
der Verlagsgruppe engagement

Die Deutsche Bibliothek - CIP-Einheitsaufnahme

Janssen, Claudia:
Elisabet und Hanna : zwei widerständige alte Frauen in
neutestamentlicher Zeit ; eine sozialgeschichtliche Untersuchung / Claudia Janssen. –
Mainz : Matthias-Grünewald-Verl., 1998
Zugl.: Kassel, Univ., Diss. 1996
ISBN 3-7867-2071-1

© 1998 Matthias-Grünewald-Verlag, Mainz
Das Werk einschließlich aller seiner Teile ist urheberrechtlich geschützt. Jede Verwertung außerhalb der engen Grenzen des Urheberrechtsgesetzes ist ohne Zustimmung des Verlags unzulässig und strafbar. Das gilt insbesondere für Vervielfältigungen, Übersetzungen, Mikroverfilmungen und die Einspeicherung und Verarbeitung in elektronischen Systemen.

Umschlag: Kirsch & Buckel Grafik-Design GmbH, Wiesbaden, unter Verwendung von:
Paula Modersohn-Becker (1876–1907), Bäuerin. Um 1898/99. Kohle und schwarze Kreide.
123x73 cm. Unbezeichnet. Kunsthalle zu Kiel, Inv. Nr. 1948/SHKV27
Druck und Bindung: Weihert-Druck, Darmstadt

ISBN 3-7867-2071-1

Inhaltsverzeichnis

Dank 9

Vorwort von Luise Schottroff 11

Einführung 13

Erstes Kapitel
Alte Frauen in Gesellschaft und Theologie

1. Alte Frauen - Ein Streifzug durch die aktuelle Literatur zum Thema 15
2. Alter als Kategorie feministischer Befreiungstheologie 20
   Andrea Blome: Frau und Alter 20
   Empowerment 22
   Alte Frauen sichtbar machen - Grundsätze
   feministischer Sozialgeschichte 24
   Zusammenfassung 27

Zweites Kapitel
Alte Menschen und die Bewertung des hohen Lebensalters in der Antike

1. Aspekte des Alters im Ersten Testament 30
2. Der neutestamentliche Befund 36
3. Aspekte des Alters in nachbiblischer jüdischer Literatur 40
4. Aspekte des Alters im hellenistisch-römischen Bereich 44
   Alte Männer 44
   Alte Frauen 49
   Alte Prostituierte 51
5. Die alte Frau in der Antike - ein Resümee 56

Drittes Kapitel
Elisabet - Antike Gynäkologie

1. Eine alte Frau wird schwanger 58
   Welche Vorstellungen verbinden sich mit einer solchen Aussage? 58
   Wann ist eine Frau alt? 61

2. ... denn Elisabet ist unfruchtbar 63
   Frau oder Mann - wie begründet sich Unfruchtbarkeit? 64
   ... schaffe mir Söhne, sonst sterbe ich 67
3. Die alte unfruchtbare Frau - ein Resümee 70
4. Die Schwangerschaft Elisabets 71
   Die Phasen einer Schwangerschaft 71
   Die Geburt 72
   Die Hebamme 73
5. Lk 1 - eine Frauentradition? 79

Viertes Kapitel
Elisabet - Das Motiv der unfruchtbaren Frau

1. Traditionen des Ersten Testaments in Lk 1 80
2. Lk 1 - ein Midrasch 82
3. Die feministische Diskussion 83
4. Die nicht-feministische Diskussion 94
5. Die Geschichte des Motivs - eigene Darstellung des Quellenbefunds 102
   Die Geschichte des Motivs 102
   Der Elisabet-Midrasch auf dem Hintergrund der Motivgeschichte 108
6. Elisabet - Vergegenwärtigung der Geschichte.
   Ergebnisse im Blick auf die Exegese von Lk 1.2 112

Fünftes Kapitel
Elisabet - Prophetin und Jüngerin

1. Die feministische Diskussion 116
2. Elisabet als Randfigur der Erzählung - ein Blick
   aus der herrschenden Perspektive 122
3. Die alte Frau Elisabet als Schlüsselfigur für das Verständnis von Lk 1 .. 127
   Tod und Auferstehung als Thema der Geburtserzählungen 127
   Die Schwangerschaftschronologie des Textes 129
   *Zacharias, Elisabet und Maria als AkteurInnen in der
   Heilsgeschichte Gottes* 130
   Alle Wege führen ins „Haus des Zacharias" 137
4. Die Begegnung von Elisabet und Maria 138
   Exegetische Betrachtungen 138
   Maria und Elisabet singen 152
   Konkurrenz oder Solidarität? 155
   Lk 1 als Tradition der Frauen-Ekklesia 157

Sechstes Kapitel
Hanna - die alte Prophetin im Tempel

1. Forschungsüberblick 159
   Die feministische Diskussion 160
   Die nicht-feministische Diskussion. Kritische Durchsicht
   von Kommentaren zu Lk 2,36-38 163
2. Hanna - Gebet und Widerstand. Eine Exegese von Lk 2,36-38 168
   Exkurs: Prophetinnen 169
   Exkurs: Der Tempel in Jerusalem in römischer Zeit 179
   Exkurs: Jüdische Messiaserwartungen 188
3. Eine Frau von 84 Jahren 194
4. Elisabet und Hanna 197

Siebtes Kapitel
Lk 1.2 - Vorgeschichte oder Evangelium?

1. Die feministische Diskussion 201
2. Die nicht-feministische Diskussion 210
3. Das Lukasevangelium - ein jüdisches Buch 215
   Die judenchristliche Herkunft des Lukasevangeliums 215
   Das Heil für Israel als „Licht für die Völker" 219
   Das Lukasevangelium - Frauenpower oder Unterordnung? 221
   Alte Frauen im Zentrum - Zur Frage nach den VerfasserInnen 225
4. Zusammenfassung 229

Literaturverzeichnis 231

Dank

Dieses Buch ist die überarbeitete Version meiner Dissertation, die ich im Dezember 1996 an der Universität Gesamthochschule Kassel abgeschlossen habe. Sie hätte nicht geschrieben werden können, wenn mich nicht viele FreundInnen dazu ermutigt und mich in der langen Zeit des Denkens, Schreibens, Zweifelns und Entdeckens begleitet hätten. Ihnen möchte ich danken:
Benita Joswig für die Idee zu dieser Arbeit und einen inspirierenden gemeinsamen Anfang; Regene Lamb für die freundschaftliche Zusammenarbeit, ihren kritischen Blick und die Begeisterung, biblische Texte lebendig werden zu lassen. Bei den Frauen und Männern vom Kasseler DoktorandInnenkolloquium habe ich viel Unterstützung und meinen wissenschaftlichen Ort gefunden. Nach unseren Treffen bin ich immer wieder voller Ideen, Fragen und neuem Mut an meinen Schreibtisch zurückgekehrt.
Die Mitarbeit im Feministisch-Befreiungstheologischen-Archiv an der Universität Gesamthochschule Kassel hat mich nicht nur finanziell über Wasser gehalten. Ich danke Dagmar Henze, Stefanie Müller und Beate Wehn für viele gemeinsame Projekte und die gute Zusammenarbeit.
Daß das Leben nicht nur aus Arbeit besteht - daran haben mich Freundinnen und Freunde immer wieder erinnert: Ich danke Andrea Holler, Bernadette Dlabal, Leonore Schirren, Astrid Bauer, Jochen Pankop, Christiane und Jörg Pfefferl für viele Gespräche und die Geduld, so manche Auf's und Ab's mit mir durchzustehen, meiner Mutter für ihre vielfältige Unterstützung in dieser Zeit. Vor allem danke ich Luise Schottroff für ihre kritische Begleitung, für das Zutrauen in meine ersten exegetischen Versuche und für die vielen Möglichkeiten, Chancen und Herausforderungen, die sich für mich in unserer Zusammenarbeit ergeben haben. Ute Ochtendung hat tatkräftig mit dafür gesorgt, daß dieses Buch tatsächlich druckfertig wurde. Ich danke ihr dafür, daß sie mir ihr Computerwissen zur Verfügung gestellt hat, für ihre Geduld und die sorgfältige Überarbeitung des Manuskripts.
An dieser Stelle möchte ich an Frau Christel Braader denken, die 1996 verstorben ist. Durch ihre großzügige finanzielle Unterstützung war es mir möglich, mich meiner Arbeit an der Dissertation zu widmen.
Die ev.-luth. Landeskirche von Hannover, die Evangelische Kirche in Hessen und Nassau und die Evangelische Kirche von Kurhessen-Waldeck haben sich an der Finanzierung des Druckkostenzuschusses beteiligt. Vielen Dank dafür.

Claudia Janssen

Vorwort

Dieses Buch behandelt an zentraler Stelle eine Gestalt des Neuen Testaments, Elisabet, die vor allem durch Weihnachtsbilder zu den bekannten Frauen der Bibel gehört. Die Begegnung der schwangeren Elisabet mit der schwangeren Maria und damit verbunden die bildliche Darstellung der ungeborenen Söhne, die sich aus den Bäuchen ihrer Mütter heraus als Vorläufer Johannes und Messias Jesus begrüßen, ist in der christlichen Ikonographie verbreitet. Daß Elisabet eine alte Frau ist, wird dabei häufig nicht wahrgenommen. Der biblische Text beschreibt Elisabet jedoch als alte Frau und gibt dem Alter deutlich theologische Bedeutung.

Dieses Buch thematisiert einen bisher vernachlässigten, vielleicht sogar unterdrückten Gegenstand: die Relevanz alter Frauen im frühen Christentum am Beispiel der sogenannten lukanischen Vorgeschichte (Lk 1.2). In diesem Text begegnen uns vier alte Menschen: Zacharias und Elisabet, Simeon und Hanna. In der Begegnung von Elisabet und Maria werden eine alte und eine sehr junge Frau zusammengebracht.

Hier wird ein neutestamentliches Thema aufgegriffen, das bisher kaum Bedeutung in der Theologie hatte, da sie die gesellschaftliche Blindheit für alte Frauen wiederholt. Der Ansatz einer feministischen Befreiungstheologie ist von der Jesustradtion selbst inspiriert: Öffne Deine Augen für die Letzten in der Gesellschaft und Du wirst die Fülle des Lebens schauen! Alte Frauen haben eine starke biblische Tradition. In diesem Buch begegnen uns die alten Frauen Elisabet und Hanna als Prophetinnen und die blutjunge Maria mit ihrem Revolutionsgesang, dem Magnificat.

Ich bin eine alte Frau, die Autorin ist eine junge Frau. Ihre Arbeit vermittelt die Kraft von Visionen der Jungen für Alte und der Alten für Junge. Sie öffnet uns die Augen für den Reichtum des Alters und den Reichtum der biblischen Tradition: „Danach wird es geschehen, daß ich meinen Geist ausgieße über alles Fleisch. Eure Söhne und Töchter werden prophezeien und eure Alten werden Träume haben ... " (Joel 3,1-5; Apg 2,17-21).

Ich wünsche diesem Buch Leserinnen und Leser, die sich mit dem eigenen Altern und dem Altern ihrer FreundInnen auseinandersetzen und die das Träumen lernen von der Solidarität zwischen den Generationen.

Luise Schottroff

Einführung

Ziel dieser Arbeit ist es, alte Frauen in neutestamentlicher Zeit sichtbar zu machen, ihre Lebensrealität zu beschreiben und die theologischen Aussagen, die in den biblischen Erzählungen über alte Menschen gemacht werden, zu analysieren. Zwei alte Frauen werden dabei im Mittelpunkt stehen: Elisabet und Hanna, von denen in Lk 1.2 berichtet wird. Als alte Frauen sind sie in unserer Wissenschaftstradition fast unsichtbar geblieben. „Alte Frauen im Neuen Testament - ja, gibt es die denn überhaupt?" - bin ich während der Zeit, in der ich mich mit diesem Thema beschäftigt habe, häufig gefragt worden. Ja, es gibt sie! Laut und kraftvoll verkünden sie am Anfang des Lukasevangeliums die Botschaft von der Befreiung, vom Anbruch des Reiches Gottes und der Veränderung aller Zustände. In Jesus erkennen sie den Messias Israels, sie preisen Gott und bestärken die auf Erlösung hoffenden Menschen, am Reich Gottes mitzuarbeiten.

Im *ersten Kapitel* dieser Arbeit wende ich mich jedoch zunächst der Situation alter Frauen in unserer Gesellschaft zu. Diese Analyse soll zur Klärung meines eigenen Kontextes dienen, der die Ausgangsbasis für meine Fragen und Einschätzungen bietet. Hier spielen persönliche Begegnungen und Erlebnisse eine wichtige Rolle, daneben aber auch die Beschäftigung mit sozialwissenschaftlichen Untersuchungen. Diese zeigen, daß alte Frauen aufgrund ihres Geschlechts und ihres Alters in unserer Gesellschaft strukturell benachteiligt sind. Ich möchte an konkreten Beispielen deutlich machen, was es heißt, Alter als zentrale Kategorie feministischer Befreiungstheologie zu berücksichtigen. Dieses Vorgehen macht die Beschäftigung mit konkreten Lebenssituationen alter Frauen notwendig, die Analyse der sozio-politischen und ökonomischen Bedingungen der Gesellschaft, in der sie leben, wie auch die Frage danach, ob alte Frauen als Subjekte der Theologie wahr- und ernstgenommen werden. Für die Untersuchung der biblischen Traditionen und Texte bediene ich mich daher der sozialgeschichtlichen Methode. Diese soll Einblicke in den Alltag alter Frauen in der Antike ermöglichen, der bisher kaum Thema wissenschaftlicher Untersuchungen war.

Das *zweite Kapitel* behandelt die Frage nach alten Menschen in der Antike und der Bewertung ihres Lebensalters in zeitgenössischen Texten. Hier werde ich ersttestamentliche, nachbiblisch-jüdische und neutestamentliche Quellen bearbeiten und zum Vergleich römisch-hellenistische Literatur heranziehen. Ich frage ganz konkret danach, welchen Einblick diese Schriften in die Lebensrealität alter Frauen ermöglichen. Ein Schwerpunkt liegt dabei auf dem Bereich der Arbeit. In welchen Berufen waren sie tätig? Wurden sie im Alter versorgt? Wie konnten sie ihr Überleben sichern? Die Ergebnisse dieser Untersuchungen bilden den Hintergrund für die weitere Beschäftigung mit den neutestamentlichen Texten. Elisabet und Hanna waren wie die anderen Mitglieder der Gemeinden, die die Evangelien und die Briefe verfaßt und tradiert haben, Teil der sie umgebenden Gesellschaft. Viele ihrer theologischen Äußerungen können

erst verstanden werden, wenn die Situation, in die hinein sie gesprochen sind, sichtbar wird.
Die Erzählung von Elisabet, in der die Schwangerschaft der alten Frau zentral ist, beinhaltet viele Vorstellungen, die uns zunächst fremd und unverständlich sind. Im *dritten Kapitel* wird deshalb die Beschäftigung mit antiker Gynäkologie einen Schwerpunkt bilden. Wann wurde eine Frau als alt angesehen? Erschien eine Schwangerschaft auf dem Hintergrund des antiken Erfahrungs- und Wissenshorizontes möglich? Wie wurde das Phänomen der Unfruchtbarkeit beurteilt? Im Ersten Testament bildet die Erzählung von unfruchtbaren Frauen, die durch Gottes Hilfe ein Kind gebären, ein zentrales theologisches Motiv. Dessen Geschichte werde ich im *vierten Kapitel* von den Anfängen der Genesis bis in die neutestamentliche Zeit hinein verfolgen und die Bedeutung, die dessen Aufnahme in Lk 1 hat, deutlich machen. Wie haben die VerfasserInnen des Evangeliums dieses Motiv verstanden und welche Botschaft wollten sie mit seiner Hilfe vermitteln? Die Exegese von Lk 1 im *fünften Kapitel* zeigt, daß Elisabet als Schlüsselfigur für das Verständnis des gesamten Evangeliums angesehen werden muß. In ihrem Lobpreis (V.25) und in der Begegnung mit Maria verkündet sie wichtige theologische Inhalte und gibt die Themen vor, die im weiteren lukanischen Schriftwerk entfaltet werden. Sie ist als Prophetin und Jüngerin dargestellt, der hohe Bedeutung zukommt.
In Lk 2 wird von einer weiteren alten Frau berichtet: die alte Prophetin Hanna wird im Mittelpunkt des *sechsten Kapitels* stehen. Ihr Titel wirft die Frage nach Traditionen von Frauenprophetie auf, in denen sie beheimatet ist. Im Anschluß daran werde ich versuchen, ihr Leben im Tempel zu beleuchten und frage nach den Hintergründen der scheinbar so kargen Informationen über ihre Person und ihre Geschichte. Ihre Rede vor all denen, „die auf die Erlösung Jerusalems warten", gibt Einblick in die messianischen Erwartungen der frühen ChristInnen, die als Teil der jüdischen messianischen Bewegungen dieser Zeit anzusehen sind.
Das *siebte Kapitel* behandelt das ganze Lukasevangelium. Welcher Entstehungszusammenhang ist für die Schriften vorauszusetzen? Von wem wurden sie wo verfaßt? Ich möchte das Lukasevangelium als jüdisches Buch vorstellen, das von einer Gruppe von Menschen geschrieben wurde, die dort ihre Erfahrungen, Hoffnungen, Ängste, Konflikte und Visionen niedergelegt haben. An der Abfassung waren sicherlich auch alte Frauen beteiligt - darauf verweisen in besonderem Maße die Erzählungen in Lk 1.2.
Diese Arbeit stellt lediglich einen Anfang dar. Sie versucht, alte Frauen in neutestamentlicher Zeit sichtbar zu machen und ermöglicht kleine Einblicke. Sie macht aber auch deutlich, daß vieles noch im Dunkeln liegt und weiterer Forschungsbedarf besteht. Für mich hat es sich gezeigt, daß sich die Suche nach den Spuren alter Frauen lohnt. Die Zeit, die ich mit ihr verbracht habe, war für mich voller spannender Entdeckungen und inspirierender Begegnungen.

Die Abkürzungen sind mit Hilfe von Siegfried Schwertner, Abkürzungsverzeichnis der TRE auflösbar. Zusätzlich: WBFTh = Elisabeth Gössmann u.a. (Hg.), Wörterbuch der Feministischen Theologie, Gütersloh 1991.

Erstes Kapitel
Alte Frauen in Gesellschaft und Theologie

In den letzten Jahren ist verstärkt auf die Situation älterer Menschen in unserer Gesellschaft aufmerksam gemacht worden. Alter und Altwerden werden in zunehmendem Maße zum Thema soziologischer, psychologischer und theologischer Untersuchungen. Alte Menschen geraten als WählerInnen, KonsumentInnen, als Klientel der Freizeitindustrie in den Blick. 1993 wurde zum „Europäischen Jahr der älteren Menschen und der Solidargemeinschaft der Generationen" ausgerufen. Das Thema scheint im allgemeinen Interesse zu stehen. In meiner Arbeit stelle ich besonders die Frage nach alten Frauen - werden auch sie wahrgenommen, wenn jetzt verstärkt nach alten Menschen gefragt wird? Wie werden die Situation alter Frauen und die Probleme, die das Älterwerden für sie mit sich bringt, beschrieben?
Bevor ich mich der exegetischen Arbeit am Neuen Testament zuwende, möchte ich Beurteilungskriterien für die Rede über das Altern entwickeln, mit Hilfe derer ich Aussagen über das Altwerden und insbesondere über alte Frauen beurteilen kann. Dazu werde ich zunächst die aktuelle Literatur zum Thema Alter und Altwerden von Frauen betrachten. Welche gesellschaftliche Stellung nehmen alte Frauen ein? Welche Aussagen werden über Wechseljahre, Sexualität und Lebensbedingungen alter Frauen gemacht? Was bedeutet es für Frauen selbst, älter zu werden? Hinter dieser Untersuchung aktueller Literatur steht für mich die Grundfrage, wie ich über alte Frauen reden und ihre Lebenssituation und Bedeutung innerhalb der biblischen Schriften zum Thema machen kann. Ich möchte zeigen, daß die Beschäftigung mit dem Thema Altwerden einen Einblick in gesellschaftliche Strukturen und theologische Äußerungen gewährt, der nicht nur für alte Menschen von Bedeutung ist. An der Behandlung alter Menschen wird deutlich, wie eine Gesellschaft, die sich über Leistungsfähigkeit, Vitalität, Mobilität und Konkurrenz definiert, generell mit denen umgeht, die diesen Maßstäben nicht entsprechen. Theologische Äußerungen müssen sich daran messen lassen, ob sie auch für alte Menschen zutreffen, diese als Subjekte wahrnehmen und ihre Lebensrealitäten beachten. An den Entwurf von Andrea Blome anknüpfend, möchte ich Alter als zentrale Kategorie feministischer Befreiungstheologie verstehen.

1. Alte Frauen - Ein Streifzug durch die aktuelle Literatur zum Thema

Die Literaturauswahl, die die Grundlage für die folgenden Betrachtungen bildet, erhebt keinen Anspruch auf Vollständigkeit. Die einzelnen Texte stehen jedoch exemplarisch für breitere Strömungen der Literatur, die in den letzten Jahren zum Thema „Alter" erschienen ist. Einschätzungen und Beurteilungen, die auf dieser Grundlage gefällt werden, wären bei einer intensiveren Bearbeitung neu zu überprüfen. Der folgende Abschnitt soll vor allem dazu dienen, einen Einblick in aktuelle Tendenzen und Themen zu ermöglichen. Die Beschäftigung mit dem Alter ist in den letzten Jahren zu einem Thema geworden, das einen großen öffentlichkeitswirksamen Stellenwert eingenommen hat. Bis dahin kam es lediglich am Rande vor, die Altersproblematik von Frauen wurde im allgemeinen kaum angesprochen. Auch das bereits 1970 entstandene Buch Simone de Beauvoirs „Das Alter" beschäftigt sich in erster Linie mit alten Männern. Die Fülle neuerer Veröffentlichungen, die sich speziell mit alten Frauen beschäftigt, weist darauf hin, daß dieses Thema von großem Interesse ist. Die gesellschaftliche Stellung alter Frauen wird analysiert, ihre Lebensrealität, ihre Position im Arbeitsleben, ihre spezielle Armut im Alter, die Auswirkungen von Rentenreform und allgemeinen Sparbeschlüssen auf alte Frauen werden thematisiert. Titel wie „Störfall Alter. Für ein Recht auf Eigen-Sinn", „‚Ausgedient'!? Lebensperspektiven älterer Frauen", „AltersWachSinn" oder „Aufruf zur Rebellion. ‚Graue Panther' machen Geschichte" zeigen programmatisch die Tendenz dieser Literatur.[1] Die gesellschaftlich schlechte Lage von alten Frauen wird analysiert und die Notwendigkeit von Veränderungen deutlich gemacht. Darüber hinaus geht es den meisten Autorinnen darum, alten Frauen Mut zu machen, ihre Situation nicht passiv hinzunehmen, sondern unter dem Motto „Offensives Altern" selbst aktiv zu werden. „Wir müssen unser negativ geprägtes Altenbild der Frau völlig umgestalten, unsere gesellschaftlichen Normen und Werte über Frauen generell neu definieren, unser Selbstbewußtsein stärken und damit unser gesamtes Verhalten radikal verändern."[2]

Bücher über die Wechseljahre beschreiben diese als natürlichen Veränderungsprozeß und neue schöpferische Lebensphase.[3] Sie wenden sich gegen die herkömmliche Sicht, die die Wechseljahre der Frau als behandlungsbedürftige Krankheit und als Mangel- und Verfallserscheinung bewertet und im Alter einen Verlust an Weiblichkeit konstatiert. Frauen sollen befähigt werden, körperliche und seelische Veränderungen zu verstehen und einen positiven Umgang mit ihnen zu finden. Frauengesundheitszentren entwickeln alternative Behandlungsmethoden, die nicht auf der Einnahme von Hormonpräparaten und Gebärmutterentfernungen basieren.[4] Dabei wird die Verschiedenheit jeder Frau und die Vielfalt aller möglichen Erfahrungen besonders betont: „Jede Frau ist für sich selbst Expertin. Sie weiß, wie es ihr geht und lernt, welche Umgangsweisen ihr am angenehmsten sind. Das Natürliche ist sehr vielseitig und individuell. Die Vielfalt der unterschiedlichen Lebensweisen von Frauen

---

[1] Vgl. Christel Schachtner 1988; Gertrud Backes/Dorothea Krüger 1983; AltersWachSinn - Themenheft der beiträge zur feministischen theorie und praxis 33, 1992; Trude Unruh 1988. Vgl. auch Maren Bracker (Hg.) 1990: „Alte Aller Frauen Länder. Gemeinsamkeit macht stark"; FAMA 3 (1996): „Altern".
[2] Ilka Lenz 1988, 155.
[3] Vergleiche z.B. Julia Onken 1988; Feministisches Frauen Gesundheits Zentrum e.V. Berlin 1993: Hier finden sich weitere Literaturhinweise und -empfehlungen zum Thema.
[4] Vgl. Sylvia Groth 1992.

in den Wechseljahren entzieht sich der Einordnung in medizinische Schubkästen."[5] Alte und altwerdende Frauen sollen ermutigt werden, ihren Körper zu akzeptieren und das Altern als natürlichen Lebensprozeß zu verstehen. So könnten sie sich selbstbewußt der Verobjektivierung durch die Schulmedizin widersetzen und ihr Frau-Sein selbst definieren.

Auch das Thema weibliche Liebe und Sexualität im Alter rückt in den Blick, das bis vor relativ kurzer Zeit als absolutes Tabu galt. Neben fast voyeuristischen, reißerisch aufgemachten Veröffentlichungen sind eine Reihe wissenschaftlicher Untersuchungen entstanden.[6] Trotz der neuen Offenheit diesem Thema gegenüber wird doch deutlich, daß gerade die Sexualität alter Frauen gesellschaftlich immer noch sehr negativ bewertet wird. „In der gängigen Denkweise über Sexualität herrscht die Reproduktionsideologie (Idee von der Fortpflanzung) vor. Danach sind alte Menschen, insbesondere alte Frauen, asexuelle Wesen. Denn, in dieser Denkweise verhaftet, werden einer Frau in den Wechseljahren und danach, nachdem sie die Gebärtüchtigkeit verloren hat, auch keine ausgeprägten Sexualbedürfnisse mehr zugestanden."[7] Aus der herrschenden männlichen Perspektive besteht die sexuelle Attraktivität einer Frau zudem in einer faltenfreien Haut, einem straffen Körper und einem jugendlichen Aussehen. Alte Frauen sind nach diesen Maßstäben nicht mehr schön und begehrenswert. An einem solchen Bild von Weiblichkeit setzt die Kritik vieler Autorinnen an. Sie machen deutlich, daß die Abwertung alter Frauen die Einschätzung weiblicher Sexualität generell betrifft. „Das Wunschbild, das sich die Gesellschaft in Form der Werbung und der modischen Leitbilder von der Frau macht, ist zweifellos dazu angetan, ihr Angst zu machen. Jugendlichkeit und Schlankheit erscheinen als das einzig Erstrebenswerte. Die einzige Anerkennung, die man ihrer ‚jugendlichen, schlanken, weiblichen' Erscheinung gönnte, verschwindet mit ihrem faltigen Körper."[8] Hier wird deutlich, daß das gängige Schönheitsideal nicht nur alte Frauen für häßlich und unweiblich erklärt, sondern auch jüngere Frauen, die die „idealen" Formen nicht aufweisen (wollen). Viele Frauen suchen nach Wegen, sich diesen Maßstäben nicht länger unterwerfen zu müssen. „Ich sehe noch meinen Körper im Spiegel (...) Mein Blick klettert an mir empor, bis ich mir selber in die Augen sehe. Ich beschließe meinen Körper anzunehmen. Ich werde ihn lieben, so wie er ist, älter oder jünger. Ich werde diejenigen ignorieren, die ihn nicht lieben wollen; ich erkläre sie im voraus für uninteressant."[9] Wie schwer dies angesichts vieler verinnerlichter Werte und Bilder ist, zeigen viele Aussagen von Frauen, die sich selbst als unattraktiv, uninteressant und verbraucht empfinden.

---

5 Feministisches Frauen Gesundheits Zentrum e.V. Berlin 1991, 3-4.
6 Vgl. Renate Daimler 1991; Ingelore Ebberfeld 1992: Hier findet sich ein Überblick über den aktuellen Forschungsstand zum Thema Alterssexualität von Frauen.
7 Ilka Lenz 1988, 104.
8 Elisabeth Montet 1981: Hier findet sich auch eine gute Analyse von Weiblichkeitsbildern in der Werbung anhand vieler Bildbeispiele.
9 Ebd., 16.

Daneben gibt es Ansätze, die besonderen Biographien von Frauen und ihre gesellschaftlich häufig nicht gewürdigten Leistungen wahrzunehmen. Interviews mit alten Frauen geben Einblicke in ihre Lebensgeschichten und zeichnen ein Stück Zeitgeschichte auf, die in den gängigen Lehrbüchern keinen Ort gefunden hat. Die Erzählungen einer Bergbäuerin, die einer Frau, die seit ihrem neunten Lebensjahr als Dienstmagd gearbeitet hat, und die der vielen Frauen, die während des zweiten Weltkrieges und in der Nachkriegszeit das Überleben ihrer Familien sicherten, zeigen beeindruckende Persönlichkeiten.[10] Der Gefahr der Idealisierung und Mystifizierung entgehen viele dieser Berichte, indem in ihnen die Härte des Alltags und die Schwere der Lebensbedingungen realistisch beschrieben werden. Frauen haben eine Geschichte und Traditionen, an die sie anknüpfen können. Dies machen diese Biographien deutlich. Sie zeigen aber auch eine Realität, in der alte Frauen unter Einsamkeit, Armut und Krankheit leiden, andere sind in funktionierende Beziehungsgefüge eingebunden oder schaffen sich neue Kontakte und Aufgabenfelder, die ihrem Leben weiterhin Sinn geben und das Gefühl, gebraucht zu werden, vermitteln. „Endstation Pflegeheim" lautet der Titel eines Fotobandes - die Frage nach der Hilfs- und Pflegebedürftigkeit im Alter betrifft in besonderem Maße alte Frauen, die vielfach ihre Ehemänner überleben und einen Großteil der HeimbewohnerInnen stellen.[11] Soziale Isolation und existenzbedrohende finanzielle Probleme beschreiben vielfach die Situation hilfsbedürftiger alter Frauen. In der Literatur gibt es eine Reihe von Ansätzen, Alternativen zur Heimunterbringung und neue Konzepte der Frage nach Gesundheit und Krankheit zu entwickeln. Besonders die feministische Gesundheitsforschung geht davon aus, „daß Gesundheit und Krankheit bei Frauen mit frauendiskriminierenden Lebensbedingungen zusammenhängen."[12] Das bedeutet, daß zur Beurteilung der Situation alter Frauen auf ihre Lebensgeschichte geschaut und nach den Arbeitsbelastungen im Erwerbsleben und der Familie gefragt wird. Auch die Armut von Frauen im Alter wird als Folge frauenspezifischer Benachteiligungen auf dem Arbeitsmarkt, bei der Rentengesetzgebung und in der Familienpolitik verstanden. Veränderungen, die eine Verbesserung der Situation von Frauen im Alter bewirken wollen, müssen also viel früher ansetzen und die Lage von Frauen in unserer Gesellschaft insgesamt wahrnehmen. So wird auch ein Verständnis abgewehrt, das Alter und die mit dem Altern verbundenen Schwierigkeiten, Ängste und Krankheiten als jeweils individuelles Problem der alten Menschen versteht.

Auch im literarischen Bereich wird das Thema „Alter" aufgegriffen: Die Titel „When I'm Forty-Four. Kursbuch Älterwerden" und „Laß dir graue Haare

---

[10] Vgl. Barbara Passruger 1989.1993; Anna Wimschneider 1987; Maria Gremmel 1991; Maria Horner 1994; Helena Klostermann 1984; Ilse Kokula 1990; Christoph Maria Lang 1994; Vilma Sturm 1988.
[11] Vgl. Günter Westphal 1987; Uttrac Hoffmann 1982; Marianne Heinemann-Knoch/Johann de Rijke/Christel Schachtner 1985; Andrea Blome 1994, 64-86.
[12] Andrea Blome 1994, 70.

wachsen. Bilder aus der Lebensmitte" seien hier exemplarisch genannt.[13] Frauen und Männer setzen sich hier teils humorvoll, teils nachdenklich resignativ mit dem Älterwerden auseinander. Beeindruckend ist die Vielfalt und Verschiedenheit der Zugänge und Betrachtungsweisen. Die enge Verbindung des Alters mit dem vorangegangenen Leben wird auch hier sehr deutlich. Das Alter wird als Teil der Lebensgeschichte beschrieben - vielfältig und verschieden wie jede Lebensphase: *Die* alte Frau gibt es ebensowenig wie *den* alten Mann oder *den* alten Menschen.

Diese Aussage ist ein wichtiges Ergebnis dieser Durchsicht aktueller Literatur zum Thema Altwerden und Alter. Auch wenn dieser „Streifzug" nur einen kleinen Einblick in die aktuelle Diskussion gewähren kann, so ergeben sich doch methodisch wichtige Erkenntnisse für die Weiterarbeit: Das Alter bietet vielfältige Möglichkeiten und Chancen und sieht bei jedem Menschen anders aus. Die spezifische Situation von Frauen ist zudem häufig nicht im Blick, wenn von *dem* alten Menschen die Rede ist - die feministische Kritik am Androzentrismus (d.h. an der Mann-Zentriertheit) allgemeiner Aussagen ist auf alte Frauen zu übertragen.[14] Das bedeutet, daß immer nach der konkreten Person und ihrer Lebenssituation gefragt werden sollte, wenn von „dem Menschen" gesprochen wird: Handelt es sich um einen Mann oder eine Frau? Ist diese Person alt oder jung; arm oder reich? Welche Hautfarbe hat sie, welche Lebensform hat sie gewählt? ... Neben der Wahrnehmung der Vielfältigkeit und den einzigartigen Erfahrungen, die jede Frau mit ihrem Körper und in seelischen Prozessen im Alter macht, muß aber auch eine Analyse der gesellschaftlichen Bedingungen erfolgen, die besonders alte Frauen benachteiligen und isolieren: Es gibt eine spezifische weibliche Altersproblematik, das wird aus vielen Untersuchungen deutlich. Armut und Isolation vieler alter Frauen ist nicht als individuelles Problem aufzufassen, sondern als Folge lebenslanger Prozesse. Deshalb sind auch jüngere Frauen gefragt, ihre Situation zu reflektieren und das Alter als Teil ihrer eigenen Lebensgeschichte wahrzunehmen. Veränderungen an der Situation von Frauen müssen bereits dort ansetzen, wo Frauen in ihren Qualifikationsmöglichkeiten, bei der Erwerbsarbeit und der Rollenverteilung in der Familie benachteiligt werden. Neue Formen des Zusammenlebens außerhalb der patriarchalen Kleinfamilie müssen frühzeitig entwickelt und gelebt werden, damit sie auch im Alter ein tragfähiges Lebenskonzept darstellen können. Weiblichkeitsbilder und -ideale in der Werbung, in der eigenen Lebensplanung und in der Wissenschaft müssen kritisch dahingehend betrachtet werden, ob sie nicht im Kern frauenverachtende Vorstellungen tradieren. Wenn es gelingt, die Strukturen zu durchschauen, die das Altwerden in unserer Gesellschaft zu einem angstbesetzten und ausgegrenzten Problem werden lassen, und zu deren Veränderungen beizutragen, können auch die Erfah-

[13] Vgl. Susanne Eversmann/Antje Kunstmann (Hg.) 1993; Brigitte Heidebrecht (Hg.) 1991.
[14] Vgl. Ina Praetorius 1991, 14: „Aussagen über ‚den Menschen', die von männlichen Lebens- und Erfahrungszusammenhängen abgeleitet sind, wird von androzentrischen Denkern universale Gültigkeit zugesprochen: der Mann ist das Maß alles Menschlichen."

rungen und die Lebensgeschichten alter Menschen mehr Beachtung finden. Besonders für Frauen ist es überlebenswichtig, eigene Traditionen zu entdekken, von älteren Frauen lernen und sie als Vorbilder wahrnehmen zu können.

2. Alter als Kategorie feministischer Befreiungstheologie

Im folgenden möchte ich fragen, welche Bedeutung es für die Theologie hat, von alten Frauen zu reden und sie als Subjekte wahrzunehmen. In meinen Ausführungen stütze ich mich vor allem auf den Entwurf von Andrea Blome, die Alter als Kategorie feministischer Befreiungstheologie beschrieben hat. Im Anschluß an die Darstellung ihrer hermeneutischen Überlegungen werde ich darüber reflektieren, was es konkret für eine neutestamentlich exegetische Arbeit bedeutet, alte Frauen wahrzunehmen und den Versuch zu unternehmen, ihre Lebensgeschichten in den Mittelpunkt theologischer Überlegungen zu stellen.

Andrea Blome: Frau und Alter

Andrea Blome (1994) stellt die Frage nach Grundsätzen einer Befreiungstheologie im Kontext der „Ersten Welt" in den Mittelpunkt ihrer Ausführungen. Wessen Befreiung wird angestrebt, wenn in der Bundesrepublik Deutschland feministisch befreiungstheologisch gearbeitet wird? „Wird in der Rede von der Befreiung ‚der Frau' die spezifische Befreiung alter Frauen ‚mitgemeint' und unter die allgemeine Rede vom gesellschaftlichen Sexismus subsumiert?" (9) Ihre Ausgangsthese lautet, daß eine Theologie, die sich als kontextuell versteht, auch die realen Lebensbedingungen und Unterdrückungserfahrungen alter Frauen zum Ausgangspunkt ihrer gesellschaftlichen Analyse machen muß. In einem ersten Teil ihrer Arbeit wendet Andrea Blome sich deshalb zunächst den gesellschaftlichen Bedingungen für alte Frauen in der Bundesrepublik Deutschland zu und begründet mit Hilfe von sozialwissenschaftlichen Untersuchungsergebnissen die Notwendigkeit, das weibliche Alter als politische Kategorie wahrzunehmen. „Alte Frauen (...) sind in einer patriarchal strukturierten Gesellschaft quer zu allen Lebenslagen, Schichtungs- und Klassenkonzepten in besonderer Weise einer ‚Kumulation' von alters- und geschlechtsspezifischen strukturellen Diskriminierungen betroffen." (35) Die vielfach konstatierte Altersarmut von Frauen beschreibt sie als Ergebnis lebenslang wirkender Prozesse, die durch die Rentengesetzgebung unterstützt würden. Diese sei in erster Linie an männlichen Erwerbsläufen orientiert und berücksichtige in ihrer Berechnung die Mehrfachbelastungen von Frauen im Erwerbs- und Hausfrauenleben nicht (vgl. 50-52). Hilfs- und Pflegebedürftigkeit führe zudem gerade bei alten Frauen, die durch ihre höhere Lebenserwartung stärker als Männer vom Alleinsein betroffen sind, fast zwangsläufig zu existentiellen finanziellen Problemen (vgl. 69-72). Andrea Blome zeigt auf, daß das Alter in zentralen Bereichen des politischen Systems Ursache für Diskriminierung und Benachteiligung ist. Alte Menschen weichen in unserer Leistungsgesellschaft vom herrschenden Jugendlichkeits- und Gesundheitsideal ab, an dem „Normalität" gemessen werde. Die häufig schlechte finanzielle und soziale Situation von alten Frauen sei zudem als Resultat von Benachteiligungen aufgrund ihres Geschlechtes zu verstehen. Als Schlußfolgerung für ihre weitere Arbeit betont sie deshalb die Notwendigkeit, Alter als Kategorie für eine kritische Analyse dieser Strukturen aufzugreifen, um Veränderungen fordern und bewirken zu können: „Das ‚(weibliche) Alter' ist als Kategorie erforderlich, um die Interdependenz von altersspezifischer Benachteiligung und gesellschaftlichen Diskriminierungsstrukturen, durch die die im herrschenden Bewußtsein ‚Anderen' und nicht ‚Normalen' unterdrückt werden, aufzuzeigen und zu verhindern." (87)

Für feministische Befreiungstheologinnen stellen diese Ergebnisse eine Herausforderung dar und sollten Grundlage jeder feministischen Reflexion werden. Andrea Blomes Anliegen ist es, Ansatzpunkte für die Entwicklung einer feministisch-theologischen Rede über das Alter aufzuspüren und Alter als relevante Kategorie einzuführen. Im Anschluß an die Auseinandersetzung mit drei Entwürfen feministischer Theologinnen: Beverly W. Harrison, Elisabeth Schüssler Fiorenza und Christine Schaumberger[15] formuliert sie folgende Ergebnisse:

1. Die vorgestellten Konzepte feministischer Befreiungstheologie böten richtungweisende Orientierungen, Alter als Kategorie einzuführen.

2. Es sei deutlich geworden, daß Alter nicht einfach als weiteres Thema feministisch-theologischer Arbeit hinzugefügt werden könne: „Soll die Diskriminierung aufgrund des Lebensalters in ihrer strukturellen Bedeutung und Verknüpfung mit anderen Formen gesellschaftlicher Unterdrückung ernstgenommen werden, so ist eine fundamentale Überprüfung der bisherigen Kategorien und Maßstäbe feministischen Theologisierens erforderlich." (148)

In Anknüpfung an ein Konzept aus der US-amerikanischen Gerontologie, die den Begriff *ageism* analog zu sexism und racism geprägt hat, beschreibt Andrea Blome die Benachteiligung aufgrund des Alters als patriarchatsstabilisierenden Faktor. In Weiterführung der Definition von Patriarchat von Elisabeth Schüssler Fiorenza[16] wird die Kategorie Alter für die Analyse gesellschaftlicher Macht relevant: Wie wird Herrschaft über das Alter ausgeübt, wie funktioniert sie hier? Auf welche Weise wirkt ageism patriarchatsstabilisierend? Patriarchale Unterdrückung sei stets mehrdimensional und nicht auf einzelne Unterdrückungsstrukturen zu reduzieren. „Je sensibler der Blick für die in unserer Gesellschaft systematisch Ausgegrenzten, die nicht ‚Normalen' wird, um so differenzierter haben gesellschaftskritische und feministisch-theo-

---

[15] Vgl. Beverly W. Harrison 1991, 133-162; Elisabeth Schüssler Fiorenza 1985.1988a. 1988b; Christine Schaumberger 1987.1988.1991a.

[16] Zum Begriff Patriarchat vgl. Elisabeth Schüssler Fiorenza 1985. Sie definiert Patriarchat als strukturelles Zusammenwirken verschiedener Machtmechanismen: Sexismus, Rassismus, Klassenherrschaft, Militarismus, Imperialismus und Naturausbeutung.

logische Positionen ihre Standorte zu beziehen." (162) Für feministische Theologinnen bedeute dies eine zweifache Aufgabe: „zum einen das Sichtbarmachen alter Lebensrealitäten in allen ökonomischen, sozialen, politischen, ideologischen, kulturellen und individuellen Facetten und zum anderen das Sichtbarmachen der eigenen Beteiligung an der ‚Stereotypisierung' und ‚Diskriminierung' alter Frauen, welche durch das Ausblenden altersspezifischer Benachteiligungen aus feministischen Forschungszusammenhängen, durch scheinbar altersunspezifische Frauenbilder, durch Verschleierung der besonderen Lebens- und Erfahrungsqualität alter Frauen und durch unhinterfragte Vorurteile oder Mythologisierung des Alters geschieht." (162)

Ich halte das Buch von Andrea Blome und die Fragen, die sie aufwirft, für die weitere feministisch-theologische Arbeit, die sich als Befreiungstheologie im deutschen Kontext versteht, für grundlegend wichtig. Die Stärke des Buches liegt für mich in der interdisziplinären Arbeitsweise, die theologische Postulate mit Fakten der gesellschaftlichen Realität konfrontiert und jene kritisch anfragt. Andrea Blome bietet eine wichtige Bestandsaufnahme der gegenwärtigen feministisch-theologischen Diskussion des Themas Alter. Sie zeigt, daß die Beschäftigung mit dem Thema Alter zu einer fundamentalen Überprüfung der bisherigen Kategorien und Betrachtungsweisen - nicht nur von feministischer Befreiungstheologie - herausfordert.

Empowerment

Für mich stellt sich an diesem Punkt die Frage, mit welcher Motivation ich mich an das Projekt begebe, über alte Frauen im Neuen Testament zu forschen und über Frauen wie Elisabet und Hanna zu schreiben. Andrea Blome hat deutlich gemacht, daß es für befreiungstheologisches Arbeiten unerläßlich ist, die Situation alter Frauen zu thematisieren. Ich teile ihre Forderung und stimme ihrer Beurteilung der gesellschaftlichen Situation in der Bundesrepublik zu: Alte Frauen werden in besonderem Maße benachteiligt und diskriminiert, ihre Situation ist in allen theologischen Äußerungen mitzureflektieren. Auch entspricht die Rede von alten Frauen den feministischen Grundpostulaten der Parteilichkeit und der Erfahrungsbezogenheit.[17] Mein Vorhaben, bisher unsichtbare bzw. unsichtbar gemachte Frauen sichtbar zu machen und die Veränderung von gesellschaftlichen und theologischen Strukturen zu fordern, verstehe ich als Beitrag zu dem Gesamtprojekt einer feministischen Patriarchatsanalyse.[18]

Und doch meine ich, daß dieser Auflistung etwas Entscheidendes fehlt. Susanne Scholz hat kürzlich in einem provozierenden Artikel an deutsche

---

[17] Zum Begriff der Parteilichkeit vgl. Ulrike Müller-Markus 1991; zum Begriff der Erfahrung vgl. Christine Schaumberger 1991b.

[18] Vgl. dazu die Reader der Projektgruppenbeiträge zu den Sommeruniversitäten, Kassel 1988 und 1989, zum Thema: Patriarchatsanalyse als Aufgabe Feministischer Befreiungstheologie.

feministische Theologinnen die Frage gestellt, wo bei dem Bemühen um politische Korrektheit das Empowerment, die Ermutigung zu finden sei: „Wie verhandeln wir unseren Standort, um uns zu ermutigen (empowern)?"[19] Beim Überdenken dieser Anfrage sind mir Gedanken gekommen, die zur Klärung der Bestimmung des konkreten Kontextes meiner Arbeit wichtig geworden sind: Ich frage mich, welche konkreten Strukturen ich verändern möchte, wenn ich in meiner feministisch-theologischen Arbeit alte Frauen in den Mittelpunkt stelle. Was bewegt mich an diesem Thema, welches sind meine Ausgangsfragen? Wo steckt die Ermutigung, die power, die mir die Kraft und die Freude an der Beschäftigung gibt? Wen möchte ich mit meiner Arbeit ermutigen?

In meiner Schulzeit und während meines Studiums hatte ich nur wenige Lehrerinnen, an denen ich mich hätte orientieren können. Theologie wird in der Bundesrepublik Deutschland auch heute noch fast ausschließlich aus der männlichen Perspektive und ausgehend von männlichen Fragestellungen betrieben.[20] Ein interdisziplinärer Ansatz, der sozialwissenschaftliche, politische, systematisch-theologische, exegetische und persönliche erfahrungsbezogene Fragestellungen miteinander verbindet, gilt im herrschenden Diskurs immer noch als unwissenschaftlich. Die Begegnung mit älteren Frauen war mir deshalb immer sehr wichtig. Sie haben mich ermutigt, eigene Fragen zu stellen und mir die Möglichkeit gegeben, von ihren Erfahrungen zu profitieren. Vor allem das im Sommersemester 1990 von Friedel Kriechbaum geleitete Frauenpraxisprojekt und Veranstaltungen, die ich bei ihr an der Universität in Gießen besucht habe, haben mich in meiner theologischen Entwicklung entscheidend geprägt. Auch die Entscheidung, meine Promotion im Rahmen des Kasseler Forschungsschwerpunktes „Feministische Befreiungstheologie" zu schreiben, habe ich in erster Linie aufgrund der Betreuung durch Luise Schottroff und ihrer Veröffentlichungen getroffen. Im Laufe meiner eigenen Arbeit dort sind mir auch die anderen Frauen, die gemeinsame Arbeit am Projekt einer feministischen Befreiungstheologie und die gegenseitige Unterstützung sehr wichtig geworden.

Auch meine Beschäftigung mit biblischen Texten empfinde ich als Kraftquelle. Es macht mir Freude, verschüttete Traditionen und Frauenerfahrungen wiederzuentdecken und anderen Frauen davon zu berichten. In den biblischen Texten stoße ich auch auf tiefe Erfahrungen von Leid. Die Beschreibungen der Situation der Menschen im zerstörten Jerusalem und ihre Klage in den Klageliedern oder in 4 Esra lese ich immer wieder mit Erschütterung. Die Situation unfruchtbarer Frauen ist in all ihrer Härte beschrieben. Und doch haben diese Frauen Kräfte entwickelt, haben sich gegen patriarchale Strukturen durchsetzen müssen und ihre eigene Situation mit Klarheit benannt. Rahels Klage (Gen 31) und Elisabets Bekenntnis (Lk 1,25) enthalten eine Anklage der Gesellschaft, die sie erniedrigt und demütigt. Die Erzählungen dieser Frauen, die aufstehen und sich gegen ihre Unterdrückung zur Wehr setzen, ermutigen mich.

---

[19] Susanne Scholz 1995, 43.
[20] Vgl. Luise Schottroff 1990i.

Ich bin von der Kraft beeindruckt, mit der sie ihr Bekenntnis zu Gott sprechen, „der die Erniedrigten erhöht und die Mächtigen vom Thron stürzt" (vgl. das Lied Hannas in 1 Sam 2 und das Magnificat in Lk 1). Sie haben ihre Visionen mit anderen geteilt und solidarische Vorstellungen von einem Leben entwickelt, das durch Gegenseitigkeit und Heilwerden geprägt ist. Ihre Erfahrungen, die sie in den Evangelien aufgeschrieben haben, inspirieren und stärken mich. Wenn ich die gegenwärtige Situation von Frauen in den Universitäten und in den Gemeinden betrachte, dann spüre ich, daß wir der Kraft und der Ermutigung dieser Texte bedürfen. Trotz aller Kritik und der Notwendigkeit, Verallgemeinerungen von Frauenerfahrungen in Frage zu stellen und die Vielfalt und Verschiedenartigkeit herauszustellen, halte ich es für unverzichtbar, an Begriffen wie Parteilichkeit und Solidarität festzuhalten. Die Erzählung in Lk 1 berichtet von zwei Frauen, einer alten und einer jungen, die sich gemeinsam auf den Weg gemacht haben - sie werden für mich zum Bild für eine Gemeinschaft, in der Unterschiede und Verbindendes ihren Platz haben, in der Traditionen von Solidarität, Unterstützung und Widerstand entwickelt und gelebt werden. Ich möchte von ihnen lernen und sehe meine Aufgabe als Exegetin darin, auch anderen ein neues Hinsehen auf diese allzu bekannten, unbekannten Texte zu ermöglichen. Ich möchte alte Frauen sichtbar machen, um an ihrer Kraft teilhaben zu können und ihre Leiden zu benennen, an ihren Erfahrungen partizipieren zu können und in ihnen Lehrerinnen und Vorschwestern zu gewinnen. Die herrschende Theologie hat alte Frauen unsichtbar gemacht. Hanna, die alte Prophetin, von der Lk 2 berichtet, galt noch in der Alten Kirche als ein Vorbild für alle Gläubigen und war bekannt und verehrt. Uns heute ist sie nahezu unbekannt, für Elisabet trifft dies ebenso zu. Ein Blick in die aktuellen Kommentare zeigt, daß diese beiden Frauen auch heute nicht als eigenständige Persönlichkeiten und Verkünderinnen wichtiger theologischer Aussagen wahrgenommen werden. Wenn die Theologie wieder bereit ist, auf sie zu hören und auf das, was sie zu sagen haben, bedeutete das für diese Wissenschaft Veränderungen an zentralen Punkten. Eine Theologie und Kirche, die sich an alten Frauen orientieren und auf ihre Ratschläge und Visionen Wert legen, werden ihre Machtorientierung und Herrschaftsansprüche zurückstellen und sich wieder nach Werten wie Gerechtigkeit und Gegenseitigkeit richten. In dieser Kirche wäre auch wieder Platz für Frauen - nicht nur im ehrenamtlichen Bereich, in theologischen Fakultäten unterrichteten Frauen neben Männern und entwickelten gemeinsam Strategien zur Veränderung der Gesellschaft und der gerechteren Verteilung der Güter. Bis dahin ist es aber noch ein weiter Weg.

Alte Frauen sichtbar machen - Grundsätze feministischer Sozialgeschichte

An den Entwurf von Andrea Blome anknüpfend verstehe ich das Sichtbarmachen von alten Frauen in allen Kontexten als Grundvoraussetzung für jede befreiungstheologische Arbeit. Auch eine sozialgeschichtliche Bibelauslegung, die sich im Gesamtzusammenhang von Befreiungstheologie angesiedelt sieht, setzt „unten" an, bei den „Letzten" der Gesellschaft.[21] Sie fragt sowohl nach dem gesellschaftlichen Kontext der biblischen Texte als auch nach dem eigenen. Die Bibelauslegung fragt so konkret wie möglich nach den Lebensbedingungen der Menschen, ihrem Alltag, ihren Berufen, ihren rechtlichen Gegebenheiten, ihrem medizinischen Verständnis, der Versorgung mit Lebensmitteln ... - ihrer gesellschaftlichen, politischen und wirtschaftlichen Situation. Feministische Bibelauslegung macht zudem deutlich, daß für die Beurteilung einer jeden gesellschaftlichen Situation die Frage nach dem Verhältnis der Geschlechter gestellt werden muß. Sie rückt besonders Frauen in den Mittelpunkt, da die herrschende Geschichtsschreibung bisher fast ausschließlich (herrschende) Männer im Blick hatte. Im Zusammenhang meiner Arbeit werde ich besonders nach alten Frauen fragen. Sie sind in der herrschenden Wissenschaft in besonderem Maße unsichtbar geblieben.

Sozialgeschichtlicher Bibelauslegung geht es darum, die Bedeutung des Glaubens der Menschen im Alltag herauszuarbeiten. Um die Hintergründe der neutestamentlichen Erzählungen erkennen zu können, reicht es nicht aus, biblische Texte zu untersuchen. Sie setzen häufig Selbstverständlichkeiten voraus, die wir kaum mehr verstehen: Im Blick auf die Lebensrealität alter Frauen in der Antike ist z.B. die Frage zu stellen, wann eine Frau als alt angesehen wurde, wie die antike Medizin alte Frauen behandelt hat, wie ihre Versorgung gewährleistet wurde, ob alte Frauen noch Erwerbsarbeit leisten mußten ... Um dies herauszufinden, ist es nötig, andere antike Texte aus verschiedenen Bereichen heranzuziehen: Geschichtsschreibung (z.B. Josephus, Tacitus, Livius), Philosophie (z.B. Platon, Aristoteles, Philo von Alexandrien, Cicero), medizinische Schriften (z.B. Hippokrates, Soranus, Galen), religiöse Schriften (z.B. Mischna, Talmud). Die wichtigsten Quellen für die sozialgeschichtliche Bibelauslegung bilden allerdings Inschriften, Kauf- oder Heiratsurkunden, Grabinschriften, Papyri, die den alltäglichen Handel betreffen, z.B. Verkäufe von SklavInnen, Arbeitsverträge, Listen, die Auskunft darüber geben, was Lebensmittel kosteten ... Feministischer Sozialgeschichte geht es zudem darum, die Alltagsrealität von Frauen im Haus, auf dem Feld, bei der Erwerbsarbeit als Fischerinnen, Feldarbeiterinnen, Sklavinnen, Wasserträgerinnen, Prostituierten, Tagelöhnerinnen, Weberinnen, Ammen ... in ihrer Bedeutung als Quelle von Offenbarung neu zu entdecken.[22]

Methodisch werde ich mich bei der Untersuchung auf das Konzept von Patriarchat stützen, das Elisabeth Schüssler Fiorenza entwickelt hat.[23] Sie versteht unter Patriarchat ein Gesellschaftssystem, das auf dem aristotelischen Modell des patriarchalen Haushaltes, der Väterherrschaft, basiert. Es hat verschiedene Komponenten, die in gegenseitiger Beziehung stehen und seine Erhaltung stüt-

---

[21] Dies betont besonders Luise Schottroff als Ausgangspunkt für ihre theologische Arbeit, vgl. 1994, 75-90. Zur feministischen Bibelauslegung vgl. Regene Lamb/Claudia Janssen 1993.
[22] Vgl. Luise Schottroff 1994, 103ff.
[23] Vgl. Elisabeth Schüssler Fiorenza 1985.

zen: Sexismus, Rassismus, Klassenherrschaft, Militarismus, Imperialismus und Naturausbeutung. Feministische Sozialgeschichte versteht sich deshalb auch als Patriarchatsanalyse, die diese verschiedenen Komponenten entschlüsseln und die, die in diesem System unten stehen, sichtbar machen will. Befreiungstheologisch zu arbeiten, bedeutet, grundsätzliche Anfragen an Objektivität und Neutralität zu stellen. Dahinter steht die Auffassung, daß Wissenschaft nie objektiv sein kann, immer von eigenen Erfahrungen, Fragen und Interessen geprägt ist. Auch die herrschende Wissenschaft ist nicht neutral, sie legt nur ihre Interessen nicht offen. Feministische Befreiungstheologie versteht sich als parteilich für diejenigen am untersten Ende der gesellschaftlichen Hierarchie, für die Letzten. Sie fragt nach der Befreiungspraxis dieser Menschen und deren Niederschlag in biblischen Texten.

Ein ganz wichtiges Anliegen feministischer Sozialgeschichte, die sich als Befreiungstheologie im deutschen Kontext versteht, ist die Frage nach dem christlichen Antijudaismus. Im Rahmen einer Theologie nach Auschwitz sieht sie es als wichtige Aufgabe an, antijudaistische Stereotypen und Denkschemata zu erkennen und zu verlernen und eine Theologie zu entwickeln, die das Judentum nicht mehr disqualifiziert.[24] Feministisch-befreiungstheologische Sozialgeschichte versucht deshalb, so viele Informationen wie möglich über die Zugehörigkeit der Jesusbewegung und des frühen Christentums zum Judentum zu erhalten und dafür vor allem auch zeitgenössische jüdische Quellen im Original heranzuziehen. Ich werde in meinen Ausführungen an das Modell der Jesusbewegung und der frühen christlichen Gemeinden anknüpfen, das Luise Schottroff entwickelt hat. Sie stellt der gängigen Vorstellung eines gesetzesfreien Heidenchristentums, das sich sehr früh von Judentum abgesetzt hat, das Bild der Jesusbewegung als jüdischer Befreiungsbewegung innerhalb der Pax Romana entgegen, die von Frauen und Männern jüdischer und nichtjüdischer Herkunft getragen wurde.[25] Wichtig ist für mich, hier zu betonen, daß es in unserem deutschen Kontext keine vollständig nicht-antijudaistische christliche Theologie geben kann. Durch unsere Sozialisation und die zweitausendjährige Geschichte des christlichen Antijudaismus sind wir so sehr geprägt, daß dieser Prozeß des Verlernens und Umlernens mühsam ist und sich lange hinziehen wird. Es ist mir aber sehr wichtig, die christlich-theologische Mitverantwortung für die Unterdrückung und Ermordung von JüdInnen, der Vernichtung ihrer religiösen Stätten und ihrer Kultur zu erkennen und daraus zu lernen. Diese Arbeit betrifft ncht nur die feministische Theologie, sondern stellt in besonderem Maße Anfragen an die herrschende Theologie und Kirche.

Für die sozialgeschichtliche Arbeit an biblischen Texten hat Luise Schottroff ein Modell entwickelt, das ich meinen Untersuchungen methodisch zugrundelegen werde:[26]

1. Erste Textanalyse der Stellen, an denen alte Frauen explizit genannt werden.

---

[24] Vgl. Dagmar Henze u.a. (Hg.) 1997.
[25] Vgl. Luise Schottroff 1995, 27-33.
[26] Vgl. Luise Schottroff 1995, 86-90.

2. Geistes- und religionsgeschichtliche Einordnung (Erstes Testament, nachbiblisches Judentum, Hellenismus).
3. Sozialgeschichtliche Analyse von Details in den NT-Texten im Blick auf die Gesamtsituation der Jesusbewegung bzw. frühchristlicher Gemeinden.
4. Untersuchung des literarischen Kontextes.
5. Zuordnung der Texte zur Botschaft und Praxis Jesu bzw. seiner NachfolgerInnen im frühen Christentum.

Meine Frage nach den „Letzten" der Gesellschaft ist die Frage nach alten Frauen im Neuen Testament, ihrer Stellung im zeitgenössischen Judentum und römisch-hellenistischen Patriarchat. Für alle Arbeitsschritte gilt, daß in ihnen ein kritischer Dialog zwischen dem damaligen und dem heutigen Kontext stattfinden soll. Ich werde deshalb immer wieder auf aktuelle gesellschaftliche Fragen und Ergebnisse von Untersuchungen zurückgreifen, um Zusammenhänge deutlich zu machen.

Zusammenfassung

In meiner Arbeit möchte ich das Alter als grundlegende Kategorie feministischer Befreiungstheologie verstehen. Die Frage nach alten Frauen wird im Mittelpunkt meiner Überlegungen stehen. Themen, die insbesondere ihre Lebensrealität betreffen sind dabei: Arbeit, Versorgung im Alter, Sexualität - Gynäkologie, Definitionen von Frausein unter besonderer Berücksichtigung der Frage nach dem Lebensalter. Es soll daneben stets untersucht werden, wie alte Frauen in theologischen Entwürfen und der entsprechenden Sekundärliteratur beschrieben werden: Werden die betreffenden Frauen tatsächlich als alte Frauen wahrgenommen? Wie werden sie dargestellt? Gibt es besondere Stereotype? Wird Bezug auf ihre Lebensrealität genommen? Welche (theologische) Relevanz werden ihrem Lebensalter, ihren Äußerungen und Handlungen zugeschrieben? In meinen eigenen Untersuchungen werde ich mich der Methoden sozialgeschichtlicher Arbeit bedienen und besonderen Wert auf die Erforschung der konkreten Alltagsrealität alter Frauen legen. Im Mittelpunkt der Arbeit werden die Erzählungen von Elisabet und Hanna stehen, anhand derer ich die Situation alter Frauen in neutestamentlicher Zeit beleuchten werde.

Zweites Kapitel
Alte Menschen und die Bewertung des hohen Lebensalters in der Antike

Zu Beginn einer Untersuchung der Lebenssituation alter Menschen in der Antike stellt sich die Frage, wann Menschen als alt galten und welche Lebenserwartung sie zu dieser Zeit hatten. Wie viele Frauen und Männer erreichten ein hohes Lebensalter? Starben Frauen durchschnittlich früher als Männer?
Es gibt zahlreiche Studien, die diese Fragen anhand von Inschriftenmaterial, insbesondere von Grabinschriften, zu beantworten versuchen.[1] Hier ergeben sich jedoch verschiedene Schwierigkeiten, die generelle Aussagen fast unmöglich machen: Das vorhandene Inschriftenmaterial stammt fast ausschließlich aus Städten, Befunde über die Situation auf dem Lande gibt es kaum. Zudem ist anzunehmen, daß es lediglich wohlhabenden Menschen möglich war, Grabsteine zu erwerben und mit Inschriften versehen zu lassen. Die Kosten für die billigste Ausführung entsprachen etwa drei Monatslöhnen eines einfachen Arbeiters. Somit repräsentieren die aus einer Auswertung von Grabsteinen zu ermittelnden Werte nur einen kleinen Teil der Bevölkerung.[2] Aber selbst für diese Gruppe ergibt sich aus den vorhandenen Inschriften kein objektives Bild der Lebenserwartung. Keith Hopkins macht in seiner Untersuchung der Altersstruktur im römischen Bereich deutlich, daß soziale Bräuche entscheidend dafür verantwortlich waren, welchen Personen ein Grabstein errichtet wurde (vgl. 261-264). Die Gräber von Töchtern weisen z.B. weniger oft eine Inschrift auf als die von Söhnen - eine Tatsache, die eher Auskunft über deren sozialen Status als über ihre durchschnittliche Lebenserwartung gibt. Es wurde häufig behauptet, daß die Sterblichkeit junger Ehefrauen überdurchschnittlich hoch sei, da auf deren Grabsteinen sehr viele Inschriften existierten. Keith Hopkins bezweifelt diese generelle Aussage jedoch, auch wenn er die Sterblichkeit von Frauen im Zusammenhang von Schwangerschaften und Geburten berücksichtigt. Er führt aus, daß Ehefrauen nur dann einen Grabstein erhielten, wenn sie vor ihrem Ehemann starben, der sie betrauerte. „Wives who died young had a greater chance of being commemorated." (262) Da Männer bei der Heirat durchschnittlich neun Jahre älter waren als ihre Frauen, ergibt es sich, daß das Alter von Männern, denen ihre hinterbliebenen Frauen einen Grabstein errichteten, durchschnittlich höher lag. Wenn es nicht einer lokalen Sitte entsprach, wurden die Gräber älterer Frauen von ihren Kindern nicht mit eigenen Inschriften versehen. Bei Angaben über besonders hohe Lebensalter ist zudem zu fragen, ob diese der Wirklichkeit entsprachen. Mangelnde Bildung, die eine

---

[1] Einen guten Überblick über die Forschungslage und eine kritische Bewertung bietet Keith Hopkins 1966/67.
[2] Vgl. ebd., 247.

exakte Zählung erschwerte, oder eine bewußte Übertreibung könnten hier im Hintergrund stehen. Trotz dieser schwierigen Quellenlage nimmt Keith Hopkins eine durchschnittliche Lebenserwartung von 20-30 Jahren für die römische Bevölkerung an. Diese Angaben bedeuten allerdings nicht, daß Menschen nicht älter werden konnten. Der Anteil alter Menschen, Männer wie Frauen, die 60 Jahre und älter wurden, ist jedoch im Blick auf die Gesamtbevölkerung gering. Für den griechischen Bereich sind ähnliche Schwierigkeiten in der Auswertung von Grabinschriften festzustellen. Deswegen ist auch hier generellen Aussagen über die Lebenserwartung mit Skepsis zu begegnen. Bessie E. Richardson bietet eine Auswertung über das Sterbealter in griechischen Inschriften.[3] Auch hier gibt es Angaben über eine Reihe von Männern und Frauen, die ein Lebensalter von 60 und mehr Jahren erreichten. Ebenfalls ist der Anteil an der Gesamtbevölkerung gering. Auch diese Studie kommt zu dem Ergebnis, daß die generelle Lebenserwartung von Frauen und Männern in etwa gleich anzusetzen ist. Günter Mayer gibt das durchschnittliche Sterbealter jüdischer Frauen in der hellenistisch-römischen Antike mit 27,5 Jahren an. Allerdings liegen seiner Studie nur relativ wenige Inschriften zugrunde.[4] 10,8 % der Frauen, deren Grabinschriften erhalten sind, wurden 60 Jahre alt und älter, die älteste Frau starb mit 96.

Für die weitere Untersuchung der Stellung alter Frauen im Ersten Testament, im Neuen Testament, in nachbiblischen jüdischen Schriften und im hellenistisch-römischen Bereich resultieren aus diesen Ergebnissen folgende Voraussetzungen: 1. Die durchschnittliche Lebenserwartung ist nicht mit Sicherheit festzustellen. Sie liegt aber mit relativer Wahrscheinlichkeit bei 20-30 Jahren. Diesen Wert nehme ich generell für alle von mir behandelten Bereiche an. Bei sämtlichen Aussagen muß jedoch berücksichtigt werden, daß unterschiedliche Lebensverhältnisse, regionale und kulturelle Unterschiede auch die Lebenserwartung beeinflussen. Reiche Menschen, die keine körperliche Arbeit leisteten, sich ausreichend mit Nahrung versehen konnten und gute medizinische Versorgung erhielten, hatten bessere Überlebenschancen als arme. 2. Der Anteil alter Menschen an der Gesamtbevölkerung ist relativ gering, jedoch gab es Frauen und Männer, die 60 Jahre und älter wurden. Wenn von alten Menschen die Rede ist, ist somit auch ein tatsächlich hohes Lebensalter vorauszusetzen. Generell galt 60 Jahre als Grenze zum GreisInnenalter. 3. Auch wenn Frauen allgemein durch häufige Schwangerschaften und Geburten einem großen gesundheitlichen Risiko ausgesetzt waren, gab es Frauen, die ein hohes Lebensalter erreichten. Alte Frauen und ihre gesellschaftliche Stellung stehen im Mittelpunkt der folgenden Untersuchung.

---

[3] Vgl. Bessie E. Richardson 1969, 231-236.
[4] Vgl. Günter Mayer 1987, 93-97. Siehe auch die von ihm erstellte Tabelle, in der er die Fundorte der Grabinschriften auflistet und die Daten auswertet.

1. Aspekte des Alters im Ersten Testament

Das Thema Alter im Ersten Testament[5] ist vielfach lediglich als Teilaspekt umfassenderer Untersuchungen berücksichtigt worden,[6] daneben gibt es einige wenige Aufsätze, die sich speziell mit der Thematik befassen.[7] Ich werde mich in meinen Ausführungen in erster 'Linie auf den Entwurf von J. Gordon Harris „Biblical Perspectives on Aging" stützen, der eine umfassende Einordnung der ersttestamentlichen Stellen bietet, die sich mit dem Thema Alter und alten Menschen befassen. Spezielle Ausführungen zum Thema alte Frauen im Ersten Testament konnte ich nicht ermitteln. Dies mag bereits mit dem Stellenbefund in den biblischen Texten selbst zusammenhängen. Willy Schottroff schreibt dazu: „(...) denn aufs Ganze gesehen treten in der hebräischen Bibel alte Frauen im Unterschied zu alten Männern nur selten aus der Verborgenheit heraus. Wenn nicht, wie etwa im Falle von Abrahams Frau Sara oder von Ruts Schwiegermutter Noomi, besondere Gründe bestehen, sie zu erwähnen und den LeserInnen vor Augen zu stellen, bleiben die alten Frauen unsichtbar."[8] Zudem wird in der Sekundärliteratur selbstverständlich davon ausgegangen, daß die Stellen, in denen von den Ältesten, die in der Öffentlichkeit wirkten und richterliche Funktionen innehatten, sich nur auf Männer beziehen. Grundsätzlich ist zu fragen, ob alte Frauen öffentlich nicht auftraten oder ob sie erst durch den maskulinen Plural „Alte" oder „Älteste" unsichtbar gemacht werden.[9] Dieses Problem tritt auch bei der Untersuchung der neutestamentlichen Stellen auf, bei denen die Frage zu stellen ist, wie sich die Gruppe der *presbyteroi*, die gemeindeleitende Funktionen bekleidete, zusammensetzte.[10] Einen ersten Schritt auf die Beantwortung dieser Fragen hin soll eine Untersuchung und Einordnung der Stellen bieten, die alte Frauen explizit erwähnen.

Der biblische Befund bietet zumeist recht unkonkrete Angaben über das genaue Lebensalter der Menschen. Die Angaben über das hohe Alter der Urväter, Patriarchen und Matriarchinnen der Genesis, die zwischen 969 und 777 Jahren

---

[5] Zur Verwendung des Begriffes „Erstes Testament" vgl. Marlene Crüsemann 1997.
[6] Vgl. z.B. Ludwig Köhler 1976 als ein Aspekt des Lebens „des hebräischen Menschen"; Hans Walter Wolff 1977, § 13 Jungsein und Altern; Raphael Patai 1962, 244-251, Altern und Alter.
[7] Vgl. z.B. Lothar Ruppert 1976; Johann Maier 1979; Josef Scharbert 1979; Willy Schottroff 1992a.
[8] Willy Schottroff 1992a, 63.
[9] Josef Scharbert 1979, 339f, untersucht die Wörter, die alte Menschen bezeichnen. Die Wurzel *zqn*, die vom hebräischen Wort für Kinnbart abgeleitet worden sei, werde auch für alte Frauen gebraucht. Wenn es dann um den Begriff für das Amt der Ältesten geht, der ebenfalls von dieser Wurzel abgeleitet wird, spricht er explizit und ausschließlich von Männern, die als führende Persönlichkeiten und Richter gesellschaftliche Verantwortung tragen.
[10] Vgl. z.B. Mt 16,21; 21,23; Lk 7,3; 22,52 u.a.; vgl. auch Apg 11,30; 14,23; 15,2; 1 Tim 5,17 u.a. Die Ergebnisse der Studie von Bernadette J. Brooten 1985 zu Frauen in Leitungsfunktionen in der antiken Synagoge müßten in diesem Zusammenhang berücksichtigt werden. Vgl. auch Ute Eisen 1996, 112-137.

bzw. 110-180 Jahren schwanken, sind als mythologische Zahlen aufzufassen.[11] Verläßlichere Angaben finden sich in den Notizen über die Lebensdauer der davidischen Könige, hier ergibt sich ein Durchschnitt von 44 Jahren.[12] Allerdings muß berücksichtigt werden, daß ihre Lebensverhältnisse und Versorgungsmöglichkeiten über dem Standard der restlichen Bevölkerung lagen. Psalm 90,10 setzt die maximale Lebensdauer auf 70 bis höchstens 80 Jahre an. Die durchschnittliche Lebenserwartung von Menschen im Alten Israel lag vermutlich aber nur zwischen 20-30 Jahren. Einen interessanten Einblick in die Einschätzung menschlicher Arbeitskraft in den verschiedenen Lebensabschnitten eröffnet die Schätztabelle in Lev 27,1-8. Mit 60 Jahren beginnt hier für Frauen und Männer das GreisInnenalter. Der Geldwert einer Frau liegt jeweils unter dem eines Mannes, das hohe Alter bedeutet für beide Geschlechter eine erhebliche Abwertung. Der Übergang in diesen Lebensabschnitt ist ansonsten nicht präzise definiert, die Zugehörigkeit zu den Ältesten mag bereits mit 30-40 Jahren begonnen haben.[13] Für Frauen beginnt das Alter mit der Menopause, wenn sie nicht mehr in der Lage sind, Kinder zu gebären.[14] Begleitet ist das hohe Alter von vielfältigen Beschwerden: das Augenlicht nimmt ab (Gen 27,1; 48,10; 1 Sam 3,2; 4,15), Gehör und Geschmack lassen nach (2 Sam 19,36), graues Haar und Schwäche gelten als charakteristisch (vgl. die Bezeichnung für den Greis in 2 Chr 36,17; Weish 2,10), daneben wird vom Nachlassen des sexuellen Vermögens berichtet (Gen 18,11f; 1 Kön 1,4; 2 Kön 4,14). Der Stock in der Hand als Kennzeichen alter Menschen (Sach 8,4f) weist auf körperliche Schwäche und Gebrechlichkeit hin. Neben der Abwertung des Alters existieren sehr positive Beschreibungen alter Menschen: Moses' Augenlicht ist auch mit 120 Jahren noch nicht geschwunden, seine Aktivität wird betont (vgl. Dtn 34,7), Kaleb ist mit 85 Jahren noch im Vollbesitz seiner Kräfte (vgl. Jos 14,10-11). Auch wenn hier Helden der Geschichte Israels glorifiziert werden, so weisen diese Beschreibungen doch darauf hin, daß sich aus dem biblischen Befund keine einheitlichen und generalisierenden Aussagen über die Bewertung des Alters und seiner Begleiterscheinungen ableiten lassen. „Biblical interpreters need to balance the positive images of glorified, aging ancestors with those of bitter, declining, and dependent elders."[15] Besonders in der weisheitlichen Literatur wird die besondere Würde alter Menschen herausgehoben. Sie gelten als LehrerInnen der Jungen, denen Achtung, Gehorsam und Respekt gebühre (vgl. Sir 6,34; 8,6; 8,8f; 25,4-6; Spr 20,29; Ijob 32,6-10). Diese Achtung bewegt sich allerdings in engen sozialen Schranken.[16] Auch die GreisInnen müssen sich vor sozial Höheren erheben (vgl. Ijob 29,7). Daneben ist zu berücksichtigen, daß die weisheitliche Litera-

---

[11] Vgl. Gen 5; 9,29; 10; 23,1; 25,7; 35,28 u.a.
[12] Vgl. die Liste bei Hans Walter Wolff 1977, 177f; vgl. auch Ludwig Köhler 1976, 30, der einen Durchschnittswert von 48 Jahren errechnet.
[13] Vgl. J. Gordon Harris 1987, 16.
[14] Vgl. Gen 18,11; Rut 1,12.
[15] J. Gordon Harris 1987, 49.
[16] Darauf verweist Willy Schottroff 1992a, 72.

tur in erster Linie einen kleinen Kreis von finanziell gutgestellten und gebildeten Menschen im Blick hat.
Einen wichtigen Hinweis auf die Realität alter Menschen bieten die Rechtsvorschriften im Bundesbuch (Ex 21,15.17): Dort wird der/diejenige mit der Todesstrafe bedroht, der/die die Mutter oder den Vater schlägt oder verflucht. Gewalt gegen die Eltern gilt hier als ein Kapitalverbrechen. Das Gebot, die Eltern zu ehren (Ex 20,10; Dtn 5,16), gehört in denselben Zusammenhang von Schutzvorschriften, die zeigen, daß ältere Menschen durch nachlassende Körperkräfte und Gebrechlichkeit auf die Fürsorge ihrer Kinder angewiesen und auf vielen Ebenen von diesen abhängig waren.[17] Sicher sind viele alte Eltern ihren Kindern zu einer Last geworden, wenn sie arbeitsunfähig und pflegebedürftig wurden. J. Gordon Harris weist darauf hin, daß mittels dieser Schutzvorschriften für alte Menschen auch die soziale Stabilität der Gesellschaft gesichert werden soll. Gottes besonderes Eintreten für die Anliegen der älteren Generation begegne deshalb besonders häufig in den Rechtssammlungen.[18] Lev 19,32 verbinde zudem die Ehrfurcht vor alten Menschen mit dem Respekt vor Gott. Auf der theologischen Ebene motiviere das Bekenntnis zum Gott der Gerechtigkeit auch den Respekt vor älteren Menschen, weil diese besonders des Schutzes bedürften.[19] Die biblischen Texte beschränken sich auf eine einseitige Festlegung der Pflichten von Kindern ihren Eltern gegenüber, von dem Verhalten dieser ist nicht die Rede. „So kommen die Alten durchweg nur als Objekte des Verhaltens und Handelns ihrer Kinder in den Blick, und etwaige Konflikte spiegeln sich allein in dem, was die Kinder ihnen gegenüber falsch machen."[20] Ein konkretes und umfassendes Bild vom Zusammenleben alter und junger Menschen, den positiven Möglichkeiten, Auseinandersetzungen und dem alltäglichem Miteinander bietet der biblische Befund nicht.
Auch über die Rolle alter Frauen wird wenig berichtet. Sie werden vor allem im Rahmen von Schutzbestimmungen erwähnt. Daß alte Frauen, besonders alte Witwen, schutz- und rechtlos Armut und Not ausgeliefert waren, wenn sie nicht durch ihre Nachkommen versorgt wurden, zeigen verschiedene Anordnungen:[21] „Wer den Vater mißhandelt, die Mutter wegjagt, ist ein verkommener, schändlicher Sohn." (Spr 19,26) „Hör auf deinen Vater, der dich gezeugt hat, verachte deine Mutter nicht, wenn sie alt wird." (Spr 23,22) Tobit wird von seinem Vater dringlich dazu angehalten, die Mutter nach seinem Tode zu versorgen: „Mein Sohn, wenn ich gestorben bin, begrab mich! Laß deine Mutter nicht im Stich, sondern halte sie in Ehren, solange sie lebt. Denk daran, mein Sohn, daß sie deinetwegen viel Beschwerden hatte, als sie dich in ihrem Schoß trug. Wenn sie gestorben ist, begrab sie an meiner Seite." (Tob 4,3f;

---

[17] Vgl. Rainer Albertz 1978, 348-374.
[18] Vgl. J. Gordon Harris 1987, 33.
[19] Vgl. ebd., 60.
[20] Willy Schottroff 1992a, 75.
[21] Zur Situation von Witwen im Ersten Testament vgl. Willy Schottroff 1992b. Er schildert hier die besondere Armut und Rechtlosigkeit von Witwen und ihr Angewiesensein auf soziale Schutzeinrichtungen wie z.B. das Armenrecht.

vgl. auch 10,12) Das Buch Rut schildert besonders ausführlich und eindrucksvoll die Situation einer alten verwitweten Frau.[22] Noomi hat ihren Mann und ihre beiden Söhne verloren und kehrt aus der Fremde in ihr Heimatdorf zurück. Sie ist bereits zu alt, um sich erneut zu verheiraten (vgl. 1,12). Versorgt wird sie durch ihre Schwiegertochter Rut, die durch die erniedrigende Arbeit des Ährennachlesens Nahrung beschafft. Durch Beharrlichkeit und Klugheit bringt diese Boas, einen reichen Bauern, dazu, als Löser tätig zu werden und ihr und Noomi ein Zuhause zu geben (vgl. 3,1). Rut bringt ein Kind zur Welt, das Noomi als Pflegemutter übernimmt. So ist ihre Altersversorgung gewährleistet und ihr Überleben gesichert (vgl. 4,14-17). Das Buch Rut zeigt, daß es nicht selbstverständlich war, daß die alten Witwen versorgt wurden. Es bedarf hier besonderer Beharrlichkeit, einen Löser zu finden, um Unterkunft und Nahrung zu gewährleisten. Die Geschichte von Noomi und Rut bezeugt die Solidarität von Frauen, die sich gegenseitig in ihrer Not unterstützen und schildert in fast utopischer Weise, wie zwei Frauen aus verschiedenen Generationen zusammenleben und überleben.

Von welchen alten Frauen wird noch berichtet? In Gen 18,11ff wird explizit erwähnt, daß Sara eine alte Frau nach der Menopause ist, die im hohen Alter nach lebenslanger Unfruchtbarkeit schwanger wird und ein Kind zur Welt bringt. Ihr wird besonderer Segen zuteil, die Verheißungen auf Existenz und Überleben als Volk Gottes werden durch sie Wirklichkeit. Ihr Lachen und ihre Freude geben ihrem Sohn den Namen (vgl. Gen 21,6), mit 127 Jahren stirbt sie. Ihr Grabplatz und dessen Erwerb werden ausführlich beschrieben, er wird auch in späteren Zeiten noch ein bekannter und verehrter Ort gewesen sein (vgl. Gen 23,1-20). Im Ersten Testament wird weiterhin von weisen Frauen berichtet, deren Lebensalter aber nicht erwähnt wird.[23] Sie mischen sich in die aktuelle Politik ein und sind diplomatisch aktiv: Die weise Frau von Tekoa (2 Sam 14) überzeugt David, seinen Sohn Abschalom nicht zu verstoßen. In 2 Sam 14,14 spricht sie wichtige theologische Sätze, die David überzeugen, seine Entscheidung zu verändern. Er hört auf ihren Rat. Eine andere weise Frau verhindert die Zerstörung der Stadt Abel-Bet-Maacha, indem sie zwischen dem Heerführer Joab und den EinwohnerInnen der Stadt vermittelt (vgl. 2 Sam 20, 14-22). „‚Weise' Frau scheint in beiden Fällen einen Status oder ein Amt zu bezeichnen, und offensichtlich war der Einfluß dieser Frauen recht gross."[24] Ihre Beschreibungen lassen die Vermutung zu, daß es sich bei ihnen um ältere Frauen handelt, die um Rat und Hilfe gebeten wurden. Ihr öffentliches Auftreten widerspricht der Annahme, daß die Öffentlichkeit und politische Betätigung allein älteren Männern offenstand. In diesen Zusammenhang ist auch die Erzählung von der Prophetin Hulda (2 Kön 22,14-20) und der Totenbeschwörerin von Endor (1 Sam 28,3-25) einzuordnen. Auch von einer Frau als Lehrerin wird berichtet: In Spr 31,1-9 belehrt die Mutter ihren Sohn,

---

[22] Zum Buch Rut vgl. Renate Jost 1992; Klara Butting 1994, 21-48.
[23] Zum folgenden vgl. Silvia Schroer 1990; vgl. auch Willy Schottroff 1992a, 70.
[24] Silvia Schroer 1990, 46.

den König Lemuel, über ein weisheitliches Leben. 2 Makk 7 erzählt die Geschichte einer Mutter, deren Söhne gezwungen werden sollten, Schweinefleisch zu essen und gefoltert und hingerichtet werden, weil sie nicht die Tora Gottes übertreten wollen. Über ihr Lebensalter wird keine Aussage gemacht, allerdings ist vorauszusetzen, daß ihre sieben Söhne bereits erwachsen sind und eigenständige Entscheidungen treffen können. Zu dem jüngsten sagt sie (2 Makk 7,27): „Neun Monate habe ich dich in meinem Leib getragen, ich habe dich drei Jahre gestillt und für dich gesorgt, bis du nun so groß geworden bist." Wenn dies für alle ihre Söhne etwa vorausgesetzt wird, ist sie mindestens 50 Jahre alt. Der Text spricht auch über sie mit großer Wertschätzung (2 Makk 7,20): „Auch die Mutter war überaus bewundernswert, und sie hat es verdient, daß man an sie mit Hochachtung erinnert. An einem Tag sah sie nacheinander ihre sieben Söhne sterben und ertrug es tapfer, weil sie Gott vertraute." Mit ergreifenden Worten ermutigt sie ihre Söhne zum Martyrium und wird zuletzt ebenfalls ermordet. Ihre Geschichte wird nach der des Martyriums Eleasars erzählt, dessen hohes Alter besonders hervorgehoben wird (vgl. 2 Makk 6,18-31). Die beiden alten Menschen werden parallel als Vorbilder für die Jüngeren und das ganze Volk dargestellt, sie ermutigen zum Widerstand und erleiden selbst den Tod. Ihr Glaube und ihr Vertrauen auf Gott wird besonders herausgestellt. Diese Textstellen stehen im Widerspruch zur generellen Abwertung von Frauen, wie sie in Lev 27,1-8 deutlich wird.

Ein einheitliches Bild des Lebens und der Rolle alter Frauen läßt sich aus dem Befund nicht ermitteln. Es wird aber deutlich, daß Frauen im Alter nicht generell ausgeschlossen und abgewertet wurden. An allen Stellen, in denen im Plural von den „Ältesten" und „Greisen" die Rede ist, muß deshalb genau geprüft werden, ob es sich hier wirklich ausschließlich um Männer handelt bzw. davon ausgegangen werden, daß auch immer alte Frauen anwesend waren, wenn ihre Präsenz nicht ausdrücklich ausgeschlossen wird.

Auf einen weiteren wichtigen Punkt für die Bewertung des Alters im Ersten Testament verweist J. Gordon Harris.[25] Er legt dar, daß in eschatologischen Texten die Mißachtung alter Menschen zum Bild für die Zerstörung der Ordnungen des Volkes und der Abwendung von Gott werde, dem in Visionen die Beschreibung der Versöhnung der Generationen als Bild für die Versöhnung mit Gott gegenübergestellt werde. Die Propheten verurteilten mit scharfen Worten die Herrschaft der jüngeren Generation über die Ältesten, wie es die Monarchie mit sich brachte. „A monarchy that oppresses those who represent traditional values and wisdom can expect the wrath of God and termination of its society." (71) Ein deutliches Beispiel dafür bietet Jes 3,1-15. Die Folge davon, daß die Jungen die Herrschaft an sich rissen, sei absolute Willkür. Die Menschen bedrängen und bestehlen sich gegenseitig, die sozialen Hierarchien werden aufgelöst, die Armen unterdrückt. V.5 bringt dies auf den Punkt: „Dann bedrängt einer im Volk den anderen, und jeder bedrängt seinen Nächsten. Die Jungen sind frech zu den Alten, die Geringen zu den geachteten

---

[25] Im folgenden vgl. J. Gordon Harris 1987, 70-75.

Männern." Die Zerstörung der Ordnungen und den Zusammenbruch der Gesellschaft beschreibt Micha mit dem Bild der Auflösung der familiären Strukturen, die den Kern der Gesellschaftsordnung bilden (Mi 7,6 vgl. auch Mk 13,12): „Denn der Sohn verachtet den Vater, die Tochter stellt sich gegen die Mutter, die Schwiegertochter gegen die Schwiegermutter." Auch die große Not und das unbeschreibliche Ausmaß der Zerstörung, denen die nach der Niederwerfung Jerusalems zurückgebliebenen Menschen ausgesetzt sind, kommt in der Anklage der Gewalt gegen ältere Menschen zum Ausdruck.[26] Das Elend der Alten und der ganz Jungen wird zum Bild für den Zustand des Volkes (Klg 2,10.21): „Am Boden sitzen, verstummt, die Ältesten der Tochter Zion, streuen sich Staub aufs Haupt, legen Trauerkleider an (...) Zu Boden senken den Kopf die Mädchen von Jerusalem. Am Boden liegen in den Gassen Kind und Greis. Die Mädchen und die jungen Männer fielen unter dem Schwert." Hunger und Durst, Vergewaltigungen und harter Frondienst beschreiben die Lage, es gibt keine sozialen und religiösen Ordnungen und keine Rechte mehr, auf die sich die Menschen verlassen können (Klg 4,4.16; 5,11-14): „Des Säuglings Zunge klebt an seinem Gaumen vor Durst. Kinder betteln um Brot; keiner bricht es ihnen (...) Keine Ehrfurcht zollte man den Priestern. Greise fanden keine Gnade (...) Frauen hat man in Zion geschändet, Jungfrauen in den Städten von Juda. Fürsten wurden von Feindeshand gehängt, den Ältesten nahm man die Ehre. Junge Männer mußten die Handmühlen schleppen, unter der Holzlast brachen die Knaben zusammen. Die Alten blieben fern vom Tor (...)" Aus dieser Situationsbeschreibung erwachsen die Hoffnungsbilder, die das Kommen Gottes und das Leben im Reich Gottes beschreiben (Jes 65,16-17.19-20.22): „Ja vergessen sind die früheren Nöte, sie sind meinen Augen entschwunden. Denn schon schaffe ich einen neuen Himmel und eine neue Erde (...) Ich will über Jerusalem jubeln und mich freuen über mein Volk. Nie mehr hört man dort lautes Weinen und lautes Klagen. Dort gibt es keinen Säugling mehr, der nur wenige Tage lebt, und keinen Greis, der nicht das volle Alter erreicht; wer als Hundertjähriger stirbt, gilt noch als jung, und wer nicht hundert Jahre alt wird, gilt als verflucht (...) Sie bauen nicht, damit ein anderer in ihrem Haus wohnt, und sie pflanzen nicht, damit ein anderer die Früchte genießt. In meinem Volk werden die Menschen so alt wie Bäume." Diese Heilszeit, dieser „neue Himmel" und die „neue Erde" werden konkret irdisch beschrieben. Umfassender Frieden zeigt sich darin, daß Kriege, Zerstörung, Vertreibung, Hunger, Leiden und frühzeitiges Sterben ein Ende haben und die Generationen harmonisch miteinander leben. Dies schildert auch Sach 8,4-5: „Greise und Greisinnen werden wieder auf den Plätzen Jerusalems sitzen; jeder hält wegen des hohen Alters einen Stock in der Hand. Die Straßen der Stadt werden voll Knaben und Mädchen sein, die auf den Straßen Jerusalems spielen." Bemerkenswert ist, daß an dieser Stelle beide Geschlechter explizit erwähnt werden: Auch die Greisinnen können wieder ohne Angst in die Öffentlichkeit gehen, sie überleben in der Gemeinschaft des Volkes, ohne frühzeitig an Krankheiten

---

[26] Vgl. die Klage Esras über die Zerstörung Jerusalems durch die Römer, 4 Esra 10,21-23.

und mangelnder Ernährung zu sterben. Ein weiterer Text, der in diesen Zusammenhang gehört, ist Joel 3,1-5, der auch in Apg 2,17-21 zitiert wird. Auch hier sind es die jungen und die alten Menschen, an denen das Kommen der Heilszeit deutlich wird: „Danach wird es geschehen, daß ich meinen Geist ausgieße über alles Fleisch. Eure Söhne und Töchter werden ProphetInnen sein, eure Alten werden Träume haben, und eure jungen Männer haben Visionen (...)" Die zerstörten gesellschaftlichen und familiären Ordnungen werden wieder aufgerichtet, das Handeln der Menschen wird mit dem Kommen des Reiches Gottes verbunden. Sie sind für ihr Zusammenleben und die Achtung voreinander verantwortlich (Mal 3,23-24): „Bevor aber der Tag des Herrn kommt, der große furchtbare Tag, seht da sende ich zu euch den Propheten Elija. Er wird das Herz der Väter wieder den Söhnen zuwenden und das Herz der Söhne ihren Vätern (...)" Dieser Gedanke wird in Lk 1,17 wieder aufgenommen, auch hier wird das Miteinander verschiedener Generationen zur Voraussetzung und zum Zeichen für das Kommen des Reiches Gottes.

2. Der neutestamentliche Befund

„Das Neue Testament bietet keine spezielle Theologie für alte Menschen. Weil die ersten Christen von der Naherwartung erfüllt waren, weil für sie dieser Äon, diese unsere Welt und unsere Zeit, dem Ende entgegen eilt und der wiederkommende Christus vor der Tür steht, darum hatten sie kein Interesse, über das Altwerden und die damit verbundenen Probleme nachzudenken. Sie beteten: Es vergehe diese Welt (Did 10,6), dein Reich komme (Mt 6,10), Amen, ja, komm, Herr Jesu! (Offb 22,10)."[27] - so bewertet Gerhard Friedrich den neutestamentlichen Befund. Zu ähnlichen Ergebnissen kommt Josef Scharbert: „Das neue Leben in Christus und der neutestamentliche Auferstehungsglaube haben für den Christen dem Lebensalter seine existentielle Bedeutung und Problematik weitgehend genommen (...) Nur dem allgemeinmenschlichen Ethos, das auch die christliche Gemeinde wie das Alte Testament anerkennt, entspricht es, daß die Jugend die alten Menschen ehren und respektieren soll."[28]
Führte das eschatologische Denken des frühen Christentums wirklich dazu, das Alter als Kategorie theologischer Betrachtungen auszublenden? Die Untersuchung ersttestamentlicher eschatologischer Texte hat genau das Gegenteil gezeigt: Gerade mit der Wertschätzung des Alters und dem friedlichen Miteinander der Generationen wird die kommende Heilszeit beschrieben. Ich möchte im folgenden die neutestamentlichen Texte daraufhin befragen, ob in ihnen ein Bruch zur jüdischen Eschatologie festzustellen ist oder ob sie nicht vielmehr in ihrer Tradition die Beschreibung des hohen Lebensalters mit wichtigen theologischen Inhalten versehen. In diesem Kapitel kann es allerdings nur darum ge-

---

[27] Gerhard Friedrich 1983, 513.
[28] Josef Scharbert 1979, 353.

hen, den Textbefund im Überblick kurz darzustellen. Im folgenden werde ich mich dann ausführlich mit zwei alten Frauen beschäftigen, die im Lukasevangelium eine wichtige Rolle spielen: Elisabet und Hanna.
Wo ist von alten Menschen im Neuen Testament die Rede? Zunächst werde ich die Stellen betrachten, in denen explizit von alten Menschen die Rede ist, und im Anschluß daran fragen, wie dieser Befund zu bewerten ist. Auch im Neuen Testament wird das hohe Lebensalter mit Begriffen beschrieben, die von den Wurzeln *ger-* und *presb-* abgeleitet sind. Daneben finden sich auch einige wenige andere Umschreibungen, auf die ich im Text gesondert hinweisen werde. In Lk 1,5ff wird von Elisabet und Zacharias berichtet, die bereits „fortgeschritten in den Tagen" sind. Zacharias wird als *presbytes-* als alter Mann bezeichnet (V.18), auch der Engel verweist auf das hohe Alter Elisabets (vgl. V.36). In Lk 2 ist ebenfalls von zwei alten Menschen die Rede: von Simeon (VV.25-35), der nun, nachdem er den Messias Jesus gesehen hat, in Ruhe sterben kann, und von Hanna (VV.37-38). Auch sie ist schon „fortgeschritten in den Tagen" und bereits 84 Jahre alt. Nikodemus fragt in dem Gespräch mit Jesus danach, wie eine Person, die schon alt *(geron)* sei, von neuem geboren werden könne. Dem Gespräch ist allerdings nicht eindeutig zu entnehmen, ob Nikodemus dies auf sich bezieht. Eine weitere Aussage über alte Menschen macht Jesus Petrus gegenüber (Joh 21,18): „Amen, amen, ich sage dir, als du jünger warst, hast du dich selber gegürtet und bist gegangen, wohin du wolltest. Wenn du alt wirst *(gerases)*, wirst du deine Hände ausstrecken und ein anderer wird dich gürten und bringt dich, wohin du nicht willst." Die Erklärung dazu bezieht sich dann auf die Art des Todes Jesu, der eine Aufforderung zur Nachfolge an Petrus folgt. Auch wenn Jesus hier nicht zu einem alten Menschen spricht und die Erklärung den Satz im übertragenen Sinn deutet, so wird aus diesem Beispiel doch deutlich, daß das Alter eine Einschränkung an Bewegungsfreiheit und eigenen Entscheidungsmöglichkeiten bedeutet: Alte Menschen sind auf die Hilfe anderer angewiesen.
Im Philemonbrief bezeichnet sich Paulus selbst als alten Mann *(presbytes)*, der sich mit väterlicher Liebe um den Sklaven Onesimus sorge (vgl. Phlm 9). Anweisungen an alte Männer und alte Frauen bietet Tit 2,2-5: „Alte Männer *(presbytes)* sollen nüchtern sein, ehrwürdig, besonnen, gesund im Glauben, in der Liebe, in der Ausdauer. Ebenso sollen alte Frauen *(presbytides)* in ihrer Haltung so sein, wie es dem Heiligen geziemt, nicht verleumderisch und nicht trunksüchtig, als Lehrerinnen des Guten, damit sie die jungen Frauen zur Besonnenheit bringen, ihre Männer und Kinder zu lieben, besonnen zu sein, rein, häuslich, gut und ihren Männern gehorsam, damit das Wort Gottes nicht in Verruf kommt." Hier werden alte Frauen als Lehrerinnen der jüngeren angesprochen. Die Werte, die sie weitertragen sollen, dienen der Aufrechterhaltung des patriarchalen Haushaltes und der Unterordnung von Frauen unter ihre Männer. Daß dies ein präskriptiver Text ist, der auf dem Hintergrund verfaßt sein könnte, daß sich alte Frauen ganz anders verhalten haben, läßt eine Notiz in 1 Tim 4,7 vermuten: „Weise unheilige und ‚altweiberhafte' Mythen zurück!" Was haben die alten Frauen wohl zu berichten gehabt?! Es könnte sich

37

um solche Lehren handeln, die die patriarchale Struktur, die auch die Anweisungen im 1. Timotheusbrief prägen, in Frage gestellt haben. Innerhalb der Beschreibung der Aufgaben von Witwen in 1 Tim 5,3-16 findet sich auch eine Beschreibung eines Witwenamtes, in das nach 1 Tim 5,9 nur Frauen aufgenommen werden, die bereits über 60 Jahre alt sind. Insgesamt spricht aus den Anweisungen das Anliegen, die Bewegungsfreiheit von Frauen einzuschränken.[29] Lediglich Frauen ab 60 soll fortan gestattet sein, außerhäusliche Tätigkeiten für die Gemeinde zu verrichten. Um die Situation alter Frauen im frühen Christentum erschließen zu können, wäre es nötig, diese Stellen einer genauen Analyse zu unterziehen.[30] Hier besteht aus feministischer Perspektive noch Forschungsbedarf. Desweiteren wären alle Stellen, in denen von den Ältesten *(presbyteros ...-tera)* die Rede ist,[31] daraufhin zu befragen, ob hier auch alte Frauen miteingeschlossen sein könnten. Weitere Stellen, in denen alte Menschen erwähnt werden sind Röm 4,19 und Hebr 11,11, wo von Abraham und Sara die Rede ist. In Röm 4,19 wird von Abraham gesagt, daß er bereits 100 Jahre alt gewesen sei, als er die Verheißung Gottes erhielt. Sara wird in diesem Zusammenhang nicht als alte Frau bezeichnet, es wird lediglich darauf hingewiesen, daß ihr Mutterleib erstorben war. In Hebr 11,11 wird das Alter, in dem sie schwanger wurde, umschrieben.

Insgesamt ist der neutestamentliche Befund vielfältig, obwohl es nur wenige Textstellen gibt, in denen alte Frauen und alte Männer explizit erwähnt werden. Es ist nun die Frage zu stellen, ob es in der Jesusbewegung und im frühen Christentum tatsächlich nur wenige alte Menschen gegeben hat, weil so selten von ihnen die Rede ist. Oder ist es anzunehmen, daß weit mehr von ihnen diesen Gruppen angehörten, ohne daß sie besonders erwähnt werden? Die Analyse von Lk 1.2, wo vier alte Menschen im Mittelpunkt der Erzählung stehen, soll über diese Fragen Aufschluß geben. Sind diese als RepräsentantInnen einer größeren Gruppe zu verstehen oder lediglich als Ausnahme-Alte, die erwähnt werden, um ihre Außergewöhnlichkeit herauszustellen? An dieser Stelle möchte ich doch bereits die Vermutung äußern, daß es in neutestamentlicher Zeit weit mehr alte Menschen gegeben hat als die biblischen Texte dies zunächst vermuten lassen. In den wenigsten Fällen wird auf das Lebensalter der Menschen hingewiesen, über die gesprochen wird. Wenn von Jüngern, Fischern, Zöllnern ... die Rede ist, wird einmal die Präsenz von Frauen unsichtbar gemacht,[32] zum anderen die vermutliche Präsenz alter Menschen. Dies kann bedeuten, daß es für die VerfasserInnen selbstverständlich war, daß

---

[29] Diese Anweisungen entsprechen den Vorstellungen des Aristoteles. Auch er möchte Frauen aus der Öffentlichkeit fernhalten, sieht aber ein, daß dies bei armen Familien nicht möglich ist. Vgl. Aristoteles, Politik, V,15 (1299b).

[30] Zu 1 Tim 5,3-16 vgl. Ulrike Wagener 1994, 115ff.

[31] Hier bietet die Konkordanz einen reichen Befund. Aus den Stellen ist jedoch nicht ersichtlich, welches Lebensalter die Menschen erreicht haben, die zu den Ältesten gerechnet werden.

[32] Sozialgeschichtliche Untersuchungen zeigen, daß davon ausgegangen werden muß, daß Frauen zu diesen Gruppen gehörten. Vgl. dazu Luise Schottroff 1994, 122-130.

alte und junge Menschen, Frauen und Männer, zusammenlebten und arbeiteten. Allerdings wäre dann trotzdem weiter zu fragen, warum diese Realität nicht sichtbar gemacht wird. Auf den Androzentrismus vieler (biblischer) Texte wurde von feministischen Theologinnen breits hingewiesen: Frauen und ihre Arbeit werden hier unbewußt oder bewußt unsichtbar gemacht, um die Bedeutung von Männern herauszuheben. Dies könnte auch in bezug auf alte Menschen der Fall sein. Es stellt sich die Frage, ob sich hinter ihrer seltenen Erwähnung nicht auch eine Auffassung verbergen könnte, die Menschsein in erster Linie an Jugendlichkeit und Leistungsfähigkeit mißt und allein junge Menschen ins Zentrum des Interesses stellt. Dann wäre es um so bemerkenswerter, daß in Lk 1.2 gleich von vier alten Menschen die Rede ist, die zudem wichtige Rollen innehaben. Anhand der Erzählungen von Elisabet und Hanna werde ich im folgenden versuchen, den aufgeworfenen Fragen nachzugehen. An ihren Geschichten möchte ich exemplarisch deutlich machen, welche Bedeutung alten Menschen in der Jesusbewegung und im frühen Christentum tatsächlich zukam.

Dieser erste kurze Einblick in die neutestamentlichen Texte, in denen von alten Menschen die Rede ist, zeigt keine grundsätzlichen Unterschiede zur Beschreibung von alten Menschen im Ersten Testament. Im Gegenteil: mit Hilfe von Zitaten wird an die ersttestamentliche Tradition angeknüpft. Apg 2,17-21 greift auf Joel 3,1-5 zurück; Lk 1,17 auf Mal 3,23-24, die Erzählung von Elisabet und Zacharias weist eine Reihe von wörtlichen und inhaltlichen Übereinstimmungen mit ersttestamentlichen Texten auf. In apokalyptischen Schilderungen wird die Auflösung familiärer Ordnung als Bild für den Schrecken der Endzeit herangezogen: „Brüder werden einander dem Tod ausliefern und Väter ihre Kinder, und die Kinder werden sich gegen ihre Eltern auflehnen und sie in den Tod schicken." Mk 13,12 parr verwendet hier ein Motiv, das aus Mi 7,6 bekannt ist.[33] Diese Beobachtungen zeigen, daß die Einschätzung, das „Neue" Testament wende sich generell gegen das „Alte" Testament und grenze sich radikal von überlieferten Traditionen ab,[34] nicht durch den Textbefund belegt werden kann. In dieser Bewertung spielt das Mißverständnis eine entscheidende Rolle, daß das häufig verwendete Wort *palaios*, mit dem der „alte" Mensch vom „neuen" Menschen (vgl. Röm 6,6; Eph 4,22; Kol 3,9) oder der „alte" Bund vom „neuen" unterschieden wird (2 Kor 3,14), in Beziehung zum Verständnis des Lebensalters stehe.[35] Dieses ist in diesem Zusammenhang nicht angesprochen, *palaios* wird in diesen Fällen *kainos* gegenübergestellt, nicht *neos*, wie der junge Mensch bezeichnet werden müßte.

---

[33] Auch hier werden die Eltern und Schwiegereltern nicht explizit als alte Menschen bezeichnet. Im Zusammenhang muß jedoch davon ausgegangen werden.

[34] Vgl. z.B. J. Gordon Harris 1987, 78: „The Synoptic Gospels, therefore, generally view ancient traditions in a negative light. They often caricature older traditions by using a word *(palaios, palaiotes, palai)* that refers to something ‚old, obsolete, antiquated, or outworn.'"

[35] Vgl. auch die Kritik von Josef Scharbert 1979, 351, an Lothar Ruppert, der diesem Mißverständnis unterliegt.

Auch das Verständnis, die christliche Eschatologie führe zu einer Abwertung des Themas Alter, muß kritisch befragt werden. Luzia Sutter Rehmann hat in ihrer Untersuchung apokalyptischer Texte deutlich gemacht, daß die gängige Unterscheidung zwischen „christlicher Eschatologie" und „jüdischer Apokalyptik" nicht aufrecht erhalten werden kann. Sie zeigt, daß es vielfach (unreflektierte) antijudaistische Stereotype und Denkschemata sind, die hinter dieser Abgrenzung stehen.[36] In meiner Auslegung von Lk 1.2 möchte ich deshalb versuchen, diese Texte auf dem Hintergrund ihrer ersttestamentlichen Tradition zu verstehen und sie insbesondere daraufhin zu befragen, welche Bedeutung die Erwähnung und Beschreibung alter Menschen innerhalb eschatologischer Vorstellungen hat. Zunächst werde ich mich jedoch außerbiblischen Texten zuwenden, um die sozialgeschichtliche Situation alter Menschen in der Antike weiter beleuchten zu können.

3. Aspekte des Alters in nachbiblischer jüdischer Literatur

Im folgenden kann es nur darum gehen, einen kleinen Ausschnitt aus der Fülle des vorhandenen Materials sichtbar zu machen. Ich stütze mich in meinen Ausführungen auf bereits vorliegende Arbeiten zum Thema Alter in jüdischen Quellen.[37] Hier ist allerdings durchgängig festzustellen, daß die Situation und Stellung alter Frauen nur am Rande thematisiert wird. Ich werde deshalb die mir vorliegenden Entwürfe durch Material ergänzen, das explizit von alten Frauen spricht. Dieses Vorgehen soll einen kleinen Einblick in die Zeitsituation ermöglichen und Tendenzen aufzeigen. Vollständigkeit soll hier nicht angestrebt werden. Trotzdem ergibt die Zusammenstellung der Texte kein zufälliges Bild, sondern erlaubt Rückschlüsse, die in bezug auf die Frage nach der Lebenssituation alter Menschen insgesamt aussagekräftig sind.

Auch in jüdischen Schriften wird anknüpfend an ersttestamentliche Texte an die Jungen appelliert, alte Menschen zu ehren und die Eltern im Alter zu versorgen. Im Talmud behandelt der Traktat Qiddushin ausführlich dieses Thema: „Die Rabbanan lehrten: Es heißt: Ehre deinen Vater und deine Mutter, und es heißt: ehre den Herrn mit deinem Gute; die Schrift hat somit die Ehrung von Vater und Mutter mit der Ehrung Gottes verglichen."[38] Im weiteren Verlauf der Diskussion des Gebotes, die Eltern zu ehren, wird deutlich, daß diese Ehrung wirklich beiden Elternteilen zukommen soll. Im Anschluß werden verschiedene Erzählungen angeführt, in denen Söhne ihre alten Mütter mit Respekt und Fürsorge behandeln, obwohl diese sich ihnen gegenüber ausfallend verhalten. Als Grund für die Achtung alter Menschen wird die mit dem hohen Alter verbundene Weisheit genannt: „Die Rabbanan lehrten: Vor einem

---

[36] Vgl. Luzia Sutter Rehmann 1995, 56-59.
[37] Vgl. Leopold Löw 1969; Haim Hillel Ben-Sasson 1978; Johann Maier 1979; J. Gordon Harris 1987, 96-103.
[38] b Qiddushin 30b, Der Babylonische Talmud, übertragen durch Lazarus Goldschmidt.

Greise sollst du aufstehen (...) Unter Alten ist einer zu verstehen, der Weisheit erworben hat."[39] Im Mischnatraktat Avot wird ab einem Alter von 60 Jahren Zugehörigkeit zu den Ältesten vorausgesetzt.[40] Alte Menschen werden in der Gemeinde mit Leitungsfunktionen betraut, wenn auch davon auszugehen ist, daß die Zugehörigkeit zu den Ältesten auch früher als mit 60 Jahren beginnen konnte.[41] Junge Menschen sollen von den alten lernen, auf ihren Rat vertrauen.[42] Im allgemeinen Lehrbetrieb sei der Gelehrsamkeit jedoch vor dem Alter der Vortritt zu geben, bei Festen und Feiern hingegen dem Alter.[43] Ein hohes Lebensalter wurde als besonderer Segen verstanden,[44] auch wenn von seinen Beschwernissen des öfteren die Rede ist.[45]

Es stellt sich nun die Frage, ob diese Hochachtung des Alters, der Respekt vor der mit ihm verbundenen Weisheit und Gelehrsamkeit, der in der Verleihung von Leitungsfunktionen ihren Ausdruck fand, auch Frauen zukam. Bernadette J. Brooten hat in ihrer Untersuchung „Women Leaders in the Ancient Synagogue" (1985) anhand von Inschriftenmaterial gezeigt, daß Frauen als Synagogenleiterinnen, als „Mütter der Synagoge" und als Älteste gemeindeleitende Funktionen innehatten. Sie macht deutlich, daß die auf den Grabinschriften vermerkten Bezeichnungen nicht lediglich als Ehrentitel oder abgeleitet von dem Amt des Ehemannes zu verstehen seien - wie dies die Forschung bis zu diesem Zeitpunkt stets behauptet hatte - sondern als Amtstitel parallel zu denen der Männer. „Seen in the larger context of women's participation in the life of the ancient synagogue, there is no reason not to take the titles as functional, nor to assume that women heads or elders of synagogues had radically different functions than men or elders of synagogues (...) Nor is it impossible to imagine Jewish women sitting on councils of elders or teaching or arranging for the religious service." (149) Besonders interessant im Zusammenhang der Frage nach alten Frauen ist eine römische Inschrift, die einer „Mutter der Synagoge" namens Veturia Paula gewidmet ist.[46] Aus dieser geht hervor, daß sie erst im Alter von 70 Jahren Proselytin wurde und mit 86 Jahren starb. Bernadette J. Brooten führt auch eine Reihe von Belegen an, in denen Frauen als Älteste bezeichnet werden,[47] die innerhalb einer Gemeindeleitung tätig gewesen sein könnten. Sie nimmt an, daß sie mit den männlichen Ältesten gemeinsam für die Finanzen der Synagoge zuständig waren, im Gottesdienst vorne im Angesicht der Gemeinde gesessen und wohl auch aus der Bibel vor-

---

[39] b Qiddushin 32b.
[40] Vgl. m Avot V,27.
[41] Vgl. J. Gordon Harris 1987, 98.
[42] Vgl. z.B. b Megilla 31b; b Nedarim 40a.
[43] Vgl. b Baba Batra 120a; vgl. auch b Ta'anit 16a.
[44] Vgl. b Sota 13b; b Shabbat 63a; Jubiläen, 23.
[45] Vgl. b Shabbat 151b - 152a; Qiddushin 31b; Sanhedrin 96a. Vgl. auch Leopold Löw 1969, 253-264.
[46] Vgl. CIJ 523. Zur Auswertung dieser Inschrift vgl. Bernadette J. Brooten 1985, 57-59.
[47] Vgl. CIJ 400; 581; 590; 597; 692; 731c. Zur Auswertung dieser Inschriften vgl. Bernadette J. Brooten 1985, 41-55.

gelesen haben.⁴⁸ Auch wenn es sich bei diesen Frauen um Ausnahmen gehandelt haben mag, so zeigt doch ihre Existenz, daß auch alten Frauen Hochachtung zukam und Weisheit zugeschrieben werden konnte.
Explizit ist von alten Frauen in Talmud und Mischna recht selten die Rede. Im Zusammenhang der Menstruationsregelungen wird festgelegt, daß eine Frau als alt gilt, wenn ihre Periode dreimal hintereinander ausgeblieben ist.⁴⁹ Mit Respekt wird von Jokhebed, der Mutter des Mose, gesprochen, die bereits 130 Jahre alt gewesen sein soll, als sie heiratete. Ihre Frömmigkeit wird besonders herausgestellt. Eine Interpretation von Lev 27,4ff erklärt den relativ geringeren Wertverlust alter Frauen im Gegensatz zu dem alter Männer folgendermaßen: „Weshalb wird das Weib, wenn es alt ist, mit einem Drittel bewertet, ein Mann aber nicht mit einem Drittel bewertet? Hizqija erwiderte: Die Leute pflegen zu sagen: Ein Greis im Haus, eine Last im Haus; eine Greisin im Haus, ein Schatz im Haus."⁵⁰ Alte Frauen sind bis ins hohe Alter tätig, das zeigt auch eine Randbemerkung, die eine 92jährige Magd erwähnt, die noch im Haus eines Rabbis arbeitet.⁵¹
Philo erwähnt alte Frauen in seinem Bericht über die Therapeutinnen. In dieser Gemeinschaft, in der sich gelehrte und wohlhabende Frauen und Männer, die auf Besitz und Luxus verzichtet haben, zusammengefunden haben, ergeben sich auch neue Versorgungsmodelle für alte Menschen. Beim Gastmahl werden die älteren Männer und Frauen von den jüngeren bedient: „Die Ausgewählten sind den andern eifrig und freudig zu Diensten, wie eheliche Söhne ihren Vätern und Müttern; denn sie betrachten die älteren Mitglieder der Vereinigung als ihre gemeinsamen Eltern, die ihnen näher stehen als ihre natürlichen Eltern, da recht gesinnten Menschen nichts näher steht als sittliche Vortrefflichkeit."⁵² Frauen beschäftigen sich wie auch die Männer mit geistigen Tätigkeiten: „(...) sie lesen nämlich die heiligen Schriften und philosophieren in ihrer althergebrachten Philosophie Allegorie treibend (...)" (28) Sie werden von Philo besonders hochgelobt, weil sie sich allein dem Streben nach Weisheit widmeten (vgl. 68). Beim Gottesdienst im Heiligtum sind sie anwesend, allein durch eine niedrige Mauer von den Männern getrennt, damit sie dem Vortrag ungehindert lauschen können (vgl. 31-33). Im Anschluß an gemeinsame Gastmähler bilden sich zwei Chöre, einer von Männern, einer von Frauen, die zunächst abwechselnd, dann gemeinsam singen. Sie singen „die Dankeshymnen auf Gott, ihren Retter, die Männer geleitet von dem Propheten Moses, die Frauen von der Prophetin Mariam" (87f). Auch wenn dieser Bericht nicht die alltägliche Situation jüdischer Gemeinden widerspiegelt, sondern eine Besonderheit darstellen mag, so wird aus ihm jedoch Verschiedenes deutlich: Die Therapeutinnen berufen sich auf die Prophetin Mirjam (Mariam), in ihrer

---

⁴⁸ Vgl. Bernadette J. Brooten 1985, 55.
⁴⁹ Vgl. m Nidda I, 5a; b Nidda 9a-b.
⁵⁰ b Arakhin 19a.
⁵¹ Vgl. b Shabbat 152a.
⁵² Philo von Alexandria, Über das betrachtende Leben oder die Schutzflehenden, 72, Übersetzung von Karl Bormann.

Nachfolge singen sie Lieder mit wichtigen theologischen Inhalten. Dies zeigt, daß prophetische Mirjamstraditionen auch in dieser Zeit noch lebendig waren. Obwohl die Frauen im gemeinsamen Gottesdienst nur schweigend anwesend sind, so widmen sie sich doch täglich der Auslegung philosophischer und biblischer Schriften. Auch wenn ihnen nur ihr (früherer) Reichtum ein Leben in der Gemeinschaft ermöglicht, so bedürfen besonders die älteren Frauen der Versorgung durch jüngere. Die Gemeinschaft hat ein neues Modell entwickelt, das sich nicht mehr an Familienbindungen orientiert, sondern sich auf Achtung und Ehrfurcht vor den Älteren stützt, welche auch alten Frauen zukommen. Sozialgeschichtlich betrachtet, sieht die Situation alter Menschen jedoch weitaus schlechter aus als die bisher genannten Quellen dies vermuten lassen. Wenn sie nicht im Rahmen einer Familie versorgt wurden, waren sie Armut und Not ausgesetzt. Die Gesellschaft versorgte sie mit Almosen und behandelte sie als Teil des gesamten sozialen Problems.[53] „Thus, although old age was orginally invested with strength and majesty, people of the lower strata of society who had lost the support and care of the familiy underwent much suffering, if not humilation, in their old age."[54] In Kriegszeiten und bei Hungersnöten waren sie neben den Kindern diejenigen, die am heftigsten unter der Not litten. Auch bei Josephus dient die Beschreibung ihrer Situation dazu, das Leiden der gesamten Bevölkerung zum Ausdruck zu bringen. Nach der Belagerung Jerusalems durch die Römer und Herodes erobern und verwüsten diese die Stadt. „Weder zarte Kinder, noch gebrechliche Greise, noch schwache Frauen wurden geschont (...) allseitig wüteten die Sieger wie rasend gegen Menschen jedes Alters."[55] Auch Esras bewegende Klage nach der Zerstörung Jerusalems hat besonders die jungen und die alten Menschen im Blick: „Du siehst doch wie (...) unsere Jungfrauen befleckt, unsere Weiber vergewaltigt; unsere Greise verunehrt, unsere Gerechten fortgeführt; unsere Kinder geraubt, unsere Jünglinge zu Sklaven geworden (...)"[56] Das von den Römern eroberte und geschändete Jerusalem wird hier durch die Gestalt einer alten Frau, der alten Zion, repräsentiert, deren Leidensgeschichte ausführlich geschildert wird. Auch in Texten, die nicht direkt konkret über die Leidensgeschichte des Volkes berichten, diese aber im Hintergrund reflektieren, ist von alten Menschen die Rede. Angelehnt an Mi 7,6 werden die Schrecken der Endzeit durch die Mißachtung alter Menschen und der Auflösung familiärer Strukturen beschrieben: „Unmittelbar vor dem Kommen des Messias wird die Frechheit groß werden (...) Knaben werden Alte erbleichen lassen, Alte werden vor den Unmündigen aufstehen. ‚Der Sohn wird den Vater schänden, die Tochter steht gegen ihre Mutter, die Schwiegertochter gegen ihre Schwiegermutter, die Feinde des

---

[53] Vgl. Flavius Josephus, Jüdische Altertümer, II, 15,9. Er schildert die Brotverteilung während einer Hungersnot, alte Menschen werden hier besonders berücksichtigt.
[54] Haim Hillel Ben-Sasson 1978, Sp. 346.
[55] Flavius Josephus, Jüdische Altertümer, II, 14.16, Übersetzung von Heinrich Clementz. Vgl. auch die Beschreibung der Hungersnot, die die Belagerung Jerusalems während des Bar Kochba-Aufstandes auslöste bei Josephus, Geschichte des jüdischen Krieges, V,10.
[56] 4 Esra 10,21-22, Übersetzung von Hermann Gunkel.

Mannes sind die Leute seines Hauses.'"⁵⁷ In 4 Esra steht im Anschluß an die Klage der alten Frau Zion, deren Elend und Not zuvor im Mittelpunkt der Schilderung stand, die Vision des himmlischen Jerusalems. Auch im Buch der Jubiläen wird die Heilszeit im Blick auf das künftige Leben alter Menschen beschrieben, nachdem zuvor ihr Leiden unter der Gewalt, der Israel ausgesetzt ist, thematisiert wurde: „Und es gibt keinen Greis, und es gibt keinen, der der Tage satt ist, denn alle werden Knaben und Kinder sein. Und alle Tage werden sie in Frieden und Freude vollenden und leben."⁵⁸ Aus diesen Beispielen wird deutlich, daß viele nachbiblische jüdische Texte in der eschatologischen Tradition des Ersten Testaments stehen, die sowohl die besondere Not alter Menschen im Blick haben als auch das kommende Heil auf diese beziehen. Das Bekenntnis zum Gott der Gerechtigkeit führt auch hier zu einer besonderen Achtung der alten Menschen als den Schwächsten der Gesellschaft.

4. Aspekte des Alters im hellenistisch-römischen Bereich

Wenn antike Texte aus römisch-hellenistischer Zeit vom Alter sprechen, über diesen Lebensabschnitt philosophisch reflektieren oder die Bedingungen und Konsequenzen beschreiben, die es begleiten, haben sie meist alte Männer aus der Oberschicht vor Augen. Von alten Frauen ist selten die Rede, häufig nur in abwertenden Randbemerkungen. Wenn sie explizit erwähnt werden, dann meist als Objekte von Spott und Verhöhnung. Dieser Befund läßt es angemessen erscheinen, in der Darstellung zwischen der Situation alter Männer und alter Frauen zu unterscheiden. Die Auswahl der Texte soll Grundlinien deutlich machen, die die Darstellungen alter Menschen durchziehen. Die Schwierigkeit der Zusammenstellung besteht darin, daß nur wenige Vorarbeiten in diesem Bereich existieren. Vor allem Bemerkungen über alte Frauen sind eher zufällig in Texten zu finden, die sich mit einem ganz anderen Thema befassen. Hier besteht großer Forschungsbedarf. Die in diesem Abschnitt geäußerten Thesen wären im Einzelfall zu überprüfen. In seiner Vorläufigkeit ist der Befund jedoch durchaus aussagekräftig und systematisch auswertbar.

Alte Männer

Welchen Stellenwert schreiben antike Schriftsteller dem Alter zu?⁵⁹ Wie beschreiben sie alte Männer? Welche Hinweise auf ihre Lebensrealität lassen

---

⁵⁷ m Sota IX,15, Die Mischna, Übersetzung von Hans Bietenhard. Vgl. auch b Hagiga 14a; b Sanhedrin 97a; Jubiläen 23,19.
⁵⁸ Jubiläen 23,28-29, Übersetzung von Klaus Berger.
⁵⁹ Ich beschränke mich in der Darstellung in erster Linie auf die römisch-hellenistische Zeit. Studien zum Thema Alter in der frühgriechischen Dichtung bietet Felix Preisshofen 1977. Preisshofen plädiert dafür, die Vielfalt von Vorstellungen wahrzunehmen, stellt jedoch nicht einmal die Frage nach spezifischen Altersvorstellungen von Frauen, auch wenn er Sappho-Texte behandelt. Eine Fülle von Material bietet die Studie von Bessie E. Richardson 1969. Sozialgeschichtliche Untersuchungen zum Thema Alter habe ich nicht gefunden.

sich ihren Texten entnehmen? Eine Durchsicht der Quellen zeigt, daß es zwei Strömungen in der Darstellung des hohen Lebensalters (begüterter Männer aus der Oberschicht) gibt: Die eine Richtung drückt eine besondere Hochschätzung dieses Lebensabschnittes aus und schreibt alten Männern einen Zuwachs an Würde, Einsicht und Weisheit zu. Die andere Richtung beschreibt alte Männer sehr negativ und betont ihre Schwächen, Defizite und ihren körperlichen und geistigen Verfall.

Eine solche sehr negative Einschätzung des hohen Alters findet sich bei Aristoteles, in der „Rhetorik". Zunächst teilt er das Leben in drei Abschnitte ein: „Die Lebensalter aber sind Jugend, Mannesalter und Greisenalter." (II, 12.1 = 1389a) Hier wird deutlich, daß er nur von Männern spricht, das Alter von Frauen wird nicht thematisiert. Als erstes beschreibt er die Jugendlichen, bei denen er Geschlechtslust, Überschwang, Jähzorn und Leidenschaft als charakteristisch herausstellt und verurteilt. Das Alter von Männern, „die auf dem Höhepunkt ihres Lebens stehen" (II, 14.1 = 1390a), liege zwischen 30-49 Jahren. Sie vereinigten alle Vorzüge und positiven Verhaltensweisen in sich. Das Greisenalter hingegen weise verschiedene ablehnenswerte Züge auf: Alte Männer seien zögerlich, übelwollend, argwöhnisch, von niedriger Gesinnung, geldgierig, feige, unterkühlt, selbstliebend, gleichgültig, geschwätzig, berechnend, boshaft, klagend und schwach (vgl. II, 13.1-16 = 1389b-1390a).

Ovid betont besonders den körperlichen Verfall, den das Alter mit sich bringt: „Schwanden doch die alten Kräfte, der Gesundheit Farbe schwand, kaum daß meine Knochen noch die Haut umspannt, aber kränker als der kranke Körper ist der Geist versenkt, in Leid's Betrachtung, dran er endlos denkt (...) Eine Hoffnung bleibt alleine, die mich tröstet; denn ich meine, bald werd' ich im Tode scheiden und - dann enden meine Leiden."[60] In einem Brief an seine Frau beschreibt er sein Äußeres, das vom Alter gezeichnet ist: „Sieh', schon sprenkelt schlechtes Alter mir das Haupt mit grauen Haaren, und der Greisenfalten Furchen pflügt die Zeit mir ins Gesicht. Lebenskraft und Jugendstärke schwanden dem gequälten Leibe. Und die Scherze, die den Jüngling einst ergetzten, tun's nicht mehr. Sähst du plötzlich mich erscheinen, möchtest du mich kaum erkennen: So gewaltig ist gebrochen mir das Alter, mir die Kraft."[61]

Als ein Beispiel für die besondere Hochschätzung des Alters möchte ich Ciceros Schrift „Cato der Ältere: Über das Greisenalter" etwas ausführlicher darstellen.[62] Cicero ist zur Zeit der Abfassung etwa 62 Jahre alt, gehört also selbst zu den alten Männern, über die er schreibt (vgl. I.2).[63] Er legt diese Rede dem von ihm hochgeschätzten Cato dem Älteren in den Mund, dessen

---

[60] Ovid, Tristien 6, Übersetzung von J.M. Stowasser.
[61] Ovid, Aus den Briefen vom Pontus Euxinus, 1. An seine Frau, Übersetzung von J.M. Stowasser.
[62] Alle Zitate aus diesem Werk stammen aus der Übersetzung von Ernst von Reusner.
[63] Cicero wurde 106 v.Chr. geboren und 43 ermordet. Cato lebte von 234-149, Cicero legt sein Werk, das er 44 veröffentlichte, in das Jahr 150 v.Chr., in dem Cato 84 Jahre alt gewesen wäre.

Alter er mit 84 Jahren angibt (vgl. X.32). Auf die Frage, wie er es schaffe, das Alter so leicht zu ertragen, hält Cato den nachfolgenden Monolog, in dem er auf zeitgenössische und überlieferte philosophische Betrachtungen eingeht und eigene Anschauungen darbietet. Er nennt vier Gründe, die für viele seiner Altersgenossen das Alter elend erscheinen ließen: „erstens, weil es ein tätiges Leben verwehre, zweitens, weil es den Körper schwäche, drittens weil es uns fast aller Vergnügen beraube, viertens, weil es nicht mehr weit sei vom Tod." (V.15) Auf diese vier Argumente geht er im weiteren ein und stellt seine Sichtweise dar:[64]

1. Von einem tätigen Leben halte das Alter nicht ab. Denn nicht durch Kraft oder körperliche Behendigkeit und Schnelligkeit würden große Leistungen vollbracht, „sondern durch besonnenen Rat, das Gewicht der Person, gereiftes Urteil: Eigenschaften, die im Alter nicht verlorenzugehen, sondern noch zuzuwachsen pflegen." (VI.17) Das Greisenalter sei deshalb nicht als schlaff und untätig anzusehen, sondern sei „vielmehr geschäftig und immer irgendwie tätig und betriebsam" (VII.26). Er berichtet von Solon, der von sich gesagt habe, „täglich etwas hinzulernend werde er alt." (VII.26) Auch Cato selber habe noch in hohem Alter Griechisch gelernt. Mit philosophischer Gelassenheit und Einsicht in den naturbedingten Ablauf des Lebens passe sich der Weise an den Abschnitt des hohen Alters an: „Das Leben hat seine bestimmte Bahn, und es gibt nur einen Weg der Natur, und der ist einfach; und jeder Lebensabschnitt hat seine Zeit zugemessen bekommen: die Schwäche der Kinder, die Wildheit der Jugend, der Ernst des Mannesalters, und die Reife des Greisenalters haben etwas Naturgemäßes, das zu seiner Zeit ergriffen sein will." (X.33)

2. Auch wenn das hohe Alter von einem Nachlassen der Körperkräfte begleitet sei, so bedeute dies doch keinen großen Verlust. Das Alter und seine Gebrechen könnten gut durch eine von Mäßigkeit geprägte Lebensweise ausgeglichen werden: „Rücksicht nehmen auf seinen Zustand, mit Maßen den Körper üben, und man darf nur soviel Speise und Trank zu sich nehmen, daß die Kräfte ersetzt, aber nicht erstickt werden." (XI.36) Auch sollten Geist und Seele aktiv gehalten werden. Albernheit und Schwachheit, Kennzeichen alter Männer, über die die Komödie zu lachen pflege, seien lediglich bei leichtfertigen Greisen zu finden, die diese Übungen vernachlässigten (vgl. XI.36).[65]

3. Die schwindende Lust auf sinnliche Genüsse beschreibt Cato sogar als großen Vorzug. Wenn die Lust des Körpers die Oberhand gewönne, sei für Selbstbeherrschung kein Platz mehr (vgl. XII.39). Das vorrückende Alter besänftige alle Leidenschaften. Er zitiert Sophokles, von dem jemand wissen wollte, ob er in seinem hohen Alter noch der Liebe pflege. Dieser sagte: „Gott bewahre! Wahrlich mit Freuden bin ich davor geflohen wie vor einem rohen

---

[64] In der Darstellung lehnt sich Cicero eng an Platons Ausführungen über das Alter an und zitiert diesen häufig. Vgl. Platon, Der Staat, I, 1-4 (327a-330d). Hier ist es der alte Kephalos, der Sokrates gegenüber die Vorzüge des Alters darlegt.

[65] Vgl. auch Cicero, Laelius über die Freundschaft, 100: „Denn auch in den Theaterstücken spielen unvorsichtige und leichtgläubige alte Männer die törichtste Rolle." Übersetzung von Horst Dieter und Liselot Huchthausen.

und rasenden Herrn." (XIV.47) Cato schließt sich diesem an und preist den Verzicht auf die sinnlichen Freuden, die er lieber in Maßen und aus der Ferne zuschauend genieße (XIV.49): „(...) so ist nichts erfreulicher als das von Verpflichtungen freie Alter." Ein in Ruhe, in Lauterkeit und edlem Stil geführtes Leben auf dem Lande bereiteten ihm größte Freuden (vgl. XV.51-XVII.60). Sie bedeuteten Erholung und Lust seines Lebens. Die philosophische Betrachtung der natürlichen Prozesse des Ackerbaus, des Wachsens und Reifens beschreibt er als dem Weisen angemessene Tätigkeiten. Vogelfang und Jagd seien die Beschäftigung in müßigen Stunden. „Die Krone des Alters aber ist das Ansehen." (XVII.60) Im Alter genieße besonders derjenige, der Ehrenämter bekleide, ein Ansehen, das mehr wert sei als alle Sinnenfreuden der Jugend. Das frühere ehrenhaft geführte Leben begründe dieses Ansehen und den Wert des alten Mannes (vgl. XVIII.62). In der Öffentlichkeit würden alten Männern nach alten Bräuchen viele Ehren zuteil: „daß man uns grüßt, uns die Hand küßt, uns Platz macht, vor uns aufsteht, uns zu Hause abholt und nach Hause geleitet, uns um Rat fragt." (XVIII.63) Natürlich gäbe es auch mürrische, mißtrauische, schwer zufriedenzustellende, geizige alte Leute, jedoch seien ihre Verhaltensweisen nicht auf das Alter zurückzuführen, sondern auf Fehler des Charakters. Ein Leben, das durch die Orientierung an edlen Sitten und Bildung geprägt sei, ließe solche nicht zu (vgl. XVIII.65).
4. Das Nahen des Todes sieht er nicht als Grund für die Abwertung des hohen Lebensalters. Bereits „von Jugend auf sollte man mit dem Gedanken vertraut sein, daß uns der Tod nicht kümmern darf; sonst nämlich kann niemand Ruhe des Gemüts bewahren." (XX.74) Wer genug gewirkt habe, sei vom Leben gesättigt: „So bringt das Gefühl, daß man genug gelebt hat, die Zeit herbei, wo man für den Tod reif ist." (XX.76)
Das Bild des Alters, das Cicero hier schildert, trifft wohl nur für einen sehr kleinen Teil der männlichen Bevölkerung zu. Cato antwortet auf die Frage, ob er sein Alter nicht nur deshalb so leicht ertrage, weil er reich sei, daß dies zutreffe: „Denn bei sehr großer Armut kann das Alter nicht leicht sein, nicht einmal für einen Weisen; dem Unweisen aber muß es selbst bei dem höchsten Überfluß eine Last sein." (III.8) Gepriesen wird der pater familias, der auch im hohen Alter noch die Herrschaft über seinen Haushalt führt: „Er behauptet nicht nur sein Ansehen, sondern auch das Kommando über die Seinen: Die Sklaven fürchteten, die Kinder achteten, alle liebten ihn, in seinem Haus blühten Sitte und Zucht der Väter." (XI.37)[66] Auch in der idyllischen Beschreibung des Landlebens wird deutlich, daß hier der Hausherr spricht, der die Feldarbeit der SklavInnen und ArbeiterInnen überwacht. Ihre Arbeit bleibt unsichtbar, wenn Cato über die schöpferische Kraft der Natur philosophiert, die die Samen „in ihren gelockerten und vom Pflug aufgebrochenen Schoß aufnimmt." (XV.51) Die schwere und verschleißende körperliche Arbeit tun andere, ihm bleibt Zeit zum Jagen, Würfelspielen und dazu, in der Sonne zu

---

[66] Zur Organisation des patriarchalen Haushaltes vgl. Jochen Martin 1986.

sitzen (vgl. XVI.56-58), seine Ernährung ist gesichert und ausgewogen (vgl. XI.36).
Die Möglichkeiten reicher und gebildeter alter Männer, sich allein geistigen Beschäftigungen zuwenden zu können, werden auch in Ciceros Ausführungen zum Verhältnis von jungen und alten Männern deutlich: „Einem jungen Menschen also kommt es zu, Älteren Achtung entgegenzubringen, aus deren Mitte die besten und bewährtesten zu erwählen und auf ihren Rat und ihr Ansehen zu bauen. Die Unerfahrenheit des Jugendalters muß nämlich durch die Lebensklugheit des Alters reguliert und gelenkt werden (...) Ältere Leute hingegen dürfen meines Erachtens körperliche Anstrengungen einschränken, die geistige Tätigkeit jedoch sollten sie noch steigern. Sie müssen sich allerdings bemühen, durch ihren Rat und ihre Klugheit den Freunden, der Jugend und vor allem dem Staat größtmögliche Dienste zu leisten."[67] Noch arbeitstätige alte Männer werden mit Unwillen betrachtet: „Schau Dich nach jedem einzelnen um: Begegnen werden Dir Greise, die sich jetzt mehr denn je mit dem Gedanken an Amtsbewerbung, Auslandsreisen und Geschäftemachen tragen. Was ist abstoßender als ein Greis, der zu leben *beginnt*?"[68] Lediglich hohe Verschuldung kann solches Tun rechtfertigen. „Cato sagte zu einem Greis, der durch seinen Lebenswandel Anstoß erregte: ‚Mein Lieber, wozu lädst du dem Alter, das schon mit Unglück genug beladen ist, noch die Last der Schande auf?' Deshalb hüte dich, auf die Armut mit all ihrer Not durch Borgen und Schuldenmachen auch noch neue Bedrängnisse zu häufen, und raube der Armut nicht das einzige Gut, das sie vom Reichtum unterscheidet, das sorgenfreie Herz (...) ‚Wovon soll ich leben?', so magst du fragen und hast doch Hände, Füße und eine Stimme und bist ein Mensch, der lieben und geliebt werden, Wohltaten spenden und dankbar empfangen kann. Du kannst Unterricht geben, Kinder erziehen, als Türhüter, Seemann oder Schiffer dein Brot verdienen. Was es auch sein mag, es ist nichts so kränkend wie das Wort zu hören: ‚Bezahle deine Schuld!'"[69] Vom „sorgenfreien Herzen" der Armen kann wohl nur der sprechen, der nicht zu ihnen gehört!
Wie sieht nun die Lebensrealität armer, alter Männer aus? In einem Brief Senecas wird der Unterschied zwischen dem Hausherrn und dem Arbeiter sehr deutlich.[70] Seneca reflektiert in diesem Brief an Lucilius über die Anzeichen des hohen Alters, die er an sich selbst entdeckt.[71] Er beschreibt, wie er zu seinem Landhaus kommt, dessen Bau er selbst überwacht habe und das nun langsam verfalle. Dann berichtet er über die Begegnung mit dem alten Türste-

---

[67] Cicero, Pflichtenlehre, 1.Buch 122-123. Übersetzung von Horst Dieter und Liselot Huchthausen. Vgl. dazu auch die Ausführungen Ciceros zur Leitung des Staates durch die Ältesten, den Senat, in: Der Staat, 2.Buch 50.
[68] Seneca, Briefe an Lucilius über die Ethik, 2.Buch, 13.Brief 17. Übersetzung von Franz Loretto.
[69] Plutarch, Vom Schuldenmachen 6. Übersetzung von Wilhelm Ax.
[70] Seneca, Briefe an Lucilius über die Ethik, 1.Buch, 12.Brief. Alle Zitate stammen aus der Übersetzung von Franz Loretto.
[71] Seneca lebte von 4 v.Chr. - 65 n.Chr.

her: „Zur Haustür gewandt: ‚wer ist dieser da', fahre ich fort, ‚dieser altersschwache Mensch, den man mit Recht an den Eingang gesetzt? Er schaut nämlich zur Tür heraus. Wo hast Du den her? Was für ein Vergnügen hattest Du daran, eine fremde Leiche aufzulesen?' Doch jener sagte: ‚Erkennst Du mich nicht? Ich bin Felicio, dem Du oft Tonfigürchen brachtest; ich bin des Verwalters Philositus Sohn, Dein kleiner Liebling.' ‚Vollkommen verrückt ist er', erwidere ich; ‚ein Bübchen, sogar mein Liebchen ist er geworden? Durchaus möglich: Die Zähne fallen ihm gerade aus.'" (12.3) Auch wenn Seneca mit der Verspottung des alten Türstehers seinen eigenen Verfall selbstironisch reflektieren möchte, so wird hier doch Verschiedenes deutlich: 1. Der körperliche Verfall ist hier Objekt des Spottes und Hohnes. 2. Die Zeichen des Alters sind bei einem Mann, der sein Leben lang körperlich gearbeitet hat, weiter fortgeschritten. Seneca erkennt den früheren Gefährten nicht mehr, diesem fallen bereits alle Zähne aus. 3. Arme alte Männer müssen auch weiterhin arbeiten, in diesem Fall als Türsteher.

Generell wird bei der Durchsicht römisch-hellenistischer Literatur deutlich, daß sie kein großes Interesse an der Darstellung der Lebensrealität alter Menschen hat. Arbeitende und arme alte Männer kommen so gut wie nicht vor oder nur als Objekte der Verhöhnung. Hingegen spricht die Sorge um den eigenen körperlichen Verfall aus verschiedenen Texten. Das Altern des Körpers wird mit Sorge und Resignation beschrieben. Bildliche Darstellungen alter Menschen weisen einen ähnlichen Befund auf. Paul Zanker zeigt, daß Künstler des frühen Hellenismus häufig Alte, Kranke, halbverhungerte und verkrüppelte Körper darstellten.[72] Sie dienten als Objekte der Verspottung, über die gelacht werden sollte. In späterer Zeit, die durch den Verfall alter Polisnormen geprägt war, sei ein besonderes Interesse an körperlichen Einzelheiten hinzugekommen. Zanker deutet dies als (unbewußten) Versuch der Beruhigung und Ablenkung von der Sorge um die eigene Existenz und Hinfälligkeit. „Häßliche, kranke und durch fortgeschrittenes Alter hinfällig gewordene Körper waren täglich erlebte Wirklichkeit, die man nicht wie früher mit den alten Leitbildern der ‚Kalokagathia' verdrängen konnte (...) Aber man konnte diese eigene Erfahrung eben nur an den Ausgegrenzten zeigen." (66) Ich möchte an dieser Stelle nicht weiter auf die Darstellung und Beschreibung alter Männer und ihrer Lebensrealität eingehen, sondern mich im weiteren alten Frauen zuwenden. Sie gehören zu den in besonderem Maße Ausgegrenzten und Verspotteten.

Alte Frauen

Die Untersuchung hellenistisch-römischer Literatur hat gezeigt, daß Quellen, die philosophisch-theoretisch über das Alter reflektieren, in bezug auf die Frage nach der Lebensrealität alter Frauen wenig ergiebig sind. In ihnen spiegelt sich die Haltung der wenigen reichen und gebildeten Männer der Ober-

---

[72] Vgl. Paul Zanker 1989, 62.

schicht, die sich, wenn sie andere ältere Menschen beschreiben, lediglich über diese lustig machen wollen. Und doch gibt es in Randbemerkungen einige wenige Hinweise auf alte Frauen. Desweiteren können auch aus verspottenden Beschreibungen Rückschlüsse auf die Wirklichkeit gezogen werden, wenn auch vorsichtig und in sehr beschränktem Maße. Der folgende Überblick erhebt keinerlei Anspruch auf Vollständigkeit, er soll lediglich einen kleinen Einblick in die Lebensrealität alter Frauen in der Antike ermöglichen. Aus feministischer Perspektive besteht hier weiterer Forschungsbedarf.[73] Im Hintergrund der folgenden Ausführungen stehen vor allem zwei Fragen: 1. Wie werden alte Frauen bewertet? 2. Wovon leben sie?
Susanne Pfisterer-Haas kommt in ihrer Untersuchung der Darstellung alter Frauen in der griechischen Kunst zu folgendem Ergebnis: „Die ideale Frau - und dies gilt für die Gattin ebenso wie für die Hetäre - ist jung und schön. Zu diesem Ideal gibt es nur ein Gegenbild, das Alter, Häßlichkeit und Fettleibigkeit aber auch Eigenschaften wie Geilheit, Trunksucht oder Zauberei, beinhalten kann (...) Alter wird in der gesamten griechischen Kunst nie wertneutral wiedergegeben. Man verbindet damit immer eine über die Kenntlichmachung des hohen Lebensalters hinausgehende Aussage, welche gerade bei Frauen zumeist negativ ausfällt." (1) Auch sie plädiert für eine nach Geschlechtern getrennte Untersuchung der Darstellung des Alters, weil Frauen mehr noch als Männer an dem gängigen Schönheitsideal gemessen würden. „Bei der Frau wird Alter deshalb meist immer mit einer negativen Aussage verbunden." (3) Sie führt aus, daß es für den antiken Betrachter kaum eine Rolle spielte, ob er eine alte Bürgerin oder alte Prostituierte vor Augen hatte. „Ihm war es am wichtigsten, daß er über die bekannten Topoi, wie Geilheit, Häßlichkeit, Geschwätzigkeit und die Zaubereien alter Frauen lachen konnte." (5) Sie zeigt anhand vieler Beispiele, daß die Darstellungen verschiedener Frauen - Bürgerinnen, Ammen, Priesterinnen und Hetären - in weiten Teilen dem Frauenbild der zeitgenössischen Literatur und Komödie entsprechen. Über alte Frauen soll gelacht werden, alt und häßlich gelten als synonyme Eigenschaften. Für die Zeit des Hellenismus stellt Susanne Pfisterer-Haas allerdings fest, daß es kaum mehr Darstellungen alter Frauen gibt. Die Schilderung allgemeingültiger Charaktere sei mehr in den Mittelpunkt des Interesses getreten. Bei alten Männern sei verstärkt auf Erfahrung und Weisheit Wert gelegt worden. „Da solche Eigenschaften für Frauen nicht als rühmenswert galten, gab es auch keinen Grund, sie auf einem repräsentativen Monument mit Alterszügen auszustatten." (99)

[73] Literatur über alte Frauen in der Antike gibt es kaum. In Untersuchungen über alte Menschen kommen sie nur am Rande oder gar nicht vor. Vgl. D.G. Harbsmeier 1968; Bessie E. Richardson 1969; Felix Preisshofen 1977. Lediglich zur Darstellung alter Frauen in der griechischen Komödie gibt es eine eigene Untersuchung, vgl. Hans Georg Oeri 1948. Speziell mit der Darstellung alter Frauen in der griechischen Kunst beschäftigt sich die Studie von Susanne Pfisterer-Haas 1989, vgl. auch Paul Zanker 1989.

Die Arbeit von Susanne Pfisterer-Haas gibt detailliert Auskunft darüber, wie alte Frauen angesehen wurden.[74] Ungeachtet der Herkunft und des Berufes werden sie zu Objekten des Spottes und der Verhöhnung. Dies unterscheidet sie von den Männern, bei denen zumindest die reichen und gebildeten noch als weise und würdig betrachtet werden konnten. Diese Einschätzung steht in engem Zusammenhang mit der Bewertung von Frauen insgesamt. An jungen Frauen wird ihre Schönheit und Sittsamkeit gerühmt, ihre Gebärfähigkeit steht im Interesse des Ehemannes wie des Staates. Im Alter sind sie aus patriarchaler Sicht ohne Nutzen und Wert, auch als Sexualobjekt sind sie nicht mehr interessant. „Ganz am Ende unseres Spektrums steht die Hetäre, für die fortgeschrittenes Alter der Natur der Sache entsprechend ausschließlich negativ konnotiert ist, sie hat in diesem Zustand eigentlich ihre Daseinsberechtigung verwirkt." (100) Aus diesem Grund möchte ich als erstes die Darstellung und Lebensrealität alter Prostituierter näher in den Blick nehmen. An ihnen wird strukturell deutlich, welchen Stellenwert alte Frauen generell in einer patriarchalen Gesellschaft innehaben.

Alte Prostituierte

Susanne Pfisterer-Haas zeigt, daß die bildliche Darstellung alter Prostituierter verschiedene Stereotype beinhaltete:
Ihre Geschlechtsorgane sind betont, Brüste hängen herab, Falten werden hervorgehoben (vgl. 48). Dies habe besonders dazu gedient, den Kontrast zu den Jünglingsfiguren deutlich zu machen, die mit ihnen dargestellt werden. Häufig abgebildet werde die Praxis der Fellatio, die besonders von alten Frauen ausgeübt wurde[75] (siehe Abbildung 1). Daneben gibt es eine Reihe halbverhüllter Frauen, deren schwere Brüste dennoch zu erkennen seien. „Die Methode, körperliche Reize nur unvollständig zu verhüllen, um sie noch reizvoller erscheinen zu lassen, kennt die Alte noch aus besseren Zeiten; daß sie sie auch im Alter nicht lassen kann, machte ihren Anblick für den Zeitgenossen ungeheuer komisch." (58) Weit verbreitet sei auch der Topos der Trunksucht, der in Form eines Trinkgefäßes angedeutet werde.[76] Es stellt sich nun die Frage, inwieweit diese Darstellung der Realität alter Prostituierter entsprach. „Wenn auch die Charakterisierung der Komödienalten und ihre Umsetzung in Ton sicherlich stark überzeichnet ist, so muß es im realen Leben doch Vorbilder für die dicken erschlafften Leiber, die sich nur mit dünnen Stoffen verhüllten, für das

---

[74] Ihre Ergebnisse lassen sich größtenteils auch auf den römischen Bereich übertragen.
[75] Vgl. auch Anth. Gr. V 38 (37): „Ist sie noch jung, dann umarmt sie mich süß; und ist's eine Alte, nun, auch die Runzlige kann, Simylos, eins noch: sie leckt." Übersetzung von Hermann Beckby. Auch Carla Corso 1993, 115, berichtet davon, daß es heute in erster Linie alte Prostituierte sind, die oralen Verkehr zulassen: „Im allgemeinen sind das die älteren, die nicht mehr so gefragt sind. Und weil Oralverkehr ja zum Gefragtesten gehört, haben sich die älteren Kolleginnen wohl darauf spezialisiert."
[76] Vgl. dazu auch Paul Zanker 1989.

übermäßige Schminken und die Trunksucht gegeben haben."[77] Welche Frauen arbeiten als Prostituierte? Wie leben alte Prostituierte? Wie verdienen sie ihren Lebensunterhalt? Untersuchungen zur wirtschaftlichen Situation in der Antike zeigen, daß Frauenarbeit für das Überleben armer Familien, die den größten Teil der Gesellschaft ausmachten, notwendig war.[78] Der Verdienst eines männlichen Tagelöhners (in Mt 20,1-16 im Gleichnis von den Arbeitern im Weinberg wird ein Silberdenar als Tagesverdienst genannt) reichte allein nicht aus, um eine Familie ernähren zu können. Die Lohnarbeit von Frauen und Kindern, die noch viel schlechter bezahlt wurde als die der Männer, gehörte zum Alltag. Eine eigenständige Existenz ist für Frauen z.B. mit dem Lohn einer Weberin, eines typischen Frauenberufes, kaum möglich gewesen. Der Verdienst reichte kaum für die Nahrung, das Webschiff galt als „Werkzeug des Hungerberufs".[79] Viele Epigramme der Anthologia Graeca berichten von der besonderen Armut dieses Berufes und von Weberinnen, die sich zusätzliches Geld als Prostituierte verdienen.[80] Renate Kirchhoff zeigt in ihrer Studie zur Situation von Prostituierten im 1. Jahrhundert, daß dieser Beruf zum antiken Alltag gehörte. Prostitution wirkte sich geschäftsfördernd in verschiedenen Bereichen aus und war ein Teil der Arbeit von Frauen in Gaststätten, bei Handwerkern und Händlern. Daneben gab es Prostituierte in Bordellen und auf der Straße. Auch in der Ehe war Prostitution kein Scheidungsgrund, Wirte z.B. ließen sogar die eigenen Frauen und Kinder bei sich arbeiten.[81] Für arme Frauen stellte ihr Körper häufig den einzigen Wert dar, den sie als Ware anbieten konnten. Prostitution ist in diesem Zusammenhang als besonderer Ausdruck weiblicher Armut zu verstehen.[82] Die meisten Frauen, die als Prostituierte arbeiteten, waren Sklavinnen oder Freigelassene, unter ihnen viele Ausländerinnen.[83]
Die Lebensrealität alter Prostituierter war durch nachlassende Attraktivität für Männer und damit verbundener geringerer Bezahlung, Krankheit und Armut gekennzeichnet. „Prodike, sagte ich's nicht: ‚Wir altern'? hab ich nicht längst dir schon prophezeit: ‚Bald kommt's, was dir die Liebe verwehrt'? Nun - ? Jetzt hast du Runzeln, grau schimmern deine Haare, dein Körper ist verfallen, und kein Reiz mehr umspielt deinen Mund. Redet noch jemand dich an, du Stolze? Schmeichelt dir jemand? Bittet noch einer (...)? Man flieht wie vor

---

[77] Susanne Pfisterer-Haas 1989, 67.
[78] Vgl. Luise Schottroff 1994, 139-144.
[79] Vgl. Anth. Gr. VI 47.
[80] Vgl. z.B. Anth. Gr. VI 47; VI 283; VI 284; VI 288. Vgl. auch Lukian, Hetärengespräche 6.
[81] Vgl. Renate Kirchhoff 1994, 42-53.
[82] Vgl. Regene Lamb/Claudia Janssen 1995. In diesem Zusammenhang ist es mir wichtig, darauf hinzuweisen, daß die Situation von Prostituierten in Deutschland in weiten Teilen eine andere ist. In der Hurenbewegung organisierte Frauen wehren sich gegen die Zuschreibung der Opferrolle und betonen ihre Eigenständigkeit und Unabhängigkeit, die ihnen ihr Beruf gewährt. Vgl. dazu z.B. Christine Drössler 1992.
[83] Vgl. Renate Kirchhoff 1994, 48.

dem Grabe vor dir."[84] Bis ins hohe Alter arbeiteten Frauen in diesem Beruf.[85] Falten, Runzeln, graues Haar, ausgefallene Zähne und nachlassende Schönheit werden vielfach beschrieben.[86] Aus den mitleidlosen Schilderungen wird deutlich, wie schwer das Überleben für alte Prostituierte gewesen ist. „Toll hat sie früher sich mal im Reiche der Frauen gebärdet, keck und prickelnd zum Klang goldener Klappern getanzt. Heut hat Alter und Krankheit sie grausam gepackt, und die Freier, die voll Flehen dereinst zu ihrem Antlitz geeilt, fahren voll Schauder zurück (...) Es trat der Mond in Eklipse, und eine Konjunktion findet fürder nicht statt."[87] Die Prostituierte, über die das Epigramm spricht, hat früher als Tänzerin gearbeitet, in einem Beruf, zu dem sexuelle Dienste selbstverständlich dazugehörten. Nun von Alter und Krankheit gezeichnet, findet sie keine Freier mehr, die ihren Unterhalt bezahlen. Gerade von Frauen, die in Gaststätten arbeiteten, wurde verlangt, daß sie mit den Kunden tranken und sich an den Gelagen beteiligten.[88] Alkoholismus kann in diesem Zusammenhang als typische Berufskrankheit verstanden werden. Das gängige Motiv der „trunkenen Alten" ist auf diesem Hintergrund auch als Beschreibung der Realität vieler alter Frauen zu bewerten[89] (siehe Abbildung 2).

Zusammenfassend läßt sich sagen, daß die Prostitution alter Frauen in der Antike nicht ungewöhnlich war. Wenn sie nicht einen Liebhaber fanden, mit dem sie auf Dauer als Konkubine zusammenlebten, oder eine eigenständige Existenz vorzogen, waren sie gezwungen, bis zu ihrem Lebensende auf der Straße oder in Bordellen zu arbeiten.[90] Ein weiterer Weg, der alten Prostituierten offenstand, war der, als Kupplerin oder Bordellmutter zu arbeiten. Demosthenes berichtet in dem Prozeßbericht „Gegen Neaira" von Nikarete, einer Freigelassenen, die auf einem SklavInnenmarkt junge Mädchen kauft, diese aufzieht und als Prostituierte für sich arbeiten läßt.[91] Die antike Literatur kennt viele Beispiele, in denen Verwandte, häufig die eigenen Mütter, ihre Töchter zur Prostitution anhalten, um ihr Überleben zu gewährleisten.[92] Eigene Kinder

---

[84] Anth. Gr. V 21. Übersetzung von Hermann Beckby.
[85] Anth. Gr. V 13 berichtet von einer 60jährigen Frau, Lukian, Hetärengespräche 11 von einer 45jährigen. Vgl. auch Aristophanes, Ekklesiazusai 1. Akt 2. Szene; Anth. Gr. XI 256.
[86] Vgl. z.B. Anth. Gr. V 21; V 27; V 271; V 273; XI 66; Lukian, Hetärengespräche 11; Martial, Epigramme, 4.
[87] Anth. Gr. V 271. Übersetzung von Hermann Beckby.
[88] Vgl. z.B. Demosthenes VI, Gegen Neaira, 59,33: „Er behandelte sie ohne Anstand oder Zurückhaltung, nahm sie überall mit hin zu Gastmählern, auf denen es Trinkgelage gab und machte sie zu seiner Partnerin beim Schmaus, und er hatte mit ihr öffentlich Geschlechtsverkehr, wennimmer und woimmer er es wollte."
[89] Vgl. Iwan Bloch 1912, 343. Vgl auch Paul Zanker 1989, der in seiner ausführlichen Untersuchung der Skulptur der „trunkenen Alten" belegt, daß es sich um eine alte Prostituierte handelt. Vgl. Anth Gr. VII 353. 384. 455. 457; XI 750.
[90] Vgl. Carola Reinsberg 1993, 160.
[91] Vgl. Demosthenes VI, Gegen Neaira, 59,18ff. Zu Nikarete vgl. auch Regene Lamb/ Claudia Janssen 1995. Vgl. auch Aristophanes, Thesmorphoriazusai, 5.Szene.
[92] Vgl. z.B. Lukian, Hetärengespräche 3; 6; 7. Dazu vgl. auch Sarah Pomeroy 1985, 136; Hans Georg Oeri 1948, 26-27.

als Stütze des Alters aufzuziehen und diese zu ernähren, war allerdings für schlecht bezahlte Prostituierte nicht einfach, ihr Verdienst reichte häufig nur knapp für das eigene Auskommen bei stabiler Gesundheit. Empfängnisverhütung und Abtreibung bzw. das Aussetzen von Kindern war deshalb bei Prostituierten üblich.[93] Einige alte Frauen fanden ihr Auskommen als Zauberinnen oder Kräuterfrauen, die Liebestränke herstellten oder andere Liebeszauber boten, aber auch Abtreibungen vornahmen.[94]

Weitere Berufe alter Frauen

Aus den Ausführungen über alte Prostituierte ist deutlich geworden, daß alte Frauen bis an ihr Lebensende Lohnarbeit verrichten mußten oder als Sklavin arbeiteten, um überleben zu können - es sei denn sie gehörten zu den wenigen reichen und einflußreichen Frauen, die im öffentlichen Leben aktiv waren und von ihrem Vermögen lebten.[95] Anhand von Texten, die alte arbeitende Frauen erwähnen, möchte ich zeigen, in welchen Berufen sie tätig waren:
1. Ammen: Hier ist zu unterscheiden, ob es sich um eine Frau handelt, die ein Kind stillt, die *tithe*,[96] oder um eine Kinderfrau und Vertraute, die *trophos* genannt wird.[97] Über Begleiterinnen und Vertraute, die bis ins hohe Alter bei ihren Zöglingen lebten und als Anstandsdame wirkten, gibt es eine Reihe von Belegen.[98] In hellenistischer Zeit traten allerdings Veränderungen ein, kurzfristig angestellte Lohnammen wurden üblich.[99] (siehe Abbildung 3-5)
2. Hebammen: Die gesamte medizinische Praxis der Gynäkologie lag in den Händen von geburts- und heilkundigen Frauen. Nach Angaben Platons waren dies vor allem alte Frauen, das macht Sokrates in einem Gespräch mit Theaitetos deutlich: „Du weißt doch, daß keine Frau, die selbst noch empfangen und gebären kann, bei anderen Hebammendienste leistet, sondern nur solche, die nicht mehr gebären können. (...) denen, die ihres Alters wegen nicht mehr gebären können, verlieh sie (Artemis, C.J.) dieses Amt und ehrte damit deren Ähnlichkeit mit sich selbst."[100]

[93] Vgl. Iwan Bloch 1912, 345.
[94] Vgl. z.B. Lukian, Hetärengespräche 4, Anth. Gr. IX 263; Tibull, 1.Buch: Delia, 7.
[95] Tacitus, Annalen, erwähnt eine Reihe alter, wohlhabender und einflußreicher Frauen: Livia (Iulia Augusta), die Mutter des Kaisers Tiberius, war Mitregentin und bis ins hohe Alter politisch aktiv (vgl. I,14; IV, 8. 57; V, 1). Weitere Frauen: Aemilia Musa (vgl. II,48); alte Ratgeberinnen (vgl. IV,40); Octavia (IV,75); Urgulania (vgl. II,34).
[96] Stillende Ammen sollten nach Angaben des griechischen Arztes Soranus zwischen 20 und 40 Jahren alt sein.Vgl. Soranus, Gynäkologie, II,19, 20.
[97] Vgl. Susanne Pfisterer-Haas 1989, 16ff. Sie bietet auch eine Beschreibung der Darstellungen von Ammen in der griechischen Kunst. Material über Ammen in der griechischen Literatur bietet Bessie E. Richardson 1969, 45-17.
[98] Vgl. Anth Gr.V 106. 294; VII 385. 458; Tibull, 1.Buch: Delia, 2.
[99] Vgl. Susanne Pfisterer-Haas 1989, 46. Ein ägyptischer Ammenvertrag aus griechischer Zeit ist bei Joachim Hengstl 1978, 190-193, abgedruckt.
[100] Platon, Theaitetos, 6. Vgl. auch Terenz, Andria, 1.Akt, 4.Szene.

3. Weberinnen: Über eine alte Weberin, die bis zu ihrem Tode gearbeit hat, berichtet die Anthologia Graeca: „Oft hat Platthis, die Alte, den Schlummer des Abends und Morgens sich vertrieben und hat so sich der Armut erwehrt. Fröhlich sang sie ein Liedchen bei Rocken und helfender Spindel, ob sie auch nahe dem Tor bleichenden Alters schon stand. Fröhlich sang sie am Webstuhl, indes sie im Schutz der Grazien bis zum Morgen die Bahn Pallas Athenes durchlief oder mit zitternder Hand am zitternden Knie den Faden, der für den Webstuhl genügt, nicht ohne Anmut gespult. Erst im achzigsten Jahr gewahrte sie Archerons Wasser, Platthis, die gute, die gut ihre Gewebe gewirkt." (VII 726)

4. Tägelöhnerinnen und Feldarbeiterinnen: Daß alte Frauen noch in der Landwirtschaft tätig waren und sich als Tagelöhnerinnen verdingten, berichtet ebenfalls die Anthologia Graeca: „Hunger und Nöten zu wehren, ging Niko, die Alte, mit ihren Töchtern zusammen hinaus, Ähren zu lesen im Feld. Tödlich traf sie der Hitzeschlag. Da häuften die helfenden Mädchen holzlos zu flammenden Stoß Halme und Ähren ihr auf (...)" (IX 89)

Den Stab als Zeichen des Alters und ihrer Krankheit kann eine alte Frau nach ihrer Heilung zurücklassen, sie hat ihre Arbeitskraft zurückerhalten: „Die alte Tagelöhnerin, an Füßen lahm, kam auf die gute Kunde von des Wassers Kraft dereinst hierher gehumpelt mit dem Eichenstock, der treulich der Verkrüppelten die Stütze war. Mitleid ergriff die Nymphenschar (...) Und plötzlich hatten ihre Beine sich durch Ätnas warmen Quell gestärkt und waren heil. Da ließ den Nymphen sie den Stock; der Gabe froh, gewährten diese ihr, stablos nach Haus zu gehen." (VI 203)

5. Sklavinnen, Dienerinnen: Häufig wird lediglich in Nebenbemerkungen erwähnt, daß Getränke oder Speisen von alten Frauen gereicht werden. „Laertes lebte zwanzig Jahre lang in der Einsamkeit des Landes, und die greise Schaffnerin sorgte, daß Essen und Trinken ihm nicht mangele."[101]

6. Priesterinnen: Von alten Priesterinnen ist häufig die Rede. Sie sind für Opferungen zuständig und bedienen die GöttInnen ihres Tempels.[102] Sie spielen z.B. bei der Demeterverehrung auf den Thesmophorienfesten eine wichtige Rolle.[103] (siehe Abbildung 6)

Aus dieser Liste wird deutlich, daß alte Frauen in fast allen Bereichen des täglichen Lebens vertreten waren. Sie führten ihre Arbeit weiter, bis sie zu krank dazu waren oder starben. Armut, Hunger und Not prägten ihr Leben. Einen interessanten Einblick in die gesundheitliche Situation alter Frauen bietet ein (christlicher) Bericht aus dem 2.-3. Jahrhundert, der sich in den Johannesakten findet: „Und er (Johannes, C.J.) befahl Verus, dem Bruder, der ihm diente, die alten Frauen in ganz Ephesos herbeizuführen, und traf zusammen mit Kleopatra und Lykomedes Vorbereitungen zur Fürsorge (für sie). Da kam Verus und

---

[101] Plutarch, Von der Heiterkeit der Seele 2, in: Moralia. Übersetzung von Wilhelm Ax. Vgl. auch Anth. Gr. XI 74. Weitere Belege bei Hans Georg Oeri 1948, 27-28.53-60.
[102] Vgl. Pausanias Bd I, Buch II Argolis, 35,6-8; Bd II, Buch VI Elis, 2.Buch, 20,2-3. Vgl. auch Anth. Gr. VII 728.733.
[103] Zu alten Priesterinnen und ihrer Darstellung vgl. Susanne Pfisterer-Haas 1989, 69-77. Zum Thesmophorienfest vgl. Aristophanes, Thesmophoriazusai.

sagte zu ihm: ‚Johannes, von den alten Frauen über sechzig, die es hier gibt, habe ich lediglich vier bei leiblicher Gesundheit vorgefunden, von den übrigen aber einige gelähmt, andere taub, einige arthritisch und andere überhaupt an verschiedenen Gebrechen leidend.'"[104] Die alten Frauen sind auf die Versorgung durch ihre Kinder angewiesen oder auf sich allein gestellt, denn staatliche Wohlfahrtseinrichtungen, die alte Menschen finanziell unterstützen, gab es weder in Griechenland noch in Rom.[105]

5. Die alte Frau in der Antike - ein Resümee

Ein Vergleich ersttestamentlicher, jüdischer und neutestamentlicher Texte, in denen von alten Frauen die Rede ist, mit solchen aus dem römisch-hellenistischen Bereich zeigt erstaunliche Unterschiede.[106] Der verhöhnende und verspottende Zug, der hier charakteristisch für die Beschreibung arbeitender, armer alter Menschen in der Literatur und in der bildlichen Darstellung ist, ist in biblischer und nachbiblischer Literatur nur selten zu finden. Es gibt auch negative Beschreibungen des GreisInnenalters, doch wird dessen Schwäche nicht in erster Linie zur Abwertung alter Menschen benutzt. Alter und Krankheit, Hilfsbedürftigkeit und das besondere Leiden unter Krieg, Not und Unterdrückung werden vielmehr zum Bild für das Leiden des ganzen Volkes herangezogen. Aus diesen Texten wird deutlich, daß sie nicht aus der Hand reicher Oberschichtsangehöriger stammen, die sich der Muße philosophischer Betrachtungen hingeben können, sondern von Menschen, die Not und die Belastungen körperlicher Arbeit in ihrem Alltag erfahren. Sie erleben in ihrem eigenen Umfeld, wie alte Menschen besonders unter den Folgen von Hungersnöten, Krieg und Zerstörung leiden. Aus den Klageliedern spricht die Verzweiflung, ihnen und den kleinen Kindern, die dies im selben Maße betrifft, nicht helfen zu können. Die allgemeine Armut und das Leiden unter den Besatzern ist so groß, daß selbst jüngere und körperlich leistungsfähige Menschen kaum genug für das eigene Überleben erarbeiten können.
Die Verhöhnung alter Menschen und der Spott über ihren körperlichen Verfall scheint ein Kennzeichen einer Gesellschaftsschicht zu sein, die sich an Macht und Leistungsfähigkeit orientiert. Für diese hochstehenden Männer bedeutet das Alter einen Verlust an Privilegien und Einfluß und das Angewiesensein

---

[104] Johannesakten, Übersetzung von Knut Schäferdiek und Ruairí ó h Uiginn.
[105] Vgl. Hendrik Bolkestein 1979, 89f.282.296. In vielen Epigrammen werden Kinder als Stütze des Alters bezeichnet, vgl. Anth. Gr. VII 224.465.466. Aufforderungen an Kinder, die alten Eltern zu ehren und zu versorgen, finden sich vielfach in der griechischen Literatur, vgl. dazu Bessie E. Richardson 1969, 48-58.
[106] Zur Auswahl der Texte habe ich in den jeweiligen Kapiteln Stellung genommen. Eine weitere intensive Aufarbeitung und Ergänzung dieser Quellen wäre höchst sinnvoll. Jedoch kann es im Rahmen dieser Arbeit nur darum gehen, Grundlinien der Darstellung deutlich zu machen und Tendenzen aufzuzeigen. Diese lassen sich bereits aus dem von mir zusammengestellten Quellenmaterial erheben.

auf diejenigen, über die sie früher geherrscht haben. Sie sind in ihren Beschreibungen auf ihr eigenes Erleben und die Betrachtungen eigener körperlicher Vorgänge beschränkt, andere nicht der jugendlichen Norm entsprechende Menschen werden lediglich zum klischeehaften Objekt ihrer Verachtung. Dem eigenen Alter wird noch ein gewisses Maß an Wert und Würde zugeschrieben, für alte Frauen generell und für alte, arme und arbeitende Menschen, Männer wie Frauen, trifft dies schon nicht mehr zu.

Weitere Gründe für die unterschiedliche Beurteilung alter Menschen sind in theologischen Vorstellungen zu finden. Nach ersttestamentlichem Verständnis steht Gott auf der Seite der Schwachen, die besonderen Schutzes bedürfen. Das Bekenntnis zum Gott der Gerechtigkeit beinhaltet auch die Fürsorge für diejenigen am unteren Ende der gesellschaftlichen Hierarchie: Arme, AusländerInnen und alte Menschen. In diesem Zusammenhang kommen besonders alte Frauen in den Blick. Die Geschichte Noomis im Buch Rut zeigt, wie schwer das Überleben für alte, kinderlose Witwen war. Daß in der eschatologischen Vision in Sach 8,4-5 alte Frauen explizit erwähnt werden, scheint mir kein Zufall zu sein. An ihrer Situation wird die Herrlichkeit des kommenden Heils besonders deutlich. In diesem Zusammenhang ist auch die Personifikation Zions in 4 Esra durch eine alte Frau, die zum himmlischen Jerusalem wird, und die Erzählung über die unfruchtbare, alte Elisabet in Lk 1, deren Schwangerschaft zum eschatologischen Zeichen wird, einzuordnen.

Zur Beschreibung der Lebensrealität und Arbeitssituation alter Frauen im jüdischen und frühchristlichen Bereich können die Belege aus der hellenistischrömischen Literatur jedoch herangezogen werden. Die jüdischen und christlichen Gemeinden waren Teil der sie umgebenden Gesellschaft. Da sie sich überwiegend aus Angehörigen der Unterschicht und sehr vielen armen Menschen zusammensetzten, mußten sie sich durch Lohnarbeit Geld für ihren Unterhalt verdienen. Auch wenn sie für sich neue Modelle der Versorgung entwickelt haben,[107] muß doch vorausgesetzt werden, daß auch die Arbeitstätigkeit alter Frauen für das Überleben der Gemeinschaften notwendig war.

---

[107] Vgl. z.B. Apg 4,32-37; 6,1; 9,32-43.

Drittes Kapitel
Elisabet - Antike Gynäkologie

Ausgehend von der Geschichte Elisabets, die in Lk 1 erzählt wird, werde ich im folgenden versuchen, einen kleinen Einblick in die Geschichte und das Leben alter Frauen in neutestamentlicher Zeit zu ermöglichen. Ich werde dabei der Frage nachgehen, welche Voraussetzungen der Erzählung zugrundeliegen, die den damaligen HörerInnen selbstverständlich waren, die wir heute allerdings ohne Informationen nicht verstehen können. In einem ersten Schritt möchte ich danach fragen, wie alt Elisabet nach Auffassung des Textes tatsächlich gewesen ist, als sie die Verheißung eines Kindes erhielt. Was sagt die antike Medizin zu einer Schwangerschaft einer alten Frau? Das Motiv der unfruchtbaren Frau, die mit Gottes Hilfe ein Kind bekommt, findet sich bereits im Ersten Testament. Dann werde ich untersuchen, welche theologischen Aussagen mit diesem Motiv vermittelt werden. Welches Interesse verband die lukanische Gemeinde damit, die Erzählung einer unfruchtbaren alten Frau an den Anfang ihres Evangeliums zu stellen? Schließlich wird eine ausführliche Untersuchung von Lk 1 folgen. Wie wird Elisabet dargestellt? Welche Rolle spielt sie im Ablauf der Ereignisse? Welche Bedeutung spielt ihr hohes Lebensalter?

Um verstehen zu können, was es in Lk 1 bedeutet, daß eine alte Frau schwanger wird, ist es nötig, den medizinischen, kulturellen und sozioökonomischen Hintergrund dieser Erzählung zu beleuchten. Welche Vorstellungen werden hier ausgedrückt; welche medizinischen Bereiche berührt? Welches Wissen um Gynäkologie, Empfängnis, Schwangerschaft, Altwerden und Menopause ist hier verarbeitet?

1. Eine alte Frau wird schwanger

Welche Vorstellungen verbinden sich mit einer solchen Aussage?

In der Frankfurter Rundschau vom 19.7.1994 findet sich ein Artikel mit der Überschrift: „63jährige Frau brachte Kind zur Welt." Der behandelnde Gynäkologe hatte mit der Eizelle einer jungen Frau und dem Samen des 65jährigen Ehemannes eine künstliche Befruchtung vorgenommen. „Sie ist damit die älteste Frau, die je ein Kind zur Welt gebracht hat." Nach Aussage des Arztes hätten bereits mehr als 30 Frauen über 50 Jahre durch seine Hilfe entbunden.

Inwiefern bestimmen die Methoden neuzeitlicher Medizin den Blick auf die Schwangerschaft einer alten Frau? Sie ist längst nicht mehr unmöglich. Die Allmachtsphantasien des behandelnden Gynäkologen, Kindern zum Leben zu verhelfen, die ohne seine Hilfe nicht geboren werden könnten, und das Überschreiten ihrer biologischen Grenze durch die 63jährige Frau, drücken sich in

Superlativen aus: „Die älteste Frau, die je ein Kind zur Welt gebracht hat!" Auch wenn das Verhalten von Arzt und Frau in höchstem Maße kritisch zu betrachten ist, erstaunt die Tatsache, daß diese Schwangerschaft möglich war, nicht allzu sehr. Daß ein Kind durch die Verschmelzung von Eizelle und Samen entsteht und dieser Prozeß seit längerer Zeit auch außerhalb des Körpers künstlich in Gang gesetzt werden kann, ist bekannt. Unreflektiert bleibt häufig jedoch die Frage, inwiefern die Anwendung moderner Reproduktionstechniken die Bewertung des weiblichen Körpers beeinflußt. Barbara Duden (1991) beschreibt, wie schon die Möglichkeit, einen Fötus fotografisch aufzunehmen, ihn zu „sehen", unsere Vorstellung von Schwangerschaft und „Leben" im Mutterleib bestimmt - „wie aus der Schwangeren das uterine Umfeld zur Versorgung eines Normfötus wurde." (13)

Für meine Arbeit ist es mir deshalb wichtig, diese Zusammenhänge wahrzunehmen, um nicht der Gefahr zu erliegen, heutiges Wissen und damit verbundene Wertungen in eine frühere Zeit zu projizieren. Denn es sind nicht nur die medizinischen Erkenntnisse und Fortschritte in der Diagnostik, sondern auch ihre Deutungen, die von der Kultur der jeweiligen Zeit beeinflußt sind. Sie bestimmen die Vorstellungen des (weiblichen) Körpers und dessen, was als „natürlich" und „selbstverständlich" gilt. Emily Martin (1989) zeigt in einem geschichtlichen Abriß anhand einer Untersuchung neuzeitlicher medizinischer Lehrbücher, wie die Industrialisierung auf die Beschreibungen von Geburt und Menopause eingewirkt hat. „Zusammenfassend ist festzustellen, daß die Vorstellungswelt der Medizin zwei Bilder enthält: den Uterus als eine Maschine, die das Baby produziert, und die Mutter als die durch ihre Arbeit das Baby Produzierende." (86) Die Menopause wird unter die Kategorie des Niedergangs, des Versagens der Funktionstüchtigkeit und des Produktionsausfalles gefaßt (vgl. 62-64). Hier wird deutlich, wie sehr auch naturwissenschaftliche Erkenntnisse und Beschreibungen von ihrem jeweiligen Umfeld und Bewußtsein geprägt sind. In der Behandlung des Themas muß deshalb stets die Frage gestellt werden, auf welche Weise und in welchem Maße die eigenen Vorstellungsinhalte in die Interpretation des biblischen Textes einfließen. Dies verhindert auch, daß unreflektiert Wissen um biologische Zusammenhänge, Abläufe im Körper oder die Entwicklung eines Fötus vorausgesetzt wird, obwohl die Vorstellungen in der Antike ganz andere waren und uns zunächst fremd oder abwegig erscheinen.

Im folgenden werde ich antike medizinische Texte untersuchen und sie nach ihren Vorstellungen über Alter, Unfruchtbarkeit, Schwangerschaft und Geburt befragen. Ich beziehe mich hierbei vor allem aufgrund ihrer zeitlichen Nähe zu den Evangelien auf die gynäkologischen Schriften des Galen von Pergamon (geb. 130 n.Chr.) und des Soranus von Ephesus (er lebte Anfang des 2. Jh. n.Chr.). Auf vorangehende Forschungen der Hippokratischen Schule (Hippokrates: 5. Jh. v.Chr.), des Aristoteles und seines Lehrers Platon werde ich in Einzelfällen eingehen. Daneben werde ich ausführlich Texte der Mischna und des Talmuds behandeln, da hier viele jüdische Traditionen und Auslegungen der Texte des Ersten Testaments verarbeitet werden, die auch den Hintergrund der neutestamentlichen Erzählungen bilden.[1] Hinter dieser Textauswahl steht die Vorstellung, daß ChristInnen wie JüdInnen Teil der griechisch-römischen Welt waren, in der Wissen und Anschauungen ausgetauscht und gegenseitig übernommen wurden. Zudem waren viele der frühen ChristInnen auch JüdInnen und standen damit in der Tradition des jüdischen Volkes und seiner Überlieferungen.[2] Barbara H. Geller Nathanson (1993) plädiert für eine multikulturelle ökumenische Geschichtsschreibung, die die christliche Geschichte in den kulturellen Hintergrund der Zeit des Römischen Reiches einordnet: „It is also essential for any understanding of early Christian women's history, which cannot be divorced in its initial phase from its first-century Palestinian Jewish context, and thereafter from the larger context of women, both Jewish and non-Jewish, in the Roman Empire." (273) Insgesamt kann dieser Blick in die Quellen jedoch nur als eine Annäherung an das gynäkologische Verständnis der Zeit und an die Lebenswirklichkeit von Frauen verstanden werden, die jeweils in ihrem spezifischen Umfeld, mit eigenen Traditionen, Riten und Vorstellungen gelebt haben. Frauen in der Stadt haben anders gelebt als auf dem Land, ökonomische Verhältnisse, die jeweilige geographische wie religiöse Herkunft begründen grundlegende Unterschiede. Sicher wird auch das medizinische Wissen regional unterschiedlich gewesen sein.

Bei allen diesen Texten ist zudem Vorsicht geboten, da sie wahrscheinlich ausschließlich von Männern verfaßt wurden, die einen Bereich besprechen, der in der Antike noch viel mehr als in unserer Gegenwart allein Frauen vorbehalten war. Die Schwierigkeiten, die daraus erwachsen, beschreibt Bernadette J. Brooten (1985): „Ein Hauptproblem ist die Verwechslung von präskriptiver und deskriptiver Literatur; d.h. für Frauen erlassene Gebote werden nicht von den Beschreibungen ihres Alltags unterschieden. So werden z.B. rabbinische Sprüche über Frauen für eine Widerspiegelung der Lebenswirklichkeit jüdischer Frauen gehalten." (69) Diese Texte sagen vielfach mehr über die Weltanschauung der männlichen Verfasser und ihre Sicht von Frauen aus als über das wirkliche Leben von Frauen in ihrer Zeit.[3] Entsprechendes gilt für die gynäkologische Literatur: Auch wenn alte Frauen hier nur selten berücksichtigt werden, heißt dies nicht, daß es sie nicht gegeben hat. Hier spiegelt sich ein Frauenbild wider, das diese fast ausschließlich durch ihre Gebärfähigkeit definiert.

---

[1] Die Verschriftlichung der Mischna wird in das 2.-3. Jh. datiert, die Entstehung des Babylonischen Talmuds, auf den ich mich in erster Linie stütze, reicht bis ins 7. Jh. hinein. Für die Untersuchung des Hintergrundes der gynäkologischen Aussagen im Neuen Testament ist der Talmud eine wichtige Quelle, auch wenn die letzte Redaktion in großem zeitlichen Abstand zu diesem steht. Hier finden sich viele ältere Traditionen, die über Generationen weitergetragen und z.T. erst spät verschriftlicht wurden. „Alles, was in den rabbinischen Schulen gelehrt wurde und als erhaltenswert galt, fand seinen Weg in den Talmud...", Günter Stemberger 1977, 69. Mit den Traditionen des Ersten Testaments und verschiedenen nachbiblischen literarischen Texten, die das Motiv der unfruchtbaren Frauen behandeln, werde ich mich im nächsten Kapitel ausführlich beschäftigen.

[2] Vgl. Bernadette J. Brooten 1985, 66.

[3] Zu der Sicht von Frauen in der rabbinischen Literatur vgl. Ross S. Kraemer 1992, 93-105 und Judith R. Wegener 1991.1992.

Für die Rekonstruktion von Frauengeschichte ist es deshalb besonders nötig, auch nicht-literarische Quellen wie Inschriften und Rechtsdokumente zu Rate zu ziehen. Trotzdem ist es fast unmöglich, an die authentischen Stimmen von Frauen zu gelangen: „Wahrscheinlich werden wir die frühchristlichen Frauen niemals miteinander diskutieren, debattieren und streiten oder einander Trost zusprechen hören. Wir können höchstens hoffen, ein paar Gesprächsfetzen aufzufangen und einen flüchtigen Blick durch den Türspalt werfen zu können."[4] In meinen Ausführungen werde ich auch auf Berichte und Erzählungen des 20. Jahrhunderts zurückgreifen, in denen Frauen selbst zu Wort kommen. Ihre zeitliche, geographische und kulturelle Entfernung macht es zwar unmöglich, sie als gleichwertigen Ersatz für die fehlenden Quellen zu betrachten, in einigen Punkten gestatten sie aber einen tieferen Blick in weibliche Lebenszusammenhänge als es die antiken, von Männern verfaßten Texte vermögen. Die methodischen Probleme müssen dabei jeweils im Einzelfall bedacht werden.

Wann ist eine Frau alt?

In diesem Abschnitt soll es lediglich darum gehen, das ungefähre Alter von Elisabet zu bestimmen und zu ermitteln, ob eine Schwangerschaft auf dem Hintergrund des damaligen Erfahrungs- und Wissenshorizontes für möglich erachtet wurde oder nicht.
Lk 1 gibt für Elisabet und Zacharias kein genaues Alter an, es heißt, sie seien „fortgeschritten in ihren Tagen" (V.7, vgl. auch V.18). Diese Wendung weist nicht nur auf ein hohes, sondern auch ein ehrwürdiges Alter hin. In der Septuaginta beschreibt sie die Lebenszeit von Sara und Abraham (Gen 18,11; 24,1), Josua (Jos 13,1; 23,1f) und David (1 Kön 1,1). Nach Aussage des Ersten Testament wurde Sara 167 Jahre (Gen 23,1), Abraham 175 Jahre (Gen 25,7), Josua 110 Jahre (Jos 24,29) und David 70 Jahre alt (2 Sam 5,4; 1 Chr 28,29 nennt dies ein hohes Alter). Auch wenn Angaben über das Alter von Abraham, Sara und Josua als mythische Zahlen verstanden werden müssen, die dem Glauben entspringen, daß die Menschen der Urzeit sehr lange gelebt hätten,[5] so sind sie doch Ausdruck des Segens Gottes, der ihnen ein langes Leben geschenkt hat. Aufschlußreich für die Frage nach dem Alter Elisabets ist vor allem Gen 18,11f. Hier wird weiter über Sara gesagt, daß ihre Menstruation bereits aufgehört hätte, ihr ginge es nicht mehr nach „der Weise der Frauen". In Lk 2,36 wird das Alter Hannas auf ähnliche Weise wie das Elisabets beschrieben, aber noch weiter konkretisiert: sie ist 84 Jahre alt (V.37).
Der Verweis des Engels auf Elisabet, sie sei in ihrem Alter noch schwanger geworden (V.36) macht weiterhin deutlich, daß bei ihr mit einem hohen Lebensalter zu rechnen ist. Lev 27,1-8 zieht die Grenze zum GreisInnenalter für beide Geschlechter bei 60 Jahren.[6] Im Neuen Testament ist die Beschreibung

---
[4] Bernadette J. Brooten 1985, 79.
[5] Vgl. Josef Scharbert 1979, 341.
[6] Vgl. die Ausführungen von Willy Schottroff zu dieser Stelle 1992, 71f.

des hohen Alters mit der Wurzel *ger-* selten,[7] sie kommt außer in Lk 1,36 lediglich in Joh 3,4; 21,18 vor; Hebr 8,13 verwendet sie im übertragenen Sinne. In Apg 5,21 wird die Versammlung der Ältesten Israels als *geroysia* bezeichnet. Die Septuaginta bietet jedoch eine Reihe von Belegen (z.B. 1 Chr 29,28; Ps 63,3; 70,9.18; Ijob 32,9; Sir 3,12; 8,6; 25,3.5; Dan 6,1), die die Vermutung stützen, daß Elisabet als Greisin zu betrachten ist.
Die Rabbinen unterscheiden im allgemeinen die drei Lebensalter: Kindheit, Jugend und Alter.[8] Interessant ist festzustellen, daß auch in der rabbinischen Diskussion ein eindeutiger Zusammenhang zwischen Menopause und der Einordnung als alte Frau besteht.[9] Die Periode gilt als erloschen, wenn sie dreimal ausgeblieben ist.[10] Das Alter, bis zu dem Frauen menstruieren, wird in der antiken Medizin mit vierzig bis fünfzig, in wenigen Ausnahmefällen mit sechzig Jahren angegeben.[11] Bis zu diesem Zeitpunkt wird auch die Fähigkeit zu empfangen vorausgesetzt. Im Talmud wird diese Frage in bezug auf die Heirat der Töchter Celophhads (Num 36) diskutiert: „R.Eliezer b. Jaqob lehrte: Selbst die Jüngste unter ihnen heiratete nicht unter vierzig Jahren. - Dem ist aber nicht so. R.Hisda sagte ja, wenn eine Frau unter zwanzig heiratet, gebäre sie bis sechzig, wenn mit zwanzig, gebäre sie bis vierzig, und wenn mit vierzig, gebäre sie überhaupt nicht mehr!?"[12] Diesen etwas komplizierten Schlußfolgerungen ist zu entnehmen, daß die Altersgrenze, bis zu der Frauen in der Lage sind, Kinder zu gebären, im höchsten Fall bei sechzig Jahren liegt. Für Frauen, die mit über zwanzig Jahren heiraten, liege sie im höchsten Fall bei vierzig Jahren. Soranus bezeichnet die Spanne, in der Frauen Kinder zur Welt bringen sollten, vom 15. bis zum 40. Lebensjahr.[13]
Aristoteles setzt diese Zeit bei Frauen bis zum 50. Lebensjahr an: „Da ja die Zeugungskraft für Männer im großen und ganzen spätestens mit dem siebzigsten Jahre erlischt, für Frauen mit dem fünfzigsten, so muß der Beginn ihrer Verbindung innerhalb dieser Zeit ihres Lebens fallen."[14] Für ihn ist es wichtig, daß die Kinder ihren Eltern aus Gründen der Dankbarkeit und Versorgung im Lebensalter nicht allzusehr nachstehen, dazu kommen noch medizinische Erwägungen: „Die Nachkommen zu alter Menschen nämlich sind, wie die zu junger, unterentwickelt an Leib und Geist, diejenigen ganz alter ausgesprochen schwach." (VII.16) Platon setzt für die Struktur seines „idealen" Staates folgende Zeiten fest: „Die Frau, erwiderte ich, soll vom zwanzigsten bis zum

---

[7] Im ThWNT wird das Stichwort *geron/geras* nicht behandelt, auch der Artikel *presbys* geht nicht auf die Frage nach dem konkreten Lebensalter ein.
[8] Vgl. Samuel Krauss 1966, 22.
[9] Das Verständnis, daß eine Schwangerschaft mit dem Vorhandensein der Menstruation zusammenhängt, darf hier vorausgesetzt werden. Vgl. z.B. b Nidda 8b, übertragen durch Lazarus Goldschmidt.
[10] Vgl. b Nidda 9a-b.
[11] Vgl. Soranus, Gynäkologie, I,20.
[12] b Baba Batra 119b, übertragen durch Lazarus Goldschmidt.
[13] Vgl. Soranus, Gynäkologie, I,34.
[14] Aristoteles, politeia, VII,16, übertragen von Paul Gohlke.

vierzigsten Jahre für die Stadt Kinder gebären; der Mann dagegen soll von da an, wo die stürmischste Zeit seines Lebenslaufes vorüber ist, bis zum fünfundfünfzigsten für die Stadt zeugen (...) Wenn sich nun einer, der dieses Alter überschritten hat oder der noch zu jung ist, an der Fortpflanzung für das Gemeinwesen beteiligt, so werden wir dieses Vergehen als unfromm und ungerecht bezeichnen."[15] Gerade bei den nächsten Äußerungen muß bedacht werden, daß es sich um Überlegungen handelt, nicht um bereits realisierte Praxis. Für die Einschätzung alter Frauen und ihrer Gebärfähigkeit sind sie aber dennoch aussagekräftig: „Wenn dann aber die Frauen und Männer das zeugungsfähige Alter überschritten haben, so lassen wir, denke ich, den Männern die Freiheit, nach Belieben jeder Frau beizuwohnen - nur nicht einer Tochter oder Mutter oder ihren Tochterkindern (...) und ebenso den Frauen einem jeden Manne - nur nicht (...) Das alles aber erst, nachdem wir es ihnen anbefohlen haben, unter allen Umständen dafür zu sorgen, daß kein solches Kind das Licht der Welt erblickt, wenn es empfangen ist; sollte es aber doch ins Leben treten, es so zu halten, als dürfe ein solches Kind nicht aufgezogen werden." (V.9) Das heißt, diese Frauen sollen entweder abtreiben oder ihre Neugeborenen beseitigen. Interessant ist auch, daß die römische Ehegesetzgebung des Augustus die Ehepflicht für Frauen vom 20. bis zum 50. Lebensjahr deklariert.[16] Diese Festlegung entspricht der Anschauung, die den Zweck der Ehe in der Kindererzeugung sieht und auf eine optimale Ausnutzung der Fruchtbarkeit von Frauen abzielt.[17]

Aus diesen Belegen wird deutlich, daß Elisabet als Frau nach der Menopause nicht mehr auf eine Schwangerschaft hoffen kann. Schon die Kinder älterer Frauen, die noch empfangen konnten, gelten als schwächlich, bei Platon als nicht lebenswert. Die Ankündigung des Engels, Elisabet werde einen bedeutenden Sohn gebären, steht gegen alle Erfahrung und das medizinische Wissen der Zeit. Zacharias ungläubiges Staunen ist deshalb nicht verwunderlich (vgl. V.18).

2. ... denn Elisabet ist unfruchtbar

Lk 1 verweist zweimal darauf, daß Elisabet unfruchtbar sei (VV.7.36). In der Einleitung wird deutlich, daß die Kinderlosigkeit des Paares auf sie zurückzuführen ist. Beide werden als gerecht lebend, die Gebote haltend und alt beschrieben, der Begriff *amphoteroi* (beide) wird hier dreimal benutzt, um dies deutlich zu machen. Die Unfruchtbarkeit betrifft jedoch Elisabet allein. Auch der Engel bezieht sich Maria gegenüber darauf (vgl. V.36). Im folgenden werde ich der Frage nachgehen, ob die Ursache von Kinderlosigkeit tatsächlich selbstverständlich der Frau zugeschrieben wurde, wie es hier scheint. Welche

---

[15] Platon, Der Staat, V.9, übertragen von Rudolf Rufener.
[16] Vgl. Karl Christ 1988, 103f.
[17] Vgl. Sarah Pomeroy 1985, 254.

medizinischen Einschätzungen und Begründungen bieten antike gynäkologische und religiöse Texte? Welche konkreten Auswirkungen hat dies für die Betroffene selbst? Welche Untersuchungen und Therapien hat eine Frau, die wie Elisabet als unfruchtbar bezeichnet wird, vermutlich bereits hinter sich?

Frau oder Mann - wie begründet sich Unfruchtbarkeit?

Durchgängig wird in der Antike angenommen, daß die Ursachen von Kinderlosigkeit bei Männern und Frauen liegen können. Die Ausführungen dazu nehmen in der medizinischen Literatur breiten Raum ein. Grundlage für die Feststellung ist die Untersuchung beider Geschlechter durch eine Hebamme. Diese kennt verschiedene Sterilitätsnachweise, z.B. die Harnprobe: Eine Linse wird in den männlichen und weiblichen Urin geworfen und anschließend beobachtet, ob sie zu keimen beginnt.[18] Aristoteles berichtet von einer Schwimmprobe, bei der der Samen von Mann und Frau[19] untersucht wurde: Ungesunder Samen bleibt an der Oberfläche, fruchtbarer sinkt nach unten.[20] Viele Nachweise beziehen sich jedoch auf die Frau und die Durchgängigkeit ihrer „inneren Wege": So werden ihr Einlagen aus Wolle, die z.B. mit Bittermandelöl getränkt waren, in die Scheide gelegt. Riecht sie am nächsten Morgen danach aus dem Mund, so gilt sie als empfängnisfähig.[21] Auch wenn die Zuverlässigkeit dieser Proben diskutiert und in Frage gestellt wurden, waren sie doch üblich und weit verbreitet.
Medizinische Gründe für die Unfruchtbarkeit können nach Galen krankhafte Samen sein, bei Frauen auch Gebärmuttererkrankungen.[22] Eine zu kalte, zu warme oder zu trockene Gebärmutter kann wie eine zu schwache oder zu starke Menstruation die Empfängnis verhindern. Die antike Medizin kennt aber auch die Möglichkeit, daß gesunde Ehepaare kinderlos bleiben, weil sie nicht zueinander passen.[23] Aline Rousselle verweist daneben auf die Annahme des Zusammenhangs von Unterernährung und Impotenz bei Mänern und Amenorrhoe (Ausbleiben der Menstruation) bei Frauen, die sekundär Sterilität hervorriefen, hin. Daß in Zeiten von Hungersnöten Nachwuchs ausblieb, ist vielfach belegt.[24]

---

[18] Vgl. Johann Lachs 1903, 81.
[19] Zur Diskussion des weiblichen Samens vgl. Erna Lesky 1950, 1248.1356.
[20] Vgl. Aristoteles, Über die Glieder der Geschöpfe II,7.
[21] Vgl. die verschiedenen Belege bei Paul Diepgen 1937, 41ff, der noch eine Reihe weiterer Proben auflistet. Der Talmud kennt die Untersuchung der inneren Wege auch zur Feststellung der Jungfräulichkeit (b Ketubbot 101b): „Da sprach er (R.Gamaliél): Holt mir zwei Mägde, eine Jungfer und eine Deflorierte. Als man sie ihm vorführte, setzte er sie auf die Mündung eines Weinfasses. Bei der Deflorierten, drang der (Wein)duft durch, bei der Jungfer aber drang der (Wein)duft nicht durch."
[22] Vgl. Johann Lachs 1903, 78.
[23] Vgl. z.B. Aristoteles, Über die Glieder der Geschöpfe IV,2.
[24] Vgl. Aline Rousselle 1993, 327. Vgl. auch b Ketubbot 10b.

Der Talmud diskutiert die Frage nach der Unfruchtbarkeit u.a. im Zusammenhang von Eheregelungen, die die Rückgabe der Kethuba (d.h. des Betrages, der bei der Auflösung der Ehe aus dem Vermögen des Mannes an die Frau zu übertragen war) bei einer Scheidung betreffen:[25] „Wenn er sagt, sie, und sie sagt, er (sei schuld), so ist, da es zwischen ihm und ihr vorgehende Dinge sind, wie R.Ami sagt, sie glaubwürdig. - Weshalb? - Sie weiß, ob (der Same) wie ein Pfeil hervorschießt, er aber weiß dies nicht. Wenn er sagt, er wolle noch eine Frau nehmen und probieren, so muß er, wie R.Ami sagt, auch in diesem Falle sie freigeben und ihr die Morgengabe zahlen."[26] Männliche Impotenz und Sterilität ist auch bei der Auslegung biblischer Texte kein Tabuthema. Dies wird anhand einer Auslegung der Geschichte von Isaak und Rebekka (Gen 25) deutlich: „Raba sprach zu R.Nahman: (...) es heißt: Jiçhaq war vierzig Jahre alt, als er Ribqa nahm, und es heißt: Jiçhaq war sechzig Jahre alt, als sie (Esau und Jakob, vgl. Gen 25,21-26, C.J.) geboren wurden!? Dieser erwiderte: Jiçhaq war unfruchtbar. - Wenn deshalb, so war ja auch Abraham unfruchtbar!? - Jener (Schriftvers) ist wegen der Lehre des R.Hija b. Abba nötig, denn R.Hija b. Abba sagte im Namen R.Johanans: Die Lebensjahre Jismaels werden deshalb angegeben, um dadurch die Lebensjahre Jaqobs festzustellen. R.Jiçhaq sagte: Unser Vater Jichaq war unfruchtbar, denn es heißt:[27] und Jiçhaq betete zum Herrn gegenüber seiner Frau, es heißt nicht: für seine Frau, sondern: gegenüber seiner Frau, und dies lehrt, daß beide unfruchtbar waren (...) R.Nahman sagte im Namen des Rabba b. Abuha: Unsere Mutter Sara war steril, denn es heißt:[28] und Saraj war unfruchtbar, sie hatte kein Kind, sie hatte nicht einmal ein Geburtsorgan."[29] Auch die Rabbinen betrifft dieses Thema auf dramatische Weise: „(...) denn R.Abba b. Zabhda war durch die Vorträge R.Honas impotent geworden. Ebenso ward R.Seseth impotent durch die Vorträge R.Honas (...) R.Aha b. Jaqob sagte: Wir waren sechzig Gelehrte, und alle außer mir wurden durch die Vorträge R.Honas impotent."[30]
Diese Ausführungen machen deutlich, daß Sterilität ein Problem von Frauen und Männern darstellte und es nicht einseitig der Frau zugeschrieben wurde.[31] Trotzdem ist es auffällig, daß die Beschreibungen der Unfruchtbarkeit von Frauen einen viel größeren Raum einnehmen als die von Männern. Daraus schließe ich, daß es zwar das theoretische Wissen um männliche Sterilität gegeben hat, das gesellschaftliche Vorurteil, daß Unfruchtbarkeit bei der Frau liege, aber weiterhin Bestand hatte. Einen Hinweis darauf bietet ein Blick in das Erste Testament. Obwohl das Phänomen männlicher Sterilität bekannt

---

[25] Zum jüdischen Eherecht und der Institution der Kethuba in den Eheverträgen vgl. Elisabeth Koffmahn 1968. Eine gute Zusammenfassung bietet Ivoni Richter Reimer 1992, 30-34.
[26] b Yevamot 65a, übertragen durch Lazarus Goldschmidt.
[27] Vgl. Gen 25,21.
[28] Vgl. Gen 11,30.
[29] b Yevamot 64a-b, übertragen durch Lazarus Goldschmidt.
[30] b Yevamot 64b, Der Babylonische Talmud, übertragen durch Lazarus Goldschmidt.
[31] Vgl. auch J. Preuss 1905, 452.

ist,[32] gibt es keine Erzählung, in der ein unfruchtbarer Mann dadurch von Gott errettet und erhöht wurde, daß Gott seine Impotenz heilte. Das Problem der Kinderlosigkeit beruht in den Erzählungen darauf, daß Gott den Mutterleib der Frauen verschlossen hat.[33] Unfruchtbarkeit gilt als ein Problem, das vor allem Frauen betrifft. Interessant ist, daß sich diese Einschätzung bis heute kaum verändert hat. Obwohl bekannt ist, daß die Ursache von Unfruchtbarkeit nur in 40-50 % der Fälle bei der weiblichen Seite liegt,[34] „konzentriert sich die gesamte Thematik Unfruchtbarkeit und ungewollte Kinderlosigkeit, sowohl auf der gesellschaftlichen als auch individuellen Ebene, überwiegend auf die Frau."[35] Die Unfruchtbarkeit des Mannes wird von der Umwelt und sogar von ÄrztInnen häufig nicht wahrgenommen, selbst wenn sie explizit benannt wird.[36] Dem entspricht, daß sich Frauen verantwortlich und schuldig fühlen, wenn sie nicht schwanger werden, und sich als nicht vollwertig und der Norm entsprechend begreifen, wenn sie kein Kind gebären. Sie empfinden Unfruchtbarkeit auch heute noch als Schande, als einen ihnen anhaftenden Makel.[37] Wichtig in dem Zusammenhang der Frage nach der Kinderlosigkeit des Ehepaares Elisabet und Zacharias ist die Erwähnung, daß Zacharias Priester ist. In der Mischna wird diskutiert, ob ein Priester eine Unfruchtbare heiraten darf. Für ihn ist die Fortpflanzung im Gegensatz zur Frau eine Pflicht[38]: „Ein gemeiner Priester darf keine zum Gebären Unfähige heiraten, es sei denn, dass er bereits eine Frau oder Kinder hat."[39] In dem Fall einer im Laufe der Ehe erkennbar werdenden Unfruchtbarkeit ist es ihm erlaubt oder sogar geboten, eine Nebenfrau zu heiraten und mit dieser Kinder zu haben. Es wäre also durchaus möglich, daß Zacharias mit einer anderen Frau Kinder hat, obwohl der Text nicht von ihnen spricht. Auf diesem Hintergrund gewinnt die Aussage in Lk 1,7.36, Elisabet sei unfruchtbar, eine weitere Dimension: Es handelt sich hier nicht schwerpunktmäßig um die Erhörung eines unfruchtbaren Ehepaares, das im Alter noch ein Kind bekommt, sondern Elisabet wird eindeutig in den Vordergrund gestellt. Es ist ihre Geschichte, die erzählt wird. Dies wird bereits in der Einleitung deutlich.

---

[32] Vgl. Gen 20,17; Dtn 7,14.
[33] Vgl. Gen 11,30; 15,1-3; 16,2-7; 18,1-15; 21,1-6; Gen 25,21; Gen 29,31-30,24; Ri 13; 1 Sam 1-2; 2 Kön 4,8-17. Irmtraud Fischer 1994, 90, bestätigt in ihrer Untersuchung über die „Erzelternerzählungen" diesen Befund. Sie verweist darauf, daß hier allerdings keine Frau lebenslang unfruchtbar bleibt.
[34] Vgl. Roswith Roth 1988, 23: Bei 30-40 % der Fälle liegt die Ursache beim Mann, bei 20 % bleibt sie ungeklärt.
[35] Ute Winkler 1994, 79.
[36] Vgl. ebd., 25.55.
[37] Vgl. ebd., 37.23.30.
[38] Vgl. Judith Wegner 1991, 41f; J. Preuss 1905, 451f.
[39] m Yevamot VI,5-6. Übersetzung von M. Petuchowski.

... schaffe mir Söhne, sonst sterbe ich[40]

Dieser Ausspruch Rahels bezeichnet klar die Situation kinderloser Frauen: Sie stehen nur noch über den SklavInnen am untersten Ende der gesellschaftlichen Hierarchie und bleiben im Normalfall im Alter rechtlos und unversorgt allein. Lk 1,25 gewährt einen Einblick in die Situation Elisabets, die durch ihre Unfruchtbarkeit geprägt war und sich nun durch die wundersame Empfängnis verändert: „Gott hat mir geholfen; er hat in diesen Tagen gnädig auf mich geschaut und mich von der Schande befreit, mit der ich in den Augen der Menschen beladen war."
Das Erste Testament berichtet vielfach von dem Druck, dem kinderlose Frauen ausgesetzt waren. Von verheirateten Frauen wurde erwartet, daß sie nach Möglichkeit Söhne gebären, die den Namen des Mannes weitertragen, den Erbbesitz sichern und die Familie erhalten und schützen sollten.[41] Ansonsten waren sie gesellschaftlicher Ächtung und Kränkungen ausgesetzt, Kinderlosigkeit galt als Schande.[42] Irmtraud Fischer (1994) macht die Tragik eines solchen Frauenlebens an der Erzählung von Rahel deutlich. Diese stirbt bei der Geburt ihres zweiten Sohnes (Gen 35,16-20). „Im Sterben benennt Rahel ihr Neugeborenes ‚Sohn meines Unheils', ein Name, der ihre Lebensgeschichte in die des Kindes hineinträgt. Die Tragik ihres Lebens, das geprägt war vom verzweifelten Wunsch nach Kindern offenbart sich in diesem Namen. In der Verwirklichung dieses Wunsches findet sie ihren Tod." (30) 1 Sam 1-2 schildern eindrücklich das Elend und die Verzweiflung, die Hanna als Unfruchtbare erlebte, auch wenn sie als bevorzugte Frau ihres Mannes eine gewisse Achtung und Zuwendung erfuhr. Diskriminierung und Demütigung bestimmen ihre Rolle in der Gesellschaft und auch gegenüber anderen patriarchalisch sozialisierten Frauen, für die Pennina als Beispiel steht.[43]
Im Talmud wird Kinderlosigkeit auf ähnliche Weise bewertet: „R.Jehosua b. Levi sagte nämlich: wer keine Kinder hat, gleicht einem Toten, denn es heißt: schaffe mir Kinder, sonst sterbe ich. Ferner wird gelehrt: Vier gleichen einem Toten: ein Armer, ein Aussätziger, ein Blinder und ein Kinderloser."[44] Der Mann ist anders als die Frau zur Fortpflanzung verpflichtet, nach zehnjähriger kinderloser Ehe mußte er sich von ihr trennen oder sich ein zweites Mal verheiraten.[45] Sterilität der Frau galt als Scheidungsgrund, der dem Mann erlaubt,

---

[40] Vgl. Gen 30,1. Dies sagt Rahel zu Jakob, nachdem sie bereits lange Zeit kinderlos geblieben war.
[41] Vgl. z.B. Gen 15,2-4; Dtn 21,15-17; 2 Sam 18,18; Gen 24,60; Ps 127,3-5; vgl. auch Luise und Willy Schottroff 1989, bes.: Der Lobgesang der Hanna, 24-28. Hier wird der Leidensweg einer kinderlosen Frau am Beispiel von Hanna (1 Sam 1-2) aufgezeigt.
[42] Vgl. Gen 16,4f; 30,23; 1 Sam 1,6f.
[43] Vgl. Irmtraud Fischer 1988, 124.
[44] b Nedarim 64b, übertragen durch Lazarus Goldschmidt.
[45] Vgl. b Yevamot 65b; 64a. Diese Anordnung findet sich bereits in der Mischna; vgl. m Yevamot VI,6.

die Kethuba seiner Ehefrau einzubehalten.[46] Eine andere Auslegung verpflichtet den Mann hingegen zur Auszahlung, „denn vielleicht ist es ihm nicht beschieden, von ihr bekindert zu werden."[47] Auch wenn es sich in der Praxis um keinen sehr häufigen Fall gehandelt haben mag,[48] so zeigt doch die ausführliche Erörterung dieser Frage, welcher Stellenwert der Gebärfähigkeit von Frauen beigemessen wurde.

Die römische Ehegesetzgebung des Augustus weist in dieselbe Richtung, indem sie die Ehe als Mittel zur Fortpflanzung definiert und drei oder vier Kinder vorschreibt. Kinderlose Frauen wurden durch die Lex Julia et Papia von der Erbschaft ausgeschlossen.[49] Bei Platon erfährt die Erzeugung von Nachkommen eine weitere Erhöhung: „Heiraten soll einer, wenn er dreißig oder höchstens fünfunddreißig Jahre alt ist, und zwar mit der Überlegung, daß das menschliche Geschlecht dank einer natürlichen Eigenschaft an der Unsterblichkeit teilhat, wonach ja auch ein jeder mit seinem ganzen Wesen trachtet; denn in dem Wunsch, berühmt zu werden und nach dem Tode nicht namenlos im Grab zu liegen, zeigt sich dieses Bestreben (...) indem es (das Geschlecht der Menschen, C.J.) dadurch unsterblich ist, daß es Kinder und Kindeskinder hinterläßt, dabei aber stets ein und dasselbe bleibt, und so durch die Fortpflanzung an der Unsterblichkeit teilnimmt; aus freien Stücken auf diesen Vorzug zu verzichten ist gegen alles göttliche Recht."[50] Hier wird die Gebärfähigkeit von Frauen für Männer zum Mittel, an der Unsterblichkeit teilzuhaben. Der Anteil der Frau wird allerdings gar nicht mehr thematisiert, es geht allein um den zeugenden Mann. Diese Einschätzung begegnet auch in der Zeugungstheorie des Aristoteles: „Der Same des Männchens ist nun dadurch ausgezeichnet, daß er den Lebensquell in sich hat und zwar einen solchen, der in dem Geschöpf die Entwicklung einleiten und die letzte Nahrungsstufe reifen lassen kann, während der des Weibchens nur Stoff bietet."[51] Die Unfruchtbarkeit von Frauen bedeutet aus dieser androzentrischen Sicht eine Einschränkung des Mannes, der sich über seine Zeugungsfähigkeit definiert. Er weiß den Lebensquell in sich, er bedarf des weiblichen Stoffes lediglich, um sich selbst zu verwirklichen, um zur Unsterblichkeit aufzusteigen. Eine sterile Frau ist deshalb in besonderer Weise wertlos und braucht nicht geachtet zu werden.

Es ist deshalb nicht verwunderlich, daß unfruchtbare Frauen alles Mögliche unternahmen, um Kinder zu gebären. Sie baten die GöttInnen um Hilfe, suchten ärztlichen Rat und nahmen „Heilmittel" gegen Sterilität, die jedoch häufig

---

[46] Vgl. b Ketubbot 100b: „Die Sterile gilt zuweilen als Frau, die Witwe gilt immer als Frau" - dies bezieht sich auf ihre rechtliche Behandlung und macht deutlich, daß unter gewissen Umständen Unfruchtbarkeit einen Verlust von Rechten bedeutete.
[47] b Yevamot 64a.
[48] Darauf verweist Samuel Krauss 1966, Bd.2, 52.
[49] Vgl. Karl Christ 1988, 103f.
[50] Platon, Die Gesetze IV.11, übertragen von Rudolf Rufener.
[51] Aristoteles, Über die Glieder der Geschöpfe IV,1, übertragen von Paul Gohlke. Zur Kritik an der platonischen und aristotelischen androzentrischen Zeugungslehre vgl. Ilse Reinprecht 1988.

wenn sie es sich nicht leisten konnten, ihre Arbeit wegen einer Geburt zu unterbrechen und damit auf den Verdienst eines Tages zu verzichten. Strabo berichtet von einer Landarbeiterin, die ihr Kind allein auf dem Feld zur Welt bringt und wenig später zu ihrer Arbeit zurückkehrt.[68] Sicher war dies nicht der Normalfall,[69] eine Geburt war auch für Tagelöhnerinnen nicht einfacher und schmerzfreier als für heutige Frauen.

Selbst zu Wort kommen diese Frauen jedoch auch hier nicht. Aus diesem Grund möchte ich einen Text zum Vergleich heranziehen, der die Situation in den 50er Jahren dieses Jahrhunderts in einem Dorf in Anatolien schildert. Auch wenn mir bewußt ist, daß es vielfältige Unterschiede zur antiken Gesellschaft und dem Leben dieser Frauen gibt, möchte ich diese Beschreibung einer Geburt hier wiedergeben. Für mich wird hier die selbstverständliche und überlebensnotwendige Solidarität von Frauen deutlich. Die Erzählerin des Buches von Saliha Scheinhardt (1993), Suna S., berichtet von ihrer Kindheit in einem anatolischen Dorf, in dem sie 1956 geboren wurde: „Ich kann mich an meine Kindheit erinnern - sie war von vielen Kinderkrankheiten geprägt. Arzt, Krankenschwester, Krankenhaus oder Medizin kannten wir nicht. Wenn es hochkommt eine Hebamme, aber meistens kommen die Frauen alleine zurecht. Wenn es eine normale Schwangerschaft ist, gebären die Frauen ihre Kinder allein, die Nachbarinnen helfen immer. Ohne die Hilfe anderer kann man auf unserem Dorf nicht überleben. Wir sind alle aufeinander angewiesen, sowohl auf den Feldern als auch zuhause. Meine Mutter brachte mich auf dem Feld zur Welt und arbeitete weiter. Feldarbeit ist eine Knochenarbeit. Sie brachte mich abends in der Satteltasche auf einem Esel heim. Dann ging sie zum Brunnen, Wasser zu holen, und klappte dort zusammen. Die Nachbarsfrauen eilten schnell zu Hilfe. Als sie merkten, daß sie Blut verlor, holten sie die Hebamme aus dem Nachbardorf. Sie pflegten meine Mutter einige Zeit mit Hausmitteln, bis sie wieder bei Kräften war. Auf dem Lande stellen die alten Frauen und Männer die Heilmittel selbst her. Auf den Feldern und Bergen findet man tausenderlei Kräuter, die paradiesisch duften. Sie kochen sie oder essen sie frisch. Alte Leute wissen genau, welche Kräuter für welche Krankheiten gut sind." (24-25)

Die Hebamme

Frauenwissen und Frauentraditionen umfassen den gesamten Bereich von Schwangerschaft und Geburt, Männer sind hier nicht anwesend. Auffällig ist, daß Hebammen in allen Ausführungen und Berichten eine wichtige Rolle spielen. Auch wenn in Lk 1.2 nicht explizit von einer Hebamme die Rede ist, basieren die Beschreibungen vermutlich auf den Überlieferungen heilkundiger Frauen. Deshalb möchte ich mich im folgenden ihnen und ihrer Tätigkeit zu-

---

[68] Vgl. Strabo, Geographica III 4,17.
[69] Zur Stelle vgl. auch Luise Schottroff 1994, 150f.

wenden, da diese die Basis und Quelle alles überlieferten gynäkologischen Wissens bildet. Da die gesamte medizinische Praxis der Gynäkologie in den Händen von geburts- und heilkundigen Frauen lag, konnten die männlichen Ärzte nur schriftlich niederlegen, was sie von Hebammen erfahren hatten. Dies betrifft die gesamte antike Medizin von ihren primitiven Anfängen an, über die Hippokratiker bis Soranus, Galen und darüber hinaus.[70] Wie selbstverständlich diese Aufteilung war, wird aus einer Bemerkung Galens sehr gut deutlich, in der er sich über einen Kollegen lustig macht, der behauptet hatte, alle Krankheiten so behandeln zu können, als hätte er sie am eigenen Leibe verspürt. Da er als Mann nun einmal keine Gebärmutter hätte, sei er in diesem Bereich doch unter allen Umständen auf die Anweisungen der Frauen angewiesen, lautete die Antwort Galens.[71]

Bereits aus der Einleitung der Gynäkologie des Soranus wird deutlich, daß sich seine Ausführungen auf die Praxis einer Hebamme beziehen (vgl. I,2). Diese Praxis beinhaltet nicht nur die Geburt und deren Vor- und Nachsorge, sondern den gesamten gynäkologischen Bereich mit verschiedenen operativen Eingriffen. Deshalb stellt er auch besondere Ansprüche an eine Frau, die als Hebamme arbeiten will (vgl. I,3): Sie soll gebildet sein, ein gutes Gedächtnis haben, ehrbar sein und von kräftigem Körperbau mit langen, schlanken Fingern, mit denen sie die Untersuchungen und Operationen ausführen kann. Besonders betont er die Bedeutung der Bildung, die eine Hebamme befähigen soll, die theoretischen Grundlagen der Frauenheilkunde zu verstehen. Ältere Frauen hält er für geeigneter und den Anforderungen besser gewachsen. Grabinschriften belegen, daß es neben den Hebammen (obstetrix; *maia*)[72] auch Ärztinnen (medica)[73] gab. Wahrscheinlich sind die Grenzen zwischen diesen Berufen jedoch fließend und von dem jeweiligen gesellschaftlichen Umfeld abhängig. Die Beschreibungen des Soranus weisen insgesamt auf die Behandlung reicher Oberschichtsfrauen in der Stadt hin, hier waren die Zugänge zu literarischer Bildung und theoretischer Ausbildung eher gegeben als z.B. im ländlichen Palästina. Grundsätzlich ist auch zu bezweifeln, ob die Hebammen auf solche theoretischen Lehrbücher und „Hebammenkatechismen" angewiesen waren. Diese basierten auf dem Wissen, das in ihren Kreisen von Generation zu Generation mündlich überliefert und praktiziert wurde. Ob sie den männlichen Ärzten alle Kenntnisse, Rezepte und (Geheim-)Weisheiten weitergegeben haben, ist ebenso in Frage zu stellen. Es ist außerdem nicht außer acht zu lassen, daß der gesamte Bereich der Geburt von religiösen Bräuchen und

---

[70] Vgl. Paul Diepgen 1937, 34.103.238.306 u.ö.
[71] Vgl. Paul Diepgen 1937, 238.
[72] Vgl. Römische Grabinschriften, übertragen von Hieronymus Geist, Nr.277.278.279.
[73] Vgl. ebd. Nr.276. Weitere Belege zu antiken Grabsteinen und -reliefen, die die Existenz von Ärztinnen belegen, bietet Antje Krug 1993, 195-197.

magischen Praktiken bestimmt war, die ausschließlich unter Frauen ausgeübt und tradiert wurden.[74]
Wie sah nun die Arbeit einer Hebamme konkret aus? Welche Frau nahm diese Tätigkeit auf? Welche Eigenschaften mußte sie aufweisen? Soranus schreibt, daß es üblich war, Frauenärztinnen oder Hebammen zu rufen, wenn Frauen unter Krankheiten litten, die sich von denen der Männer unterschieden.[75] In ländlichen Gebieten gab es allerdings nicht überall die Möglichkeit, in den übrigen Fällen männliche Ärzte zu Rate zu ziehen. Wahrscheinlich lag dies auch außerhalb des Vorstellungsbereiches des Großteils der Bevölkerung und deren finanzieller Möglichkeiten. Hebammen waren für alle Fragen der Frauenheilkunde zuständig, insofern die Frauen nicht eigenes Wissen zur Behandlung ihrer Krankheiten anwendeten.
Wie angesehen ihre Tätigkeit war, wird nicht nur aus den Schriften antiker Ärzte deutlich, sondern u.a. auch in der Philosophie Platons: Sokrates macht die Maieutik, die Hebammenkunst, zur Grundlage seiner Gesprächsführung. In dem Dialog mit Theaitetos liefert er neben philosophischen Betrachtungen auch wichtige Hinweise über Hebammen, über die er gut Bescheid wußte, denn auch seine Mutter Phainarete arbeitete in diesem Beruf: „Stelle dir einmal das alles vor, wie es bei den Hebammen zugeht; dann wirst du leichter begreifen, was ich sagen will. Du weißt doch, daß keine Frau, die selbst noch empfangen und gebären kann, bei anderen Hebammendienste leistet, sondern nur solche, die nicht mehr gebären können. (...) Man sagt, dies rühre von der Artemis her, weil sie, die nie geboren hat, die Obhut über die Geburten bekam. Den Unfruchtbaren hat sie nun versagt, Geburtshelferinnen zu sein, weil die menschliche Natur zu schwach ist, eine Kunst zu lernen, in der sie keine eigene Erfahrung hat. Doch denen, die ihres Alters wegen nicht mehr gebären können, verlieh sie dieses Amt und ehrte damit deren Ähnlichkeit mit sich selbst (...)" (Theaitetos 149a-d) Den Ausführungen Platons zufolge sind es ausschließlich alte Frauen, die durch eigene Geburten viel Erfahrung mitbringen und nach der Menopause auf besondere Weise mit der Geburtsgöttin Artemis verbunden sind, die diese ehrenhafte Tätigkeit aufnehmen können. Sokrates bezieht sich im weiteren Gesprächsverlauf auch auf ihren konkreten Tätigkeitsbereich: „Und können die Hebammen nicht auch mit Arzneimitteln und Beschwörungen die Wehen anregen oder sie nach Belieben mildern? Und solchen, die mühsam gebären, die Geburt erleichtern? Oder auch eine Abtreibung vornehmen, wenn es ratsam scheint, eine noch junge Frucht abzutreiben?" (149a-d) Ihr Enfluß geht sogar noch über den Bereich der Medizin hinaus: „Und hast du nicht auch schon vernommen, daß sie sehr erfolgreiche Ehestifterinnen sind, weil sie besonders gut herauszufinden verstehen, was für eine Frau mit einem Mann zusammenkommen muß, damit sie möglichst gute Kinder zur Welt bringt?" (149d-150b)

---

[74] Religionsgeschichtliches Material bietet G. Binder 1976. Auch Soranus erwähnt Frauenbräuche, vgl. Gynäkologie, II,10.
[75] Vgl. Soranus, Gynäkologie, III,3.

Bei Sokrates wird die Faszination, die für Männer mit dem Thema Schwangerschaft und Geburt verbunden ist, besonders deutlich. Sie sind aus diesem Bereich ausgeschlossen und müssen sich über Frauen mit Wissen versorgen, das sie dann schriftlich niederlegen und sich auf diese Weise aneignen, wie dies die antike Medizin vielfältig bezeugt. Sokrates vollzieht dies auf besondere Weise: Er vergleicht die Gedanken des Theaitetos mit einer Schwangerschaft, die seiner geburtshilflichen Behandlung bedarf: „Von meiner Hebammenkunst gilt zunächst einmal das gleiche, wie von der ihren (der Hebamme, C.J.). Sie unterscheidet sich aber dadurch, daß sie Männer entbindet und nicht Frauen und daß sie beim Gebären ihre Seelen überwacht und nicht ihre Leiber (...) Denen, die mit mir verkehren, geht es aber gerade wie mit den Gebärenden: sie haben Wehen und wissen sich Tag und Nacht nicht zu helfen, noch viel schlimmer als jene; diese Wehen aber zu erregen und zu stillen, das vermag meine Kunst (...) Dies habe ich dir (...) so ausführlich vorgetragen, weil ich vermute, daß du, wie du auch selber merkst, mit etwas in dir schwanger gehst und auch Geburtswehen hast. Wende dich also an mich, der ich der Sohn einer Hebamme und selbst in der Geburtshilfe kundig bin (...)" (150e-151c)

Louise Bruit Zaidman (1993) verweist daneben auf die enge Verbindung von Geburt und Tod: es sind dieselben Frauen, die für Geburtshilfe und für die Totenrituale, wie z.B. das Waschen des Leichnams zuständig sind. „Geburt und Tod sind furchterregend, weil sie sich beide der vorhersehbaren und kontrollierbaren Ordnung entziehen. Sie haben von sich aus eine furchterregende heilige Bedeutung, die nur ein strenges Ritual eingrenzen und zähmen kann. Da die Frauen aufgrund jener ‚Wildheit' in ihnen, die Ausdruck ihrer ‚Andersheit' in den Augen der Männer ist, ohne Gefahr sich dieser Quelle der Verunreinigung nähern können, sind sie natürliche ‚Mittlerinnen' und schützen ihre Männer." (407) In diesem Zusammenhang sind die vielfältigen Unreinheitsvorstellungen und Reinheitsvorschriften, die sich in der gesamten Antike mit dem Bereich der Geburt und des Todes verknüpfen, zu verstehen.[76] Auch Louise Bruit Zaidman sieht hier einen Freiraum für Frauen, ihre eigenen Traditionen zu entwickeln und zu pflegen. Sie schreibt: „Die Rituale tragen dazu bei, eine Gemeinschaft von Frauen entstehen zu lassen, die innerhalb eines jeden *oikos*, aber auch von einem *oikos* zum anderen eine Rolle spielt. Die ‚Nachbarinnen' gehören ebenso dazu wie die Hebamme, die von einem Haus zum anderen wechselt und die noch eine Vielzahl von anderen Aufgaben hat, wie beispielsweise bei der Waschung der Toten zu helfen und bei Begräbnisfeierlichkeiten, die aber auch Heiraten und Begegnungen bewerkstelligt; gelegentlich hilft sie sogar beim Kinderhandel und bei der Beseitigung eines unerwünschten Kindes." (409)

Die hebräischen Bezeichnungen der Hebamme heißen übertragen „Geburtshelferin", „weise Frau" oder „Lebenbringende".[77] Die sumerische Bezeichnung

---

[76] Religionsgeschichtliches Material bietet G. Binder 1976.
[77] Vgl. Ausführungen und Belege bei Samuel Krauss 1966, Bd.2.5 und J. Hamburger 1883, 255.

lautet: „*Sab-zu*" - Frau, die das Innere kennt.[78] In der Hebräischen Bibel spielen diese Frauen eine wichtige Rolle (vgl. Gen 35,16-20; 38,27-30; Ex 1,17-21).[79] Irmtraud Fischer (1994, 65-70) hat die Geburtserzählungen der Genesis untersucht und ist besonders in bezug auf die Namensgebung auf Traditionen gestoßen, in denen Details verarbeitet werden, die nur Frauen, die direkt bei der Geburt dabei waren, bekannt sein konnten. Deutlich wird dies beonders bei der Geburt von Jakob und Esau (Gen 25,19-26): Hier wird zunächst berichtet, daß die Söhne Rebekkas sich bereits im Mutterleib stießen (V.22). Bei der Geburt hält sich Jakob an der Ferse Esaus fest und erhält deswegen seinen Namen, der übersetzt „Fersenhalter" heißt (V.26). Dies kann nur den anwesenden Frauen bekannt gewesen sein, die dem Kind diesen Namen gaben. Auch die Namen von Perez und Serach, der Söhne Tamars, beziehen sich auf die Umstände ihrer Geburt (vgl. Gen 38,27-30). Hier wird beschrieben, daß die Hebamme dem Kind, dessen Hand zuerst aus dem Mutterleib schaute, einen roten Faden umwickelte. Durch ihre Initiative gilt Serach als Erstgeborener, die Begründung für den Namen Perez (= Riß) wird ebenfalls durch sie gegeben. Es wäre möglich, hier davon auszugehen, daß diese Geschichten von Hebammen erzählt und weitergegeben wurden.[80]

Einen interessanten Hinweis auf solche Hebammenerzählungen bietet das um 150 n.Chr. entstandene Protevangelium des Jakobus. In Kapitel 18-19 wird beschrieben, wie Josef in Betlehem eine hebräische Hebamme sucht, weil die Niederkunft Marias kurz bevorsteht. Diese spricht einen Lobpreis und ist bei der wundersamen Geburt anwesend. Anschließend wird berichtet, wie sie die Höhle, in die die Geburt stattgefunden hat, verläßt und einer Salome davon erzählt, die - wie aus der anschließenden Untersuchung deutlich wird - auch Hebamme ist. Gemeinsam untersuchen sie Maria und stellen ihre andauernde Jungfräulichkeit fest (Kap.20). Diese Szene ist im Gegensatz zum Rest der Erzählung recht ausführlich beschrieben, erstaunlich ist auch ihr Ausgang: Ein Engel tritt zu Salome und spricht: „Salome, Salome, verkündige (nicht), was du Wunderbares gesehen hast, bis der Knabe nach Jerusalem kommt."[81] Hier wird selbstverständlich angenommen, daß Salome das Erlebte verkünden wird, ohne daß sie einen besonderen Auftrag dazu erhält. Ihre Person und ihr Beruf scheinen dies vorauszusetzen.

Besondere Hebammentraditionen lassen sich darüber hinaus bis in unser Jahrhundert weiterverfolgen. Ich möchte dies hier nur kurz andeuten, um die Bedeutung des überlieferten Wissens und der damit verbundenen Praktiken deutlich zu machen. In ihrer sozialgeschichtlichen Studie über Frauen im 13. bis 18. Jahrhundert in Freiburg im Breisgau stoßen die Autorinnen Sully Roecken und Carolina Brauckmann (1989) auf Rituale, die sich auf den Bereich der Ge-

---

[78] Vgl. Irmtraut Seybold 1988, 109.
[79] Zu Gen 1,17-21 vgl. Helen Schüngel-Straumann 1991, 45-50.
[80] Diese These vertritt Savina Teubal, Hairey's Heels and other Stories: Oral Tradition in Genesis, unveröffentlichter Vortrag, 13.4.1994 in der Ev. Akademie Hofgeismar. Sie spricht von Hebammentraditionen, die vor allem mündlich tradiert wurden.
[81] Protevangelium des Jakobus 20,3. Übersetzung von Oskar Cullmann.

burt beziehen. „Bis ins späte Mittelalter können die Frauen den ausschließlichen Zusammenhalt untereinander bewahren. Doch gibt es kaum Quellen, die über diese Lebenszusammenhänge berichten. Die Frauen selbst, die ehemals freien Hebammen und Heilkundigen, haben ihre Erfahrungen einander weitergegeben; aber das geschah in mündlicher Überlieferung. So blieb die von ‚weisen' (wissenden) Frauen praktizierte Heilkunde und Geburtshilfe jahrhundertelang ein geheimes, vor Männern gehütetes Wissen." (138) Auch hier läßt sich ihre Bedeutung gut über die Gegenreaktionen der medizinischen Kreise, die die Geburtsheilkunde in ihren Bereich einbinden wollten, und der amtlichen Verlautbarungen ablesen: „Im 15. Jahrhundert wurden die ersten Hebammenverordnungen verfaßt. Gleichzeitig verbot man allzu üppige Kinds- und Tauffeste. Weil sie stets mit einem großen Gefolge kämen, wurde den Patinnen untersagt, die Wöchnerin öfter als dreimal zu besuchen. Auch durften die feiernden Frauen nicht mehr essen und trinken, wie und was ihnen beliebte." (139) Freie Hebammen, die sich nicht in den Dienst der Stadt und damit der Hebammenverordnung stellten, wurden vielfach verfolgt und als Hexen verurteilt (vgl. 148-152).
Trotzdem konnte mit ihnen dieses Wissen nicht gänzlich vernichtet werden. Die Erinnerungen von Maria Horner (1994) an ihre Großmutter, die Anfang dieses Jahrhunderts als Hebamme im Kärntener Lavantal tätig war, lassen das Weiterleben alter Traditionen sichtbar werden: „Großmutter wurde von den Leuten die ‚Schindler-Muatter' genannt (...) Sie war nicht nur bei jeder Geburt dabei, auch wenn einer in unserem Dorf von 500 Seelen am Sterbebett lag, auch bei allen Krankheiten von Kindern und Erwachsenen, die in den Landwirtschaften vorkamen, wurde sie geholt." (20f) Der Arzt, der drei Gehstunden entfernt wohnte, wurde nur in den seltensten Fällen konsultiert. Maria Horner beschreibt im weiteren die medizinische Praxis ihrer Großmutter, ihr heilkundliches Wissen und das damit verbundene Ansehen: „In unserem Dorf war die Großmutter wie ein kleiner Herrgott. Sie genoß bei arm und reich, bei alt und jung Ansehen. Es wurde ihr auch viel Ehre zuteil." (22) Auch Spuren alter Frauenfeste, die mit der Geburt verbunden waren, sind noch zu entdecken: „Am zehnten Tage war das große Aufstehen. Der alte Brauch war, daß die Wöchnerin das erste Mal wieder bei Tisch essen konnte. Es wurde, wenn vorhanden, ein besseres Essen vorbereitet (...) An diesem Mahl nahmen nur die Wöchnerin und die Hebamme teil, es war fast eine Zeremonie. Somit war die Aufgabe der Hebamme beendet." (26-28) Religiöse Praktiken, deren Bedeutung zwar kaum noch bekannt ist, werden bis in die Gegenwart hinein befolgt. Eine Mutter berichtet, daß bei Hausgeburten die Nachgeburt unter dem Holunderstrauch vergraben wurde, um das Leben und Wohlergehen der Neugeborenen zu sichern (vgl. 192).[82]
In Anknüpfung an diese Ausführungen ist zu fragen, ob auch Lk 1 aus einer Hebammentradition stammen könnte. Daß diese bis heute eine Rolle spielen

---

[82] Der Holunderstrauch gilt seit Jahrtausenden als heiliger Baum der großen Göttin.

und nicht mit dem Ersten Testament und den Erzählungen über die Matriarchinnen ein Ende gefunden haben, ist deutlich geworden.

5. Lk 1 - eine Frauentradition?

Die zeitliche Strukturierung des Kapitels Lk 1 bezieht sich auf die Phasen der Schwangerschaft Elisabets. Der Besuch Marias fällt in eine Zeit, in der eine Schwangere besondere Beschwerden hat und der Unterstützung bedarf. In ihrer Begegnung werden die Kindsbewegungen (vgl. VV.41.44) erwähnt und gedeutet. Ihre Schwangerschaften verbinden die beiden Frauen, sie verbringen drei Monate gemeinsam. Ob Maria bei der Geburt noch anwesend ist, geht aus dem Text nicht hervor. Von der Niederkunft Elisabets wird erst nach der Notiz über ihre Heimkehr berichtet (vgl. VV.56-66). Trotzdem läßt ein Vergleich mit antiken Texten, die über die Hilfe von Freundinnen bei Geburten berichten, vermuten, daß Maria bis dahin anwesend war. Jüngere Frauen haben sich ihr Wissen über den Ablauf von Schwangerschaft und Geburt aus der Anschauung bei anderen erwerben müssen und waren sicherlich selbstverständlich dabei. Lk 1,58-59 spricht auch von NachbarInnen und Verwandten (*syngeneis*), die an der Freude über die Niederkunft Elisabets Anteil nehmen. In V.36 wurde Elisabet bereits als Verwandte (*syngenis*) Marias bezeichnet.

Insgesamt bietet der Befund in Lk 1 eine Reihe von Hinweisen, die auf die gegenseitige Unterstützung der beiden Frauen Elisabet und Maria und der durch ihre Nachbarinnen/Freundinnen, die sich mit über das Kind freuen, hindeuten. Der gynozentrische Charakter der Erzählungen über ihre jeweilige Empfängnis[83] und ihre Begegnung weist auf ihre Verwurzelung in einer Frauentradition, die an die Hebammengeschichten über die Geburten der Matriarchinnen in der Genesis anknüpft. Ein Vergleich mit den Erzählungen über Sara, Hanna und Rahel soll dies weiter belegen. Wichtig ist in diesem Zusammenhang die Beobachtung, daß Hebammen in erster Linie ältere Frauen waren. Bei Sara, Hanna, Rahel und Elisabet handelt es sich ebenfalls um Frauen, die entweder schon sehr alt waren oder erst sehr spät Kinder bekamen. Alte und unfruchtbare Frauen, die in der gesellschaftlichen Hierarchie ganz unten stehen und für das patriarchale Interesse der Fortpflanzung nicht von Wert sind, die Ausgrenzungen und Schmähungen ausgesetzt sind und ansonsten in ihrem Elend unsichtbar bleiben, treten in den Mittelpunkt. Hier kann die Vermutung geäußert werden, daß ihre Erzählungen gerade in den Kreisen der älteren Hebammen Interesse fanden und weitergetragen wurden.

---

[83] Luise Schottroff (1994, 293) zeigt, daß die Legende über die wunderbare Empfängnis der Maria eine patriarchatskritische Zielrichtung hat, indem sie von einer Schwangerschaft ohne zeugenden Mann erzählt. Sie wendet sich damit gegen Zeugungsvorstellungen der antiken Biologie, die allein den Mann im Blick haben.

Viertes Kapitel
Elisabet - Das Motiv der unfruchtbaren Frau

In Lk 1 finden sich eine Reihe von wörtlichen Übereinstimmungen und Ähnlichkeiten im Ablauf der Handlung mit Erzählungen in der Septuaginta (im folgenden: LXX), der griechischen Übersetzung des Ersten Testaments. Ich möchte diese zunächst den verschiedenen Erzählungen zuweisen, aus denen sie stammen, und im Anschluß danach fragen, welche Bedeutung die Anknüpfung an überlieferte Traditionen für die Auslegung von Lk 1 hat. Dazu werde ich etwas weiter ausholen, weil ich es für notwendig erachte, zunächst das Motiv und seine Verwendung in seinem jeweiligen Kontext zu betrachten und die Forschungslage zur Kenntnis zu nehmen, um dann zu einer eigenen Darstellung kommen zu können. Diese ausführliche Betrachtung ist zudem notwendig, weil das zentrale Motiv der unfruchtbaren Frau, die mit Gottes Hilfe ein Kind bekommt, in der Forschung zu Lk 1 bisher kaum bearbeitet wurde. Dieser Einblick in ersttestamentliche Traditionen, in die Elisabets Erzählung gestellt wird, bietet für die Exegese jedoch grundlegend wichtige Ergebnisse.

1. Traditionen des Ersten Testaments in Lk 1

Die Erzählung von Elisabet erinnert an die Geschichten von Sara, Rahel und Lea, Rebekka und Hanna.[1] In einem ersten Schritt werde ich die wörtlichen Übereinstimmungen mit diesen Texten aufzeigen, um deutlich zu machen, daß Lk 1 bewußt an diese Traditionen anknüpft und die Assoziationen an diese bedeutenden Frauen der Geschichte hervorrufen will.

Sara

Die Beschreibung von Elisabet lehnt sich an das Vorbild von Sara an: beide sind unfruchtbar (Lk 1,7/Gen 11,30). Das Alter von Elisabet und Zacharias wird mit denselben Worten wie das von Sara und Abraham bezeichnet (Lk 1,7/ Gen 18,11): Sie sind bereits „fortgeschritten in den Tagen." Von Elisabet wird wie von Sara gesagt, daß sie ihrem Ehemann einen Sohn gebären wird, dessen Name durch einen Engel vorgegeben wird (Lk 1,13/Gen 17,19). Die Reaktion Zacharias' auf diese Ankündigung ist wörtlich dieselbe wie die von Abraham (Lk 1,18/Gen 15,8): „Wie soll ich das erkennen?" (*kata ti gnosomai;*). Das wunderbare Geschehen wird Gottes Macht zugeschrieben (Lk 1,37/Gen 18,14): „Für Gott ist nichts unmöglich."

---

[1] Hier sind noch die Erzählungen von der Mutter des Simson (Ri 13) und der Sunamniterin (2 Kön 4,8-17) zu nennen. Da diese Texte jedoch nicht direkt rezipiert werden, werde ich sie im weiteren nicht mehr explizit aufführen.

Rebekka
Wörtliche Zitate aus der Geschichte Rebekkas tauchen insbesondere bei der Beschreibung Marias auf. Sie sind beide Jungfrauen (Lk 1,27/Gen 24,14: *parthenos*), die noch keinen Mann „erkannt" haben, d.h. noch keinen Geschlechtsverkehr hatten (Lk 1,34/Gen 24,16). Die Glaubwürdigkeit der Botschaft, die Maria durch den Engel übermittelt wird, bekräftigt dieser ebenso wie der Bote, den Abraham zu Rebekka schickt, mit dem Verweis auf die wundersame Schwangerschaft einer alten Frau (Lk 1,36/Gen 24,36: Elisabet/ Sara). Ein Aufbruch, der mit Eile vonstatten geht, bezeichnet den Beginn ihrer Handlung (Lk 1,39/Gen 24,61). Das Motiv der Unfruchtbarkeit verbindet auch Elisabet mit Rebekka (Lk 1,7/Gen 25,21).

Rahel und Lea
Auch Rahel und Lea sind zeitweilig unfruchtbar, bevor sie Kinder zur Welt bringen (vgl. Gen 29,31). In der Erzählung ist von den Demütigungen und der Schmach (Lk 1,25/Gen 30,23: *oneidos*, Lk 1,48/Gen 29, 32: *tapeinosis*) die Rede, die die beiden Frauen erfahren (vgl. auch Jes 54,5). Große Ähnlichkeiten weist auch die Begründung des Namens des Leasohnes Ascher mit der Seligpreisung Marias durch Elisabet auf: Glücklich/Selig (*makaria*) bin ich, weil mich die Frauen glücklichpreisen." (Lk 1,42.45/Gen 30,13)

Hanna
Weitere wörtliche Übereinstimmungen zur LXX finden sich im Magnificat (Lk 1,46-55), das sich eng an die Geschichte (1 Sam 1) und das anschließende Danklied Hannas in 1 Sam 2,1-10 anlehnt. Es ist von diesem in Aufbau und Wortwahl inspiriert, weist daneben aber auch Beziehungen zu einer Reihe weiterer Texte des Ersten Testaments auf.[2] Ich möchte an dieser Stelle besonders auf die zentralen inhaltlichen Übereinstimmungen hinweisen: Gott sieht die Erniedrigung (*tapeinosis*) seiner Sklavin (Lk 1,48/1 Sam 1,11). Diese Erfahrung der Erhöhung ist der Grund für ein Loblied, in dem von der Gerechtigkeit, dem Handeln Gottes die Rede ist, das die Armen und Erniedrigten erhöht, die Hungrigen satt macht und den Reichen und Mächtigen ihren Status nimmt.

Der Befund macht deutlich, daß die Erzählung von Lk 1 durch wörtliche und inhaltliche Übereinstimmungen an die Geschichten dieser bedeutenden Frauen anknüpfen will. Im folgenden möchte ich nun danach fragen, warum das Motiv der unfruchtbaren Frau, die durch Gottes Hilfe einen Sohn zur Welt bringt, in Lukas 1 aufgegriffen und neu erzählt wird. Dazu ist es nötig, nach der Bedeutung dieses Motivs zu fragen und zu untersuchen, an welchen Stellen es in der langen Geschichte von den Traditionen der Genesis bis in die neutestamentliche Zeit verwendet wurde und welche Inhalte und Ziele mit seiner Hilfe zum Ausdruck gebracht werden sollten.

[2] Eine genaue Analyse der Herkunft der einzelnen biblischen Zitate im Magnificat bietet Helmer Ringgren 1986, 230-231.

2. Lk 1 - ein Midrasch

Midrasch wird von dem hebräischen Wort *darasch* abgeleitet und „bezeichnet sowohl die Tätigkeit des Forschens, Fragens und Interpretierens als auch die Ergebnisse dieser Tätigkeit in der Gestalt einer bestimmten Literatur."[3] Als Gattungsbegriff weist er vor allem auf das rabbinische Schrifttum, das die Erforschung der Bibel und die Auslegung für die Gegenwart in Kommentaren niedergelegt hat.[4] Midraschim zu biblischen Texten hat es zu allen Zeiten gegeben. Judith Plaskow (1992) beschreibt, wie heutige jüdische Feministinnen an diese Form der Aktualisierung des biblischen Textes und seiner Aussagen anknüpfen: „Auch wenn unser Selbstbewußtsein modern ist, so ist die Grundüberzeugung des feministischen Midrasch doch ganz traditionell. Er beruht auf der rabbinischen Überzeugung, daß die Bibel bis auf den heutigen Tag zum Sprechen gebracht werden kann. Wenn sie unser Text ist, dann kann und muß sie unsere Fragen beantworten und unsere Werte teilen; wenn wir mit ihr ringen, wird sie Sinn preisgeben (...) Gemeinsam und individuell, mündlich und schriftlich schaffen Frauen also neue Gedichte, erforschen und erzählen Geschichten, die unsere Geschichte mit der heutigen religiösen Erfahrung verbinden." (82) Im Midrasch wird die Bibel im Kontext des eigenen Lebens neu interpretiert. Die Schrift wird zum lebendigen Wort des lebendigen Gottes, das in die aktuelle Situation einer Gemeinschaft in der Gegenwart spricht. Midraschim finden sich bereits im Kanon des Ersten Testaments selbst. Ein Beispiel dafür ist die Aufnahme der Exodus-Tradition in der prophetischen Literatur, die in der Exilssituation die Hoffnung auf ein erneutes Eingreifen Gottes und auf Rückkehr thematisiert und zu durchaus verschiedenen und kontroversen Einschätzungen und Deutungen der Gegenwart und Zukunft kommt (vgl. z.B. Mi 6; Jes 52,3-6.11-12; Jer 2).

An diese Überlegungen anknüpfend möchte ich die Erzählung von Elisabet (und Maria) als Midrasch zu den biblischen Texten von Sara, Rahel, Lea und Hanna verstehen. Ihre Geschichten werden in die Gegenwart der lukanischen Gemeinde hinein neu erzählt und für deren Bedürfnisse und Fragen neu ausgelegt.[5] Um den Hintergrund und den Interpretationsrahmen zu verstehen, in den die Erzählung der unfruchtbaren Elisabet in Lk 1 als Midrasch zu bekannten Traditionen einzuordnen ist, ist es nötig, die Motivgeschichte innerhalb des Ersten Testaments und des frühen Judentums zu verfolgen. Als erstes werde

---

[3] Phillip Sigal 1986, 109.
[4] Ausführliche Informationen bietet Günter Stemberger 1977, 83-90.
[5] Ob Lk 1 als Midrasch angesehen werden darf, ist in der Literatur umstritten, vgl. z.B. François Bovon 1989, 45; Raymond E. Brown 1977, 557-562. Hilfreich erscheinen mir zur Klärung dieser Frage die Ausführungen Günter Stembergers 1989, 20-21, der danach fragt, ob in der Zusammenschau von Bibelzitaten die Bibel primär bleibe, wie es dem Grundprinzip rabbinischer Bibelauslegung entspricht, oder ob sie lediglich nachträglich zur Erklärung aus anderer Quelle bekannter Fakten dienten. Im folgenden möchte ich zeigen, daß ersteres für die Erzählungen in Lk 1 zutrifft und werde deshalb hier den Begriff Midrasch verwenden.

ich den bisherigen Forschungsstand der feministischen, anschließend den der nicht-feministischen Diskussion zum Motiv der unfruchtbaren Frauen im Ersten Testament darstellen und werde dann zu einer eigenen Darstellung des Quellenbefundes kommen.

3. Die feministische Diskussion

Für die Darstellung der feministischen Diskussion zum Thema Unfruchtbarkeit habe ich die Ansätze ausgewählt, die sich explizit mit dem Motiv, seiner Geschichte und seiner Bedeutung beschäftigen. Da es mir in erster Linie um die Erschließung des Hintergrundes des Motivs in Lk 1 geht, verzichte ich darauf, spezielle exegetische Einzeluntersuchungen zu den Stellen, in denen unfruchtbare Frauen vorkommen, hier aufzuführen. Im folgenden möchte ich die Ansätze von Mary Callaway, Irmtraud Fischer, Helen Schüngel Straumann und Luise Schottroff vorstellen, wobei die Beschäftigung mit Mary Callaway den größten Raum einnehmen wird, weil von ihr die umfassendsten Untersuchungen vorliegen.

Aus den vorangegangenen Untersuchungen zur Unfruchtbarkeit von Frauen haben sich folgende Fragen ergeben, die ich zur Analyse der feministischen und nicht-feministischen Literatur zu diesem Thema heranziehen möchte:

1. Es hat sich gezeigt, daß der Zusammenhang von Alter und Unfruchtbarkeit für die Beschreibung von Elisabet und für das Verständnis ihrer Bedeutung grundlegend wichtig ist. Im folgenden möchte ich deshalb fragen, inwieweit der Zusammenhang von Alter und Unfruchtbarkeit in der feministischen Diskussion thematisiert wird.

2. Das Motiv der unfruchtbaren Frau durchläuft eine lange Geschichte von den Matriarchinnenerzählungen des Ersten Testaments, über (nach-)exilische Verheißungen bei Deutero- und Tritojesaja bis zur Verwendung in apokalyptischer Literatur in 4 Esra. Für die Frage danach, wie die VerfasserInnen von Lk 1 dieses Motiv verstanden haben und welche Botschaft sie mit seiner Hilfe transportieren möchten, ist es nötig, die Verschiebung der Bedeutung, die es im Laufe dieser langen Geschichte erfahren hat, zu untersuchen. Wie wird diese Entwicklung bei den Autorinnen dargestellt und beurteilt?

3. Durch das Magnificat in Lk 1 wird sehr deutlich, daß die Erzählung über die beiden Frauen über die individuelle Ebene hinausweist. Hier wird das Geschick des ganzen Volkes thematisiert. Im Lied Hannas in 1 Sam 2 ist dies ebenso der Fall. An die Untersuchungen zum Thema Unfruchtbarkeit möchte ich deshalb die Frage richten, wie sie das Verhältnis der unfruchtbaren Frau zum Volk darstellen und welche Bedeutung ihre Erfahrung für die Deutung der Geschichte des Volkes hat.

4. Eng damit verknüpft ist die Frage nach dem Gottesbild, das hinter dem Motiv der unfruchtbaren Frau steht. Wie wird es in den einzelnen Entwürfen dargestellt?

5. Grundlegend möchte ich an alle Untersuchungen die Frage stellen, ob und auf welche Weise sie eine sozialgeschichtliche Einordnung vornehmen.

Mary Callaway

Mary Callaway geht in ihrer Studie „Sing, O Barren One. A Study in Comparative Midrash" (1986), in der sie das Motiv der Unfruchtbarkeit im Ersten Testament, der jüdischen apokryphen Literatur, im Neuen Testament und der rabbinischen Literatur untersucht, vor allem der Frage nach, warum das Motiv der unfruchtbaren Frau, die dann doch einen Sohn gebiert, in Israels Traditionen hochgehalten und gepflegt wurde. Sie zeigt sehr eindrücklich, daß es zu allen Zeiten mit der Frage nach Israels Identität verbunden wurde. An zentralen Punkten der Geschichte des Volkes, in Gefährdungs- und Notsituationen wird es wiederholt aufgegriffen und für die Gegenwart neu gedeutet. Im folgenden werde ich ihren Entwurf anhand der oben aufgeführten Fragen zusammenfassend darstellen und im Blick auf die Frage nach der Bedeutung alter Frauen auswerten.

1. Die Verbindung von Alter und Unfruchtbarkeit spielt in dem Entwurf von Mary Callaway keine Rolle. Durch eine literarkritische Entscheidung trennt sie das Thema Alter bereits in der Erzählung von Sara von dem Motiv der Unfruchtbarkeit, das im Mittelpunkt ihrer weiteren Untersuchungen steht. Sie unterscheidet in der Erzählung von Sara zwei Traditionen, die nachträglich miteinander verknüpft worden seien (vgl. 18): 1. Beide, Sara und Abraham, sind alt und kinderlos; 2. Sara ist unfruchtbar. In Gen 18 lache Sara über die Verheißung eines Sohnes, nicht, weil sie unfruchtbar ist, sondern aufgrund ihres hohen Alters. Unfruchtbarkeit tauche hier zunächst als Motiv nicht auf. Deshalb stehe diese Erzählung im Zusammenhang eines anderen Motivs, nämlich den des Dankes für geleistete Gastfreundschaft, die Abraham und Sara ihren Besuchern erwiesen haben.[6] Hier liege der Focus nicht auf dem Kind, sondern auf den Eltern, ihrer Frömmigkeit und deren Belohnung. Callaway hält diesen Erzählstrang für den ursprünglicheren, in den das Motiv der unfruchtbaren Frau sekundär eingetragen wurde (vgl. 19). Diese literarkritische Scheidung führt in ihren weiteren Ausführungen dazu, daß sie den ersten Erzählstrang nicht weiter verfolgt, sondern sich ausschließlich auf das Motiv der Unfruchtbarkeit konzentriert. Dieses werde durch den Eintrag in die Genealogie, Sara sei unfruchtbar (Gen 11,30), zu einer Voraussetzung aller folgenden Erzählungen gemacht (vgl. 21).

2. Mary Callaway zeigt sehr eindrücklich, daß die Geschichte der unfruchtbaren Frau in Situationen größter Not und Verzweiflung neu erzählt wurde, um Hoffnung, Trost und Kraft zur Überwindung der Notlage schöpfen zu können. Die Verknüpfung der Erfahrung des Leidens und des (sozialen) Todes mit dem Hoffnungsbild der Geburt habe den Gemeinschaften, die dieses Motiv jeweils

---

[6] Dafür bietet die Literatur weitere Beispiele. Vgl. z.B. die Erzählung von Philemon und Baucis bei Ovid, Metamorphosen VIII, 616ff.

neu aufgegriffen haben, die Möglichkeit geboten, ihre eigene Situation zu deuten und den Beistand Gottes zu erwarten. Dies macht sie mittels eines Durchgangs durch eine Reihe von biblischen und nachbiblischen Texten, in denen das Motiv eine wichtige Rolle spielt, deutlich:

Sara, Rebekka, Rahel und Lea
Die Erzählungen von Gen 16,1-6 (Sara und Hagar) und Gen 29,31 - 30,24 (Rahel und Lea) weisen eine Reihe von Gemeinsamkeiten auf, die sich auch in der Wortwahl spiegeln. Mary Callaway schließt deshalb auf einen gemeinsamen Autor/Redaktor, den „Jahwisten", der die Betonung auf die Unfruchtbarkeit lege und die Rivalitäten zwischen den Frauen hervorhebe, die wahrscheinlich nicht Teil der ursprünglichen Traditionen gewesen seien (vgl. 29). Folgende Aussageabsichten sieht sie dabei im Hintergrund (vgl. 32-33):
- Es ist derselbe Gott, der den Mutterleib öffnet und schließt: JHWH. Dieses Bekenntnis spricht dem befreienden Gott des Exodus nach der Seßhaftwerdung auch die Kontrolle über die Fruchtbarkeit zu, die in der Umwelt Israels verschiedenen GöttInnen zugeschrieben wurde: der Monotheismus kann gewahrt bleiben.
- Indem die Erfüllung der Verheißung an die Patriarchen und Matriarchinnen neu entfaltet wird, wird die Abhängigkeit Israels von Gott in der Vergangenheit und Gegenwart betont. Die wundersame Geburt Isaaks weist nicht lediglich auf seine heroische Person, sie wird als Geschenk Gottes bedeutsam, als Teil seines Planes für Israel.
- Die Geschichten illustrieren das „jahwistische" Motiv der Hindernisse bei Erfüllung der Verheißung Gottes, der trotz aller Widrigkeiten zu seinen Versprechungen steht. Gott handelt durch diejenigen, die nicht in der Lage erscheinen, seinen Plänen dienlich zu sein. Menschliche Kategorien und Statuszuweisungen werden verdreht, Gottes Macht verwandelt Schwäche in Stärke und Tod in Leben. Das Motiv der unfruchtbaren Frauen ist ein zentrales Beispiel dafür, wie aus einer aussichtslosen Situation Gutes erwächst.

Hanna
Mary Callaway versteht 1 Sam 1-2 bereits als Midrasch zu den Erzählungen der unfruchtbaren Matriarchinnen der Genesis. Sie zeigt die Nähe der Beschreibung Hannas (ihre Erniedrigung, ihr Leiden und die anschließende Erhöhung und Erhebung) zu den Psalmen, die die Klage des/der einzelnen zum Ausdruck bringen, auf. Für die Frage nach dem Verhältnis der unfruchtbaren Frau zum Volk habe dies eine wichtige Bedeutung. Hanna werde im Gegensatz zu den Matriarchinnen, die als individuelle Personen beschrieben werden, in deren Geschichten Gottes Handeln sichtbar wird, auch zum Symbol einer ganzen Gruppe. Hanna sei der Typus der *Anawim*, sie sei treu und fromm und leide (vgl. 47). Mit ihrer Geschichte werde ausgedrückt, daß Gott die Niedrigen erhebt und die Gerechten belohnt. Hannas Schwangerschaft sei das Zeichen ihrer Beziehung zu Gott. Samuel sei die Antwort auf ihre Gebete, die Reaktion auf ihr Elend, er sei der Lohn, der den Gerechten von Gott zukommt.

Deuterojesaja
Mary Callaway betrachtet Jes 49,19-21; 51,1-3; 54,1-3 zusammen, diese Texte bildeten eine neue Form der Tradition der unfruchtbaren Matriarchinnen (vgl. 60-62). Hier werde nicht mehr die Geschichte konkreter Frauen erzählt, Deuterojesaja greife lediglich das Thema des Motivs auf, die bekannten Geschichten stünden dabei im Hintergrund für die Verheißungen an die Gemeinschaft, an die er sich wendet. In Jes 51,1-3, der einzigen Stelle, die Sara außerhalb des Pentateuchs erwähnt, werde diese zur Mutter aller, die Gott suchen. Deuterojesaja versuche, Israels Vergangenheit mit der Gegenwart zu verknüpfen, indem er Sara und Abraham als Eva und Adam für Israel präsentiert (vgl. 51,1): So wie Gott im Anfang Israel aus Abraham und Sara erschaffen hat, so wird Gott ein neues Israel aus den wenigen ExulantInnen erschaffen. Indem er Sara als Mutter Israels bezeichnet, nimmt er Bezug auf die Frage nach der Identität der Gruppe, zu der er spricht: Wie sollen wir im Exil überdauern, wie sollen wir hier am Leben bleiben? (vgl. dazu Ez 33,10). Deuterojesaja antworte auf diese Fragen mit der Geschichte, in der die Nation aus einem einzelnen alten Mann und einer unfruchtbaren Frau entstand.

Nach Callaway vollzieht sich dann mit Jes 54,1-3 ein Wandel in der literarischen Form der Tradition der unfruchtbaren Matriarchin: aus einer Erzählung wird eine Heilsweissagung, die an die Frau selbst adressiert ist (vgl. 63-69). Es werde nicht länger in der dritten Person von der Frau gesprochen, die Weissagung wende sich in der zweiten Person direkt an sie. Aus der Geschichte der Geburt eines Kindes werde die Erzählung der Geburt eines Volkes. Aus einer Erzählung über ein Ereignis der Vergangenheit werde eine Weissagung über die Zukunft. Die unfruchtbare Frau sei nicht eine individuelle Frau der Geschichte, sondern Zion, wie sie in Jes 49,14-50,3 genannt wird, eine Figur, die für ganz Israel steht (vgl. 64). Sie werde zum Symbol, welches sowohl für Israels Vergangenheit als auch für die Zukunft steht. Der Vergleich zwischen den zwei Frauen, der Unfruchtbaren und der Kinderreichen, nimmt dabei das Motiv der Rivalität zwischen den zwei Frauen erneut auf. Deuterojesaja verkündet damit auch die Erhebung des erniedrigten und kriegsgefangenen Volkes über den Feind.

Die Gemeinschaft, an die er sich wende, hat die Hoffnung, das Volk Israel zu sein, fast aufgegeben, sie beginnt sich an die babylonische Kultur zu assimilieren. Hinter Deuterojesajas Trost stehe das Ziel, das Bewußtsein ihrer israelitischen Identität zu bestärken (vgl. 71-72). Der neue Akzent, den er auf die Geschichte lege, sei der der Entstehung eines Volkes. Wie eine Frau überall gebären könne, so könne Gott sein Volk überall aufbauen, wo eine zeitgenössische Sara und ein zeitgenössischer Abraham leben. Deuterojesaja versuche mit seiner Betonung auf Sara als Mutter, die Identität der ExulantInnen als Kinder der Verheißung, die auch in Babylon Geltung habe, zu bestärken.

Das vierte Buch Esra
In ihrer Deutung von 4 Esra vertritt Mary Callaway die Auffassung, daß das Motiv der unfruchtbaren Frau und die Idee von Jerusalem/Zion eine Spirituali-

sierung erfahren habe. So könne diese auch weiterhin trotz der Zerstörung Jerusalems und des Tempels Quelle und Zentrum jüdischer Identität bleiben (vgl. 90). Die Vision einer wiederhergestellten Stadt, die Transformation der trauernden Mutter, zeige, daß der Autor nicht länger auf eine Wiedererrichtung von Jerusalem schaue, sondern eher auf eine apokalyptische Transformation (vgl. 88). Die Hoffnung auf eine Restauration Jerusalems habe sich in eine Erwartung des Herabsteigens des himmlischen Jerusalems verwandelt. Callaway sieht darin eine Antwort auf die Frage, wie die jüdische Identität trotz der Zerstörung der heiligen Stadt aufrechterhalten werden kann.

Philo von Alexandria
Mary Callaway verfolgt in ihrer weiteren Untersuchung einen Traditionsstrang, in dem sie ein spirituelles Verständnis von Unfruchtbarkeit beheimatet sieht. Dazu betrachtet sie zunächst weitere Texte aus dem Ersten Testament und wendet sich dann der Aufnahme des Motivs der Unfruchtbarkeit bei Philo von Alexandria zu. Sie zeigt anhand verschiedener Texte, daß trotz einer immer bedeutsamer werdenden Tradition der unfruchtbaren Frauen, die besondere Söhne zur Welt bringen, Unfruchtbarkeit weiterhin als Fluch und Erniedrigung gilt. Unfruchtbarkeit werde als Zeichen des Entzugs göttlicher Gnade interpretiert, die Unfruchtbaren werden mit Mitleid und Furcht betrachtet: Spr 30,16 beschreibt die Unterwelt als unfruchtbaren Mutterleib, in Hos 9,11-14 gilt Unfruchtbarkeit als Strafe für Sünde, ebenso in Ps 107,33-34. Mary Callaway vertritt die These, daß als Reaktion darauf die Unfruchtbarkeit von Individuen spiritualisiert werde (vgl. 92). Als Beispiel nennt sie Sap 3,13-4,6. Hier werde die gerechte unfruchtbare Frau nicht mit Söhnen belohnt, sondern mit spirituellen Früchten (V.13): „Selig ist die Kinderlose, die unschuldig blieb und kein Lager der Sünde kannte; sie wird gleich einer Mutter geehrt, wenn die Seelen ihren Lohn empfangen." Das Leiden der Gerechten sei vorübergehend; die Verheißung des Segens werde in der Zukunft erfüllt.
In den Ausführungen zu Philo von Alexandriens Idee spiritueller Unfruchtbarkeit sieht Mary Callaway die Brücke für das Verständnis der Unfruchtbarkeit in Lk 1, das sie ebenfalls spirituell deutet (vgl. 94-99). Er benutze das Bild der Jungfräulichkeit parallel zu dem der Unfruchtbarkeit, um die Beziehung der menschlichen Seele zu Gott zu beschreiben, die aufnahmebereit und passiv auf Gottes Handeln warte. Ihre These ist, daß Lukas die allegorische Deutung des Motivs der Unfruchtbarkeit durch Philo aus der paulinischen Rezeption in Gal 4,21-31 kennengelernt und diese mit Informationen über die Geburtsgeschichten von Johannes und Jesus verbunden habe (vgl. 114).
3. Daß das Motiv der unfruchtbaren Frau über die individuelle Ebene hinausweist, wird an den Ausführungen Mary Callaways sehr deutlich. Stand bei den Matriarchinnen die Frage nach den Verheißungen JHWHs im Mittelpunkt, deren Erfüllung an den Erzählungen konkreter Frauen gezeigt wurde, so wird die Geschichte Hannas weiter entindividualisiert. Sie steht für die Gruppe der *Anawim*, die auf Gottes Beistand hoffen. Im weiteren Verlauf der Motivge-

schichte wird die unfruchtbare Frau Identifikationsfigur für das ganze Volk, das nach seinen Existenzmöglichkeiten und seiner Identität fragt.
4. Die Frage nach Gott und seinem Beistand spielt in der ganzen Motivgeschichte eine wichtige Rolle. Gott tritt in der Hanna-Erzählung für die Armen und Unterdrückten ein, ist der mächtige Streiter, der seinem Volk beisteht und wird zur mütterlichen Trösterin in Zeiten der Not und Entbehrung (besonders in Jes 56-66).

Um den Hintergrund dieses Bildes von Zion als Mutter zu verdeutlichen, in dem das Motiv der unfruchtbaren Frau aufgegangen ist, stellt Mary Callaway die Entwicklung der israelitischen Religion zur Zeit des Zweiten Tempels kurz dar. Sie beschreibt die monotheistische Religion Israels als arm an weiblichen religiösen Bildern (vgl. 73-76). Im Gegensatz zur Umwelt werde der Monotheismus damit betont, daß Gott weder männlich noch weiblich sei, sondern Sexualität transzendiere. Gott bestimme über die Fruchtbarkeit und erschaffe die Sexualität, habe aber nicht selbst an ihr teil. Solange die Auseinandersetzung mit den kanaanitischen und babylonischen Religionen akut gewesen sei und den monotheistischen Charakter Gottes anfragte, wurden die weiblichen Prinzipien, die Kulte der Göttinnen repräsentierten, nicht toleriert. Das machten nicht zuletzt die Propheten ganz deutlich. In nachexilischer Zeit existierten zwei Bewertungen des Weiblichen nebeneinander (vgl. 77): 1. Die Frauen werden auch weiterhin in der patriarchalen Ehe unter der Verfügungsgewalt ihres Ehemannes gesehen, deren Sexualität sorgfältig kontrolliert werden muß.[7] 2. Die weibliche Bildwelt wird hingegen zu einem wachsend wichtigen Teil des spirituellen Vokabulars des Judentums. Dies schlägt sich auch in der biblischen Literatur nieder, für die sie Jes 66,7-14 als Beispiel nennt. Mary Callaway versteht das Bild, das sich hier von Zion findet, die wundersam Leben gibt und ihre Kinder aus ihrer Fülle nährt, als eine Reminiszenz an die alte semitische Muttergöttin, deren Kult niemals ganz aus Israel verschwunden sei. Zion erfülle die Funktionen, die sonst einer Gottheit zukommen. Die alte Verbindung von Jerusalem mit der großen Mutter werde von Tritojesaja aufgenommen und in den Dienst der israelitischen Religion gestellt. In Jes 66,9 beschreibe er Gott als zuverlässigen Beistand Zions, der die gebärende Frau nicht verläßt, sondern bei ihr bleibt und ihren Kindern hilft, geboren zu werden. Auf diese Weise nehme er eine weibliche religiöse Bildsprache auf, die in Übereinstimmung mit dem monotheistischen Gottesglauben gesehen wird. Zion, die als Erdmutter ihr Volk zur Welt bringt und ernährt, sei eine akzeptierte Form der Muttergottheiten.

Mary Callaway beschreibt, daß der aktuelle historische Kontext, in dem Tritojesaja lebte, dieses Trostes Gottes und der nährenden und sorgenden Funktion Zions bedurfte, um ein zerstreutes und gebrochenes Volk zu vereinigen (vgl. 80). Sie sieht die Frage nach Israels Identität als Hintergrund für alle Ausführungen: Kann Israel weiter existieren? Wie definiert sich Israel als das Volk des Bundes? Können diese entwurzelten und verstreuten ExulantInnen als

---

[7] Vgl. auch Christl Maier 1994, zum Bild der fremden Frau in Spr 1-9.

Volk existieren? Für Tritojesaja sei die Antwort klar: Dieses zerstreute Volk bestehe aus Brüdern und Schwestern, die alle Kinder einer Mutter seien, nämlich Zions. So wie von Gott Leben durch Sara gegeben worden sei, so gebe er es erneut durch Zion und stehe seinem Volk mit mütterlicher Fürsorge bei.
5. Mary Callaways Methode, nach den Gemeinschaften und ihrer konkreten Situation zu fragen, in die hinein die Erzählung von der unfruchtbaren Frau neu interpretiert wurde, bietet viele Ansatzpunkte, sozialgeschichtliche Forschungen miteinzubeziehen. Sie berücksichtigt diese allerdings kaum, sondern richtet ihren Blick in erster Linie auf die literarische Ebene, auf der das Motiv verwendet wird. Das führt dazu, daß das Bild der Situation, das sie von der jeweiligen Gemeinschaft zeichnet, z.t. etwas ungenau wird. Für die Deutung des Motivs hat dies besonders im Blick auf 4 Esra, Gal 4 und Lk 1 Konsequenzen. Trotzdem gewähren ihre Ausführungen wichtige Einblicke in die Realität, die hinter diesem Motiv steht.

Irmtraud Fischer

Irmtraud Fischer behandelt das Motiv der unfruchtbaren Frau einmal in: „Die Erzeltern Israels. Feministisch-theologische Studien zu Genesis 12-36" (1994) und in einem Aufsatz: „‚... und sie war unfruchtbar.' Zur Stellung kinderloser Frauen in der Literatur Alt-Israels" (1988), der in einem Sammelband zum Thema moderne Reproduktionstechniken und Geschichte der Fortpflanzungskontrolle abgedruckt ist. Dies zeigt sehr deutlich die Aktualität der mit diesem Motiv angesprochenen Fragen und ihre existentielle Bedeutung für Frauen im Laufe der Geschichte.
1. Die Frage nach der Verbindung von Alter und Unfruchtbarkeit spielt bei Irmtraud Fischer nur in der Auslegung der Erzählung von Sara eine Rolle. Sie zeigt, daß die Ankündigung des Sohnes Isaak zuerst an die Mutter erfolgte, deren Lachen den Grund für seinen Namen gegeben habe. Dieses Lachen und der Verweis auf das Ende ihrer fruchtbaren Jahre deutet sie als eine „realistische, unbefangene Einschätzung des Alters. Der Erzähler gebraucht und braucht diese Worte, um das Außergewöhnliche und Übernatürliche der Umstände der Geburt des Sarasohnes hervorzuheben." (1994, 19) Die Botschaft vom Gebären an eine alte Frau zeige die göttliche Herkunft der Sohnzusage. Der späte Zeitpunkt der Geburt sei als ausdrücklicher und außergewöhnlicher Erweis göttlichen Segens zu verstehen (vgl. 1994, 23).
2. Eine Geschichte des Motivs zeichnet Irmtraud Fischer nicht auf. Sie stellt in ihren Ausführungen einen Aspekt der Geschichte des Motivs in den Mittelpunkt, nämlich den, daß die unfruchtbaren Frauen zu Müttern bedeutender Söhne werden, und zeigt, wie dieser das ursprüngliche Motiv veränderte: „Das Motiv der Unfruchtbarkeit hat damit offensichtlich eine Theologisierung erfahren, da diese Kinder unfruchtbarer Mütter ihre Existenz mehr dem rettenden Eingreifen Gottes für die Frauen als der männlichen Potenz verdanken." (1994, 90) Sie zeigt, daß Unfruchtbarkeit in erster Linie ein weibliches Problem darstellte, das zu der gesellschaftlichen Unterdrückung von Frauen führte.

Mit dem Motiv der Erhebung der unfruchtbaren Frau werde JHWHs Eingreifen für die Frauen zum Ausdruck gebracht (vgl. 1994, 342).
3. In den Ausführungen Irmtraud Fischers sind in erster Linie die Auswirkungen von Unfruchtbarkeit und Kinderlosigkeit konkreter Frauen im Blick. Sie zeigt aber darüber hinaus, daß die Unfruchtbarkeit zu anderen Unterdrückungssituationen parallel gesetzt wurde. Als Beispiel nennt sie Ps 113,5.7-9, in dem die kinderlose Frau in einer Reihe mit den Armen, Schwachen und Rechtlosen genannt wird (vgl. 1988, 123). In der exilisch-nachexilischen Prophetie Jesajas könne „die ‚Unfruchtbare‘ als positiv zu wertende Metapher für das Geschick des verarmten, verachteten Volkes Israel verwendet werden." (1988, 124) Leider nimmt sie dazu nicht weiter Stellung.
4. Fruchtbarkeit und Nachkommenschaft beruhten nach ersttestamentlichem Verständnis auf göttlichem Segen, der nicht einklagbar sei, sondern auf freier Zuwendung basiere. Die Menschen wendeten sich mit Hilfeschreien an Gott, weil er den Mutterschoß öffnen oder verschließen könne. Diese theologische Sichtweise ist nach Irmtraud Fischer „in der konkreten menschlichen Erfahrung der Unfruchtbarkeit zu suchen, die mit dem Gottesbild, das Israel von JHWH hat, konfrontiert wird: Er ist ein Gott, der ein Anwalt der Unterdrückten, Witwen und Waisen ist und denen beisteht, die keinen Helfer haben" (1988, 122). Auch Hanna bekenne sich zu einem Gott, der die von Männern gemachte Ordnung auf den Kopf stelle, um Unterdrückung und Diskriminierung aufzuheben (vgl. 1988, 123). Jes 66,7-13 zeichne das Bild eines Gottes, der sich mit einer fruchtbaren Frau vergleiche, die ihre Kinder nährt (vgl. 1988, 124). Gott befindet sich auf der Seite der Unterdrückten und nimmt Partei für die unfruchtbaren Frauen - dieses Gottesbild stehe durchgängig hinter dem Motiv.
5. Irmtraud Fischer (1988) bietet wichtiges sozialgeschichtliches Material zur Situation unfruchtbarer und kinderloser Frauen, das ihre Lebensrealität sehr anschaulich beschreibt. In welcher konkreten Situation das Motiv wieder aufgegriffen und neuinterpretiert wurde, untersucht sie leider nicht.

Helen Schüngel-Straumann

Helen Schüngel-Straumanns Aufsatz: „Mutter Zion im Alten Testament" (1993) ist besonders im Zusammenhang der Frage nach der Verwendung des Motivs der unfruchtbaren Frau in exilisch-nachexilischer Zeit interessant. Die Thematik der Unfruchtbarkeit tritt in ihren Ausführungen zwar deutlich hinter die der Mütterlichkeit Zions zurück, dennoch finden sich hier wichtige Informationen über die Zeitsituation, in die hinein die Verheißungen an die Unfruchtbare gesprochen werden.
1. Die Frage nach der Verbindung zwischen Alter und Unfruchtbarkeit stellt sich dabei für sie nicht.
2. Die Bedeutung des Motivs steht in ihren Ausführungen in enger Verbindung mit dem Bild der Mutter Zion, deren Notsituation durch den Verlust ihrer Kinder ausgedrückt werde. Zum Hintergrund für die Aussagen von Jes 49,14-

26 schreibt sie: „In einer Zeit, in der die Identität Israels aufs äußerste in Frage gestellt wird, identifiziert sich das Volk mit Zion, einer weiblich-mütterlichen Gestalt, um daran die Hoffnung auf Weiterbestand der alten Verheißungen, vor allem auf die Zusage des Beistands Jahwes, der ja abhanden gekommen schien, aufrecht erhalten zu können bzw. neu zu beleben." (26) In nachexilischer Zeit werde dieser Trost erneut gesucht, die Frage nach dem verheißenen Heil stehe in Jes 66,7-14 im Mittelpunkt: „Hier wird das Bild der Mutter Zion ausgeweitet von der Funktion der bloßen Lebensspenderin und Ernährerin zu einer Figur, die universales Heil (*salom*) verspricht." (28)

3. Helen Schüngel-Straumann zeigt, daß das Bild der Mutter Zion zum hoffnungsspendenden Bild für Israel wird, das als Zeichen für Geborgenheit, Schutz und Wohlergehen, Universalismus und Völkerverständigung steht (vgl. 29).

4. Das Gottesbild, das sie in den von ihr behandelten Texten findet, trägt eindeutig weibliche Züge. In Jes 49,14-26 werde JHWH einerseits als Ehemann Zions, daneben aber auch mit dem Bild einer Mutter vorgestellt: „Der unbekannte Prophet beschreibt die Sorge Gottes um Israel mit dem Bild engster natürlicher Bindung: Mutter und Sohn." (25) Auch in Jes 66,7-14 werde JHWH mit einer Mutter verglichen, deren Rolle als Trösterin besonders hervorgehoben werde (vgl. 28). Das Aufkommen weiblicher Begriffe und Bilder im theologischen Symbolsystem erklärt sie mit der besonderen Bedeutung von Frauen in nachexilischer Zeit, die beim Wiederaufbau und bei der häuslichen Religionsausübung ein große Rolle spielten (vgl. 29).

5. In ihren Ausführungen macht Helen Schüngel-Straumann sehr deutlich, daß die konkrete historische Situation in der exilischen wie der nachexilischen Zeit für die Verwendung des Motivs der unfruchtbaren Frau, die zur Mutter wird, entscheidend wichtig ist. Die Identifikation mit der Gestalt der Mutter Zion gibt in Zeiten, in denen der Verlust von Sicherheiten zu beklagen war und Not und Verzweiflung herrschten, Antwort auf die Frage nach der eigenen Identität.

Luise Schottroff

Luise Schottroffs Ausführungen zum Motiv der Unfruchtbarkeit haben ihren Schwerpunkt auf der Verwendung in 4 Esra, Gal 4,21-31 und Lk 1. In der Darstellung ihres Ansatzes beziehe ich mich auf zwei Texte: „‚Freue dich, du Unfruchtbare' - Zion als Mutter in 4 Esra 9-10 und Gal 4,21-31" (1993) und das Kapitel „Die Erhöhung erniedrigter Frauen (Joh 7,53-8,11 und Lk 1,48)" aus ihrem Buch „Lydias ungeduldige Schwestern. Feministische Sozialgeschichte des frühen Christentums" (1994).

1. In ihren Ausführungen zu Zion in 4 Esra und Elisabet in Lk 1 thematisiert Luise Schottroff die Verbindung zwischen Alter und Unfruchtbarkeit. Das Alter Zions in 4 Esra, deren Sohn gestorben ist, mache die ausweglose Situation dieser Frau besonders deutlich: „Für die kinderlose Frau (...) gibt es keine Zukunft mehr: Sie ist ja alt und wird keinen Sohn mehr bekommen." (1993, 33) Mitten im Leben erleide sie den sozialen Tod. Das Alter Elisabets verweise in besonderer Weise auf die Lebensrealität von Frauen auf der untersten

Stufe der patriarchalen Gesellschaftsordnung, sie gelten als überflüssig und werden zum Objekt des Spottes: „Sie ist im Bewußtsein der antiken Gesellschaft aber keine ‚richtige' Frau mehr, noch mehr Unfrau als die Unfruchtbare." (1994, 296) Ihre besondere Unterdrückung und die Erniedrigungserfahrungen, die sie als alte Frau erfahre, bildeten den Hintergrund des Gotteswunders, das an ihr geschieht.

2. Das Motiv der unfruchtbaren Frau sieht Luise Schottroff in der jüdischen Tradition der Erhöhung der Erniedrigten verwurzelt (vgl. 1994, 276f). Die Besonderheit bestehe jedoch darin, daß in 4 Esra in erstaunlich intensiver Weise aus der Perspektive einer betroffenen Frau geredet werde. „Wenn auch in dieser Tradition die patriarchalen Gesetze nicht kritisiert werden, die das Leiden unfruchtbarer bzw. kinderloser Frauen verursachen, so hält diese Tradition doch ... eine Sensibilität dafür wach, daß es eine Unterseite der patriarchalen Gesellschaft gibt, die Frauen unendliches Leid zufügt." (1994, 277) Sozialgeschichtlich sei aber eine Veränderung zwischen der Situation Hannas und der Zions in 4 Esra auszumachen: „Hannas Leiden und Gebete als kinderlose Frau sind die ruhmvolle Vorgeschichte für die Geburt eines Volkshelden, Samuels. Die Mutter Zion trägt die Leiden eines Volkes, das durch Krieg und Kriegsfolgen am Rande seiner Existenz lebt." (1994, 277) Zion stelle also in besonderer Weise die Verbindung zwischen Frauenerfahrungen und den Leiden des ganzen Volkes her. In der Hannaerzählung sieht sie hingegen den besonderen Schwerpunkt auf deren persönlicher Situation als unfruchtbare Frau in einer patriarchalen Gesellschaft, die den Wert einer Frau durch ihre Söhne definiere (vgl. 1994, 272f). Deshalb trage Gottes Eingreifen, der Hanna einen Sohn schenkt, auch in gewisser Weise zur Restitution der patriarchalen Ordnung bei. Trotzdem wertet sie auch Hannas Gebären als Zeichen der Befreiung aus aller menschengemachten Unterdrückung.[8]

Die Situation einer unfruchtbaren bzw. kinderlosen Frau werde besonders in 4 Esra konkret ausgestaltet. Ihre Klage werde mit der Esras über das Schicksal Israels verknüpft: „Die Klage der Mutter Zion über den Tod des Sohnes ist die Klage über das Unglück des Volkes, dessen Tempel zerstört ist und dessen Menschen ebenfalls Opfer des Krieges sind (...) Die noch leben, sind mitten im Leben schon tot wie die Mutter, die ihren einzigen Sohn verlor." (1993, 33) Die Not und Erniedrigung werden besonders am Schicksal von Frauen deutlich: dem der Mutter, die über ihren Sohn trauert, deren Kinder in die Sklaverei geführt werden, und dem der vergewaltigten Frauen (vgl. 10,22). Diese Konkretion, das geschilderte Leiden einzelner und ihre bewegende Klage Zions richteten den Blick auf die Situation der Opfer der römischen Besatzungsmacht. Auch die Vision des neuen Jerusalems und die Hoffnung auf eine Zukunft des Volkes sei sehr konkret: „Nach der Eschatologie dieses Textes wird der zukünftige Äon auch *auf dieser Erde* sein. Er beginnt in den gerechten Taten der Wenigen, die in allem Unglück doch an Gottes Gesetz festhalten." (1993, 34)

---

[8] Vgl. Luise Schottroff/Dorothee Sölle 1990, 106.

Partiell ähnliche Vorstellungen wie 4 Esra verwende Paulus in Gal 4,21-31 (vgl. 1993, 37). Er lese die Sarageschichte auf dem Hintergrund der Zionstradition, die von einer Unfruchtbaren zum himmlischen Jerusalem wird. Darauf weise auch das Zitat Jes 54,1 in diesem Zusammenhang hin. Während Zion in 4 Esra beide: das real existierende Volk Israel/Jerusalem und das himmlische Jerusalem verkörpere, trenne Paulus beide radikal voneinander. Dazu bediene er sich des Motivs der Konkurrenz der zwei Frauen (Sara/Hagar), das er auf sexistische Weise zur Disqualifizierung Hagars und damit des Teiles des jüdischen Volkes, der sich nicht zu Christus bekennt, nutze. Auch wenn sich der Sexismus, Antijudaismus, die Verachtung von SklavInnen und die Legitimation ökonomischer Ungerechtigkeit auf dem geschichtlichen Hintergrund erklären ließen, so seien diese doch zu kritisieren (vgl. 1993, 40-43). „Der bewegende Text des 4. Esrabuches, der Paulus für seine Sündenvorstellung sehr nahe ist, ist als Ausdruck der Hoffnung für die leidende Mutter Zion dem fragwürdigen Text Gal 4,21-31 weit voraus." (1993, 43)

In Lk 1 werde das Motiv der unfruchtbaren Frau erneut aufgenommen. Hier bestehe eine enge Verbindung mit der Hanna-Erzählung bzw. der Tradition, in der bedeutende Männer von zunächst unfruchtbaren Frauen stammten (vgl. 1994, 279). Besonders im Magnificat werde zudem das Thema der Erhöhung der Erniedrigten zum Ausdruck gebracht. Marias Unterdrückungserfahrungen, die nicht eigens thematisiert werden, sieht Luise Schottroff „im Zusammenhang der Erniedrigungserfahrungen der Frauen wie z.B. kinderloser Frauen und der Erniedrigungserfahrung eines politisch unterdrückten, in seiner Mehrheit hungernden Volkes." (1994, 282) Für die Verwendung des Motivs bedeute dies, daß es sich auch hier auf das konkrete politische und soziale Schicksal des ganzen Volkes beziehe: „Die beiden schwangeren Frauen hauen auf die Pauke der Weltrevolution Gottes" (1994, 282).

3. Wie aus den Ausführungen schon deutlich wurde, sieht auch Luise Schottroff das Motiv der unfruchtbaren Frau und deren Erhöhung in 4 Esra, im Galaterbrief und Lk 1 eng mit dem Schicksal des ganzen Volkes verknüpft. Für die Hanna-Erzählung nimmt sie dies nur in begrenztem Maße an: „Doch weckt die Hannatradition und ihre jüdische Auslegungsgeschichte immer wieder das Bewußtsein für die Unterseite der patriarchalen Ordnung, die sie besonders für Frauen hat: Sie fügt Frauen schweres Leid zu." (1994, 273) Für die anderen von ihr bearbeiteten Texte wird jedoch deutlich, daß die Erniedrigung der Frauen und die des Volkes zusammengehören. Dies sieht sie besonders in 4 Esra ausgedrückt: „Das Geschick dieser Personifikation Zions stellt eine Verbindung von Frauenerfahrungen an der Unterseite des Patriarchats und dem Leiden des ganzen Volkes her. Auch die Männer des Volkes identifizieren sich mit der kinderlosen Mutter Zion, nicht nur mit dem leidenden Gottesknecht oder mit Hiob." (1994, 27f) In 4 Esra und Lk 1 sind es Frauen, durch die die Befreiung und neue Zukunft des Volkes verkündet wird (vgl. 1994, 276.282).

4. Hinter den Ausführungen Luise Schottroffs erscheint das Bild eines Gottes, der mit den Frauen solidarisch ist und auf der Seite der Erniedrigten steht (vgl. 1993, 34). Er bewirkt Wunder, indem er eine alte unfruchtbare Frau wie Elisa-

bet schwanger werden läßt, seine „Weltrevolution" wird zur Befreiung des ganzen Volkes führen (vgl. 1994, 282). Spezielle weibliche oder mütterliche Züge im Gottesbild benennt sie in diesem Zusammenhang nicht.

5. Luise Schottroff bietet eine Fülle sozialgeschichtlichen Materials, das sowohl die Lebenssituation unfruchtbarer und kinderloser Frauen in einer patriarchalen Gesellschaft als auch die Realität des unter der römischen Vorherrschaft leidenden Volkes beschreibt. Sehr eindrucksvoll beschreibt sie die Verbindung zwischen diesen beiden Erniedrigungssituationen mittels der Beschreibung römischer Münzen, die die Unterwerfung des Volkes in der Gestalt einer gefesselten Frau und der Aufschrift „Judaea capta" darstellen. Sie legt dar, daß für jüdische Menschen diese Figur als erniedrigte Mutter Zion erschien, „die in der tiefsten Verzweiflung auf ihren Gott hofft und an deren Erhöhung und Befreiung das Volk glaubt, solange es an seinen Gott glaubt." (1994, 278)

4. Die nicht-feministische Diskussion

Das Thema Unfruchtbarkeit bzw. das Motiv der unfruchtbaren Frau wird in der nicht-feministischen theologischen Diskussion nur am Rande behandelt. Als Stichwort taucht es in Bibellexika nicht auf, im Theologischen Wörterbuch zum Alten Testament wird der Verweis auf die Unfruchtbarkeit der Ahnfrauen lediglich als Mittel gewertet, „um so das Kontrastmotiv zur göttlichen Mehrungsverheißung zu zeichnen."[9] Literatur, die sich explizit mit der Thematik beschäftigt, habe ich nicht gefunden. Im folgenden werde ich deshalb die gängigen Kommentare zu den entsprechenden ersttestamentlichen Bibelstellen daraufhin untersuchen, welche Aussagen bezüglich der Bedeutung des Motivs der unfruchtbaren Frau gemacht werden. Ich habe mich bemüht, neben älteren Standardtexten möglichst neue Entwürfe heranzuziehen, die den aktuellen Stand der Diskussion repräsentieren. Die oben entwickelten Fragen stehen auch im Hintergrund der Auswertung dieser Ansätze. Es hat sich jedoch nicht als sinnvoll erwiesen, sie einzeln anhand dieser Fragen darzustellen, weil sie das Thema zumeist eher beiläufig erwähnen und zu den meisten meiner Fragen keine Auskünfte geben. Deshalb habe ich mich entschlossen, mich in der Darstellung an den biblischen Texten zu orientieren, die in den Kommentaren behandelt werden.

Die Matriarchinnen der Genesis

Sara
In *Gen 11,30* wird durch einen Eintrag in die Genealogie die Unfruchtbarkeit Saras zum ersten Mal thematisiert. In den von mir untersuchten Kommentaren besteht fast einhellig die Meinung, daß dieser Verweis auf die Kinderlosigkeit

---

[9] Heinz-Josef Fabry 1987, Sp.345.

Saras in erster Linie die Größe und Unerschütterlichkeit von Abrahams Glauben herausstellen soll. Hermann Gunkel (1964) schreibt: „der Glaube Abrahams an Gottes Verheißung, *er* solle einst ein großes Volk werden 12,2, ist umso bewunderungswürdiger als *er* noch nicht einmal einen einzigen Sohn hatte" (162) (Hervorhebungen C.J.). Diese auf Abraham bezogene androzentrische Deutung des Motivs findet sich auch bei Walther Zimmerli (1976), der davon spricht, daß „ein Kinderloser die göttliche Verheißung empfängt". (18)[10] Die Notiz gehöre zu den Vorgaben der nachfolgenden Erzählung, die Abrahams Weg ins Ungewisse beschriebe. Lediglich Claus Westermann (1981b) geht an dieser Stelle auf die Situation und Kinderlosigkeit Saras ein, von der ausgesagt werde, daß sie ohne Kind mitzieht. Er thematisiert die Verbindung des Motivs mit den Parallelen in 2 Sam 6,23, Ri 13,2f und Jes 54,1 und wertet Gen 11,30 als „ein wichtiges Zeugnis für die Bedeutung des Erzählmotivs der Unfruchtbarkeit einer Frau in vielerlei verschiedenen Zusammenhängen." (159)
In den Auslegungen von *Gen 16,1ff*, der Erzählung von Sara und Hagar, wird eine ähnliche Tendenz sichtbar. Zwar wird durchgängig auf die besondere Leidsituation einer unfruchtbaren Frau hingewiesen, für die das israelitische Recht die Möglichkeit der Abhilfe durch die Adoption der Kinder der Sklavin böte. Die konkrete Not dieser Frau spielt jedoch für die weitere Auslegung der Perikope kaum eine Rolle. Gerhard von Rad (1976) macht dies sehr deutlich: „Der Erzähler nennt nur die vordergründige Tatsache der Kinderlosigkeit, aber der Leser, der von Kap.12; 13; 15 herkommt, übersieht sofort das eigentliche (!, C.J.) Problem: Es ist der Verzug, ja das Scheitern der unter so großem Aufwand verkündigten Verheißung." (148) Walther Zimmerli (1976, 60-62) sieht in der Initiative Saras in erster Linie das Ziel, Abraham einen Sohn zu verschaffen, der landlos und kinderlos aus seiner Heimat ausgezogen sei und nun auf die Erfüllung der Verheißung warte. Die Konkurrenz der zwei Frauen um die Gunst Abrahams nimmt einen wichtigen Raum in den Auslegungen ein. Die Eifersucht Saras auf die Schwangerschaft Hagars wird vielfach ausführlich beschrieben. Denn „Kinderlosigkeit galt vor allem für die Frau als ein harter Schicksalsschlag, weil sie ihre Ehe dann mit einer Rivalin teilen mußte (...)"[11] Hermann Gunkel (1964) stellt Sara als in erster Linie emotional handelnd vor. „Sara ist das leidenschaftliche Weib, stolz bedacht auf ihre Frauenstellung im Hause, in der Leidenschaft grausam und sehr subjektiv (...)" (186) Abraham hingegen agiere in ruhiger Kürze, er sei verträglich und gerecht. „Der israelitische Mann mag wohl in der Stille über sein temperamentvolles Weib seufzen (...)" (186) Lediglich Claus Westermann (1981b) versucht, die konkrete Leidenssituation Saras zu beschreiben. Er stellt fest, daß „die Not der Kinderlosigkeit hier vom Standpunkt der Frau gesehen ist (...) So geht es bei der Notlösung auch primär um die Linderung der Not der Frau: sie soll ihr eine Familie schaffen." (283) Er führt weiter aus, daß in diesem Zusammenhang Saras Got-

---

[10] Vgl. auch Josef Scharbert 1983, 119-120; Gerhard von Rad 1976, 121.
[11] Josef Scharbert 1986, 141.

tesbeziehung angesprochen werde. Ihr Handeln entstamme einer Erkenntnis des Handelns Gottes. Doch auch er bleibt in der Deutung dieses Geschehens im Bereich des patriarchalen Haushaltes, in dem nur das Gebären eines Sohnes das ganzheitliche Leben einer Frau ermögliche: „Es geht um den Sinn ihres Lebens, einen anderen kennt sie nicht." (285)

Die Ankündigung eines Sohnes an Sara in *Gen 18* bezieht Hermann Gunkel (1964) vor allem auf die Bedeutung für Isaak. Seine Geburt wider alle Wahrscheinlichkeit sei „ein Motiv, das in den Sagen oft wiederkehrt" (198) und die Geburt als Gabe der Gottheit deute. Ihr Alter diene zur Beschreibung der Situation, die es nach menschlichem Ermessen unmöglich mache, daß sie noch Geschlechtsverkehr habe und gebären könne. Sie lache über den vermeintlichen Witz der Männer: „ich altes Weiblein werde wohl mit meinem Herrn nicht mehr der Liebeswonne (...) pflegen!" (198) Nach Gerhard von Rad (1976) zeichne die in diesem Zusammenhang derbe Ausdrucksweise Saras sie als negative Kontrastfigur zu Abraham. Die Geschichte sei als Zeugnis der Allmacht und des göttlichen Heilswillens zu deuten, das „in seiner Bedeutung hoch hinaus über das traulich patriarchale Milieu der Erzählung" (162) steige. Trotz der Berücksichtigung der Situation Saras in seinen Ausführungen sieht Claus Westermann (1981b) das Motiv der Unfruchtbarkeit auf Abraham bezogen: „Für Abraham gab es Zukunft nur durch das Weitergehen der Familie in einem Sohn, und diese Zukunft in der Geburt eines Sohnes wurde *ihm* (Hervorhebung C.J.) durch einen Boten Gottes verheißen." (342)

Zusammenfassend läßt sich zur Auslegung des Motivs der Unfruchtbarkeit feststellen, daß es unterschiedlich gedeutet wird, je nachdem ob es auf Sara oder auf Abraham bezogen wird. Soweit das Problem Sara betrifft, bleibt es auf den häuslichen Bereich beschränkt. Die Rivalität zu Hagar wird herausgestrichen, die Emotionalität Saras wird betont. Ihr Streben nach einem Sohn, der ihr einen sicheren Platz in der Hierarchie des patriarchalen Haushaltes gewährt, habe allein diesen konkreten für sie persönlich und ihre Position bedeutsamen Aspekt. Wenn das Motiv dann auf Abraham bezogen wird, zeige sich dessen „eigentliche" Bedeutung: Es geht um die Verheißung, den Glauben Abrahams, der sich kinderlos auf den Weg ins Ungewisse macht. Abraham steht souverän über den häuslichen Streitigkeiten der Frauen - allein im Blick auf ihn erweisen sich die theologischen Dimensionen des Motivs. Die Erfüllung der Verheißung trifft ein, als ihm der Sohn angekündigt wird.

Rebekka

Diese Tendenz setzt sich bei der Auslegung der weiteren Stellen, in denen von der Unfruchtbarkeit der Matriarchinnen die Rede ist fort. Hermann Gunkel (1964) sieht in der Erwähnung der Unfruchtbarkeit Rebekkas in *Gen 25,21* ein „beliebtes Sagenmotiv: wie heiß ist das Kind herbeigesehnt worden! und dieses Kind ist von Anfang an ein Gottesgeschenk: kein Wunder, daß aus ihm später so viel geworden ist (...)" (294) Gerhard von Rad (1976, 212) erwähnt diese Notiz nicht einmal.

Rahel und Lea
Auch die Auslegung der Erzählung in *Gen 29,31 - 30,24* bestätigt die Beschränkung auf den häuslichen Bereich, wenn das Motiv in bezug auf Frauen gedeutet wird. Hermann Gunkel (1964) legt dies sehr anschaulich dar: „Lehrreich ist das Stück für die Verhältnisse des israelitischen Hauses (...) Der beständige Grund des Haders der Frauen ist die Zahl ihrer Kinder." (332) Rahel sei die leidenschaftliche Frau, die ihrem Mann die Sklavin anbiete, um zu Kindern zu kommen: „ein schwerer Entschluß, nur verständlich aus der Erregung einer leidenschaftlichen Stunde!" (333) Gunkel gesteht der Erzählung dann aber doch eine theologische Dimension zu: „Schließlich fehlt auch das religiöse Moment nicht ganz: Gott ist es, der die Kinder gibt (...), der den Mutterschoß öffnet und schließt (...); zu ihm betet die Unfruchtbare (...), ihm dankt die Mutter (...)" (332) Auch in der neueren Diskussion bleibt die Deutung des Motivs auf den häuslichen Bereich beschränkt. Bei Josef Scharbert (1986) steht die Rivalität um die Liebe des Mannes im Mittelpunkt: „Die Eifersucht und der daraus entstehende Streit zwischen den Frauen eines Mannes ist ein beliebtes Thema orientalischer Erzählkunst." (205) Lediglich Claus Westermann (1981b) bemüht sich, die Situation Rahels, ihr Leid, ihren Schmerz und ihre Verzweiflung ernstzunehmen. Er versteht die Darstellung des Streites der zwei Schwestern als Beleg dafür, daß „in der Zeit der Väter" diesem eine gleichrangige Bedeutung zum Streit der Männer zukam: „Während es beim Streit der Männer wesentlich um Lebensraum und Lebensmittel geht, geht es bei den Frauen um die Stellung und Geltung in der Gemeinschaft, hier noch in rein familiären Rahmen, in dem die Anerkennung durch den Mann und die Geburt von Kindern für sie entscheidend waren." (582) Eine theologisierende Tendenz schreibt er dann der Bearbeitung zu, die die Benennung der Kinder mit dem Handeln Gottes in Verbindung bringe. Diese setzt er selbst aber nicht mit dem Motiv der Unfruchtbarkeit in Beziehung.
Zusammenfassend läßt sich feststellen, daß die Bedeutung des Motivs der unfruchtbaren Frau unklar bleibt, eine Verbindung zu den anderen Stellen der Genesis wird nicht oder nur aufzählend hergestellt. Die Kommentatoren sehen in ihm in erster Linie ein beliebtes Sagenmotiv, deren Ausgestaltung sie mit ihren (sexuellen) Phantasien über Frauen ergänzen: Das Bild der leidenschaftlichen Frau und die Beschreibung des Kampfes mit der Rivalin um die Liebe des Mannes rückt die Erzählungen der unfruchtbaren Frauen auf die Ebene von Heimatromanen, in denen der schönen, leidenschaftlichen, aber unglücklichen Heldin am Ende doch der begehrte Mann und Kinderglück zuteil werden. Eine theologische Dimension ist den Beschreibungen des „beliebten Sagenmotivs" zufolge hier kaum zu finden. Dem Hinweis auf Gott, der den Mutterleib öffne und schließe, wird in bezug darauf - außer bei Westermann in Ansätzen - nicht weiter nachgegangen.

Hanna

Für Darstellung der Aufnahme des Motivs der unfruchtbaren Frau in *1 Sam 1.2* werde ich mich im folgenden auf drei Entwürfe beschränken, die die aktuelle Diskussion repräsentieren. Da sie relativ umfangreich sind, werde ich sie einzeln nacheinander vorstellen.

Hans Joachim Stoebe (1973)
spricht in Blick auf die Erzählung von Hanna vom Motiv „der durch Kinderreichtum glücklicheren Nebenbuhlerin" (96), welches im AT recht geläufig sei, aber in 1 Sam 1.2 im Gegensatz zu den Erzählungen von Sara/Hagar und Rahel/Lea für die Fortführung der Geschichte keine weitere Bedeutung habe. Es „erweist sich damit als stärker gefühlsmäßig betonte Erweiterung (...) Das wird auch daran deutlich, daß der Zusammenhang hier unglatt wird (...), weiterhin daran, daß das einmalige Ereignis (...) durch die langatmige Einfügung oft geübter Bräuche an Prägnanz verliert (...) Inhaltlich freilich ist gerade dieses Stück ein eindrucksvolles Zeugnis für die Stellung der Frau in Israel und ein schönes Beispiel von Gattenliebe und Zartheit." (96) Auch im weiteren versteht er die Darstellung auf der „Linie des gemüthaften Details." (99) Dementsprechend kann er auch keinen konkreten Bezug auf die Situation Hannas im anschließenden Dankpsalm entdecken, der der Erzählung eine theologische Deutung durch den Verweis auf das Handeln Gottes in der Geschichte verleihe. „Gegen die konservativen Bemühungen, die Authentizität des Psalms festzuhalten, spricht nicht einmal zuletzt die Erwägung, daß einer Frau aus dem Volk ein solches Gedicht nicht zuzutrauen sei." (106) Für Stoebe will die Erzählung in erster Linie auf die Bedeutung, die Samuel für die Entstehung des Königtums gehabt hat, hinweisen (vgl. 106).

Fritz Stolz (1981)
weist zu Beginn seiner Ausführungen auf die Ähnlichkeiten mit Gen 16 und 29-30 hin (vgl. 24). Interessant ist, welche Aspekte der Erzählungen er hier aufführt: Er benennt den Konflikt zwischen zwei Frauen, von denen eine zunächst kinderlos ist. Dieser Konflikt werde zwischen Frauen verschiedener Ranges „- sei es der soziale Rang oder der Rang der Zuwendung des Ehemannes" ausgetragen (24). Auch er weist die Erzählungen der altisraelitischen Sagenwelt zu, ohne näher auf die Bedeutung des Motivs einzugehen. Sein Blick richtet sich auf die Bedeutung der Geburt für das Kind, das später zu einer Führerfigur Israels werde. Die Unfruchtbare ist für ihn lediglich das Beispiel für „den Beter", der sich in einer Notlage an Gott wende. In seinen weiteren Ausführungen wendet sich Stolz kurz dem Konflikt zwischen den beiden Frauen zu, den er als Hintergrund für Hannas verzweifeltes Klagegebet im Tempel deutet (vgl. 26). Ihre konkrete Situation tritt jedoch hinter der Beschreibung des Tempels, Ausführungen zum Nasiräat, kultischen Anordnungen zum Genuß von berauschenden Getränken und Klageformen im Rahmen des Kultus zurück. Ausführlich berichtet Stolz von der Namensgebung und

den Feierlichkeiten zur Entwöhnung des Knaben, den Hanna zum Priester Eli bringt. Er sieht mit dem Kniefall Samuels vor JHWH das Thema der ganzen Samuelsgeschichten gegeben: „Samuels Wirken und treuer Dienst im Auftrage Gottes" (28).
In dem Loblied Hannas, das nach V.1 als ihr Gebet formuliert ist, werde allerdings ihre konkrete Situation überhaupt nicht bedacht. „So legt sich die Vermutung nahe, daß es sich um einen Einschub in den erzählenden Text handelt; die Dichtung könnte genau so gut im Psalter stehen." (29) Deshalb behandelt Stolz diese als Beispiel eines typischen Dankpsalms, in dem das allgemeine Heilswirken JHWHs zum Ausdruck gebracht werde. „Im Munde der Hanna deutet der Psalm an, daß das geschilderte Ereignis der von Gott geschenkten Geburt nur ein kleines Beispiel des viel umfassenderen göttlichen Wirkens ist." (29) Im weiteren spricht er dann nur noch von dem „alttestamentlichen Beter" oder „Psalmisten". Die Erwähnung der Unfruchtbarkeit in V.5 wertet er als Beispiel für Gottes Handeln, das auch in der Natur Umkehrungen bewirke, die menschliche Erfahrungswerte in Frage stellten (vgl. 30). Hanna kommt in seinen weiteren Ausführungen nicht mehr vor.

Willy Schottroff (1989)
bildet eine Ausnahme unter allen von mir bearbeiteten Auslegungen. Er geht zunächst detailliert auf die gesellschaftliche Situation unfruchtbarer und kinderloser Frauen ein und betrachtet dann die Entwicklungsgeschichte des Motivs der unfruchtbaren Frau, in die er die Erzählung von Hanna einordnet (vgl. 24-26). Auf diesem Hintergrund wird ihre Not, ihr Elend und ihre Verzweiflung verstehbar. Auch er stellt fest, daß der Lobgesang trotz der Bezugnahme auf die Unfruchtbare in V.5 nicht exakt auf die Lage Hannas passe. Er beläßt es jedoch nicht bei diesem Befund, sondern ordnet ihr Lied der Gattung des Hymnus einer einzelnen zu, „in dem Gott in verallgemeinernder Rede durch die Aufzählung und Beschreibung der von ihm zu erfahrenden Machttaten gelobt wird. Hanna reiht ihre persönliche Erfahrung der göttlichen Hilfe, auf die die Verse 3 und 5 gleichwohl anspielen, ein in eine Reihe vergleichbarer Erfahrungen göttlicher Machttaten und verobjektiviere sie so." (29) Durch diese Entprivatisierung werde Hannas Erfahrung zur Erfahrung des Volkes, „sowohl der Erfahrung seiner Not wie der seiner Hoffnung, die sich beide hier in der Gestalt einer erniedrigten und gequälten Frau verkörpern." (29) Dadurch gewönnen die Aussagen des Psalms eine öffentliche und politische Dimension. Hier werde auf die Erfahrungen der zahllosen Beter und Beterinnen in Israel Bezug genommen, „die ihr vielfältiges Elend vor Gott in Klageliedern ausbreiteten, dabei an Gottes Parteilichkeit für die Schwachen und Kleinen als Ausdruck der Gerechtigkeit appellierten (...) und daraufhin in mannigfacher Weise eine Wende ihrer Not erlebten." (31) Im Schlußvers erfahre der Lobgesang eine eschatologische und messianische Reichweite, die es bedingt habe, daß Hanna in der jüdischen Tradition zu den Prophetinnen gezählt werde (vgl. 32). Als Beispiel dafür gibt Willy Schottroff einen Text aus dem Targum Jonathan wieder, der zeige, „wie die Prophetin Hanna über Jahrhunderte die Stimme der

Befreiung des Volkes verkörpert hat." (35) Die Wirkungsgeschichte werde erneut im Magnificat Marias sichtbar.

Jesaja

Das Motiv der unfruchtbaren Frau begegnet bei Deutero- und bei Tritojesaja (Jes 49,19-21; 51,1-3; 54,1-3; 66,7-14). Im folgenden werde ich nicht jede Stelle einzeln betrachten und ihre Auslegung untersuchen, sondern werde aktuelle Kommentare daraufhin befragen, inwiefern sie die Entwicklung des Motivs thematisieren. Dies geschieht schwerpunktmäßig in Auslegungen zu *Jes 54,1-3*, die ich deshalb ausführlich behandeln werde.
Claus Westermann (1981a) sieht den Text auf die Situation der Exilsgemeinde antworten. „Hier ist die uralte Klage der kinderlosen Frau (z.B. die Klage der Rebekka) übertragen auf ein Gemeinwesen, die ihrer Bewohner oder die ihrer Männer beraubten Stadt (...)" (219) Deuterojesaja nehme dabei Worte und Bilder einer Klage auf, „wie sie damals wirklich geklagt wurde." (219) Er wehrt ein Verständnis ab, das in dem Leid der Frau die Folge eines unsittlichen Verhaltens oder von Verfehlungen sieht, und bezieht die Verheißung an sie, die die Aufhebung ihrer Schande der Kinderlosigkeit zum Inhalt hat, auf die Situation des ganzen Volkes: „mit seiner Niederwerfung hat es die Ehre unter den Völkern verloren. In diese hoffnungslose Schande hinein, ergeht der Ruf ‚Fürchte dich nicht!', ergeht die Heilszusage (...)" (220)
Werner Grimm (1990) bringt in seine Auslegung das Moment der Strafe hinein. Mit Bezug auf die Kinderlosigkeit der Ahnmütter Sara und Rebekka, die er als „*die* Schande" der Frau bezeichnet, führt er aus: „In der Kinderarmut einer Nation wirkte sich das göttliche Strafgericht aus (...)." (438) Mit dem Bezug auf die verschiedenen Phasen einer Frauenleidensgeschichte diagnostiziere Deuterojesaja „diese ganz spezifische Not der Jerusalemer Bevölkerung als Angst vor dem Leben in Schande." (440) Er sieht die Anrede an die Unfruchtbare einerseits als Ausdruck des Mitgefühls, aber vorrangig als Kontrastmittel: „Vor überaus dunklem Hintergrund hebt sich um so leuchtender das unmittelbar bevorstehende Heil ab." (438) Mit Hilfe des Motivs und der Erinnerung an die Ahnmütter werde die Paradoxie der Verheißung zum Ausdruck gebracht.
Hans-Joachim Kraus (1990) zeigt, daß mit dem Aufruf einer Unfruchtbaren zum Jubel eine Schicksalswende in Kürze bevorstehe. „Es ist ein traditionelles Motiv des Hymnus, Jahwe als den zu preisen, der die Unfruchtbare zu Ehren bringt und ihr Kinder schenkt." (156) Damit werde auf das Los Jerusalems angespielt und der Stadt Befreiung verheißen. „Diese Mehrung der Nachkommenschaft entspricht der Verheißung, die Abraham empfing (...)." (156)
In der Auslegung Georg Fohrers (1964, 167-169) fehlt jeglicher Bezug auf die Unfruchtbare.
Die Auslegungen bieten zur Frage nach der Entwicklung des Motivs der unfruchtbaren Frauen wenig Konkretes. Zwar wird fast durchgängig dem biblischen Text folgend festgestellt, daß Zion bzw. Jerusalem mit einer Unfruchtbaren verglichen wird, an die eine Verheißung ergeht, Verbindungen zu ande-

ren Stellen, an denen das Motiv vorkommt, werden kaum hergestellt. Wieder ist nur Abraham der eigentliche Verheißungsträger. Die Unfruchtbarkeit von Frauen wird sogar mit dem Aspekt des göttlichen Strafgerichts verbunden, das als „Kontrastmittel" die Verheißung noch leuchtender erscheinen läßt. Lediglich die Ausführungen Westermanns bilden hier eine Ausnahme, indem er die konkrete Situation des Volkes mit dem Leid und der Errettung der Unfruchtbaren verbindet.

Kritische Bewertung

1. Der Zusammenhang von Alter und Unfruchtbarkeit wird in den von mir behandelten Kommentaren nicht thematisiert. Die Ausführungen zu Gen 18 sehen in der Erwähnung des Alters in erster Linie ein Mittel, um die Besonderheit der Geburt und damit des Sohnes bzw. die unbegrenzten Möglichkeiten und die Allmacht Gottes herauszustellen. In bezug auf Sara wird der Verweis auf ihr Alter häufig mit abwertenden Beschreibungen kommentiert.
2. Die Entwicklung des Motivs und die Möglichkeit von Bezügen auf Bibelstellen, in denen es verwendet wird, kommt so gut wie nicht in den Blick. Weil es als „beliebtes Sagenmotiv" gilt, wird nicht weiter darauf eingegangen. Ausnahmen bilden hier die Ausführungen von Willy Schottroff und Claus Westermann.
3. Indem die Unfruchtbarkeit bei Frauen ausschließlich auf den häuslichen Bereich bzw. als Ursache von Rivalität untereinander bezogen wird, wird auch keine Verbindung zur Geschichte des Volkes hergestellt. Selbst in den Auslegungen zu den Jesaja-Stellen, in denen es nicht um die häusliche Situation geht, wird Unfruchtbarkeit lediglich als Mittel verstanden, die desolate Situation des Volkes zu beschreiben, d.h. in erster Linie seine „Schande". Die Verheißung ergehe durchgängig an die Männer unfruchtbarer Frauen. Ihr Glaube und ihre Errettung durch die Nachkommenschaft gelten als sinnbildlich für die Hoffnung und Geschichte des ganzen Volkes. Lediglich Willy Schottroff versteht die Geschichte Hannas als Verkörperung der Erniedrigungs- und Befreiungserfahrungen des Volkes, der Erfahrung von Not und der Hoffnung auf Gerechtigkeit. Claus Westermanns Ausführungen bieten ebenfalls Ansätze für eine solche Deutung. Leider verfolgt er diese nicht konsequent weiter.
4. Die Frage nach dem Gottesbild wird in den Genesis- und Samuelstexten kaum thematisiert, da in bezug auf die Geschichten der Frauen theologische Dimensionen so gut wie nicht festgestellt werden. In den Auslegungen zu Jesaja, besonders Jes 66, wird von weiblichen Bildern und der mütterlichen Liebe Gottes gesprochen,[12] diese werden jedoch nicht mit dem Motiv der unfruchtbaren Frau in Beziehung gesetzt.
5. Sozialgeschichtliche Forschungen bezieht lediglich Willy Schottroff in seine Ausführungen ein. Es ist zu vermuten, daß das mangelnde Verständnis

---

[12] Vgl. z.B. Claus Westermann 1981a, 334; Georg Fohrer 1964, 281; Werner Grimm 1990, 334.

des Problems der Unfruchtbarkeit in der Mehrzahl der von mir untersuchten Kommentare vor allem darauf basiert, daß sie die konkrete sozialgeschichtliche Situation nicht in den Blick nehmen.

5. Die Geschichte des Motivs - eigene Darstellung des Quellenbefunds

Im folgenden werde ich keine eigene Exegese der ersttestamentlichen Stellen bieten, hier greife ich auf die Ergebnisse der dargestellten Diskussion zurück. Ich werde die Geschichte des Motivs der unfruchtbaren Frau nachzeichnen, wie sie sich mir nach der intensiven Beschäftigung mit den Quellen und der Sekundärliteratur zu diesem Thema darstellt. Dabei knüpfe ich vor allem an die feministischen Entwürfe an, weil diese im Gegensatz zum Großteil der herrschenden Auslegungen eine theologische Deutung des Motivs bieten.

Die Geschichte des Motivs

Sara, Rebecca, Rahel und Lea
Welche Rolle spielt die Unfruchtbarkeit der Frauen im Zusammenhang der Erzelternerzählungen? In Gen 18 ergeht die Sohneszusage an Sara als alte Frau, die nach verzweifelten Anstrengungen, einen Sohn zu bekommen, ihr Schicksal angenommen hat. Die Verheißung geht nicht an die mächtige, kraftvolle Herrin, wie sie in der Erzählung über Hagar erscheint, nicht an eine Herrscherin, nicht zuerst an Abraham[13], den Patriarchen, sondern an eine Frau, die die Erfahrungen von Hoffnung und Enttäuschung, verzweifeltem Streben nach einem Kind und Demütigungen, von Aufbruch und Verzweiflung in sich trägt. Am Ende ihres Lebens, an dem sie die Hoffnung auf ein Weiterleben durch Nachkommen aufgegeben hat, wird ihr besonderer Segen zuteil. Damit wird nicht nur die Verzögerung der Verheißung thematisiert, sondern die Verheißung selbst charakterisiert. Sie beinhaltet nicht Macht und Herrschaft über andere (Völker), sie bietet nicht das imperialistische Programm einer „Landnahme", sondern ermöglicht Weiterleben und Überleben in einer ausweglos erscheinenden Situation. Durch die Perspektive einer alten, unfruchtbaren Frau wird die Verheißung eine Zusage an Menschen, deren Existenz ungesichert ist, die auf dem Weg sind. Ihnen wird besonderer Segen verheißen: Gott ist auf ihrer Seite.
Die Erinnerung an Sara und an das, was an und mit ihr geschehen ist, wird durch die Frauen in den späteren Generationen weitergetragen. Zu allen Zeiten gibt es Frauen, die aufbrechen und auf ihrem Weg die Erfahrung der Gefährdung und der existentiellen Not machen. In diesem Zusammenhang wird die Geschichte einer unfruchtbaren Frau, die von Gott gerettet und erhöht wird, immer wieder neu erzählt und aktualisiert (vgl. die Erzählungen von Rebecca, Rahel, Lea ...): Der verzweifelte Schrei Rahels nach Kindern (vgl. Gen 30,1)

---

[13] Hier folge ich den Ausführungen Irmtraud Fischers 1994, 19.

thematisiert besonders eindrücklich das Erleiden des sozialen Todes, der Hoffnungslosigkeit und Verzweiflung, die Unfruchtbarkeit bedeutete. Das Motiv der Unfruchtbarkeit und des besonderen Segens, der diesen Frauen zuteil wird, zeigt einen Gott, der auf der Seite der Unterdrückten steht, die das Elend und die Not des Volkes sieht, einen Gott, der für Frauen Partei ergreift.

Hanna

Die Erzählung von Hanna stellt sich in diese Tradition. Auch ihre Unfruchtbarkeit wird nicht auf ein Fehlverhalten oder eine begangene Sünde zurückgeführt. Ihre gesellschaftliche und familiäre Situation wird deutlich dargestellt. Hanna leidet unter ihrer Kinderlosigkeit und der Erniedrigung und Verspottung, die sie durch Peninna erfährt. Sie wird anders als in den Konflikten zwischen Sara/Hagar und Rahel/Lea als Opfer der Grausamkeiten ihrer Rivalin beschrieben. Dadurch erhält das Motiv eine neue Dimension: unschuldiges Leiden rückt in den Mittelpunkt. Der Psalm hebt den Aspekt der Aufrichtung der Gedemütigten noch weiter hervor.[14] Hanna wird zum Symbol für die *Anawim*, an ihr wird die Gnade Gottes seinem Volk gegenüber deutlich. Das Geschenk eines Kindes an Hanna wird als Zeichen für die Errettung seines notleidenden Volkes verstanden. Durch ihren Lobgesang wird sie zur Prophetin, die die Befreiung des Volkes verkündet.[15] Die Beschreibung ihres Handelns und ihre theologischen Äußerungen zeigen eine Frau, die aus einer Opfersituation aufsteht, aktiv wird und machtvoll für Veränderung und Befreiung eintritt. Gott unterstützt diese Frau, an ihr wird sein heilsgeschichtliches Handeln deutlich.

Jesaja

Jes 49,19-21; 51,1-3; 54,1-3 und 66,7-14 sollen hier zusammen betrachtet werden, sie bilden eine neue Form der Tradition der unfruchtbaren Matriarchinnen. Hier werden nicht mehr die Geschichten konkreter Frauen erzählt, ihre Erniedrigung, ihr Kinderwunsch und die anschließende Errettung ausgeführt. Diese Erzählungen stehen im Hintergrund, sie werden in bezug auf die Anfragen der Gemeinschaften, an die sich Deutero- und Tritojesaja wenden, neu interpretiert und aktualisiert. Sie geben Antwort auf die Frage nach der Identität als Volk Gottes, die sich Israel im Exil und der entbehrungsreichen nachexilischen Zeit stellt.[16] In Jes 51,1-3 wird Sara zur Mutter aller, die Gott suchen: So wie Gott im Anfang Israel aus Abraham und Sara erschaffen hat, so wird Gott ein neues Israel aus den wenigen ExulantInnen erschaffen. In Jes 54

---

[14] Daß der Psalm eine nachträgliche Einfügung in den Kontext ist, wird in den Kommentaren durchgängig vertreten. Silvia Schroer 1992, 43: „Wie bei den meisten Psalmen ist eine genaue Angabe der Abfassungszeit nicht möglich. Aber sicher ist, dass ein schon bestehender Hymnus an dieser Stelle der Samuelsbücher bewusst so eingesetzt worden ist, dass der Psalm und der neue Kontext sich wechselseitig neu interpretieren."
[15] Vgl. dazu besonders die Ausführungen Willy Schottroffs (1989).
[16] Vgl. hier vor allem die Ausführungen zu Mary Callaway (1986) und Helen Schüngel-Straumann (1993).

wird aus der Geschichte der Geburt eines Kindes die Erzählung der Geburt eines Volkes, aus einer Erzählung über ein Ereignis der Vergangenheit, eine Weissagung über die Zukunft.

Nach dem Exil und dem Verlust zentraler religiöser und politischer Strukturen nehmen die Familie und die Hausgemeinschaft einen wichtigen Platz bei der Neukonstituierung Israels ein.[17] Hier sind besonders Frauen für die Religionsausübung zuständig, sie werden zur Quelle und zum Zentrum der religiösen Identität. Den Einflüssen semitischer Göttinnen und ihrer weiblichen Bilder wird freierer Ausdruck gestattet. Die weiblichen religiösen Bilder werden integriert, ein Beispiel dafür ist die Gestalt der Chokmah, der Weisheit, die die gesamte Literatur der Periode des Zweiten Tempels durchzieht (vgl. z.B. Spr 1-9). Nach Silvia Schroer hat das weibliche Bild der Weisheit seinen Ursprung im Haus. Die weisen ratgebenden Frauen aus der Tradition Israels und die Frauen, die im Haus die Religionsausübung gewährleisten, seien die realen Vorbilder dieser poetischen Gestalt.[18] In diesem Zusammenhang werden auch die Geschichten der unfruchtbaren Matriarchinnen neu erzählt und gedeutet, mit eigenen Vorstellungen und Traditionen verknüpft. Besonders die Verbindung mit dem Bild Zions, die schon Deuterojesaja vorgenommen hat, gibt dem Motiv neue Dimensionen. Gott, der auf der Seite der Frauen steht, werden nun auch weibliche Eigenschaften zugeschrieben. Phyllis Trible (1993) weist auf die begriffliche Nähe zwischen Gottes Barmherzigkeit mit dem Mutterleib und die enge Verbundenheit von Bildern des Weiblichen und Göttlichen hin. In bezug auf Jes 66,13 sagt sie: „Obwohl der Vergleich Gott nicht direkt ‚Mutter' nennt, vermittelt er doch diese Bedeutung. Jahwe ist eine tröstende Mutter für die Kinder Israels." (85)

Unfruchtbarkeit ist hier erneut das Bild für die reale Leidenssituation des Volkes. Die Verheißung an die Unfruchtbare, das Bild göttlichen Trostes und Nährens bedeutet eine Stärkung der Identität des Gottesvolkes, es spricht Kraft und Mut zu, in der Situation nicht zu verzweifeln und aufzugeben, sondern sich der eigenen Geschichte zu erinnern und für die Befreiung zu kämpfen. Nach der Rückkehr nach Israel stehen Erfahrungen der Armut, der Zerstörung und des Hungers hinter dem Bild der Unfruchtbarkeit. Mit dem Bild der göttlichen Mutter verheißen und gewähren die eschatologischen Vorstellungen einer umfassenden Heilszeit Nahrung und Kraft für die Neukonstitution der Gesellschaft.

4 Esra

Die Abfassungszeit dieser apokalyptischen Schrift ist relativ genau in die neunziger Jahre des 1. Jahrhunderts n.Chr. zu datieren: Jerusalem ist zerstört,

---

[17] Vgl. Silvia Schroer 1990, 55-56; Gerlinde Baumann 1994, 140-141.
[18] Vgl. Silvia Schroer 1990, 56. Sie nennt hier die Frau aus Tekoa (2 Sam 14), Abigail (1 Sam 25), die beratenden Ehefrauen Sara, Rebekka u.a., die Königinmutter (z.B. 1 Kön 15), Debora (Ri 4) u.a. Neben der Chokmah entwickelte sich auch das Bild der Shekina, der Gegenwart Gottes als unabhängiges weibliches Wesen, zusammen mit der Vorstellung der Tora als weiblich.

der hebräisch schreibende Verfasser scheint zu den Deportierten zu gehören.[19] Das vierte Gesicht beschreibt die Klage Zions. Das Unfruchtbarkeitsmotiv steht hier nicht mehr so sehr im Mittelpunkt, das Geschenk des Sohnes an die unfruchtbare Frau ist Teil ihrer Geschichte, es ist aber nicht der Höhepunkt. Der Sohn stirbt, worauf die Frau in ihrem Schmerz auf ein Feld vor die Stadt flieht, um dort zu sterben. Die konkrete Situation Jerusalems wird hier mit der Geschichte der kinderlosen Frau verknüpft. Esra wirft der Frau vor, daß sie über ihr eigenes Leid das viel größere Israels und Zions vergesse, und beschreibt dann die Zerstörung und das Leiden, die dort herrschen. Die Not und Erniedrigung werden besonders am Schicksal von Frauen deutlich: dem der Mutter, die über ihren Sohn trauert, deren Kinder in die Sklaverei geführt werden, und dem der vergewaltigten Frauen (vgl. 10,22). Diese Konkretion, das geschilderte Leiden einzelner und ihre bewegende Klage richten den Blick auf die Situation der Opfer der römischen Besatzungsmacht. Auch wenn die Hoffnung aus der Vorstellung der himmlischen Zion geschöpft wird, die in der anschließenden Vision beschrieben wird, so ist diese doch konkret irdisch und knüpft an die gegenwärtigen Leidenserfahrungen an. „Dieser Widerspruch zwischen erfahrener Unterdrückung und erfahrbarer Gottesnähe brachte die apokalyptische Bildersprache hervor, die zu beschreiben versucht, worauf Menschen, die eigentlich nicht mehr viel zu erwarten haben, sehnsüchtig warten können."[20] Die Hoffnung auf den Anbruch des neuen Äons gibt die Kraft, dem Machtanspruch des Römischen Reiches zu widerstehen und sein Ende zu erwarten.[21] Die gegenseitige Abhängigkeit von eschatologischer Hoffnung und aktiver Mitarbeit der Menschen beschreibt Luzia Sutter Rehmann (1995) in ihrer Studie über das Gebärmotiv in der Apokalyptik. Zum Bild des Löwen, der dem Römischen Reich ein Ende bereitet, schreibt sie: „Woher bezieht der Löwe aber seine Kraft? Ich meine, daß es Ziel und Aufgabe des eschatologischen Propheten ist, diese Kraft in seinem Volk zu wecken, zu stärken. Das in alle Richtungen vertriebene jüdische Volk, die in vielen Dimensionen unterdrückten Menschen müssen Löwenkräfte entwickeln, um ihre Situation zu erkennen und auszuhalten. Erkennen beinhaltet einerseits die Analyse der Unterdrückung, andererseits das Wissen um ihr Ende (...) Esra aber sagt ihr Ende an: Die Macht des römischen Militärregimes ist begrenzt durch Gottes Macht und die Macht der widerständigen Menschen, die nicht in Apathie und Trostlosigkeit versinken wollen und an der Geburt der neuen, gerechten Welt arbeiten." (211f) Um dies auszudrücken, zieht 4 Esra das alte Motiv der Erhöhung der erniedrigten unfruchtbaren, kinderlosen Frau heran.

---

[19] Vgl. Hermann Gunkel 1962, 352.
[20] Luzia Sutter Rehmann 1991, 89.
[21] Vgl. die Vision des Adlers 11,60-12,51, der das Römische Reich und seine Kaiser repräsentiert. Der Löwe (der Messias) setzt seiner Herrschaft ein Ende und spricht zu ihm (11,46): „So wird die ganze Welt, von deiner Gewalt befreit, erleichtert aufatmen, um dann des Gerichtes und der Gnade des Schöpfers zu harren." Vgl. auch Hermann Gunkel 1962, 344f.

Die Klage Esras und das Leiden der kinderlosen Frau beschreiben die Situation vieler Frauen zur Zeit der römischen Herrschaft über Israel. Die Schilderungen des Jüdischen Krieges durch Josephus bestätigen dies.[22] Für die Geschichte des Motivs spielt 4 Esra eine wichtige Rolle. In kaum einem der bisher behandelten Texte wird die Situation einer unfruchtbaren bzw. kinderlosen Frau so konkret beschrieben wie hier. Der Zuspruch Gottes an die unfruchtbare Frau, seine Verheißungen, das Vertrauen auf die Befreiung werden hier zur Deutung einer konkret benannten historischen Situation herangezogen.

In 4 Esra steht erneut eine alte Frau im Mittelpunkt. In 10,45 wird gesagt, die Frau wäre dreißig Jahre lang unfruchtbar gewesen, bis sie einen Sohn geboren habe. Dieser stirbt bei der Hochzeit, hat also bereits das heiratsfähige Alter erreicht. Zion wird damit also als Frau von mindestens sechzig Jahren vorgestellt, die aus Gründen, die Gott mit der Schöpfung festgelegt hat, kein weiteres Kind mehr zur Welt bringen kann, wie 4 Esra an anderer Stelle deutlich macht (5,49): „Denn wie das Kind nicht gebiert, noch die Greisin mehr, so habe ich auch in der Welt, die ich geschaffen, ein ‚bestimmtes Nacheinander' festgesetzt."[23] Das Motiv der Schwangerschaft einer alten Frau steht hier im Zusammenhang eschatologischer Hoffnung. Esra fragt angesichts der herrschenden Ungerechtigkeit und dem Leiden seines Volkes ungeduldig nach dem Zeitpunkt des Gerichtes Gottes, das Gerechtigkeit auf Erden schaffen wird. In der Antwort wird das Bild der Erde als Mutterschoß verwendet, die neue Schöpfung wird mit der Geburt eines Kindes verglichen (5,50ff): „Ich fragte ihn und sprach: Da du mir nun die Wege gewiesen, so laß mich weiter vor dir sprechen. Ist unsere Mutter, von der du gesprochen, noch jung oder schon dem Alter nahe? 51. Er antwortete mir und sprach: Frage die Gebärerin, die kann dirs sagen (...) 55. Denn die Schöpfung wird schon alt und ist über ihre Jugendkraft schon hinaus." Die neue Schöpfung wird das „Kind" der alten Mutter Erde sein, dessen Geburt sich durch Schmerzen und Wehen bereits in der Gegenwart Esras ankündigt. In 9,26-10,59 ist es eine alte, verzweifelte Frau, die sich in das himmlische Jerusalem verwandelt. Hier ist das hohe Lebensalter mit der zeitlichen Nähe des Kommens Gottes, seines endzeitlichen Gerichtes und der neuen Schöpfung, verbunden. Das Alter der Frau steht für das der „alten" Erde, deren Erlösung und Verwandlung nahe ist.

Targum Jonathan
Im Targum Jonathan wird ein wichtiger Aspekt der Hannarezeption deutlich, nämlich ihr Wirken als Prophetin, die die Befreiung des Volkes verkündet:

„1. Und Hanna betete in prophetischem Geist und sprach: ... 5. Über die Söhne Hamans weissagte sie und sprach: ‚Diejenigen, die mit Brot gesättigt waren und an Reichtum zugenommen hatten und Geld in Fülle hatten, sind arm geworden; sie mußten sich wieder verdingen (als Arbeiter) um Brot, die Speise

---

[22] Vgl. Josephus, Die Geschichte des Jüdischen Krieges, V,10.3; VI,3.3f; VI,9.1-3; VII,5.5.
[23] Übersetzung von Hermann Gunkel 1962.

ihres Mundes. Mordechai und Ester, die arm waren, sind reich geworden und konnten ihre Armut vergessen; sie sind wieder frei geworden. So wird Jerusalem, die wie eine Unfruchtbare war, mit ihren Weggeführten angefüllt werden. Und Rom, das mit großer Menge Volks angefüllt war - sein Heer wird aufhören zu sein; es wird wüst und zerstört sein.'"[24]

V.5 zeigt, daß die Verkündigung der Prophetin Hanna auch in der Zeit des Leidens unter der Vormacht Roms als Stimme der Hoffnung aktualisiert wird. Dies verbindet diesen Text mit 4 Esra, in dem die Vision von Zion ebenfalls diese Funktion hat. Interessant ist, daß das Motiv der Unfruchtbarkeit für die Beschreibung der Situation Jerusalems erneut verwendet wird. Hanna, die unfruchtbare Frau, die durch Gottes Hilfe ein Kind bekam, prophezeit der Stadt Jerusalem, „die wie eine Unfruchtbare war", Befreiung. In diesem Traditionsstrang gehören das Motiv der Unfruchtbarkeit und die Hoffnung auf konkrete Befreiung von der römischen Besatzungsmacht zusammen. Wichtig für die weitere Untersuchung ist ebenfalls, daß die Befreiung durch Frauen verkündet wird.

Philo von Alexandria
Philo benutzt weibliche Bilder von Schwangerschaft und Jungfräulichkeit, um die Beziehung der menschlichen Seele zu Gott zu beschreiben, die passiv, inferior und rezeptiv ist. Die Initiative Gottes wird in Kontrast zur Abhängigkeit und Schwäche der menschlichen Seele gestellt, welche darauf wartet, durch die Vereinigung mit Gott mit Geist erfüllt zu werden: „Von den Tugenden sind die einen immer Jungfrauen, die anderen verwandeln sich aus Frauen in Jungfrauen, wie z.B. die Sarah. ‚Es hatte nämlich für sie die Weise der Frauen aufgehört' (1 Mos. 18,11), als sie beginnt mit Isaak, dem Inbegriff der Glückseligkeit, schwanger zu gehen. Sie aber bleibt immer jungfräulich und wird, wie es heißt, von einem Mann überhaupt nicht erkannt."[25] Philo benutzt das Bild der Unfruchtbarkeit parallel zu dem der Jungfräulichkeit, nämlich aufnahmebereit für Gott und dem Schlechten gegenüber unfruchtbar zu sein.[26] Die unfruchtbare Sara, die zur Mutter eines großen Volkes wird, ist in der allegorischen Deutung Philos Sinnbild der Tugend. „Denn wirklich ist die Tugend unfruchtbar, das Böse zu gebären, besitzt aber die Fähigkeit, die Tugendgüter leicht zur Welt zu bringen (...)"[27] So kann Philo auch Gott den Vater Isaaks nennen: „Den Isaak hat der Herr gezeugt; er ist der Vater der vollkommenen Wesensart, der in den Seelen in Glückseligkeit sät und erzeugt."[28] Diese spiri-

[24] Übersetzung von Willy Schottroff 1989, 33-34.
[25] Philo von Alexandria, Über die Nachkommen Kains, 134. Übersetzung von Hans Leisegang. Vgl. ders., Über die Cherubim 49-52.
[26] Vgl. Philo von Alexandria, Über die Namensänderung, 143-145.
[27] Philo von Alexandria, Über das Zusammenleben um der Allgemeinbildung wegen, 3. Übersetzung von Hans Lewy.
[28] Philo von Alexandria, Allegorische Erklärungen des heiligen Gesetzbuches III, 219. Übersetzung von I. Heinemann.

tuelle Fruchtbarkeit, das Streben nach Weisheit und Tugend, ersetzt das Gebären von Kindern. Sein Ideal der Jungfräulichkeit sieht Philo im Leben der Therapeutinnen verwirklicht: „Da sie mit ihr (der Weisheit, C.J.) zusammen zu leben begehrten, kümmerten sie sich nicht um die Freuden des Körpers, weil sie nicht nach sterblicher, sondern nach unsterblicher Nachkommenschaft verlangten, welche allein die gottgeliebte Seele aus sich selbst hervorbringen kann, da der Vater intelligible Strahlen als Samen in sie eingehen ließ, durch welche sie die Lehrsätze der Weisheit betrachten kann."[29]

Im Gegensatz zu Mary Callaway (1986) denke ich nicht, daß die Ausführungen Philos eine Brücke für das Motiv der Unfruchtbarkeit in Lk 1 bilden. Gegen eine solche spirituelle Deutung sprechen besonders das auf politische Zustände und deren Veränderungen bezogene Magnificat und die konkret körperlichen Bezüge auf Schwangerschaft und Geburt. Es ist jedoch festzuhalten, daß es verschiedene Interpretationslinien gegeben hat.[30] In diesem Zusammenhang möchte ich auch die Verwendung des Motivs in Gal 4,21-31 erwähnen, auf die ich hier jedoch nicht weiter eingehen werde.

Der Elisabet-Midrasch auf dem Hintergrund der Motivgeschichte

Abschließend ist nun zu fragen, was es für die Auslegung von Lk 1 bedeutet, die Geschichte Elisabets als Midrasch zu den aufgeführten Texten und Traditionen des Ersten Testaments zu verstehen. Die lukanische Erzählung von Elisabet bezieht sich auf die Geschichten von Sara, Rebekka, Rahel und Lea - die wörtlichen Übereinstimmungen weisen darauf hin. Die Gemeinde, die diesen Text verfaßt und überliefert hat, stellt Fragen an die überlieferten Schriften und erforscht, ob sie ihr Antworten in ihre Gegenwart hinein liefern können. Sie versucht, die Bibel zum Sprechen zu bringen und stellt sich damit in die lange Tradition der Fragenden und Forschenden, die in ihr Gottes Wort immer wieder neu hören. Diese neue Interpretation löst die älteren damit aber nicht ab, indem sie die eigene als aktuellere oder bessere darstellt - diese Sichtweise entspricht wohl unserem neuzeitlichen Wissenschaftsbetrieb, aber nicht dem Prinzip eines Midraschs. Hier geht es darum, die alten bekannten Geschichten noch einmal zu erzählen, sie in der eigenen Gegenwart lebendig werden zu lassen. Die unfruchtbare Elisabet wird in die Reihe ihrer Vormütter gestellt, mit ihrer Geschichte wird an diese erinnert. Die Aspekte, die in den jeweiligen Erzählungen wichtig sind, die Fragen und zentralen Aussagen klingen in dieser neuen Erzählung wieder an, auch wenn sie nicht im einzelnen aufgeführt werden. Judith Plaskow (1992) weist auf den wichtigen Aspekt der eigenen - der jüdisch-feministischen - Identitätsbildung hin, der hier wichtig wird: „Denn

---

[29] Philo von Alexandria, Über das betrachtende Leben oder die Schutzflehenden, 68. Übersetzung von Karl Bormann.

[30] Für ein Verständnis der Ausführungen Philos wäre es interessant, die konkrete Situation zu untersuchen, die ihn bewogen hat, dieses Motiv aufzugreifen. Das ist mir leider im Rahmen dieser Arbeit nicht möglich.

die zentralen Ereignisse der jüdischen Vergangenheit sind nicht einfach Geschichte, sondern lebendiges, aktives Gedächtnis, das fortwährend das jüdische Selbstverständnis prägt (...) Durch das Erzählen der Geschichte unserer Vergangenheit als Juden lernen wir, wer wir in der Gegenwart wirklich sind." (55)

Ich möchte nun zunächst rückblickend die zentralen Aussagen, die mit dem Motiv der unfruchtbaren Frau verbunden wurden, unter Gesichtspunkten, die für die Auslegung von Lk 1 relevant sind, zusammenfassend darstellen. In einem zweiten Schritt werde ich dann fragen, welche dieser Traditionen Lk 1 explizit aufgreift, um ergründen zu können, in welche Situation hinein sie neu interpretiert werden.

1. Die Texte, die von konkreten Frauen handeln, liefern keine Gründe für ihre Unfruchtbarkeit. Diese liegt wie Fruchtbarkeit allein in Gottes Hand, der den Mutterleib öffnen oder schließen kann. Dort wo Unfruchtbarkeit symbolisch verwendet wird (z.B. Hos 9,11-14; Spr 30,16; Ps 107,33-34), kann sie jedoch als Strafe für Sünde oder Abfall von Gott gewertet werden.

2. Der unfruchtbaren wird vielfach eine andere fruchtbare bzw. verheiratete Frau gegenübergestellt. Die Rivalität zwischen diesen Frauen wird im Laufe der Motivgeschichte immer weiter ausgeführt. Gab es zwischen Rahel und Lea Konkurrenz, jedoch keine Feindschaft, so wird Hanna schon zum wehrlosen Opfer der Verspottung und Verhöhnung Peninas. Diese Konkurrenz hat ihren Ort im patriarchalen Haushalt, in dem in diesem Fall die unfruchtbare Frau die von ihrem Ehemann mehr geliebte ist. Bei Deuterojesaja wird mit dem Bild der Unfruchtbaren, die mehr Kinder haben wird als die Verheiratete, die Erhebung des erniedrigten Volkes über seinen Feind ausgemalt. Paulus kontrastiert Sara und Hagar in rigider Weise, indem er sie als Allegorien von Verheißung und Versklavung gegenüberstellt.

In der herrschenden Auslegung wird dieser Konkurrenz-Aspekt zudem noch weiter in den Vordergrund gerückt als dies die Texte selbst tun. Die Rivalität zwischen Frauen scheint ein fester Bestandteil patriarchaler Beschreibungen von Frauen zu sein: Frauen werden auf diese Weise gegeneinander ausgespielt. Untersuchungen zur Mittäterschaft von Frauen haben gezeigt, daß es in einer patriarchalen Gesellschaft aber auch immer Frauen gibt, die von diesem hierarchischen System profitieren und sich auf Kosten anderer Frauen profilieren.[31] In der Auslegung der Stellen muß deshalb genau untersucht werden, wie die Geschichten der Frauen miteinander verknüpft werden, wo sie eine Unterdrückungssituation teilen und wo sie sich gegeneinander ausspielen. Besondere Vorsicht ist jedoch bei allen Texten geboten, die von patriarchatsorientierten Männern verfaßt sind und in einem patriarchal strukturierten gesellschaftlichen Rahmen stehen: Sie können sich Solidarität unter Frauen und eine schwesterliche Verbundenheit, die nicht um einen Mann zentriert ist, nur schwer vorstellen.

---

[31] Vgl. Christina Thürmer-Rohr 1988, 38ff.

3. Zu dem Motiv gehört die Geburt eines besonderen Sohnes, dessen Geschichte jedoch unabhängig von der seiner Mutter erzählt wird. <u>Die Erhebung der unfruchtbaren Frau findet bereits im Moment der Schwangerschaft und Geburt statt.</u> Daß dieser Sohn eine herausragende Rolle in der weiteren Geschichte Israels spielen wird, verstärkt diesen Aspekt.
4. Eine Veränderung in der Geschichte des Motivs ist in der Bedeutung der Frauen auszumachen. Bei Sara, Rahel, Lea und Rebekka war die Unfruchtbarkeit ein Teil ihrer individuellen Geschichte, die die Verheißung als besonderen Segen in einer existentiell bedrohenden Situation und persönlichen Notlage charakterisierte. Hannas Geschichte wird trotz der konkreten Erzählung weiter entindividualisiert und politisiert: Sie steht als Symbol für eine Gruppe, die Unterdrückten und Leidenden - die *Anawim*, für deren Errettung ihre Geschichte zum Hoffnungszeichen wird. Bei Deuterojesaja wird Sara zur Mutter aller, die Gott suchen. Ihre Mutterschaft wird zum Beispiel und zur Hoffnung für das exilierte Volk. Indem er die Tradition der unfruchtbaren Frau mit der Zionstheologie verbindet, interpretiert er auch das Motiv neu: Zion steht bei ihm für ganz Israel, dem er Hoffnung verheißt. Bei Tritojesaja wird Zion dann zur göttlichen Mutter, die ihr Volk nährt und beschützt. 4 Esra sieht in der kinderlosen Zion das zerstörte, aber in der apokalyptischen Vision auch das himmlische Jerusalem. Philo spiritualisiert das Motiv der Unfruchtbarkeit, indem er es für die Beschreibung der Beziehung der Seele zu Gott verwendet, die diesem passiv und rezeptiv, dem Bösen aber unfruchtbar gegenübersteht. Paulus verbindet die Zionstheologie, die Vorstellung vom himmlischen Jerusalem, mit Sara, die zur Mutter aller wird, die Jesus als den Christus bekennen und sich damit in die Verheißungsgeschichte stellen.
5. Ein wichtiger Aspekt in der Entwicklungsgeschichte des Motivs der Schwangerschaft einer Unfruchtbaren ist das hinter den Ausführungen stehende Gottesbild. In der Genesis wird Gott auf der Seite der erniedrigten und gedemütigten Frauen stehend beschrieben, der seinem Volk eine segensreiche Zukunft verheißen hat, zu der er trotz aller Hindernisse stehen wird. Für Hanna ist es der Gott der Geschichte, der mächtige und barmherzige Richter, der sie erhört und seinem unterdrücktem Volk beistehen und es erretten wird. Auch Deuterojesaja beschreibt den barmherzigen Gott, der sein erniedrigtes Volk retten und es neu aufbauen wird. Durch die Verknüpfung mit der Zionstheologie kündigt sich ein neuer Aspekt im Gottesbild an. In dem Zuspruch an Zion, die wie die Frau einer Gottheit beschrieben wird, erscheint das Verhältnis zwischen Gott und seinem Volk bzw. Jerusalem wie das einer Ehe. In der Periode des Zweiten Tempels erhält das Gottesbild eindeutig weibliche Züge. Nicht nur die Weisheit, die Shekina und die Tora werden weiblich personifiziert, auch einzelne Züge Gottes stammen aus der weiblichen Erfahrungswelt. Gott tröstet, seine Barmherzigkeit wird hervorgehoben, die Motive des Gebärens und des Nährens vermitteln die Bedeutung Gottes als liebender Mutter. Luzia Sutter Rehmann (1995) vergleicht Gottes Handeln in 4 Esra 6,18-19 mit dem einer Hebamme: „Gott kommt. Die Rettung naht, und die Erniedrigung Zions hat ein Ende. Gott erscheint hier als Helferin bei der Geburt der neuen Erde.

Gleich einer Hebamme eilt er, der gebärenden Erde beizustehen." (199) Es ist auffällig, daß mit den Motiven der Unfruchtbarkeit, Schwangerschaft und Geburt im Laufe der Geschichte in verstärkt weibliche Aspekte Gottes verbunden werden. Diese stehen neben denen, die Gott als mächtigen Streiter, der die Feinde vernichten, die Herrschenden vom Thron stürzen und Gerechtigkeit schaffen wird, beschreiben. Hier ist vor allem das Targum Jonathan anzuführen, das das Hannalied für die Gegenwart im Römischen Reich aktualisiert.

6. In allen behandelten Texten ist das Motiv der Unfruchtbarkeit mit der Frage nach der Existenz Israels und der Erfahrung ihrer Gefährdung verbunden. Die Erzählung von der Schwangerschaft und der Geburt eines Sohnes dient zur Bestärkung der Identität derer, die an ihrer Zugehörigkeit zum Volk Gottes und seinem Bestehen zweifeln. Besonders in Zeiten der Not, der Unterdrückung, im Exil, in der Verzweiflung über Hunger, Zerstreuung und Orientierungslosigkeit wird mit diesem Motiv der Zuspruch Gottes ausgedrückt, der Mut zum Widerstand machen und die eigene Identität bestärken soll.

7. Ganz eng damit verknüpft ist die Beobachtung, daß mit Unfruchtbarkeit und Kinderlosigkeit auf die konkrete Situation von Menschen in Not, im Exil oder einem besetzten Land hingewiesen wird. Befreiung wird von Frauen wie Hanna oder durch weibliche Gestalten wie Zion verkündet. In 4 Esra werden in Verbindung mit dem Motiv explizit auch die besonderen Leiden von Frauen benannt, die vergewaltigt werden, deren Kinder sterben oder in die Sklaverei verkauft werden.

8. Die Verknüpfung zwischen der Erfahrung des Leidens und des Todes, dem sozialen und dem allgegenwärtigen realen, mit dem Hoffnungsbild der Geburt, der Entstehung neuen Lebens, durchzieht die Geschichte des Motivs. Es berührt tiefe Leidens- und Gotteserfahrungen und drückt die Spannung zwischen Leben und Tod aus, in der die menschliche Existenz steht. Die Hoffnung, die mit der Geburt eines Kindes verbunden ist, die Entstehung von neuem Leben, das sich seinen Weg mühsam durch Geburtswehen und Schmerzen bahnen muß, wird zum existentiellen Sinnbild für das Überleben eines Volkes. Hier liegt der Grund dafür, daß dieses Motiv immer wieder aufgegriffen wird. Die Verheißung an eine Unfruchtbare ist das Bild dafür, wie aus der Erfahrung des Todes die Hoffnung auf Leben erwachsen kann. Es bietet eine Sprache und Ausdrucksmöglichkeit, ein Bild, um tiefste Verzweiflung schildern zu können, ohne in Ohmacht und Apathie zu verharren, auch wenn die Befreiung unmöglich zu sein scheint.

9. Wichtig in Blick auf die Erzählung von Elisabet ist die Frage, inwieweit das Lebensalter der unfruchtbaren Frau in der Verwendung des Motivs eine Rolle spielt. Es fällt auf, daß lediglich von Sara und Zion in 4 Esra explizit gesagt wird, daß sie alt seien. Das Alter Rebekkas bei der Geburt der Zwillinge wird nicht genannt, von Isaak wird ausgesagt, daß er zu dem Zeitpunkt sechzig Jahre alt gewesen sei (vgl. Gen 25,26). Allerdings war er bereits vierzig Jahre alt, als er Rebekka heiratete (vgl. Gen 25,20). Diese war zu dieser Zeit noch Jungfrau (vgl. Gen 24,14-16), bei der Geburt ist sie deshalb nach der Chronologie des Textes wohl kaum älter als Anfang dreißig, nach talmudischer Über-

lieferung erst 23 Jahre alt.[32] Über Hannas Alter wird ebensowenig gesprochen wie über das Zions in den aufgeführten Jesajastellen. Die Texte legen es auch nicht nahe, an eine alte Frau zu denken. In 4 Esra steht jedoch erneut eine alte Frau im Mittelpunkt, sie wird als Frau von etwa sechzig Jahren vorgestellt. Das Alter der Frau steht hier für das der „alten" Erde, deren Erlösung und Verwandlung nahe ist.

Für das Motiv der Unfruchtbarkeit bedeutet das hohe Alter eine Verstärkung. Der Aspekt des Todes tritt noch weiter in den Blick: Die verbleibende Lebenszeit ist kurz, eine Schwangerschaft ist nach menschlichem Ermessen nicht mehr möglich, der Mutterleib scheint für immer erstorben. Die Länge der Unfruchtbarkeit dient auch nicht in erster Linie zur Betonung des Wunders der anschließenden Schwangerschaft, denn das Öffnen und Schließen des Mutterleibes liegen immer in der Hand Gottes, der nach seinem Plan den Zeitpunkt bestimmt, sondern lenkt den Blick vor allem auf die Länge und das tiefe Erleben des Leidens, das ihr vorausgeht. Mit einer alten Frau steht zudem eine von denen im Mittelpunkt, die am meisten unter Unterdrückung, Hunger und Armut leiden, weil sie ihnen aufgrund nachlassender Körperkraft und Leistungsfähigkeit wehrlos gegenübersteht, verstärkt anfällig für Krankheiten und körperliche Gebrechen ist und sich vielfach nicht allein in ausreichendem Maße mit lebensnotwendigen Gütern versorgen kann.

6. Elisabet - Vergegenwärtigung der Geschichte. Ergebnisse im Blick auf die Exegese von Lk 1.2

Im Blick auf die Entwicklung des Midraschs der unfruchtbaren Frauen ist Lk 1 bemerkenswert, weil hier zum ersten Mal seit 1 Sam 1 die Tradition wieder in Form einer Geburtserzählung aufgenommen wird. Nach Mary Callaway (1986) besteht Lukas' Interesse an der Tradition aber lediglich in ihrer Deutung als eschatologisches Zeichen. Durch Elisabet und Zacharias werde Kontinuität mit der Geschichte Israels ausgedrückt und der Beginn der eschatologischen Zeit angekündigt. Die Erzählung von der Unfruchtbarkeit Elisabets hat nach Callaway in erster Linie den Zweck, das Gebären der Jungfrau Maria in die jüdische Tradition einzubetten. Weil die jüdische Tradition keinen Beleg für eine solche bot, habe Lukas die Tradition der unfruchtbaren Frau hier als „midrashic clue", als Verstehenshilfe genutzt (vgl. 101).

Das Anliegen Mary Callaways, Maria in die jüdische Geschichte einzubetten und die Jungfrauengeburt an die Traditionen der Frauen des Ersten Testaments zu binden, kann ich teilen. Das Verständnis Marias als einer jüdischen Mutter, die in der Tradition der Matriarchinnen ein besonderes Kind zur Welt bringt, ist nicht nur für die Mariologie, sondern ebenfalls für die Geschichte Jesu, der als Sohn einer jüdischen Mutter zu Beginn des Evangeliums eindeutig als Jude beschrieben wird, von großer Bedeutung. Meines Erachtens wird Mary Calla-

---

[32] Dieser Hinweis findet sich bei J. Preuss 1905, 476.

way der Bedeutung Elisabets in ihrer Deutung allerdings nicht gänzlich gerecht. Die Vielschichtigkeit des Motivs und die lange Tradition, in der es stets um das Schicksal unfruchtbarer Frauen ging, läßt es nicht zu, die Geschichte Elisabets lediglich als Verständnishilfe für die „Jungfrauengeburt" aufzufassen. Der Verweis in Lk 1,37, daß für Gott nichts unmöglich sei, den Mary Callaway als wichtiges Verbindungsstück zwischen Sara und Maria deutet, bezieht sich nicht nur auf diese, sondern verweist auch auf die Schwangerschaft der alten Elisabet, von der Gabriel in V.36 gesprochen hat. Desweiteren ist die Frage zu stellen, ob das Magnificat, das in der Begegnung zwischen Elisabet und Maria gesungen wird, sich wirklich nur auf Maria bezieht und allein diese mit der Tradition Hannas verbindet. In der Person der Prophetin Hanna, von der in Lk 2 berichtet wird, wird diese Tradition nämlich gerade mit der Vorstellung einer alten Frau verknüpft. Ich möchte im folgenden die Aufnahme der Tradition der unfruchtbaren Frauen in Lk 1 besonders im Blick auf die Bedeutung Elisabets hin untersuchen. An die zentralen Aussagen dieses Motivs anknüpfend werde ich zunächst neun Punkte formulieren, die das Ergebnis meiner bisherigen Untersuchungen darstellen. Diese werde ich im nächsten Kapitel in der Exegese von Lk 1 aufgreifen und weiter ausführen:

1. Lk 1 bietet keinen Grund für die Unfruchtbarkeit. Elisabet wird als gerecht lebende Jüdin beschrieben, die nach den Geboten lebt. Ihre Kinderlosigkeit liegt allein in Gottes Hand.
2. Auch in Lk 1 stehen zwei Frauen im Mittelpunkt. Im Gegensatz zu den überlieferten Erzählungen stehen sie allerdings nicht in Konkurrenz zueinander. Vielmehr ist die Erzählung in Lk 1 als Reaktion auf diese Tradition, die besonders bei Paulus in sehr rigider Form benutzt wurde und eventuell auch so in der lukanischen Gemeinde bekannt war, zu verstehen. Elisabet und Maria werden als „Verwandte" (vgl. V.36) bezeichnet, ihre Geschichten sind eng miteinander verknüpft, in ihrer Begegnung bieten sie einander Unterstützung. Lk 1 zeichnet das Bild von Solidarität statt von Konkurrenz unter Frauen.
3. In Lk 1.2 stehen Elisabet und Maria im Mittelpunkt. Sie werden zu Müttern besonderer Söhne. Ihre Erhebung findet bereits im Moment der Schwangerschaft und Geburt statt, die Geschichten der Söhne werden gesondert erzählt. Deshalb ist es nötig, Lk 1 nicht nur als „Vorgeschichte" der Erzählungen von Jesus und Johannes zu verstehen, sondern unter dem Aspekt der Erhöhung der Erniedrigten, als Erzählung über zwei Frauen, die aktiv an der Heilsgeschichte Gottes mit seinem Volk teilnehmen.
4. Indem in Lk 1 erneut die Form der Geburtserzählungen aufgegriffen wird, stehen hier konkrete Frauen im Mittelpunkt. Durch diese wird an die Traditionen, die mit dem Motiv der unfruchtbaren Frauen verbunden sind, angeknüpft. Wie bei Hanna werden ihre Geschichten entindividualisiert und politisiert; darauf weist in besonderem Maße das Magnificat hin. Sie stehen als Repräsentantinnen für Israel, für das Schwangerschaft und Geburt zum Zeichen der Hoffnung auf Errettung von Not und Unterdrückung werden.
5. In Lk 1 handelt der Gott der Geschichte, der „die Niedrigen erhöht und die Mächtigen vom Thron stürzt". Durch das Motiv der Schwangerschaft und Ge-

burt kommen hier aber ebenso sogenannte weibliche Aspekte Gottes in den Blick, die in der Tradition besonders in der Zionstheologie ihren Ausdruck finden. Die besondere Hervorhebung des Wirkens des Heiligen Geistes, der hebräischen *ruach*, die durch ihr grammatisches Geschlecht und in der Tradition als weiblich verstanden wurde, muß in diesem Zusammenhang gedeutet werden.[33]

6. Die Geschichte des Motivs der unfruchtbaren Frauen zeigt, daß diese immer mit der Frage nach der Existenz Israels und der Erfahrung ihrer Gefährdung verbunden war. Für Lk 1, als Dokument der Jesusbewegung nach Jesu Tod und Auferstehung, heißt dies, daß hier sowohl über die Identität dieser Gruppe reflektiert wird als auch über die Identität ganz Israels, wie das Magnificat deutlich macht. Über das Motiv der unfruchtbaren Frauen, die durch Gottes Handeln erhöht werden, stellt sich die lukanische Gemeinde in die jüdische Tradition und bestärkt ihre Zugehörigkeit zum Volk Israels. Indem diese Erzählung den Anfang des Evangeliums bildet, wird es als jüdische Schrift vorgestellt, die sich in die Erzählungen von Gottes Heilstaten in der Geschichte Israels einordnen will. Indem Jesu Geburt und seine Geschichte über seine Mutter Maria in die Traditionen der Frauen des Ersten Testaments eingebunden werden, wird ein Verständnis abgewehrt, das in ihm jemanden sieht, der das „Neue", d.h. Diskontinuität zur jüdischen Geschichte, repräsentiert.

7. An die Beobachtung anknüpfend, daß mit Unfruchtbarkeit und Kinderlosigkeit stets auf die konkrete Situation von Menschen in Not, im Exil oder in einem besetzten Land, in 4 Esra (einer Schrift, die in großer zeitlicher Nähe zu Lk 1 verfaßt wurde) besonders auch auf die konkreten Leiden von Frauen hingewiesen wurde, muß auch für Lk 1 ein solcher Hintergrund vermutet werden. Die Geschichte dieses Motivs und die mit ihm verbundenen konkreten Schilderungen verbieten es geradezu, eine rein spirituelle Deutung von Lk 1 vorzunehmen. Gegen eine solche, die sich an die Erklärungen Philos zu Unfruchtbarkeit und Jungfräulichkeit anlehnt, sprechen besonders das auf politische Zustände und deren Veränderungen bezogene Magnificat und die konkret körperlichen Bezüge auf Schwangerschaft und Geburt.

8. Die Verheißung an eine Unfruchtbare als Bild dafür, wie aus der Erfahrung des Todes die Hoffnung auf Leben erwachsen kann, kann im Zusammenhang des Evangeliums auch als ein Bild für die Auferstehungserfahrungen der JüngerInnen nach dem Tode Jesu gedeutet werden. Es bietet eine Ausdrucksmöglichkeit für den Zustand tiefster Verzweiflung und Ohnmacht, aus der kein Ausweg möglich scheint. Auferstehung wird mit dem Bild der Schwangerschaft einer Unfruchtbaren als (lebenslanger) Prozeß verstehbar, der mit Schmerzen, Wehen und mit unerwarteter großer Freude verbunden ist. Mary

---

[33] Vgl. Helen Schüngel-Straumann 1992, bes.: 70-75: *rwh* in Schöpfungszusammenhängen. „*rwh* bildet dabei die Brücke zwischen Himmel und Erde. Sie ist eine eigenständige, lebendige und lebenschaffende Kraft, aber auch so etwas wie Jahwe selbst in seiner Beziehung zu den von ihm geschaffenen Wesen, die Liebe Jahwes sozusagen in actu, die das Leben aller Lebewesen garantiert", ebd. 75.

Callaway (1986, 103) sieht in der Schwangerschaft der Jungfrau Maria eben diese Verbindung von Tod und Leben ausgedrückt und ihre Empfängnis als Vorabbildung der Auferstehung Jesu. Dieser Deutung fehlt meines Erachtens jedoch die Wahrnehmung der Tiefe der Erfahrung, die gerade durch die Person einer alten unfruchtbaren Frau, die ein langes Leben unter der Schmach der Kinderlosigkeit gelitten hat, ihren Ausdruck findet. Daß auch die Geschichte Marias im Zusammenhang von Tod, Auferstehung und Nachfolge gedeutet werden muß, soll damit allerdings nicht bestritten werden. Diese Verbindung besteht jedoch in erster Linie über die Erzählung der Geschichte Elisabets.

9. Die Schwangerschaft einer alten Frau muß im Blick auf die Geschichte dieses Motivs, insbesondere unter Einbeziehung von 4 Esra, als eschatologisches Zeichen gedeutet werden. Erlösung, Befreiung und die Verwandlung aller Zustände, wie sie im Magnificat beschrieben werden, sind nahe: das Reich Gottes bricht an. Daneben repräsentiert Elisabet als Subjekt der Heilsgeschichte Gottes ebenso wie Maria die JüngerInnen in der Nachfolge Jesu, die ihre Auferstehungserfahrungen mit der Erzählung ihrer Geschichten zum Ausdruck bringen. Zwei jüdische Frauen, ein alte und eine junge, zwei, die am unteren Ende der gesellschaftlichen Hierarchie stehen, künden von der Befreiung ihres Volkes, „hauen auf die Pauke der Weltrevolution Gottes"[34] und eröffnen damit auch einen Blick auf die Zusammensetzung der Gemeinschaft, die sie repräsentieren. Hier stellt sich erneut die Frage, ob die Entstehung des Lukasevangeliums allein einem (männlichen) Verfasser zugeschrieben werden kann oder ob sie nicht vielmehr in breiteren Kreisen zu verorten ist, in denen Frauen und Männer gleichermaßen vertreten waren.

---

[34] Luise Schottroff 1994, 282.

Fünftes Kapitel
Elisabet - Prophetin und Jüngerin

Die vorangegangene Arbeit zu Lk 1 hat gezeigt, daß in diesem Kapitel gynäkologisches Wissen und theologische Traditionen miteinander verknüpft wurden. Zentral für die Deutung ist die Person Elisabets geworden, ihr hohes Lebensalter und ihre Lebensgeschichte als unfruchtbare Frau bilden den Hintergrund, auf dem die Handlung und die theologischen Aussagen, die hier getroffen werden, verstanden werden müssen. Bevor ich zu einer eigenen Auslegung von Lk 1 unter besonderer Berücksichtigung der zentralen Rolle Elisabets komme, werde ich die feministische und die nicht-feministische Diskussion kurz darstellen.

1. Die feministische Diskussion

Der Untersuchung der sehr umfangreichen Literatur zu diesem Kapitel möchte ich einige Fragen voranstellen, die sich aus der bisherigen Arbeit zu Lk 1 ergeben haben:
1. In Lk 1 ist vielfältiges gynäkologisches Material verarbeitet worden, das auf genaue medizinische Kenntnisse der Umstände einer Schwangerschaft und Geburt hinweist. Inwieweit wird dies von den AutorInnen benannt und bewertet?
2. Das Motiv der unfruchtbaren Frau bietet einen wichtigen Schlüssel für das Verständnis der Aussagen in Lk 1. Wird es von den AutorInnen aufgenommen und bearbeitet? Welche Rolle spielt es für die theologische Deutung des Kapitels?
3. Wie wird die Person Elisabets wahrgenommen? Gehen die AutorInnen auf die zentrale Rolle ein, die sie in dem gesamten Kapitel spielt? Welche Aussagen werden zu ihrem hohen Lebensalter gemacht?
4. In der Begegnung von Elisabet und Maria werden wichtige theologische und politische Themen aufgegriffen. Besonders das Magnificat ordnet ihre Erfahrungen und ihr Handeln in die Heilsgeschichte Gottes mit seinem Volk ein. Wie wird dies von den AutorInnen thematisiert? Welche Rolle kommt in ihren Entwürfen die Begegnung der beiden Frauen zu? Wie werden sie im Verhältnis zueinander und zu ihren Söhnen beschrieben?
5. Welcher Stellenwert kommt Lk 1.2 innerhalb des Lukasevangeliums zu? Wie werden die hier getroffenen theologischen Äußerungen und Geschehnisse auf den weiteren Ablauf bezogen? Welche Aussagen werden zu den Intentionen, die zur Abfassung geführt haben, und möglichen TradentInnenkreisen gemacht?
Im folgenden werde ich die Entwürfe von Brigitte Kahl, Jane Schaberg und Luise Schottroff, die ich als repräsentativ für die feministische Diskussion aus-

gewählt habe, auf die oben genannten Fragen hin untersuchen. Danach werde ich aktuelle deutschsprachige Kommentare zu Lk 1 darstellen.

Brigitte Kahl

Den Entwurf von Brigitte Kahl zum Lukasevangelium: „Armenevangelium und Heidenevangelium" (1987) behandele ich innerhalb der feministischen Diskussion, obwohl sie hier die Thematik nicht unter einer feministischen Perspektive untersucht. In einem späteren Aufsatz: „Toward a Materialist-Feminist Reading" (1993) greift sie aber auf die Ergebnisse ihrer Studie zurück und stellt diese in den Zusammenhang einer materialistischen feministischen Bibellektüre. In der Darstellung werde ich anhand der oben entwickelten Fragen in erster Linie auf ihre älteren, weit ausführlicheren Untersuchungen eingehen und diese mit der neueren Deutung verbinden.
1. Brigitte Kahl benennt die Schwangerschaftschronologie Elisabets als Ordnungsprinzip für den Handlungsablauf von Lk 1,24-57 (vgl. 1987, 91). Die Bedeutung dieser Zeiteinteilung sei allerdings auf die Söhne bezogen: „Der Beginn der Geschichte Jesu wird in die bereits ‚laufende' Geschichte des Johannes hineinkomponiert." (1987, 91) Der neunmonatige Ablauf der Schwangerschaft Elisabets bilde die innere Chronologie des Textabschnittes, die einen zeitlichen Zwischenraum zwischen einem „Vaterkonflikt" und einem erneuten „Vaterkonsens" markiere, für welche Zacharias der Repräsentant sei (vgl. 1987, 98). In dieser Zeit gehe die Rede- und Handlungskompetenz an Elisabet und Maria über, die sie aber danach wieder an die „Väter" zurückgäben.
2. Brigitte Kahl führt eine Reihe von Zitaten und Anlehnungen an Geschichten aus der Genesis auf (vgl. 1987, 93-96). Das Motiv der Unfruchtbarkeit, mit dem Lk 1 an ersttestamentliche Traditionen anknüpfe, bedeute hier eine „Verständnishilfe" für Maria, durch das ihr ein Beweis der Omnipotenz Gottes geliefert werde (vgl. 1987, 102). Es erinnere daran, „daß nicht die ‚Väter', sondern Gott der ‚Vater' des Gottesvolkes ist, der damit zugleich die unumschränkte Souveränität über dieses Volk besitzt." (1987, 118) Auf die Situation Elisabets und durch dieses Motiv gegebene mögliche Hinweise auf ihre besondere Bedeutung geht sie in diesem Zusammenhang nicht ein. 1993 erwähnt sie das Motiv nicht mehr.
3. Elisabet spielt in den Ausführungen Brigitte Kahls eine eher untergeordnete Rolle. Für sie bildet die Geschichte des Zacharias den äußeren Rahmen des Kapitels, das sie auf dem Hintergrund des Grundkonfliktes zwischen Christentum und Judentum als Umbruch von Vätertradition und Väterordnung deutet (vgl. 1987, 89). Da sich nach ihren Ausführungen die Thematik auf die Vater-Sohn-Relation konzentriere (vgl. 1987, 88), ist folgerichtig ihr Interesse an den Müttern und insbesondere an Elisabet gering. Deren hohes Lebensalter spricht sie lediglich in bezug auf Gen 18,11 an. Es bezeichne hier ein Moment neben anderen, das die Genesiserzählungen mit Lk 1 verknüpfe. Auch 1993 nennt sie Elisabet nur im Zusammenhang ihrer Schwangerschaft, ohne weiter auf ihre Person einzugehen.

4. Die Begegnung von Elisabet und Maria unterstreiche eine dreimonatige „Synchronie" des Johannes und Jesus, die ihre Geschichten miteinander verknüpfe (vgl. 1987, 92). In dieser Zeit besäßen die Frauen die Rede- und Handlungsinitiative. Ihr Gehorsam stehe im Kontrast zu dem der „Väter" und bezeichne einen Umbruch der Tradition: das „Ende des soziologischen Väterprimats" (1987, 108). Die neue soziale Ordnung, die durch den „vaterlosen" Raum repräsentiert werde, sei „eine ‚vaterlose' Gesellschaft, in der die Autorität bei den ‚Kindern' liegt, hinter denen wiederum die Autorität Gottes steht." (1987, 109) Die alte Rivalität zwischen den Frauen (Sara/Hagar; Rahel/Lea) und den Brüdern (Ismael/Isaak; Jakob/Esau) sei aufgehoben, und überführt in eine „brüderliche/schwesterliche Gemeinschaft von Johannes und Jesus, Elisabet und Maria im Hause des Zacharias." (1987, 111) Das Magnificat bezeichne die Ausweitung dieser Neuordnung in den gesellschaftlichen Bereich hinein. Allerdings sei diese Phase nur kurz, bereits in Lk 2 werde die Dominanz der Mütter durch eine Repatriarchalisierung zurückgedrängt (vgl. 1993, 237).
5. Brigitte Kahl versteht Lk 1.2 als programmatisch für das ganze Lukasevangelium. Sie sieht hier einerseits den Grundkonflikt zwischen Heidenchristentum und Judentum in der Vater-Sohn-Problematik thematisiert. Daneben spiegelten diese Kapitel eine Reflexion des christlichen Anfangs wider: „eines Anfangs, der durch eine gewisse Dominanz der ‚Mütter' geprägt war (vgl. die Rolle der Frauen als erste Auferstehungszeugen Lk 23,55ff; 24,1-11.22-24), die aber im weiteren Fortgang (und wohl nicht zuletzt durch den Außendruck der Väterordnung im Imperium Romanum) immer mehr durch die in den Vordergrund tretenden ‚Väter' auf ihr alte Position zurückgedrängt wurden." (1987, 145) In diesem Zusammenhang werde auch das Armenevangelium, das im Magnificat verkündet werde, zugunsten des Heidenevangeliums zurückgedrängt. Lk 1 beinhalte jedoch feministische Schlüsselstrukturen („feminist ‚key structures'"), die es zu einer konstanten Herausforderung des paulinischen Heidenevangeliums machten (vgl. 1993, 238). Wie die Erzählungen in Ex 1-2 über die Hebammen, die Mutter und die Schwester Moses, die Tochter des Pharaos und Miriam den weiblichen Ursprung („the female origin") des Exodus kennzeichneten und in 1 Sam 1-2 durch Hanna die Königserzählungen eingeleitet würden, so sei auch die Erzählung von Maria und Elisabet eine solche Schlüsselstruktur für das Verständnis der nachfolgenden Geschichte. Aufgabe sei es nun, dieses Netz von Schwesternschaften („network of sisterhood") aufzudecken und die intertextuellen Bezüge zu deuten: „Maybe this kind of structural-feminist approach could reveal something like an underground women's church and a feminist-critical commentary within the Bible itself." (1993, 239)
Insgesamt bietet der Entwurf von Brigitte Kahl eine Reihe wichtiger Textbeobachtungen. Indem sie die theologischen Äußerungen des Lukasevangeliums stets auf dem Hintergrund der politischen Situation im Imperium Romanum liest, werden deren umfassende Dimensionen deutlich. Jedoch rücken die Frauen durch ihre Grundentscheidung, daß Lukas den zwischen Juden und Christen aufgebrochenen „Väterkonflikt" thematisiere und damit das Christen-

tum Rom gegenüber legitimieren wolle,[1] in den Hintergrund. Ihr Blick liegt schwerpunktmäßig auf den „Vätern" und den „Söhnen", für deren Handlungen die „Mütter" durch ihre Schwangerschaften den (Frei-)Raum schaffen. 1993 verändert sie diese Perspektive und fragt ausdrücklich nach der Frauengeschichte, die hier sichtbar wird. Ihre Ausführungen zu „feminist key structures" in bezug auf Lk 1 bieten wichtige Ansatzpunkte für die Weiterarbeit. Ob Lk 2 wirklich als Repatriarchalisierung gedeutet werden darf, muß im weiteren untersucht werden.

Jane Schaberg

Grundlage für die folgenden Ausführungen zu Jane Schaberg bilden ihre Monographie: „The Illegitimacy of Jesus. A Feminist Interpretation of the Infancy Narratives" (1990) und ihr Artikel zum Lukasevangelium in: „The Women's Bible Commentary" (1992).
1. Die Grundthese Jane Schabergs lautet, daß Maria als Jungfrau Opfer einer Vergewaltigung geworden sei und ein illegitimes Kind erwartete.[2] Das Wissen darum sei in den frühchristlichen Gemeinden präsent gewesen und werde im Matthäus- und Lukasevangelium in den Kindheitserzählungen aufgenommen. Sie behandelt deshalb die Frage nach der Schwangerschaft Marias sehr ausführlich und wehrt ein Verständnis der Empfängnis als einer Gotteszeugung ebenso wie das einer Neuschöpfung Gottes ab (vgl. 1990, 121-124). Auf die Schwangerschaft Elisabets geht sie nur im Vergleich zu der Marias ein: „Both conceptions (by Elizabeth and by Mary) are due to sexual intercourse, and both are empowered by the creative activity of God." (1990, 125) Besonderes gynäkologisches Wissen konstatiert sie in diesem Zusammenhang nicht. Daß Frauen hier solche wichtigen Rollen zukämen und sie theologische Reden halten könnten, versteht sie auf dem Hintergrund der Tatsache, daß sie als Schwangere dem Frauenbild des Lukas entsprächen, der die Aufgabe von Frauen in erster Linie im Gebären, Nähren und Aufziehen von Kindern sehe. Sein Hauptinteresse läge jedoch auf den Söhnen (vgl. 1992, 282).
2. Auf das Motiv der Unfruchtbarkeit weist Jane Schaberg im Zusammenhang von Erniedrigung und Demütigung hin, die Elisabet als unfruchtbare, kinderlose Frau erleiden muß. Die Empfängnis einer Unfruchtbaren werde jedoch nicht etwa durch das Motiv der Empfängnis einer Jungfrau noch gesteigert, wie es häufig dargestellt werde, der Parallelismus weise vielmehr auf die Erniedrigungssituation Marias als eines Opfers sexueller Gewalt hin (vgl. 1990, 101-110). Wie die Ankündigung eines Kindes in der ersttestamentlichen Tradition die Antwort Gottes auf eine Notsituation der Frau bedeute, so ereigne sich auch die Epiphanie Marias auf dem Hintergrund ihrer Notlage.

---

[1] Vgl. die Ausführungen zu Lk 1,1-4 in: Brigitte Kahl 1987, 25-85, vgl. auch 1995.
[2] Diese These hat in der katholischen Kirche und der Öffentlichkeit in den USA heftige Diskussionen ausgelöst. Die Universität of Detroit Mercy, an der Jane Schaberg lehrt, wurde aufgefordert, sie zu entlassen, sie selbst wurde vielfach beschimpft und erhielt sogar Morddrohungen. Vgl. dazu den Artikel von Irene Dannemann 1995.

3. Auf Elisabet geht Jane Schaberg nur am Rande ein. Sie ist in erster Linie an der Person Marias interessiert und betrachtet Elisabet lediglich in bezug auf ihre Bedeutung für die Rekonstruktion von Marias Geschichte. Ihr hohes Lebensalter spielt in den Ausführungen keine Rolle. In ihrem Lukaskommentar beschreibt sie Elisabet als Prophetin und Person von großer Bedeutung, weil sie als eine der wenigen Frauen im Evangelium eine Rede halte und ein christologisches Bekenntnis abgebe (vgl. 1992, 282).

4. Die Begegnung von Elisabet und Maria bildet nach Jane Schaberg zwar eine wichtige Szene, auf diese geht sie jedoch nicht näher ein (vgl. 1990, 133). Das Magnificat behandelt sie ausführlicher und diskutiert, welcher der beiden Frauen es auf dem Hintergrund ihrer Lebenslage zuzuschreiben sei. Auf den ersten Blick passe es zwar besser in den Kontext Elisabets, es sei aber trotzdem als Marias Gesang zu betrachten, weil hier deren Erfahrungen sexueller Gewalt ausgedrückt würden: „It is rather that she who was humiliated and degraded, and the child whose origin is in humiliation and degradation, were ‚helped' by God (V.54)." (1990, 96) Sie werde zur Prophetin der Armen und repräsentiere deren Hoffnungen als eine Frau, die gelitten hat und errettet wurde. Ihre Erfahrungen antizipierten damit die Auferstehung: „The Magnificat is not the song of a victim but one that proclaims liberation with tough authority." (1992, 285) In der Beschreibung Marias klängen Bilder der geschändeten Tochter Zion an, die bei Zephania, Joel und in den Klageliedern die Not Israels/Zions zum Ausdruck brächten (vgl. 1990, 117-120). In diesem Zusammenhang sei ihre Situation vergleichbar mit der Unfruchtbarkeit Elisabets, die ebenfalls nicht auf eine Sünde zurückgeführt werde. Die Parallele zum Bild Zions als einer unfruchtbaren (alten) Frau zieht sie allerdings nicht. Aus Jane Schabergs Ausführungen wird deutlich, daß Lk 1 - trotz eines ansonsten Frauen einschränkenden Weiblichkeitsbild des Lukas - die Situation der Frauen im Blick hat: diese würden nicht auf ihre biologische Mutterschaft festgeschrieben (vgl. 1990, 130), ihr Handeln sei nicht durch die spätere Bedeutung ihrer Söhne bestimmt (vgl. 1990, 101-103). Im Gegenteil: das Kind werde heilig sein, weil seine Mutter mit Heiligem Geist erfüllt sei und göttlichen Schutz und Ermächtigung erfahren habe (vgl. 1990, 125).

5. Innerhalb des Lukasevangeliums seien Lk 1.2 außergewöhnlich, nirgendwo sonst hätte Frauen solche machtvollen Rollen inne wie hier (vgl. 1992, 283). Maria repräsentiere geradezu das Idealbild von JüngerInnen in der Nachfolge (vgl. 1990, 128-133). Auch wenn Lukas Frauenaktivität einschränken wolle, so greife er doch auf überliefertes Material zurück, das ein anderes Frauenbild zeichne. Besonders in dem lukanischen Sondergut, das Spuren größerer weiblicher Beteiligung aufweise und sie in Leitungsfunktionen darstelle, seien weibliche Traditionen zu vermuten: „Perhaps it is related to the ‚old wives' tales' 1 Tim 4:7 warns against, or was produced in circles like that of the widows 1 Tim 5:2-16 attemps to control." (1992, 277)

Auch wenn Jane Schaberg die Person Elisabets nicht direkt im Blick hat, so geben ihre Ausführungen auch zu ihrer Geschichte wichtige Hinweise. Besonders die Beschreibung Marias als Tochter Zions bietet wichtige Anknüpfungspunkte für die Beschreibung des Verhältnisses der beiden Frauen zueinander. Indem deren Situation als erniedrigte Frauen miteinander in Beziehung gesetzt und in den Mittelpunkt des Kapitels gestellt werden, wird eine Konkurrenz zwischen den Frauen - womöglich aufgrund der späteren Bedeutung ihrer Söhne - als androzentrisches Konstrukt entlarvt. Schaberg stellt Maria und Elisabet als Prophetinnen und Jüngerinnen dar und betont die nachösterlichen Dimensionen der Erzählung, die in besonderem Maße Auferstehungserfahrungen spiegelten. Interessant ist außerdem, daß sie die Tradentinnen des lukanischen Sonderguts unter den alten Frauen vermutet, gegen die im Timotheusbrief polemisiert wird. Dieser These wird im weiteren nachzugehen sein.

Luise Schottroff

In den folgenden Ausführungen zu Luise Schottroff beziehe ich mich auf das Kapitel „Die Erhöhung erniedrigter Frauen (Joh 7,53-8,11 und Lk 1,48)" aus ihrem Buch „Lydias ungeduldige Schwestern. Feministische Sozialgeschichte des frühen Christentums" (1994).
1. Fragen antiker Gynäkologie behandelt Luise Schottroff ausführlich in bezug auf die Schwangerschaft Marias. Sie ordnet die gynozentrische Legende einer Geburt ohne die Beteiligung eines Mannes in das breite Spektrum antiker Zeugungsvorstellungen ein, in dem es auch als möglich angesehen worden sei, daß Frauen ohne Mann ein Kind hervorbringen könnten (vgl. 283-285). Die Marienlegende sei als Kritik an der Vergöttlichung des männlichen Zeugens und als Dokument der Befreiungsarbeit von Frauen in einem patriarchalen, frauenverachtenden Umfeld zu verstehen (vgl. 290). Die Schwangerschaftschronologie verknüpfe die Erzählungen von Elisabet und Maria, in ihnen spiegelten sich vermutlich Frauentraditionen im Umgang mit Phasen einer Schwangerschaft wider (vgl. 280). Sie versteht die Schwangerschaft Marias als Fortführung und Steigerung des Wunders an Elisabet. Gott durchbreche Normalitäten: Eine alte Frau wird schwanger und eine andere empfängt ein Kind ohne sexuelle Vereinigung mit einem Mann.
2. Luise Schottroff sieht die Erzählung in Lk 1 in der Tradition von der Erhöhung erniedrigter Frauen, die sie anhand von Hanna in 1 Sam 1.2 und Zion in 4 Esra darstellt. Elisabets Geschichte nähme Bezug auf die Hannaerzählung und die mit dieser verbundenen Vorstellung, „daß bedeutende Männer von Müttern stammten, von denen ein Kind nicht mehr zu erwarten ist." (279) Ihre Schwangerschaft sei als Gotteswunder zu verstehen, als Zeichen der Befreiung, die sich auch auf das politische und soziale Schicksal des ganzen Volkes Israel beziehe: „Die *Erniedrigung der Frauen* gehört also mit der *Erniedrigung des Volkes* zusammen." (281)
3. Elisabet wird als alte Frau beschrieben, die als ein überflüssiges Lebewesen angesehen worden und Spott über ihre faltige Haut ausgesetzt gewesen sei. „Sie ist im Bewußtsein der antiken Gesellschaft aber keine ‚richtige' Frau mehr, noch mehr Unfrau als die Unfruchtbare." (296) Alte Frauen seien damals wie heute verachtet und unterdrückt worden. Aus diesem Grund sei das

Gotteswunder, das Elisabet als schwangere Greisin verkörpere, in besonderem Maße faszinierend.

4. Die Begegnung von Elisabet und Maria bildet für Luise Schottroff eine gynozentrische Szene, die zwar eine innerhäusliche, nicht öffentliche Situation voraussetze, sich aber inhaltlich auf das Schicksal des ganzen Volkes beziehe: „Maria und Elisabeth verkünden prophetisch die Weltrevolution Gottes, seine Option für die Armen, die als Option für Maria und die Frauen beginnt." (282) Die Verbindung der beiden Frauen in einer „von Gott gewollten und gesegneten Schwesternschaft" (280) wiederhole sich in der Verbindung der beiden Söhne.

5. Luise Schottroff beschreibt die Erzählung in Lk 1.2 als „ein Dokument der Befreiungsarbeit von Frauen (und Männern) innerhalb des jüdischen Volkes z.Zt. der Pax Romana." (284) Es sei ein gynozentrisches Textstück innerhalb eines androzentrischen literarischen Zusammenhangs, das eine wichtige symbolische Kraft habe (vgl. 282-283). Die Vermutung, Lk 1 spiegele Frauentraditionen im Umgang mit Schwangerschaftsphasen, und die Möglichkeit, die Segnung Marias durch Elisabet (Lk 1,42) als Verweis auf eine konkrete Frauengemeinde/Frauenkirche zu verstehen (vgl. 282, A.55), weisen Wege, auch die AutorInnen und TradentInnen dieser Erzählung in diesem Zusammenhang zu vermuten.

Der Entwurf von Luise Schottroff enthält wichtige Hinweise für die Deutung von Lk 1.2. Ihre Einordnung der Erzählungen in den Zusammenhang der Befreiungsarbeit von jüdischen Frauen und Männern z.Zt. der Pax Romana ermöglicht es, ihre verschiedenen Dimensionen wahrnehmen zu können. Indem Gottes Option für die Armen und die Hoffnung auf Befreiung anhand der Geschichte zweier Frauen in den Mittelpunkt gestellt und durch diese prophetisch verkündet wird, verbinden sich theologische, politische und in besonderem Maße frauenbefreiende Aussagen. Sie beschreibt sehr eindrücklich die Verknüpfung der Erzählungen von Elisabet und Maria. Ob die Schwangerschaft Marias als Steigerung der Elisabets verstanden werden darf und welche Konsequenzen sich daraus ergeben, muß im weiteren untersucht werden.

2. Elisabet als Randfigur der Erzählung - ein Blick aus der herrschenden Perspektive

Eine Untersuchung aktueller deutschsprachiger Kommentare anhand der eingangs gestellten Fragen zeigt sich wenig ergiebig. Der Verweis auf die Schwangerschaft Elisabets wird durchgängig als literarisches Mittel gewertet, die Erzählungen von Elisabet und Maria bzw. von Johannes und Jesus miteinander zu verknüpfen.[3] Rückschlüsse für die Struktur des Kapitels oder auf die Bedeutung Elisabets werden daraus nicht gezogen.

Das Motiv der Unfruchtbarkeit wird wie in der nicht-feministischen ersttestamentlichen Diskussion als vertrautes Erzählschema und traditionelles, bekann-

---

[3] Vgl. François Bovon 1989, 61; Paul G. Müller 1988, 32; Wolfgang Wiefel 1987 u.ö.

tes Motiv bezeichnet.[4] Es wird zwar konstatiert, daß Elisabet sich damit in die Reihe der unfruchtbaren Frauen des Ersten Testaments einreihe, für die theologische Deutung von Lk 1 wird das Motiv jedoch nicht herangezogen. François Bovon (1989) versucht, auf die Bedeutung der Kinderlosigkeit für Frauen einzugehen, die als deren Schuld angesehen worden sei und Schmach für diese bedeutet hätte. Daß er dies jedoch nicht wirklich reflektiert, wird aus seinen Bemerkungen zu V.25 deutlich, in dem Elisabet Gott dafür dankt, daß er die Schmach (*oneidos*) von ihr genommen habe: „Elisabet spricht nicht nur biblisch, sondern in zwei rhythmisch gebauten Teilen auch poetisch. Die Artikellosigkeit (*kyrios, oneidos*) bestätigt das Poetische." (61) Daß diese biblische, poetische Sprache auch etwas mit ihrer konkreten Situation zu tun haben könnte, wird nicht weiter erwogen.

Daß Elisabet eine alte Frau ist, wird in den Kommentaren nur am Rande im Zusammenhang des Unfruchtbarkeitsmotivs erwähnt, für die Deutung der Erzählung spielt es jedoch keine Rolle. In der Auslegung tritt Elisabet hinter Zacharias, Johannes oder Maria zurück, sie erscheint als Statistin neben den eigentlichen AkteurInnen. Daß Elisabet als selbständige Person kaum wahrgenommen wird und ihr weder theologische Aussagen noch eigenständiges Handeln zugetraut werden, zeigen insbesondere die Ausführungen zu Lk 1,39-56, der Begegnung von Elisabet und Maria. Diese werde ich recht ausführlich darstellen, weil hier besonders deutlich wird, wie ein androzentrischer Blick ein tiefergehendes Verständnis der Erzählung verhindert.

Kritische Durchsicht von Kommentaren zu Lk 1,39-56

In der nachfolgenden Analyse der Kommentare zu Lk 1,39-56 werde ich die Frage nach dem Frauenbild der Kommentatoren in den Mittelpunkt stellen. Wie sprechen sie von Elisabet und Maria? Im Blick auf die Überschriften und die Aussagen, die für die Autoren das Zentrum des Textes bilden, werde ich danach fragen, ob sie die beiden Frauen als Subjekte und eigenständig Handelnde ernstnehmen.

Die Überschriften
Zweimal werden Elisabet und Maria bereits in der Überschrift als Mütter tituliert.[5] Josef Ernst nennt noch nicht einmal ihre Namen. In den übrigen Kommentaren, die die „Begegnung von Maria und Elisabet"[6] bereits in der Überschrift thematisieren, findet die Identifizierung der beiden Frauen als Mütter sofort in der Einleitung statt, um auf diesem Wege direkt auf Jesus und Johannes zu sprechen zu kommen. Die Beobachtung, daß Jesus und Johannes als die eigentlichen Subjekte der Begegnung verstanden werden, bestätigt sich bei einem Blick auf die Aussagen, die als zentral für die Perikope erachtet werden.

---

[4] Vgl. Walter Schmithals 1980, 22; Jakob Kremer 1979, 27; Josef Ernst 1977, 58 u.ö.
[5] Vgl. Eduard Schweizer 1982, 21; Josef Ernst 1977, 80.
[6] So z.B. François Bovon 1989, 78.

Das Zentrum des Textes
Für François Bovon (1989) liegt der Akzent der Szene auf Jesus. Dieser werde durch die Bewegung des Johannes im Mutterleib, „der sich dadurch schon als Prophet und Vorläufer zu erkennen gibt" (80), gesetzt. Die Bedeutung der Perikope sieht Bovon darin, daß hier die Johannes- und Jesusüberlieferungen miteinander verbunden werden. Diese Auffassung ist Konsens in den von mir bearbeiteten Kommentaren. Walter Schmithals (1980) sieht in dieser Verbindung den theologischen Gedanken ausgedrückt, die Jesusgeschichte im Alten Testament zu verwurzeln: „Was neu ist, ist nur neu in der Kontinuität mit dem Alten." (29) Aber Jesus erweist sich als der Überlegene: „gerade dort, wo die Kontinuität von Israel und Jesuszeit betont wird, muß die messianische Würde Jesu deutlich hervorgehoben werden, um das Christliche nicht in das Jüdische hinein aufzulösen." (81) Dies wird nach Schmithals besonders durch die Worte Elisabets deutlich gemacht. Für Josef Ernst (1977) steht Maria im Mittelpunkt der Szene, die als „Mutter des Herrn" eine besondere Segnung erfahren habe (vgl. 81). Als „ntl. Bundeslade" trage sie den künftigen Messias in sich (vgl. 83). Auf diesem Hintergrund seien die Worte Elisabets als „eschatologisches Frohlocken" über den Anbruch der Messiaszeit zu verstehen. Für Eduard Schweizer (1982) liegt das Gewicht der Perikope auf der Darstellung des Handelns Gottes an Maria, das sie „Hoffnung und Glaubenszentrum von Millionen armer Frauen" werden lasse (vgl. 22-24). Ihr Jubel (das Magnificat) sei die Antwort auf dieses Handeln Gottes an ihr, sie repräsentiere den Stand des Menschen überhaupt (vgl. 23). Das führt bei ihm letztlich dazu, daß ihr Handeln nicht weiter betrachtet werden muß: auch für Schweizer beschreibt die Szene die erste Begegnung von Jesus und Johannes. Paul G. Müller (1988) definiert gleich zu Beginn die Frauen über die Söhne: für ihn sind sie die „große Prophetenmutter Elisabet" und die „Messiasmutter Maria" (vgl. 35). Die beiden Kinder seien in der Begegnung bereits in ihrer späteren Funktion anwesend und zeichneten damit auch ihre Mütter aus: „Schon vor der Geburt erkennt der noch nicht geborene Vorläufer und Täufer die messianische Würde des Kindes der Maria." (35) Die Besonderheit der Erwählung Marias besteht für Müller darin, daß Gott in ihr den „Herrn der Geschichte" zu Welt kommen läßt (vgl. 36). Auch in diesem Entwurf steht sie universal für alle Gottesfürchtigen, deren Lobpreis das nachfolgende Magnificat darstellt. Maria und Elisabet werden nicht als eigenständig Handelnde begriffen. Jakob Kremer (1979) stellt zwar zu Beginn seiner Ausführungen die lobpreisende Verkündigung der beiden Frauen als zentral für Szene heraus, bedeutungsvoll ist für ihn letztlich aber auch nur der Hinweis des „Täufers" auf Jesus (vgl. 30-32). Maria sei die vorbildhaft Gläubige, die das Magnificat stellvertretend für alle durch Gott erlösten spricht (vgl. 32).

Diese Durchsicht der Kommentare zeigt, daß Jesus und Johannes als die eigentlichen Subjekte der Begegnung verstanden werden. Die Besonderheit und Erwählung von Elisabet und Maria, ihre Würde und Identität hängen an der späteren Funktion ihrer Söhne. Ihr Handeln erschöpft sich darin, über die Ehre, Mütter besonderer Söhne sein zu dürfen, in eschatologischen Jubel auszubrechen. Dies tun sie stellvertretend für alle Gläubigen. Das Bild der „Bundeslade" für Maria bringt die Sicht der herrschenden Auslegung auf den Punkt: Maria und Elisabet scheinen kein eigenes Profil zu haben, sie sind in erster Linie dazu da, den biologisch notwendigen „Raum", den Mutterleib, für die Begegnung von Johannes und Jesus zur Verfügung stellen zu dürfen. Durch ihre Mutterschaft ist ihnen ihr Anteil am Heil sicher, sie bestimmt ihre gläubige Existenz. Die Christozentrik der Ausleger hat weiterhin zur Folge, daß Elisabet noch weniger in den Blick kommt als Maria, die als „Christusmutter" ausgezeichnet ist.

Die „Begegnung von Maria und Elisabet", wie die Perikope in den meisten Überschriften betitelt wird, wird als solche in den Kommentaren nicht wahrgenommen. Konsequenterweise wäre den Auslegungen folgend, von der „Begegnung von Johannes und Jesus" zu sprechen, die als „Vorläufer" und „Messias" bereits hier die Handlung bestimmen. Diese durchgängig androzentrische Deutung der Perikope basiert vor allem auf der Interpretation der VV.41 und 44. Das „Hüpfen" des Embryos wird als eigenständiges Handeln von Johannes verstanden, durch das er sich als „Vorläufer" zu erkennen gibt und auf die Messianität Jesu hinweist. Nicht thematisiert wird folgerichtig, daß weder Johannes noch Jesus namentlich erwähnt werden. Elisabet spricht von dem Embryo - dem *brephos*, in ihrem Bauch und nicht von „Johannes", und „Jesus" ist hier die Frucht (*karpos*) des Leibes von Maria. Das besondere Gewicht, das die Erzählung in Lk 1 auf die Bedeutung von Namen legt, läßt vermuten, daß diese Bezeichnungen nicht zufällig sind. Inwieweit diese Definition der Kinder über ihre Mütter eine Bedeutung für die Interpretation der Perikope hat, wird im folgenden herauszuarbeiten sein. Zunächst erscheint es mir jedoch sinnvoll, das Frauenbild der Ausleger zu analysieren, um zu verstehen, wie sie zu ihrer Deutung gelangen.

Das Frauenbild
Da die Autoren explizit keine Aussagen über ihre Stellung zu Frauen und ihr Bild von ihnen treffen, möchte ich ihre Beschreibungen von Elisabet und Maria auf die impliziten Voraussetzungen hin untersuchen. Folgende Leitfragen liegen dabei meinen Ausführungen zugrunde:
1. Wie sind Aktivität und Passivität in bezug auf Elisabet/Maria und auf Johannes/Jesus verteilt?
2. Durch welche Beziehung bzw. wie werden die Frauen definiert?
3. Welche Bedeutung wird ihnen zugeschrieben?
François Bovon (1989) versucht in seiner Auslegung, die Frauen und ihr Handeln ernstzunehmen und die Beziehung zwischen ihnen als Ort des Heilsgeschehens zu verstehen. Das Heil bzw. die Würde der Frauen sei jedoch an ihre Mutterschaft geknüpft: „Die gegenseitige Anerkennung der Schwangerschaft verleiht den Frauen doppelte Würde." (80) In der Auslegung von VV.43ff versteht er Elisabet als vom Heiligen Geist erfüllt prophetisch redend, nutzt aber die herausgearbeitete Parallelität der Segens von Elisabet mit dem Segen des Auferstandenen am Ende des Evangeliums nicht, um auf ihre Bedeutung zu

schließen (vgl. 86). Seine Beschreibung Elisabets schränkt diese weitestgehend ein: „Nach den VV.42-43 macht die prophetisch begabte Mutter eher den Eindruck einer erstaunten Frau, die nicht recht versteht, was geschieht. Die Inkohärenz kann am Mangel fester Überlieferung liegen oder an der Absicht, die Gefühlsgeladenheit zum Ausdruck zu bringen." (86) Die erstaunte Frau, die nicht recht versteht, was geschieht, aber einen emotionalen Bezug zum Glauben hat, steht hier passiv empfangend dem Heilshandeln Gottes gegenüber: „Gott bedient sich nicht nur der Worte, sondern auch der Sprache des Körpers." (85) Die Frauen werden nicht als aktiv Handelnde gesehen. Folgerichtig geht deshalb für Bovon die Bewegung innerhalb des Szene von Johannes aus, er führe die Handlung aktiv weiter (vgl. 80). „Der Gang der Erzählung hält in den beiden Reden der Frauen inne." (81) Diesen Ausführungen folgend geschieht hier für den Fortgang der Handlung nichts Entscheidendes. Das Bild weiblicher Passivität, das hinter den Ausführungen Bovons steht, verhindert, daß er die Begegnung von Elisabet und Maria als Geschehen, das für die weitere Handlung von Bedeutung ist, verstehen kann. Die Vermutung liegt deshalb nahe, daß Johannes und Jesus, die in der Szene nicht explizit vorkommen, in der Auslegung eine solche Betonung erfahren, um ihr aus androzentrischer Sicht überhaupt einen Sinn zu verleihen.

Diese Beobachtung bestätigt sich an den Ausführungen von Josef Ernst (1977): „Wenn man den Abschnitt über die Begegnung der beiden Mütter (1,39-56) ausschalten könnte (was quellenkritisch jedoch kaum möglich ist), bliebe eine geschlossene Berichtreihe über Ankündigung, Geburt, Beschneidung und erste Offenbarung des Propheten Johannes, die jüdisch-atl ausgerichtet ist." (90) Aus diesem Zitat ist das Bedauern zu spüren, die Perikope überhaupt bearbeiten zu müssen, sie habe letztlich keine Bedeutung: „Die Szene stellt in der Dramaturgie der lk Kindheitserzählung eine Art Abgesang dar." (81) Für Josef Ernst sind Frauen die hilflosen, uneigennützigen Wesen, die zum Werkzeug göttlicher Gnade werden, der sie sich passiv ergeben. Dies wird besonders an Ernsts Ausführungen zu V.38 deutlich.[7] Ihre Niedrigkeit, ihre „zarte Zurückhaltung" und Hingabe lassen keinen Gedanken an eine mögliche Eigenständigkeit von Frauen zu. Der Autor des Magnificats sei selbstverständlich ein Mann (vgl. 85)!

Auch für Walter Schmithals (1980), der auf die Verbindung zwischen den Frauen der lukanischen Gemeinde und ihrer besonderen Rolle während der Verfolgungen hinweist, stellt Maria das Beispiel der „demütig glaubenden

---

[7] Ebd., 74: „Das ‚Siehe, ich bin die Magd des Herrn, es geschehe mir nach deinem Wort', - handle an mir, wie es dir gefällt -, hat wahrhaft Geschichte gemacht. Die passive Zustimmung einer hilflosen Jungfrau ist voller dynamischer Aktivität. Ihr ‚fiat' ist die Zustimmung der Menschheit zum Heilswerk Gottes. Gott hat die Erlösung in die Hand eines Menschen gelegt, der sich zustimmend öffnen, aber auch verschließen konnte. Maria hat diese schwerste Prüfung bestanden; sie hat auf ihr Eigeninteresse verzichtet und ihr Geschick ganz in die Hände Gottes gelegt. So ist sie das bevorzugte Werkzeug der göttlichen Gnade geworden... Die kurze Notiz über den Abgang des Engels läßt das dramatische Geschehen in der Stille ausklingen. Gottes große Taten machen keinen Lärm."

Frau" dar (vgl. 30). „Glaube ist vertrauende Ergebung in Gottes Willen und insofern in einem höchste Passivität und höchste Aktivität; denn die Passivität dem eigenen Wollen gegenüber vor Gott macht dem Willen Gottes im Menschen und durch ihn Raum." (28) Die Aktivität der Frauen besteht also in ihrer passiven Demut, die sie als frommen Hintergrund für das eigentliche Geschehen zwischen Johannes und Jesus auszeichnet. Deshalb erweist sich nach Schmithals Lukas durchgängig als „Evangelist der Frauen" (vgl. 28,31). Sollte die Interpretation des Handelns der Frauen durch Schmithals zutreffen, läßt sich diese Bezeichnung nur als bittere Ironie auffassen.

Bei der Durchsicht der Kommentare lassen sich eine Fülle weiterer Belege finden, die deutlich machen, wie die androzentrische Beurteilung der Frauen eine textgerechte Auslegung der Perikope verhindert. Maria und Elisabet werden in ihrer eigenständigen Bedeutung beschnitten, indem sie „Mütter" genannt werden, obwohl diese Bezeichnung im Text nur ein einziges Mal für Maria verwendet wird, für Elisabet gar nicht. In der Interpretation werden sie darüber hinaus über ihre Männerzugehörigkeit definiert, ihre Individualität verschwindet hinter der Kategorie gläubiger Existenz. Da keiner der Exegeten seinen eigenen Kontext analysiert und sein eigenes Frauenbild einer kritischen Reflexion unterzieht, wird ihnen das Problem ihrer androzentrischen Perspektive und Sprache nicht bewußt. Aus ihrem Kontext als weiße, westeuropäische gutsituierte Geisteswissenschaftler reproduzieren sie das Bild von Frauen, mit denen sie in ihrem Umfeld zu tun haben: Frauen, die lediglich dafür zuständig sind, Männern zuzuarbeiten und dabei unsichtbar bleiben, Ehefrauen, die für die Reproduktion ihres Mannes zuständig sind, Sekretärinnen, die die lästige Schreib- und Verwaltungsarbeit übernehmen, Studentinnen, die auf professorales Wohlwollen angewiesen sind... Auch François Bovon (1989), der die sozialgeschichtliche Perspektive in seine Ausführungen integrieren will, indem er BefreiungstheologInnen wie Luise Schottroff, Gustavo Gutiérrez und Dorothee Sölle zitiert (vgl. 93f), bildet da leider keine Ausnahme.

In der Exegese ist nun zu fragen, inwieweit diese Auslegung der Perikope dem Text entspricht. Ist dieser Androzentrismus bereits in den Ausführungen des Lukasevangeliums festzustellen? Lassen sich Hinweise im Text finden, die eine andere Auslegung verlangen? Lassen sich Aussagen über mögliche TradentInnenkreise machen, in deren Praxis diese Auslegung einen Ort hat?

3. Die alte Frau Elisabet als Schlüsselfigur für das Verständnis von Lk 1

Tod und Auferstehung als Thema der Geburtserzählungen

Für die Deutung von Lk 1 ist von besonderer Wichtigkeit, daß die Erzählung nicht nur eng mit dem Ersten Testament verknüpft ist, sondern auch zentrale theologische Aussagen enthält, die im weiteren Evangelium entfaltet werden. Wie bereits bei der Untersuchung des Motivs der unfruchtbaren Frau deutlich wurde, thematisiert die Erzählung die Verbindung von Leben und Tod, die Erfahrungen von Leid und Errettung. Daß Lk 1 auch eine Reflexion der Auferstehungserfahrungen der JüngerInnen nach Jesu Tod bietet, wird in einem Blick auf Kapitel 24 sehr deutlich.[8] Lk 1 und Lk 24, der Anfang und der Schluß des Evangeliums weisen eine Reihe von Parallelen auf: Frauen spielen in beiden Kapiteln eine wichtige Rolle. Sie machen sich auf den Weg, aus einer Leidsituation heraus beginnen sie zu handeln. Sie verharren nicht in Resignation und Ohnmacht, sondern glauben an die Botschaft Gottes, die sie weitertragen. Die Männer zweifeln zunächst, sie glauben nicht daran, daß von Frauen Veränderungen und Rettung ausgehen kann: Zacharias begründet seine Zweifel an der Verkündigung des Engels mit dem Alter seiner Frau, die meisten Jünger glauben den Worten der Frauen, die vom leeren Grabe zurückkehren, nicht.

Lk 1.2 und Lk 24 weisen auch Gemeinsamkeiten in bezug auf die Orte der Handlung auf: Der Tempel in Jerusalem ist der Ausgangspunkt des Evangeliums. Zacharias verrichtet hier seinen Dienst (1,8ff); Maria und Josef bringen ein Opfer für ihren Sohn (2,11); Simeon und Hanna verkünden prophetisch (2,25ff.36ff); der zwölfjährige Jesus disputiert hier mit den LehrerInnen (2,41ff). Die JüngerInnen kehren zum Schluß in den Tempel zurück, um Gott zu preisen (24,52). Daneben finden sich wichtige Verweise auf Galiläa. Hier lebt Maria und begegnet dem Engel, die Frauen am Grabe werden an die Worte Jesu erinnert, die er in Galiläa zu ihnen gesprochen hat (vgl. 1,26/24,6).

Zentral für beide Texte ist der Verweis auf die Worte/Taten Gottes/Jesu, auf die Maria vertraut und an die sich die Frauen am Grabe erinnern (vgl. 1,37.38/ 24,8). An diese Taten erinnern Engel, sie verkünden die frohe Botschaft und sprechen zu den Frauen (vgl. 1,19.30/24,5.23). Maria, Elisabet und die Frauen am Grabe glauben diesen Worten und verkünden sie weiter (1,45 und das anschließende Magnificat[9] / 24,9.22-24), während Zacharias und die männlichen Jünger an ihnen zweifeln (vgl. 1,20 - 24,11.25).

Zacharias bleibt „stumm", bis er daran glaubt, daß sich die Verheißung erfüllt (vgl. 1,20.64), die Emmausjünger sind mit „Blindheit" geschlagen (24,16.31). Diejenigen, die an die „Worte" glauben, machen sich eilig auf den Weg, um sie weiterzugeben. Petrus glaubt als einziger der Verkündigung der Frauen, er läuft zum Grab, um sich selbst zu überzeugen. Erst danach entwickelt er seinen eigenen Auferstehungsglauben (vgl. 24,34). Diejenigen, die die Zeichen Gottes erkennen und deuten können wie Maria, Elisabet und ihr ungeborenes Kind, und diejenigen, die die Erfüllung der Verheißung „sehen" wie die Verwandten nach der Niederkunft Elisabets, und die JüngerInnen, die schließlich an die Auferstehung glauben, reagieren mit großer Freude. Eschatologische Freude und Jubel beschreiben die Grundstimmung der Texte, die mit der

---

[8] Daß Lk 1 nachösterliche Reflexionen beinhaltet, vertritt auch die Studie zu Maria im Neuen Testament in bezug auf die VV.26ff: „Die Worte des Engels schildern lebendig und eindrucksvoll, was die Kirche nach der Auferstehung und was sie über Jesus während seines öffentlichen Wirkens gesagt hat." Raymond E. Brown u.a. 1981, 100.

[9] Jane Schaberg 1992, 285, sieht im Magnificat Marias das Auferstehungsmotiv ausgedrückt: „Her experience of reversal anticipates the resurrection."

Schilderung von Leid und (sozialem) Tod begonnen haben (vgl. 1,14.44.47/ 24,41.52). Das Evangelium beginnt und schließt mit einem Segen: Elisabet segnet Maria und der auferstandene Christus die JüngerInnen (vgl. 1,42/24,50). Diese Gemeinsamkeiten weisen darauf hin, daß Lk 1 nicht lediglich als „Vorgeschichte" des Evangeliums betrachtet werden darf. Hier wird in Form von Geburtserzählungen geschildert, wie nach dem Schrecken und der Erschütterung über den Tod Jesu die Bewegung durch Initiative von Frauen, die den „Lebendigen" verkünden (vgl. 24,23), weitergetragen wird. Das Motiv der unfruchtbaren alten Frau, die wider alle menschlichen Erfahrungen, nach tiefem Leid und der Erfahrung des (sozialen) Todes ein Kind zur Welt bringt, ist ein Bild, um diesen Prozeß zu beschreiben. Leid, Zweifel, Hoffnungslosigkeit wie das Hoffen gegen alle menschliche Vernunft und die Errettung durch Gottes Handeln finden in diesem alten Motiv ihren Ausdruck. Es verbindet den Anfang des Evangeliums mit seinem Ende, die Frauen des Ersten Testament mit denen in der Jesusbewegung, Zacharias mit Abraham und den zweifelnden Jüngern, Jesus und Johannes mit den Söhnen der Matriarchinnen. Elisabet und Maria zeichnen mit ihrem Handeln den Weg ihrer Söhne und den der anderen JüngerInnen vor, ihre Geschichten bilden einen Verständnisschlüssel für das weitere Geschehen. Deshalb soll es im folgenden genauer betrachtet werden.

Die Schwangerschaftschronologie des Textes

Die Ereignisse in Lk 1 werden zu Beginn (1,8) in die Geschichte Israels eingeordnet: „Zur Zeit des Herodes, des Königs von Juda ..." Dieser äußere zeitliche Rahmen wird dann anhand des Ablaufs der Schwangerschaft Elisabets untergliedert. Nach dem Gebären Marias (Lk 2,6ff) beginnt die Erzählung von Jesus. Auch diese ist in einen größeren Rahmen gestellt: in den der Herrschaft des Augustus (2,1) und den der Statthalterschaft des Quirinius über Syrien (2,2). Dieser Neuansatz weist darauf hin, daß Lk 1 in seiner zeitlichen Struktur gesondert betrachtet werden muß. Die Schwangerschaftschronologie des Textes wird an folgenden Versen deutlich:
- V.24: Nach der Empfängnis zieht Elisabet sich fünf Monate zurück.
- V.26: Im sechsten Monat der Schwangerschaft Elisabets wird der Engel zu Maria geschickt.
- In V.36 geht dieser explizit auf die Schwangerschaft Elisabets ein: „... obwohl sie als unfruchtbar galt, ist sie jetzt schon im sechsten Monat."
- Maria bricht eilends auf und verbringt etwa drei Monate bei Elisabet (V.56), bevor sie in ihr Haus zurückkehrt.
Sechs Monate der Schwangerschaft Elisabets gehen der Empfängnis Marias und der Begegnung der Frauen voraus, die letzten sechs[10] Monate ihrer Schwangerschaft verbringt Maria in Nazareth. Die letzten drei Monate der Schwangerschaft Elisabets und die ersten drei Monate der Schwangerschaft Marias bilden den Zeitraum ihrer Begegnung. Ob Maria das Gebären Elisabets

---

[10] Diese Zählung geht von einer neunmonatigen Schwangerschaftsdauer aus.

noch miterlebt, geht aus dem Text direkt nicht hervor, ist aber durchaus wahrscheinlich. Die drei Monate „im Haus des Zacharias" bezeichnen in dieser Erzählung einen wichtigen Zeitraum, hier überschneiden sich die beiden Schwangerschaften, sie bilden den chronologischen Mittelpunkt.[11] Eine Deutung, die in der Erwähnung der Monate lediglich ein literarisches Mittel zur Verknüpfung der Erzählungen von Elisabet und Maria bzw. von Johannes und Jesus versteht, übersieht die inhaltlichen Signale, die hier gesetzt werden. Diese weisen darauf hin, daß in der Begegnung der beiden Frauen Entscheidendes geschieht: die vorangehenden Ereignisse haben hier ihren Bezugspunkt und sind von diesem Geschehen her zu deuten.

Für die Auslegung ist es besonders wichtig, daß Elisabets Schwangerschaft den zeitlichen Rahmen bestimmt, die Zeitrechnung des Evangeliums beginnt vor der Empfängnis Marias und somit auch „vor Christus". Sie bezieht sich auch nicht auf die Zeit des Johannes als möglichen „Vorläufer" Christi,[12] sein Name fällt in diesem Zusammenhang nicht, im Gegenteil: seine Erfüllung mit Heiligem Geist und seine Identität sind noch in Abhängigkeit von seiner Mutter beschrieben (vgl. 1,18.41.44). Elisabet ist das Subjekt ihrer Geschichte, die weiteren Ereignisse werden auf diese bezogen. Dies soll ein Blick auf die handelnden Personen und die inhaltliche Struktur des Textes zeigen.

Zacharias, Elisabet und Maria als AkteurInnen in der Heilsgeschichte Gottes

In den vorangegangenen Untersuchungen ist deutlich geworden, daß die Erzählung in Lk 1 auf verschiedenen Ebenen verstanden werden kann. Auf der Motivebene beschreibt sie die Geschichten zweier Frauen und eines Mannes, denen auf wundersame Weise Kinder geschenkt werden. Hier werden alte Traditionen aktualisiert, mittels derer die Anfänge der Täufer- und Jesusbewegung in Form von Legenden beschrieben werden. Die Gemeinschaft, die diese Überlieferungen aufgreift und in ihrer Gegenwart neu interpretiert, drückt mit ihrer Hilfe aber auch Erfahrungen und Fragen aus, die die eigene aktuelle Situation betreffen. Sie nutzt alte Bilder, um Ereignisse ihrer eigenen Geschichte in diese einordnen und somit in einem größeren Zusammenhang deuten zu können. Ein Vergleich mit Kap.24 hat gezeigt, daß die lukanische Gemeinde ihre Erfahrungen mit Tod und Auferstehung mittels der Erzählung der alten unfruchtbaren Frau Elisabet, die schließlich ein Kind zur Welt bringt, zum Ausdruck bringt. Im folgenden möchte ich untersuchen, welche weiteren Inhalte in den Erzählungen über Zacharias, Maria und Elisabet transportiert werden. Der

---

[11] Vgl. auch das Schema, das Brigitte Kahl 1987, 91, zur Darstellung der Schwangerschaftschronologie des Textes bietet. Sie deutet diese als Darstellung einer Entwicklung vom „Johannes-Anfang" bis zur „Jesus-Erfüllung". Die „dreimonatige Synchronie" bezeichne neben der Dynamik des Erfüllungszusammenhanges Kontinuität, die durch die Gemeinschaft der Mütter unterstrichen werde.

[12] Es wird in der Auslegung zu V.17 zwar stets darauf hingewiesen, daß Johannes Gott vorangehen wird, in der Interpretation von VV.39-56 begegnet er jedoch stets als „Vorläufer Christi".

Schwerpunkt dieser Betrachtungen wird hier auf Elisabet liegen und den Beziehungen, die die anderen Personen zu ihr haben, weil mich im Zusammenhang meiner Arbeit ihre Bedeutung als alte Frau besonders interessiert.

Zacharias

Über die Geschichte von Zacharias ist im Laufe der Auslegungsgeschichte viel spekuliert worden. Besonders viele Fragen hat seine Rückfrage an den Engel in V.18: „Wie soll ich dies erkennen (*gignosko*)?" aufgeworfen, die für ihn schwerwiegende Konsequenzen hat: er wird stumm. Zacharias bedarf eines sichtbaren Zeichens wie die Emmausjünger, die mit dem Auferstandenen sprechen und ihn das Brot brechen sehen müssen, bevor sie ihn erkennen (vgl. 24,16.31: *epigignosko*). In dem Moment, in dem Zacharias die Namensgebung des Kindes durch Elisabet bestätigt, kann er wieder sprechen, wird ebenfalls mit Heiligem Geist erfüllt und singt einen Lobpreis (vgl. VV.64ff). Hier liegt für mich der Schlüssel für das Verständnis seiner Geschichte. Zacharias begründet seine Zweifel an den Worten des Engels mit dem Verweis auf sein Alter und das seiner Frau Elisabet. Er glaubt nicht daran, daß von ihr Veränderung ausgehen kann, aber lernt im Laufe der Erzählung dazu. Er schließt sich Elisabet an und stellt sich ebenfalls als aktiv Handelnder in die Heilsgeschichte Gottes. Sein Lobgesang, das sog. Benedictus, wiederholt zentrale Aussagen des Magnificats und bekräftigt Zacharias' Glauben an die Botschaft des Engels. Dieser Erkenntnis geht ein langer Prozeß voraus, er dauert eine Schwangerschaft lang. Durch ihre Aktivität und ihren Glauben ermöglicht Elisabet auch Zacharias, nach neun Monaten „von neuem geboren zu werden" (vgl. Joh 3,5). Seine Erfüllung mit Heiligem Geist beschreibt diesen Neuanfang. Bis dahin ist er stumm und lernt von den Frauen, die in seinem Haus (vgl. V.40) zusammenkommen.

Maria

Hier in Kürze der Person Marias und ihrer Bedeutung gerecht zu werden, ist völlig unmöglich. Ich beschränke mich deshalb im folgenden auf die Aspekte, die für ihre Beziehung zu Elisabet wichtig sind: auf Maria als Verkörperung der Tochter Zion, als Prophetin und Jüngerin.

Maria wird in Lk 1,27 zweimal als *parthenos* - als Jungfrau, bezeichnet.[13] Der Gruß des Engels in V.28: „*Chaire kechartomene*" - „Freue dich, Begnadete" hat in der Auslegungsgeschichte vielfach die Assoziation der Tochter Zion hervorgerufen.[14] Sach 9,9 und Zef 3,14-21 beginnen ihre Verheißung an Jerusalem mit ähnlichen Worten. Besonders Zef 3,14ff weist starke inhaltliche Parallelen zum Magnificat auf. Hier verspricht Gott die Rettung aus der Hand der Feinde und ein Ende des Unglücks und der Schmach. In der ersttestamentlichen Tradition findet sich häufig das Bild einer Stadt als Jungfrau und Tochter. Notlagen, Vertreibung und Zerstörung werden als Gewalt an der Jungfrau,

---

[13] Zum Thema „Jungfrauengeburt" vgl. Luise Schottroff 1990d; 1994, 283ff.
[14] Zur Auslegungsgeschichte vgl. Raymond E. Brown 1979, 320ff.

der Tochter Zion bzw. Israel beschrieben (vgl. Klgl 2,13; Am 5,2; Jes 23,12; Jer 14,17). Besonders in den Klageliedern wird das Schicksal und Leiden des ganzen Volkes mit der Beschreibung der Gewalt an den Jungfrauen ausgedrückt (vgl. Klgl 1,4.15.18; 2,10.13.21; vgl. auch 4 Esra 10,21-23). Jane Schaberg (1990, 117-120) versteht auf diesem Hintergrund die Erniedrigung Marias (V.48) als Ausdruck der Erfahrung von sexueller Gewalt, die in dem Bild der Tochter Zion anklingt.[15] Ich teile ihre Einschätzung, daß mit dem Begriff der Erniedrigung auch die Erfahrung von (sexueller) Gewalt ausgedrückt wird, denke jedoch, daß der Anlaß dieser Erzählung nicht allein darin liegt, die Illegitimität Jesu zu thematisieren.[16] Der Blick liegt eindeutig auf dem Handeln Gottes an und mit den beiden Frauen. Maria steht als Tochter Zion sinnbildlich für das erniedrigte und unterdrückte Volk und singt in prophetischer Tradition das Magnificat, in dem sie umfassendes Heil verkündet.

Ein wichtiger Belegtext, der deutlich macht, daß auch im nachbiblischen Judentum eine Zionsmetaphorik verwendet wird, die mit der Gestalt einer Jungfrau verknüpft ist, ist die Erzählung von Joseph und Aseneth. Diese Schrift ist wahrscheinlich im 1. Jh. v.Chr. entstanden.[17] Eine Passage ist in diesem Zusammenhang besonders wichtig: Nachdem Aseneth sich in ihr Zimmer eingeschlossen, sieben Tage gebetet, gefastet und sich zum Zeichen der Buße mit Asche bestreut hat, tritt der Erzengel Michael zu ihr und spricht: „Sei getrost, Aseneth, heilige Jungfrau, siehe ich habe alle Worte deines Bekenntnisses und deines Gebetes gehört. Siehe, ich habe auch die Erniedrigung und Trübsal der sieben Tage deiner Entbehrung gesehen (...) Und dein Name wird nicht mehr Aseneth genannt werden, sondern dein Name wird Zufluchtsstadt sein, denn zu dir werden viele Völker (*ethne*) fliehen, zum Herrn, Gott, dem Höchsten, und unter deinen Flügeln werden viele Völker (*laoi*) bedeckt werden, die auf den Herrn, Gott, vertrauen, und in deinen Mauern werden die, die beim Herrn, dem Höchsten, im Namen der Metanoia wohnen, bewahrt werden."[18] Auch in diesem Zusammenhang fällt der Name Zion nicht. Aus der Beschreibung der Stadt wird jedoch deutlich, daß Zion gemeint ist. Im Anschluß an die Begegnung mit dem Engel bezeichnet sich Aseneth als „Sklavin Gottes", die sich von diesem Zeitpunkt an in den Dienst Gottes stellt (vgl. 17,10).[19]

[15] Anders Raymond E. Brown 1979, 321. Er geht davon aus, daß mit der Jungfrau Maria zwar das Bild der Tochter Zion anklinge, Gewalt und Unterdrückung jedoch nicht: „She is to be identified with those of low estate and the poor (the Magnificat); but she is not oppressed or violated (...)"
[16] Eine kritische Auseinandersetzung mit der Frage, ob die Illegitimität Jesu aufgrund einer Vergewaltigung Marias im Mittelpunkt der Erzählung von Lk 1 stehe, bietet Luise Schottroff 1994, 293.
[17] Zur Frage der Datierung siehe Angela Standhartinger 1995, 14-20. Sie vermutet eine Entstehung kurz vor der Zeitenwende.
[18] JosAs 15,2-7, Übersetzung von Christoph Burchard; vgl. auch JosAs 16,16; 17,6.
[19] Es wäre interessant, die Darstellung Marias und Aseneths in weiteren Punkten miteinander zu vergleichen. Viele Parallelen werden bereits auf den ersten Blick deutlich. Besonders für die Frage der Bedeutung der Jungfräulichkeit Marias wäre ein solcher Vergleich sicher sehr aufschlußreich. Im Rahmen dieser Arbeit ist dies jedoch nicht möglich.

Gegen die These, daß Maria als Verkörperung von Zion anzusehen sei, wurden eine Reihe von Argumenten vorgebracht. Die wichtigsten sind: *Chaire* sei lediglich als alltäglicher Gruß zu verstehen und die Bezüge auf Zef 3,14ff seien sehr vage. Ausschlaggebend scheinen aber inhaltliche Gründe zu sein: „Die Beziehung zwischen Maria, der ‚Jungfrau‘, und Maria, der ‚Tochter Zion‘, ist zweifelhaft, da alle alttestamentlichen Stellen, die von der Jungfrau Zion oder der Jungfrau Israel handeln, wenig erfreulich sind und sie im Bild der Unterdrückung, der Widerspenstigkeit und der Wollust darstellen."[20] Die Vorstellung von Unterdrückung, Erniedrigung und Aktivität passe nicht zum Bild der demütigen, reinen Jungfrau, das die meisten Entwürfe von Maria zeichnen! Auch wenn die literarisch nachzuweisenden Textbezüge zur Zionstradition vage sein mögen, so weist doch der Kontext, der mit der Person Elisabets eindeutige Verbindungen zu dieser beinhaltet, in diese Richtung: Elisabet und Maria verkörpern beide auf der Motivebene der Erzählung Zion, der Rettung und Jubel verheißen ist. Elisabet ruft das Bild der alten unfruchtbaren Zion hervor, die wieder fruchtbar wird, Maria das der erniedrigten Jungfrau und Tochter Zion, deren Erhebung der Engel ansagt. Die beiden Frauen verkörpern in ihrer jeweiligen Geschichte verschiedene Aspekte von Unterdrückung, der Frauen in ihrem Leben ausgesetzt sind. Dies verbindet sie miteinander.

Maria wurde vielfach als „ideale" Jüngerin beschrieben, die sich mit dem Satz: „Siehe, ich bin die *doyle kyrioy*!" (V.38) auf den Weg in die Nachfolge macht. *Doyle* wird in fast allen Übersetzungen mit „Magd" wiedergegeben,[21] ihr Gehorsam, mit dem sie sich demütig, hilflos und passiv dem Handeln Gottes unterordne, wird herausgehoben. Maria nennt sich selbst jedoch „Sklavin". In diesem Begriff schwingt mehr mit als die Vorstellung einer sanften, demütigen Glaubenshaltung. SklavInnen standen auf der untersten sozialen Stufe der Gesellschaft, ohne Rechte und Schutz waren sie Eigentum ihrer HerrInnen und konnten von diesen ökonomisch und sexuell ausgebeutet werden - hier hat Romantik keinen Platz! Wenn Maria sich Sklavin nennt, dann drückt sie damit ihr Wissen um die Konsequenzen, die ihr Weg in der Nachfolge für sie bedeuten wird, aus und trifft eine bewußte und aktive Entscheidung. Der Begriff hat in der ersttestamentlichen Tradition und im Neuen Testament (z.B. bei Paulus) jedoch auch einen positiven Beiklang:[22] *Doylos theoy* war ein Ehrentitel für herausragende Personen der Geschichte Israels (Mose: Mal 4,4, Josua: Jos 24,29; Ri 2,8, Abraham: Ps 104,42, David: Ez 34,23; 37,24... als einzige Frau nennt sich auch Hanna eine Sklavin Gottes, vgl. 1 Sam 1,11). Luise Schottroff (1994) schreibt dazu: „Wenn Paulus sich Gottes Sklaven (meist ‚Diener' übersetzt) nennt (z.B. Röm 1,1), hört kein christliches Ohr ‚Demut'; vielmehr wird dort ‚Amtsträger' gehört. Wenn Maria sich Sklavin nennt, hören viele christlich geprägte Ohren ‚Magd' im Sinne von ‚Demut.'" (292) Apg 2,18 spricht in

---

[20] Raymond E. Brown u.a. 1981, 109. Hier findet sich eine Liste der anderen Argumente.
[21] Vgl. die Übersetzungen in der Lutherbibel, der Einheitsübersetzung und in allen von mir bearbeiteten Kommentaren.
[22] Darauf verweist Jane Schaberg 1990, 137f.

einem Zitat aus Joel 3,1-5 davon, daß der Geist Gottes über Sklaven und Sklavinnen ausgegossen werde und diese daraufhin prophezeien werden. Die prophetische Verkündigung Marias, das Magnificat, ist in diesem Zusammenhang auch auf dem Hintergrund ihrer Selbstbezeichnung als Sklavin Gottes zu verstehen. Jane Schaberg (1990) zeigt, daß sich Lukas in V.38 dieses machtvollen (powerful) Kontextes bewußt ist: „We can be certain that he means her consent to be an expression of her freedom and courage." (138) Maria macht sich nun auf den Weg, um das, was ihr offenbart wurde, weiterzugeben. Sie steht damit in der Tradition ersttestamentlicher ProphetInnen, auf deren Berufung ihre Verkündigungstätigkeit folgt (vgl. Jes 6,1ff; Jer 1,4-10; Am 1,ff; Mi 1,1ff; Hos 1,1ff). Die Spannung richtet sich nun auf das Ziel ihrer Reise, das durch den Verweis des Engels (vgl. V.36) vorgezeichnet ist: Maria macht sich eilends auf in das Bergland von Judäa, um Elisabet zu treffen.

Elisabet
Elisabet wird als gerecht lebende Jüdin beschrieben, ein außergewöhnliches Urteil über das Leben einer Frau, die bis ins hohe Alter kinderlos geblieben ist (vgl. V.6). Es wird hier sehr deutlich, daß ihre Unfruchtbarkeit nicht mit Sünden oder Verfehlungen in Verbindung gebracht wird. Zu Beginn der Erzählung ist jedoch nicht sie das eigentliche Subjekt, sondern Zacharias. Sie wird lediglich als seine Ehefrau vorgestellt (vgl. VV.13.18.24). Von dem Moment an, an dem sie ihren Lobpreis ausspricht (V.25), erscheint sie als eigenständige Person, als Elisabet (vgl. VV.36.40ff.57). Während Zacharias in den Hintergrund tritt, rückt sie in den Mittelpunkt der Erzählung.[23] Sie spricht in der ersten Person von sich und benennt das Handeln Gottes an ihr. In der Begegnung mit Maria hat sie eine aktive Rolle inne, als eine der wenigen Frauen im ganzen Evangelium hält sie eine machtvolle Rede. Nach der Geburt wird weiter davon berichtet, daß sie ihrem Sohn den Namen gibt.[24] Ihre Geschichte strukturiert den Aufbau von Lk 1. Und trotzdem ist Elisabet eine der „unbekannten" Frauen in unserer Wissenschaftstradition geblieben. Sie ist nicht im Blick, ihre Reden werden nicht auf ihren theologischen Gehalt hin befragt, ihre Bedeutung nicht wahrgenommen. Woran liegt das? An ihrem Alter - ist sie als alte Frau aus herrschender Perspektive zu uninteressant? An ihrer Mutterschaft - werden Mütter generell nicht mehr als eigenständige Personen wahrgenommen? Oder an ihrem Frausein überhaupt - können nur Männer als handelnde Subjekte ernstgenommen werden? Wer ist Elisabet, was wird über sie berichtet? Im folgenden möchte ich Elisabets Lobpreis in V.25 näher betrachten und im nächsten Kapitel auf ihre Rolle in der Begegnung mit Maria eingehen.
Die bisher unfruchtbare, alte Frau Elisabet empfängt ein Kind, in ihr wächst neues Leben heran. Sie wird einen Sohn gebären, dem eine besondere Rolle

---

[23] Vgl. auch Mark Coleridge 1993, 46f.
[24] Es wurde vielfach vertreten, daß Elisabet sich hier gegen den üblichen Brauch stellt, nach dem das Namensgebungsrecht beim Vater lag. Rainer Kessler 1987, und Irmtraud Fischer 1994, 65-70, legen jedoch in ihren Untersuchungen ersttestamentlicher Stellen dar, daß es dort selbstverständlich ist, daß die Mutter den Namen gibt.

verheißen ist (vgl. VV.14-17). In Lk 1 geht es jedoch im weiteren um Elisabet und ihre besondere Beziehung zu Gott: Sie verbirgt sich fünf Monate lang[25] und spricht einen Lobpreis: „Gott hat mir geholfen; er hat in diesen Tagen auf mich geschaut und meine Demütigung (*oneidos*) in den Augen der Menschen weggenommen." (V.25) Um die Aussage dieser Worte verstehen zu können, werde ich im folgenden den zentralen Begriff *oneidos* untersuchen, der meist mit „Schande" übersetzt wird:[26]

Der Begriff *oneidos* findet sich im NT nur an dieser Stelle, wird aber in der Septuaginta (LXX) vielfach verwendet. Neben *oneidos*-Belegen ziehe ich in meiner Untersuchung auch Stellen heran, die das eng verwandte Wort *oneidismos* verwenden, das auch im NT vorkommt. Die Begriffe finden sich in vier verschiedenen Bereichen, die ich im folgenden kurz auflisten möchte:

1) Beschreibung der Notlage im Krieg und des Elends des Volkes: Mit *oneidos* oder *oneidismos* wird der Zustand von Städten bezeichnet, die geplündert worden sind und in Trümmern liegen (vgl. Jdt 1,14; Ps 89,42 (LXX: 88,42); Mi 2,6; Neh 2,17). Insbesondere wird das Elend der Menschen beschrieben, die unter *oneidos* leiden: Sie werden ermordet oder zu SklavInnen ihrer Feinde und hoffen in ihrer Not auf ein Eingreifen Gottes (vgl. Jdt 8,22; Ps 44,14 (LXX: 43,14); Ps 78,66 (LXX: 77,66); Bar 2,4; Neh 1,3; 1 Sam 11,2). Bei Deuterojesaja wird Zion die Aufhebung von *oneidos* verheißen (vgl. Jes 25,8; 54,4).

2) Existentielle Klage einzelner: Ijob klagt in bewegenden Worten sein Leid, das er durch seine Freunde erfährt, die nach der Ursache seiner Not fragen und ihn damit quälen. *Oneidos* bezeichnet zusammengefaßt sein erlebtes Unglück, seine materielle Notlage, die Ungerechtigkeit, mit der er sich konfrontiert sieht und das Ansehen, das er nun in den Augen der Gesellschaft hat: „Bis wann noch grämt ihr meine Seele, malmet mich mit Worten? Zehnmal nun habt ihr mich geschmäht, ihr zögertet nicht, mich zu mißhandeln. Und wäre ich einst wirklich entgleist, verweilt dann bei mir meine Entgleisung? Dürfet ihr drum wirklich wider mich großtun und wider mich meine Schande (*oneidos*) erweisen? - Wisset also, daß mirs der Gottherr gekrümmt hat, mit seinem Fangseil hat er mich umwunden. Wohl ich schrei: ‚Unbill!' (*oneidos*) und mir wird nicht entgegnet, ich klage und da ist kein Recht."[27] Diese Klage einzelner, die

---

[25] Diese Notiz war in der gesamten Auslegungsgeschichte ein beliebtes Objekt vielfältiger Spekulationen. Ich möchte diesen keine weitere hinzufügen, da ich keine Parallele oder wirklich stimmige Erklärung finden konnte. Scham wegen sexueller Beziehungen in ihrem hohen Alter, wie z.T. vemutet wird, ist hier allerdings auf keinen Fall das Motiv. Auch werden es ihr Arbeitsalltag und die nachbarlichen Beziehungen nicht erlaubt haben, daß sie fünf Monate lang keine andere Person getroffen hat. Die Deutung von Mark Coleridge 1993, 48, der diese Notiz mit der Stummheit von Zacharias verbindet und sie auf der bildlichen Ebene beschreibt, scheint mir recht plausibel: „(...) the revelation is neither audible nor visible (...)". Erst in der Gemeinschaft und im Austausch mit Maria, der ebenfalls eine Offenbarung zuteil wurde, werden ihre Dimensionen öffentlich erkennbar und in Handlungen umgesetzt.

[26] Vgl. Walter Bauer 1963, der folgende Bedeutung angibt: Schande, Schmach, Beschimpfung.

[27] Übersetzung von Martin Buber/Franz Rosenzweig.

sich auf die Schmähungen der Gegner, den Spott des Volkes und auf von anderen angetanes Unrecht bezieht, findet sich häufig in den Psalmen (vgl. Ps 22,7 (LXX: 21,7); 31,12 (LXX: 30,12); 39,9 (LXX: 38,9); 109,25 (LXX: 108,25); 119,22 (LXX: 118,22); 123,4 (LXX: 122,4)).
3) Wenn *oneidos* auf die Situation von Frauen bezogen wird, ist fast immer der Bereich ihrer Sexualität angesprochen. Der Begriff begegnet mehrfach im Zusammenhang von Vergewaltigungen: Tamar versucht ihren Bruder Amnon von seiner Tat abzubringen und schreit: „Wohin soll ich mit meiner Demütigung gehen?" (vgl. 2 Sam 13,13). Judith bezieht sich mit diesem Begriff auf die Vergewaltigungen von Frauen im Krieg und unerlaubten Geschlechtsverkehr mit Jungfrauen (vgl. Jdt 9,2; vgl. auch Gen 43,14; Lev 20,17). *Oneidos* bezeichnet auch den Ehebruch von Frauen (vgl. Spr 6,33; Sir 23,26). Lk 1,25 bezieht sich direkt auf den Ausspruch Rahels in Gen 30,23, in dem sie Gott dankt, daß er nach langer Unfruchtbarkeit ihren Mutterleib geöffnet hat und ihr einen Sohn schenkt: „Mein Gott hat die Demütigung weggenommen."
4) In späteren Texten, besonders bei Jesus Sirach, ist eine Veränderung in der Bedeutung des Begriffes festzustellen. Hier begegnet er als üble Nachrede, im Zusammenhang von Übermütigkeit, Torheit und Weingelagen (vgl. Sir 6,1; 23,15; 31,31; 41,25).
Im NT findet sich einmal die moralisierende Verwendung des Begriffes (in der Form: *oneidismos* und *oneidizein*) in bezug auf das Ansehen von Bischöfen und ihren guten Ruf (vgl. 1 Tim 3,7; vgl. auch 1 Petr 4,14). Daneben wird der Begriff auch im Zusammenhang von Schmähungen, Verfolgung und konkretem Leiden verwendet (hier als Verb *oneidizein*: Mt 5,11; Lk 6,22). Diese Demütigungen erleidet auch Jesus am Kreuz (vgl. Mt 27,44; Mk 15,32) und in seinem Leben (Röm 15,3 als Zitat aus Ps 69,10 (LXX: 68,10). Diese Verwendung des Begriffes findet sich ebenfalls im Hebräerbrief, der die Gläubigen dazu aufruft, die Schmähungen, die Christus erlitten hat, auch auf sich zu nehmen (vgl. Hebr 10,33; 11,26; 13,13).
Elisabets Geschichte wird mit diesem Begriff erzählt, er weist auf ihre Demütigung, auf existentielles Leid. Der Zusatz „bei den Menschen", der ihren Ausruf von dem Rahels in Gen 30,23 unterscheidet, erinnert an die Klage Hiobs. Hier wird nicht nur das Leiden an der Kinderlosigkeit und der damit verbundenen fehlenden Versorgung im Alter angesprochen. Mit diesen Worten wird ihre Qual benannt, die sie ihr Leben lang in ihren Beziehungen erdulden mußte. Wohlgemeinte Anfragen von FreundInnen, die Suche nach den Ursachen, vielfältige Untersuchungen und hinter allem wohl immer wieder die Frage: Wie hast du dein Unglück verschuldet? Aber Elisabet drückt mit ihren Worten auch ihr Wissen darum aus, daß ihre Demütigung und Schande in den Augen und Köpfen der Menschen besteht und nicht vor Gott. Ihr Selbstbewußtsein, das aus diesen Worten spricht, weist auf ein Gottesverhältnis, das von Vertrauen auf die Kraft und den Beistand Gottes geprägt ist. Ihr Lobpreis enthält zugleich eine Anklage dieser Gesellschaft, die sie gedemütigt hat und ihr wegen ihrer Kinderlosigkeit einen der untersten Plätze in der Hierarchie zugewiesen und ihr wahres Frausein abgesprochen hat. Sie hat sich trotz der Be-

leidigungen und der Erniedrigungen, die sie alltäglich erfahren haben wird, ein Bewußtsein ihrer Würde bewahrt, hat gelebt, „wie es in den Augen Gottes gerecht ist" (vgl. V.6).
In ihrem Lobpreis drückt Elisabet eine Befreiungserfahrung aus. Gott hat das Elend Elisabets gesehen, ihre Erniedrigung ist nicht unsichtbar geblieben (vgl. auch 1,48). Durch Gottes Heilshandeln an Elisabet werden Veränderungen möglich. Mit ihrer Geschichte wird die Befreiung vieler Frauen und anderer Erniedrigter im Volk Israel verheißen. In Elisabets knappen, komprimierten Worten wird die Aussage des Magnificats vorweggenommen: Gott ist auf der Seite der gedemütigten Frauen und steht ihnen in ihrer Not bei. Gott erhöht und rettet. Gegen alle menschlichen Maßstäbe ist auf die Verheißungen zu vertrauen. Die Erniedrigten werden erhöht, ihnen wird Gottes Erbarmen zuteil, die gesellschaftlichen Hierarchien haben keine Gültigkeit mehr. Elisabet stellt sich mit ihrem Bekenntnis als handelndes Subjekt in die Heilsgeschichte Gottes. Aus ihren Worten spricht ihr Entschluß, das Geschenk Gottes anzunehmen, die Verantwortung auf sich zu nehmen und aktiv zu werden. „The power of God empowers the powerless (...) Elizabeth is made a sign of that (...) She becomes the subject rather than the object, but only because of what God has done for her."[28] Auch wenn eine Engelsbegegnung von ihr nicht berichtet wird, so ist ihr Lobpreis doch als Reaktion auf eine Gottesoffenbarung zu deuten. Noch vor Maria beschreibt Elisabet ihre Befreiungserfahrung und ihren Weg in die Nachfolge. In der Begegnung mit Maria wird deutlich, daß hier zwei Frauen zusammenkommen, die vieles teilen und sich gemeinsam auf den Weg machen.

Alle Wege führen ins „Haus des Zacharias"

Im „Haus des Zacharias" findet die Empfängnis von Elisabet statt (vgl. V.23f), hier spricht sie ihren Lobpreis und verbringt die Zeit ihrer Schwangerschaft. Auch Zacharias befindet sich wahrscheinlich dort, nachdem er aus Jerusalem zurückgekehrt ist, auch wenn bis zur Beschneidung von Johannes von ihm nicht mehr die Rede ist. Nach ihrer Epiphanie macht sich Maria ebenfalls auf den Weg in das Bergland von Judäa und geht in das „Haus des Zacharias", in dem sie auf Elisabet trifft (vgl. V.40). Nach drei Monaten verläßt sie es wieder und begibt sich kurz vor ihrer Geburt mit Josef zusammen nach Betlehem (vgl. Lk 2,4ff). Die Wege der handelnden Personen führen in das „Haus des Zacharias" und weisen damit daraufhin, daß hier Entscheidendes geschieht. Turid Karlsen Seim (1994, 754f) weist auf die Ambivalenz hin, die diese Beschreibung des Handelns von Frauen innerhalb des häuslichen Bereichs hat. Einerseits werde hier das herrschende Bild gestärkt, das Frauenaktivität auf den privaten Bereich des Hauses begrenzt sieht, während Männer öffentlich und mit Machtbefugnissen ausgestattet wirksam seien. Das Lukasevangelium akzeptiere aber auf der anderen Seite unabhängige Frauengruppen, die ihre Fami-

---

[28] Mark Coleridge 1993, 68-69.

lienbindungen hinter sich lassen und sich nicht auf den häuslichen Bereich beschränken. In Lk 1 werden der Aufbruch und die Reise Marias ausdrücklich gutgeheißen, ihre Begegnung mit Elisabet scheint zunächst keinen häuslichen Beschränkungen unterworfen zu sein. Brigitte Kahl (1992) versteht ihre Gemeinschaft sogar als Bild für die Ablösung patriarchaler Ordnung und Zeit: „the new language of faith is developed in the community of two pregnant women completely occupying the ‚father's house.'" (236)
In der Exegese werde ich die VV.39-56 detailliert untersuchen. Sie bilden - wie gezeigt - das Zentrum des Kapitels. Ich möchte besonders danach fragen, welche theologischen Inhalte hier zum Ausdruck kommen und welche Rolle Elisabet als alter Frau hier zukommt.

4. Die Begegnung von Elisabet und Maria

Die Begegnung der beiden Frauen wird bereits im Wort des Engels an Maria vorbereitet, der die Schwangerschaft der alten Elisabet als Zeugnis für Gottes Handeln heranzieht: Für Gott ist nichts unmöglich (V.37). Diese zentrale Aussage verbindet die Geschichte der beiden Frauen, die als Verwandte bezeichnet werden. Ihr Glaube bestimmt die Handlung und bedingt alle nachfolgenden Ereignisse. Als alte und junge Zion, als Jüngerinnen in der Nachfolge, als Schwangere und als Frauen, die Erniedrigung und Befreiung erfahren haben und diese prophetisch verkünden, kommen Elisabet und Maria im Haus des Zacharias zusammen.

Exegetische Betrachtungen

Im folgenden werde ich die Perikope Lk 1,39-46 versweise exegetisch untersuchen. Die in der Übersetzung mit Hochbuchstaben gekennzeichneten Begriffe sollen jeweils im Anschluß genauer betrachtet werden.

V.39 Maria brach auf[a] in diesen Tagen und wanderte durch das Bergland mit Eile[b] in eine Stadt Judas.

a) Maria brach auf (*anhistemi*)[29]
Dieser Begriff zeigt im Ersten Testament (LXX) den Beginn einer Handlung an. Im neutestamentlichen Sprachgebrauch begegnet er an wichtigen Stellen besonders in der Verwendung als Partizip : z.B. im Zusammenhang der Nachfolge (Mk 2,14): „Und er brach auf und folgte ihm nach." Auch Jesu Reisen werden auf diese Weise eingeleitet (vgl. Mk 7,24). In der Apostelgeschichte bricht Philippus auf Geheiß eines Engels auf, um das Evangelium dem äthiopischen Kämmerer zu verkünden (vgl. Apg 8,27). *Anhistemi* wird auch transitiv für die Auferstehung Jesu vom Tode verwendet (vgl. Lk 24,7; 24,46).

---

[29] Vgl. zum folgenden, A. Oepke 1933, 368-372.

Es ist zu vermuten, daß dieses Bedeutungsspektrum bei der Verwendung des Begriffes mitschwingt: Es beginnt durch den Aufbruch einer Person etwas Neues. So wird die Perikope einerseits von den vorhergehenden Versen abgegrenzt, andererseits wird auch inhaltlich ein Signal gesetzt. Der Aufbruch und die Reise Marias weisen auf ein bedeutsames Geschehen am Ende der Reise hin. Deutlich wird auch schon durch den Sprachgebrauch, daß Maria das Subjekt dieses Aufbruchs ist, von Jesus bzw. dem ungeborenen Kind ist hier noch nicht die Rede.[30] Maria trägt die Frucht (vgl. V.42) in sich, aber es ist ihre Aktivität, die im Mittelpunkt steht. Ihr Aufbruch steht in direktem Zusammenhang mit V.38, in dem sie sich als Sklavin Gottes bezeichnet.

Anhistemi kann nachösterlich auch auf eine Reflexion von Auferstehungserfahrungen hindeuten. Die Begegnung der beiden Frauen weist auf ein erneutes Zusammenfinden nach dem Tode Jesu und dem Ende aller Hoffnungen hin. Sie berichten von der Geburt von etwas Neuem auf dem Hintergrund der Erfahrung von Tod und Verzweiflung.

b) ... sie wanderte mit Eile (*meta spoydes*)
Spoyde drückt zunächst Eile aus. Eine alleinreisende Frau ist vielen Gefahren ausgesetzt, sie hat mit Überfällen und Gewalt zu rechnen.[31] Dies allein läßt ihre Eile verständlich werden, aber aus ihr spricht noch mehr. Marias Aufbruch ist die Reaktion auf ihre Offenbarung.[32] Sie hat das dringende Bedürfnis, Elisabet zu begegnen, ihr von der Botschaft des Engels zu berichten und Bestätigung zu finden. Sind die Worte des Engels Wirklichkeit? Kurz nach der Empfängnis spürt sie noch keine Kindsbewegungen, medizinische Möglichkeiten der Diagnose stehen ihr nicht zur Verfügung. Kann Maria ihrem Glauben vertrauen? Bei Elisabet wird sie Verständnis finden. In V.36 wird Maria an Elisabet verwiesen: diese befinde sich in einer ähnlichen Situation. Gottes Handeln wird an ihr bereits äußerlich sichtbar sein: sie ist schon im sechsten Monat schwanger.

Maria verläßt ihr Elternhaus, ihren Verlobten, um zu ihrer „Verwandten" zu eilen. Diese ungewöhnliche Handlung wird verständlich, wenn sie im größeren Zusammenhang des Evangeliums betrachtet wird. Ein Blick auf Lk 8,19-21, wo die „Familienverhältnisse"[33] der Jesusbewegung beschrieben werde, läßt erahnen, daß der Begriff „Verwandte" in einem weiterem als dem biologischen Sinn verwendet worden sein könnte: „Meine Mutter und meine Brüder sind

---

[30] Auch Mark Coleridge 1993, 76 wehrt ein Verständnis ab, das den Akzent der Szene auf Jesus gelegt sieht: „(...) it is Mary who becomes increasingly focus of the narrative."
[31] Jane Schaberg 1990, 89-90, vertritt unter Berufung auf LXX-Stellen die These, daß *meta spoydes* auf eine Gewaltsituation und/oder Angst hindeute, die in enger Verbindung zur Schwangerschaft Marias stehe.
[32] Vgl. auch die Reaktion der Hirten auf die Botschaft des Engels in Lk 2,16.
[33] Es gibt vielfältige Spekulationen über die genaue Verwandtschaftsbeziehung und deren Bedeutung. Einen Verweis auf die neuen Familienverhältnisse in der Jesusbewung und den christlichen Gemeinden sehen an dieser Stelle auch: Brigitte Kahl 1987, 114; Jane Schaberg 1990, 129; Raymond F. Brown 1977 u.a.

die, die das Wort Gottes hören und danach handeln."[34] Maria verläßt ihr Elternhaus wie die JüngerInnen in der Nachfolge Jesu (Lk 18,29-30). „Da sagte Petrus zu ihm: Du weißt, wir haben alles verlassen und sind dir nachgefolgt. Jesus antwortete: Amen, ich sage euch: Jeder, der um des Reiches Gottes willen Haus oder Frau oder Brüder oder Eltern oder Kinder verlassen hat, wird schon in dieser Zeit das Vielfache dafür erhalten." Ich gehe davon aus, daß dieses Nachfolgelogion nicht nur auf Männer zu beziehen ist, auch wenn es rein androzentrisch formuliert ist.[35] Viele Frauen machen sich auf den Weg und verlassen ihre Familien - die frühchristliche Literatur bietet eine Fülle von Berichten darüber. Maria verläßt ihr Elternhaus und wird in Elisabet eine Schwester finden, die sie aufnimmt, dies klingt bereits in den Worten des Engels an. Ihr Zusammentreffen reflektiert die nachösterliche Gemeindebildung, die im Hintergrund aller weiteren Erzählungen steht.[36] Auch der Begriff *meta spoydes* erhält in diesem Zusammenhang eine ausgeweitete Bedeutung. Nach G. Harder (1964, 559-568) drückt *spoyde* in den paulinischen Briefen (vgl. Röm 12,11; 1 Kor 8,7.8) die Tatkraft und den Eifer für die Gemeinde aus. „Damit wird deutlich, daß die *spoyde* eine Frucht des Geistes ist, die der Geist durch den Apostel und sein Tun in der Gemeinde wirkt." (566) Eifer für das Evangelium, der Wille, das weiterzugeben, was Maria vom Engel erfahren hat, steht hinter diesem Begriff. Ihr Aufbruch wird durch den Eifer, die Eile als dringliche Notwendigkeit geschildert: Es ist der Geist, der sie befähigt und drängt, andere aufzusuchen, das Erfahrene weiterzutragen und die „gute Botschaft" zu verkünden.

V.40 Und sie kam in das Haus des Zacharias und grüßte[a] Elisabet.

a) ... und sie grüßte Elisabet (*aspazomai*)
Der Gruß Marias hat für die gesamte Perikope eine zentrale Bedeutung, in V.41 und V.44 wird nochmals auf ihn Bezug genommen. Was ereignet sich im Moment des Grüßens?
H. Windisch (1933, 494-500) zeigt, daß ein Gruß im hellenistischen Bereich aus verschiedenen Gesten bestand: aus einer Umarmung, Kuß, Reichen der Hand und aus Worten. Lk 1,40 führt nicht weiter aus, welchen Inhalt der Gruß Marias gehabt hat, wahrscheinlich ist, daß sich die beiden Frauen umarmten und Maria den Grund ihres Kommens bereits mitteilt. V.45 läßt darauf schließen, daß Elisabet von der Begegnung Marias mit dem Engel Kenntnis hat. Der anschließende Lobpreis Elisabets zeigt, daß der Gruß mehr umfaßte als ein freundliches „Guten Tag". Er bezeichnet ein Geschehen, die Beziehung der beiden Frauen entsteht in diesem Moment.

---

[34] Die Parallelstellen Mt 12,49f und Mk 3,34f sprechen auch von den Schwestern.
[35] Die lk Version erwähnt anders als der Mk-Text unter denen, die verlassen werden, auch die Ehefrauen. Der lk Text beschreibt hier den patriarchalen Haushalt aus der Sicht des pater familias, zu dem die Ehefrau gehört. Zur Stelle vgl. Luise Schottroff 1995, 232-235.
[36] So ließe sich auch erklären, warum Maria im Anschluß an die Zeit mit Elisabet in „ihr" Haus zurückkehrt und nicht in das „ihres Vaters", vgl. V.56.

Auf der szenischen Ebene ist der Gruß die einzige „Aktion" Marias, bis sie in V.46 erneut zu sprechen beginnt. Die Äußerungen Elisabets sind als Reaktion darauf zu verstehen, als Versuch, das Geschehen in Worte zu fassen. Die VV.42-45 und das Magnificat entfalten das, was im Gruß als Wirklichkeit erfahrbar wird. Für die beiden Frauen stellt die Begegnung den *kairos* dar, der denen verheißen wird, die sich in die Nachfolge begeben (Lk 18,30): „der/die wird schon in dieser Zeit (*kairos*) ein Vielfaches erhalten und im kommenden Äon das ewige Leben." Die Menschen in der Nachfolge bekommen schon in dieser Zeit einen Vorgeschmack vom ewigen Leben, sie erhalten einen Anteil von dessen Fülle, die in ihrer neuen Gemeinschaft spürbar wird. Die persönliche Erfahrung in der Begegnung findet ihren Ausdruck in dem Lobpreis der Heiligkeit und Größe Gottes. Im Magnificat wird deutlich, daß es hier nicht nur um individuelle Erfahrungen geht. Es entsteht die Vision persönlicher, politischer und sozioökonomischer Befreiung. Vergangenes, gegenwärtiges und eschatologisches Geschehen werden im *kairos* Wirklichkeit. In bezug auf den Schalom-Gruß der JüngerInnen, die Jesus aussendet (vgl. Mt 9,35-10,16; Mk 6,7-13; Lk 9,1-6.10,1-12), spricht Luise Schottroff (1982) von dessen besonderer Wirkmächtigkeit. Er sei nicht lediglich als normaler Alltagsgruß zu verstehen, „er ist die wirksame Ausbreitung des materialisierten Gottesfriedens, den die Boten Jesu bringen (...) Er verändert das ganze Haus, d.h. die Menschen in ihm. Er liegt wie ein Schutzdach über den Menschen." (27) Schalom, umfassender Friede, und Heilwerden sind in diesem Moment greifbar, sichtbar und fühlbar. Die Formeln, die Elisabet verwendet, die komprimierten theologischen Aussagen und der anschließende Lobgesang lassen sich als Ausdruck dieses überindividuellen Moments der Gotteserfahrung begreifen, die die Begegnung zu einem Teil der Geschichte Gottes mit seinem Volk macht.

V.41 Und es geschah, als Elisabet den Gruß Marias hörte, daß das Kind in ihrem Innern[a] hüpfte[b] und Elisabet vom Heiligen Geist[c] erfüllt wurde.

a) ... das Kind in ihrem Innern (*koilia*)
Der Begriff bedeutet im NT[37]: 1. Bauch, d.h. das Verdauungsorgan, 2. Mutterleib, 3. das Innere des Menschen. Bei Paulus gehört die *koilia* zur kreatürlichen Welt und dient zur Erhaltung des irdischen Lebens (vgl. Röm 16,18; 1 Kor 6,13). In Lk 1,41 bezeichnet *koilia* zunächst den Mutterleib (vgl. auch Lk 1,15.42.44; 2,21; 11,27; 23,29; Mt 19,12), dies wird durch den Kontext deutlich, in dem Elisabet als Schwangere dargestellt wird. In V.41 bewegt sich das Kind in der *koilia*, die Erfüllung mit Heiligem Geist geschieht in diesem Moment. Auf dieses Geschehen nimmt Elisabet noch einmal in V.44 Bezug, in V.42 ist von der Frucht der *koilia* Marias die Rede.
Der Körper der Frauen, ihr „Mutterleib", tritt durch die dreimalige Anführung in den Blick und dient in besonderer Weise dazu, sie zu charakterisieren. Ihr

---

[37] Vgl. Johannes Behm, 786-789.

Körper wird zum Ort der Handlung, zum „öffentlichen Ort"[38]. Die beiden Frauen scheinen auf ihre Rolle als Schwangere, Mütter und Nährende festgelegt und beschränkt zu sein. In Lk 11,27 kommt ein ebensolches Verständnis zum Ausdruck, das Maria, als Mutter Jesu, lediglich durch ihre Gebärfunktion beschreibt. Eine Frau preist Jesus, indem sie ausruft: „Selig sind der Mutterleib, der dich ausgetragen hat, und die Brüste, die dich gestillt haben." Hier stehen die *koilia* und die Brüste als pars pro toto für die schwangere und stillende Frau (vgl. auch Lk 23,29). Diese wird allein aus dem Grund seliggepriesen, weil sie ihr Kind geboren und aufgezogen hat. Sie selbst, ihre Identität, ihre Handlungsfähigkeit und Selbständigkeit kommen dabei nicht in den Blick. Sie ist auf ihre Funktion als Gebärerin und Mutter reduziert. In Lk 11,28 wird explizit Kritik an dieser eingeschränkten Sicht von Frauen geübt. Jesus antwortet auf die Seligpreisung: „Vielmehr sind diejenigen selig, die das Wort Gottes hören und befolgen." Damit wird nicht generell die Mutterschaft von Frauen abgelehnt und abgewertet, auch wenn sich hier ein Verständnis spiegeln mag, das Ehefreiheit[39] und Kinderlosigkeit als Lebensmöglichkeit für Frauen gutheißt (vgl. 1 Kor 7). Die Antwort Jesu ist in diesem Zusammenhang als Kritik daran zu verstehen, daß Frausein allein auf Gebärfähigkeit und Mutterschaft reduziert wird (vgl. auch Lk 8,21). Auch als Mütter können Frauen eine eigenständige Existenz haben und Jüngerinnen werden. Kinder waren in der Jesusbewegung selbstverständlich immer mit dabei.[40] Die Antwort Jesu richtet den Blick auf Frauen als eigenständige Persönlichkeiten, auf ihren Glauben und ihr Handeln und legt sie nicht ausschließlich auf ihre Rolle als Mütter und Nährende fest.

Wie werden Elisabet und Maria in Lk 1 beschrieben? Werden sie tatsächlich nur in ihrer Rolle als Mütter gesehen? Ihr Handeln geht weit über das hinaus, was im übrigen Lukasevangelium an Frauenaktivität beschrieben wird: Nirgendwo sonst halten Frauen Reden, Elisabet spricht sogar als erste ein christologisches Bekenntnis (vgl. V.43), sie preist Maria in V.45 nicht aufgrund ihrer Mutterschaft, sondern wegen ihres Glaubens. Dies verbindet diese Beschreibung mit der Aussage in Lk 11,28. Den VerfasserInnen dieser Szene ging es ebenfalls nicht darum, Elisabet auf ihre Mutterrolle festzuschreiben, die Erwähnung ihrer gleichzeitig erfolgten Geisterfüllung weist über den engen Kontext hinaus. Auf der sprachlichen Ebene ist festzustellen, daß die Erfüllung mit Heiligem Geist nicht aufgrund des Stoßens des Kindes erfolgt, sondern parallel dazu im Moment des Grüßens von Maria. Dies wird durch die Konjunktion „und - *kai*" deutlich, die beide Satzteile verbindet und sie damit gleichwertig nebeneinander stellt. Obwohl sie schwanger ist, wird hier von einem eigenständigen Erleben Elisabets berichtet, das nicht ausschließlich auf die Schwangerschaft bezogen ist.

---

[38] Vgl. zu diesem Begriff Barbara Duden 1991.
[39] Zu diesem Begriff vgl. Luzia Sutter Rehmann 1994.
[40] Vgl. Bettina Eltrop 1996.

Dieses Nebeneinander läßt erneut nach der Bedeutung von *koilia* fragen. Es ist zu vermuten, daß die Bewegung des Kindes auch als bildlicher Ausdruck für die Bewegung im Innern Elisabets verstanden werden darf, als spürbares Zeichen ihrer Erfüllung mit Heiligem Geist. Joh 7,38-39 bietet in diesem Zusammenhang eine aufschlußreiche Verwendung des Begriffes. *Koilia* bezeichnet hier den Ort, an dem die Erfüllung mit Heiligem Geist geschieht: „und es trinke, wer an mich glaubt (...) Aus seinem Inneren (*koilia*) werden Ströme von lebendigem Wasser fließen. Damit meinte er den Geist". In der Auslegung ist nicht eindeutig zu klären, ob die Ströme lebendigen Wassers aus Jesus oder den Gläubigen fließen.[41] Für das Verständnis der Verwendung des Begriffes in Lk 1 ist dies nicht entscheidend. Festzuhalten ist aber folgendes: 1. Glauben ist hier mittels eines sehr körperbezogenen Bildes beschrieben. Aus der *koilia* Jesu oder/und der der Glaubenden strömt das Wasser, das den Durst nach ewigem Leben stillt (vgl. auch Joh 4,14). 2. Die Deutung in V.39 verbindet den Geist Gottes eng mit dem Geschehen in der *koilia* des Menschen. Die Geistefüllung befähigt Menschen dazu, aktiv zu handeln und ihren Glauben weiterzugeben. 3. *Koilia* ist in diesem Zusammenhang (auch) auf Männer bezogen - entweder allein auf Jesus oder/und auf gläubige Männer und Frauen - und muß deshalb mit „Inneres" übersetzt werden. Dennoch steht hier das Bild des Mutterleibes im Hintergrund. Das Hervorbringen von etwas - sei es etwas Positives oder Negatives - ist in der Verwendung des Begriffes in der LXX und im NT stets mit Frauen verbunden oder wird mit ihrer Gebärtätigkeit verglichen (vgl. z.B. Mt 19,12; Lk 1,15.41.42; 2,21; 11,27; 23,39; Gal 1,15; Sir 19,11; Ijob 1,21). Jesus vergleicht sich oder/und die Gläubigen mit einer Gebärenden, die neues Leben zur Welt bringt. Hinter diesem Bild steht eine starke Bejahung dieser körperlichen Vorgänge. Für die Auslegung von Lk 1,41 bedeutet das, daß auf eine enge Verbindung von Geisterfüllung und der Bewegung im „Innern", im „Mutterleib" geschlossen werden darf.

Der Glauben Elisabets bringt neues Leben hervor, die Bewegung ist für sie bereits spürbar. Dieses „neue Leben", das sie gebären wird, ist eng mit ihr und ihrer Geschichte verknüpft. Zudem entstammt dieses Bild aus dem Erfahrungsbereich vieler Frauen, die es auch auf ihre eigene Entwicklung und ihren Weg beziehen können. Häufige Schwangerschaften prägen in besonderer Weise den Alltag von Frauen in der Antike. Den „Mutterleib" als Ort des Heilshandelns Gottes zu beschreiben, hieße dann, den Bezug auf die Gebärfähigkeit der Frauen nicht zur Beschränkung und Beschneidung ihres Handelns zu benutzen, sondern als Besonderheit wahrzunehmen, von der Frauenaktivität ihren Ausgangspunkt nehmen kann. Diese Aktivität ist nicht allein auf das Nähren und Aufziehen ihrer Kinder bezogen, sondern greift auf andere Bereiche des gesellschaftlichen und religiösen Lebens über. Gottes Handeln ist hier ganz eng mit der kreatürlichen Welt, mit dem Werden und Wachsen der Menschen und ihrer Körperlichkeit verbunden, die dadurch nicht abgewertet, son-

---

[41] Zur Stelle vgl. Luise Schottroff, unveröffentlichter Vortrag auf der SBL-AAR-Tagung 1995 zum Thema: Sexualität im Johannesevangelium.

dern als grundlegend für Menschsein in Beziehung zu Gott und anderen Menschen beschrieben wird. Die Schwangerschaft bezeichnet dabei einen besonderen Aspekt weiblicher Existenz und Gotteserfahrung, der den Hintergrund der Erzählung bildet, auf dem die weitere Handlung stattfindet.

b) ... das Kind hüpfte (*skirtao*)
Die von mir untersuchten Kommentare vertreten durchgängig die These, daß das Hüpfen des Kindes bereits als eigenständiges Handeln von Johannes, dem Täufer und Vorläufer, als Hinweis auf die Größe des Messias Jesus zu verstehen ist. Elisabet tritt dabei in den Hintergrund. Festzustellen ist zunächst, daß der Name Johannes in der ganzen Perikope nicht erwähnt wird. Hier ist von dem Embryo - dem *brephos* - die Rede, der erst bei der Beschneidung von Elisabet seinen Namen erhält (vgl. V.60). Auch wenn der Name bereits durch den Engel Gabriel bestimmt ist (vgl. V.13), hat das Kind seine Identität noch über die Mutter - es ist das Kind in ihrem Leib. Als Auslöser für die Bewegung des Kindes wird der Gruß Marias angeführt, nicht etwa ein Zusammentreffen mit Jesus, denn von diesem ist in diesem Zusammenhang nicht die Rede.[42] Zudem möchte ich daran zweifeln, ob Johannes in diesem Zusammenhang als „Vorläufer Christi" angesehen werden darf. In V.17 wird Johannes als derjenige geschildert, der Gott vorangehen wird. Dies ist Konsens in der von mir behandelten Literatur: „Auffallenderweise wird Johannes hier nicht als Vorläufer des Messias vorgestellt."[43] Und dennoch wird vielfach davon ausgegangen, daß Jesus die „heilsgeschichtliche Konkurrenz" zu Johannes für sich entscheide. Ein Blick in die Texte zeigt jedoch, daß in beiden Fällen Gottes Initiative im Mittelpunkt steht und von einem Gegeneinander oder Rangstreit nicht die Rede ist.[44] Diese häufig geschilderte Konkurrenzsituation, in der sich Johannes als Vorläufer durch sein Hüpfen Jesus als dem Messias unterordne, erweist sich bei genauerem Hinsehen als Konstruktion der AuslegerInnen. Der Text und sein näherer Kontext geben darauf keine Hinweise. In der Begegnung spürt Johannes die Empfindungen seiner Mutter und teilt diese.
Skirtao ist aber nicht nur als terminus technicus für die Bewegung eines Kindes im Mutterleib zu verstehen, sondern auch als Ausdruck von (eschatolo-

---

[42] Diese Deutung bietet auch Mark Coleridge 1993, 79: „If Elizabeth can interpret her child's leap, it is because his reaction is the same as hers; and she acclaims not Jesus but Mary." Es ist davon auszugehen, daß das Kind ab dem vierten Monat Kontakte zur Mutter aufnehmen kann und auf Reize reagiert, z.B. Musik wahrnehmen kann. Vgl. Gisela Preuschoff 1990, 99ff.

[43] Jakob Kremer 1979, 26. Vgl. auch François Bovon 1989, 57; Eduard Schweizer 1982, 15 u.a.

[44] Ulrich Busse 1991, 167, wendet sich ebenfalls dagegen, hier eine solche Konkurrenzsituation anzunehmen: „Es geht in der Vorgeschichte um keine Einweisung in unterschiedliche heilsgeschichtliche Ränge, sondern um eine effiziente Aufgabenverteilung, die von Gott vorgenommen wurde (...) Der Täufer soll das Bewußtsein von der Umkehr- und Erlösungsbedürftigkeit Israels (...) wecken und zur Rückkehr zu Gott anleiten. Dies ist eine unaufgebbare Voraussetzung (...) für das konkrete Heilsangebot (...), das Gott anschließend durch Jesus macht."

gischer) Freude. In Gen 25,22 übersetzt die LXX entgegen dem ursprünglichen Sinn des hebräischen Begriffes das gegenseitige Wegstoßen der Zwillinge mit *skirtao*, um naturhafte Freude am Leben auszudrücken.[45] In Mal 3,20 (LXX) wird mit diesem Begriff die Freude der Gerechten am Tage JHWHs beschrieben: „Ihr werdet hinausgehen und Freudensprünge machen, wie die Kälber, die aus dem Stall kommen." Lk 6,23 benutzt dieses Wort, um die Freude über die Teilhabe am Reich Gottes auszudrücken. In Lk 1,44 wird ergänzt, daß das Kind „vor Freude" hüpfte. Der Begriff der Freude weist ebenfalls auf die eschatologische Dimension (vgl. auch Apg 2,46). In Verbindung mit V.15 läßt sich diese Freude auch als Zeichen des Erfülltseins mit Heiligem Geist verstehen, als Bild dafür, daß die Ankündigung des Engels wahrgeworden ist. Mutter und Kind werden mit Heiligem Geist erfüllt, das Bild eschatologischer Freude, das übermütige Hüpfen, gibt somit auch das Gefühl Elisabets wieder. Im letzten Abschnitt einer Schwangerschaft sind Mutter und Kind besonders eng miteinander verbunden, sie teilen viele Empfindungen.[46] Auch wenn der Text ein eigenständiges Erleben Elisabets, das nicht ausschließlich auf ihre Schwangerschaft bezogen ist, voraussetzt, so gibt es doch etwas Verbindendes zwischen Mutter und Kind: die eschatologische Freude über das Kommen des Messias. Der Gruß Marias wird ihnen beiden zum Zeichen für den Anbruch des Tages JHWHs, des Kommens des Reiches Gottes.

c) ... und Elisabet wurde vom heiligen Geist erfüllt (*pneuma hagion*)
An die ersttestamentliche Tradition anknüpfend, ist für das Lukasevangelium der Geist in erster Linie der Geist der Prophetie.[47] Die Verkündigung der JüngerInnen geht auf ihn zurück, die endzeitliche Gemeinde ist eine Gemeinde von ProphetInnen. Apg 2,17-21, wo von der Geistausgießung berichtet wird, nimmt deutlich Bezug auf Joel 3,1-5: „In den letzten Tagen wird es geschehen, so spricht Gott: Ich werde von meinem Geist ausgießen über alles Fleisch. Eure Söhne und eure Töchter werden prophezeien, eure Jungen werden Offenbarungen haben, eure Alten werden Traumgesichter haben. Auch über meine Sklaven und Sklavinnen werde ich in jenen Tagen von meinem Geist ausgießen und sie werden prophezeien." Die Erfüllung mit Heiligem Geist hat die prophetische Rede von Frauen und Männern, jungen und alten Menschen zur Folge. Ich verstehe die nachfolgenden Äußerungen Elisabets und Marias auf diesem Hintergrund als prophetische Verkündigung in der Kraft des Geistes, als sprachlicher Ausdruck ihres eschatologischen Jubels: Elisabet und Maria werden als Prophetinnen für das Kommende und Zeuginnen für das vergangene und gegenwärtige Handeln Gottes vorgestellt. Lk 1,41 stellt sich damit in die eschatologische ersttestamentliche Tradition, die die Heilszeit und umfas-

---

[45] Vgl. G. Fitzer 1964, 404.
[46] Ein Ratgeber für werdende Mütter drückt das folgendermaßen aus: „In dieser letzten Phase, in der du nicht selten einen kleinen Fuß, ein Händchen oder den Po durch deinen Bauch hindurch spüren kannst, werdet ihr euch sehr nahe kommen. All dein Erleben ist eng mit dem Kind verbunden", Gisela Preuschoff 1990, 123.
[47] Im folgenden vgl. Eduard Schweizer 1959, 405f.

senden Frieden mit dem Wohlergehen, der Errettung und dem Jubel von alten und jungen Menschen beschreibt.

V.42 Und sie tat einen lauten Ausruf[a] und sprach: „Gesegnet[b] bist du unter Frauen, und gesegnet ist die Frucht[c] deines Leibes!

a) Sie tat einen lauten Ausruf (*krauge megale*)
Textkritisch läßt sich feststellen, daß ein Teil der Überlieferung die Variante: „*anephosen phone*" - „sie erhob ihre Stimme" an dieser Stelle bietet (A, D, Ψ, f¹, Cyr, Mehrheitstext). Diese ist zwar schlechter belegt als der Text, den Nestle/Aland bieten (B, L, W, Ξ, 565, 1241, Or^(pt))[48], jedoch besteht für den Codex Cantabrigiensis die Möglichkeit, daß Teile auf eine vorzügliche Handschrift des Frühtextes zurückgehen.[49] Festzuhalten ist, daß diese Formulierung fast wörtlich der Einleitung des letzten Ausrufes Jesu am Kreuz entspräche (vgl. Lk 23,46). Auch das letzte Gebet von Stephanus ist mit ähnlichen Worten eingeleitet (vgl. Apg 7,60). Selbst wenn die wörtliche Parallelität nicht beabsichtigt sein sollte, so wird doch deutlich, daß eine starke Betonung auf dem liegt, was dieser Einleitung folgt.

In der LXX lassen sich Formen von *krazo* besonders in den Psalmen finden, in denen sich die/der BeterIn mit einer eindringlichen Bitte an Gott wendet und um Gnade und Befreiung aus einer Notlage bittet.[50] Philo verwendet den Begriff in bezug auf die prophetische Rede. Im NT drückt der Begriff insgesamt besondere Dringlichkeit aus: Die kanaanäische Frau schreit Jesus an, ihre Tochter zu retten (vgl. Mt 15,22; vgl. auch Mk 9,24); zwei Blinde flehen laut um Erbarmen und Heilung (vgl. Mt 9,27). Oftmals sind es von Dämonen besessene Menschen, die Jesus als Messias und Sohn Gottes schreiend verkünden (vgl. Mt 8,29; Mk 3,11; 5,5.7; Apg 16,17). Auch können mit diesem Begriff große Angst und Schmerzen in den Geburtswehen ausgedrückt werden (vgl. Mt 14,26; 27,50; Offb 12,2), aber auch Geschrei im Zusammenhang von Aufruhr und großer Erregung (vgl. Mt 27,23; Mk 15,13.14; Apg 7,57). In Röm 8,15 und Gal 4,6 (vgl. auch Lk 23,46; Apg 7,60) wird die Geisterfüllung als Voraussetzung und Ermöglichung für eine Anrufung Gottes genannt, die mit diesem Begriff ausgedrückt wird. Von Jesus und Paulus wird berichtet, daß sie wichtige theologische Aussagen häufig laut und eindringlich herausrufen, um Aufmerksamkeit zu erlangen und ihren Worten Nachdruck zu verleihen (vgl. Joh 7,28.37; 12,44; Apg 14,14; 23,9; 24,21; Röm 9,27; Hebr 5,7).
Dieser Linie folgend ist das „Rufen" Elisabets nicht etwa als „unartikuliertes Geschrei" zu verstehen, sondern ähnlich wie in Lk 23,46 und Apg 7,60 als Einleitung für ein herausgerufenes Gebetswort, das die Dringlichkeit und Ergriffenheit der Beterin zum Ausdruck bringt. Ihr Ausruf ist als Folge ihrer Er-

---

[48] Alexandrinus (Kat.III), Bezae Cantabrigiensis (ungewiß), Athous Laurensis (III), Minuskelgruppe f¹ (III), Mehrheitstext, Cyrill. Alex., txt: Vaticanus (I), Regius (II), Freerianus (III), Zakynthius (III), 565 (IV od. V), 1241 (III), Origenes.
[49] Vgl. Kurt und Barbara Aland 1982, 118.
[50] Vgl. Walter Grundmann 1938, 899f.

füllung mit Heiligem Geist zu verstehen und stellt sie noch einmal deutlich in die Tradition von ProphetInnen und VerkünderInnen des Wortes Gottes.

b) ... gesegnet bist du (*eulogemene*)
Nach der Vorstellung des Ersten Testaments ist Gott Träger und Spender jeden Segens, den die Menschen in sich tragen und an andere weitergeben können. *„Eulogemene soy"* könnte in diesem Zusammenhang auch als Grußformel verstanden werden (vgl. 1 Sam 13,10, LXX). H.W. Beyer (1935, 759) verweist auf die Parallelität des Grußes des Engels (1,28) und dem Elisabets. Mit dem Partizip wird ein Zustand beschrieben: „Du bist eine Gesegnete Gottes." Von der Wirkmächtigkeit eines Grußes berichtet auch Lk 10,4-6: „Grüßt niemanden auf dem Weg. Wenn ihr in ein Haus tretet, sagt zuerst: ‚Friede sei diesem Haus', und wenn dort ein Kind des Friedens wohnt, wird euer Friede auf ihm ruhen, wenn nicht, dann wird er zu euch zurückkehren." Deutlich wird auch, daß es sich um ein wechselseitiges Geschehen handelt, das das weitere Wohlergehen der gesegneten Person beeinflußt. Im Gruß Elisabets kommt auch ihre Kraft und ihr eigenes Gesegnetsein als „Tochter des Friedens" zum Ausdruck.[51]
Stark beeinflußt hat die Auslegungsgeschichte die Deutung von *„en gynaixin"* als Superlativ: "gesegnet bist du mehr als alle Frauen"[52] im Rückgriff auf Jdt 13,18. Die LXX bietet hier jedoch nicht *„en gynaixin"*, sondern *„para gynaixin"*. Zudem macht der Textzusammenhang deutlich: „Marias Gesegnetsein hat Bedeutung für alle Frauen und alle Geschlechter (Lk 1,48) und isoliert sie gerade nicht von der Gemeinschaft der Frauen. Eher als dieses Ausspielen der einen Frau gegen den Rest der Frauen liegt hier die Vorstellung einer Frauengemeinde/Frauenkirche vor."[53] Elisabet stellt Maria mit diesem Segen in die Reihe mutiger Frauen des Ersten Testaments wie Jael (Ri 5,24) und Judit (Jdt 13,18). Eine Rangfolge zwischen Elisabet und Maria ist daraus nicht abzuleiten. Was meint aber nun dieser Ausdruck im Zusammenhang von Lk 1? Mit ihrer Autorität als Prophetin, als geisterfüllte Frau heißt Elisabet Maria willkommen *en gynaixin* - als geachtete Frau, als „Mutter meines Herrn" (vgl. V.43). In der Begegnung mit dem Engel wird Maria eine Jungfrau genannt, die mit einem Mann verlobt ist.[54] Sie kann nicht frei über ihre Sexualität verfügen, ihre „Jungfräulichkeit" macht unter ökonomischen Gesichtspunkten ihren Wert aus, der durch den Brautpreis ausgedrückt wird. Ihre uneheliche Schwangerschaft bedeutet eine erhebliche Wertminderung und Schande, weil sie auf einen vorangegangenen außerehelichen Geschlechtsverkehr hinweist. Auf dem Hintergrund dieser gesellschaftlichen Situation bedeutet der Segensgruß, den Elisabet ausspricht, auch eine demonstrative Ablehnung dieser Konventionen. Sie segnet Maria und „die Frucht ihres Leibes".

[51] Zur Stelle vgl. auch Luise Schottroff 1982, 26-31.
[52] So z.B. J. Kremer 1979, 30. Anders z.B. Raymond E. Brown u.a. 1981, 112.
[53] Luise Schottroff 1994, 282 A.55.
[54] Zum Status einer unverheirateten Frau in der Mischna vgl. Judith R. Wegner 1988, 20-39.

En gynaixin könnte daneben auch auf eine konkrete Gemeinschaft von Frauen verweisen: Der Ausspruch Leas nach der Geburt ihres Sohnes Asers (vgl. Gen 30,13). „Seligpreisen werden mich die Frauen" meint eine konkrete Gruppe von Freudinnen und Nachbarinnen. Elisabet drückt mit ihrem Lobpreis stellvertretend für diese ihre Freude aus und nimmt Maria in ihre Gemeinschaft auf. Von Frauengruppen wird im Neuen Testament an verschiedenen Stellen berichtet. Von Lydia und der Frauengemeinde, der sie vorsteht, wird berichtet, daß sie eigene Gottesdienste feierten (vgl. Apg. 16,13ff).[55] Die sehr komprimierten theologischen Einzelaussagen Elisabets, die fast formelhaft wirken: prophetischer Ausruf und Lobpreis (V.42), Christusbekenntnis (V.43), Seligpreisung (V.45) und das anschließende Magnificat (V.46ff) ließen sich in diesem Zusammenhang als Elemente eines solchen Gottesdienstes verstehen. Diese Deutung siedelt die Begegnung von Elisabet und Maria in den Bereich der Frauen-Ekklesia an, einer Tradition, die eigenständiges religiöses Handeln von Frauen beinhaltet.[56]

c) Gesegnet ist die Frucht deines Leibes (*karpos*)
F. Hauck (1938, 617f) führt aus, daß das NT nur „uneigentlich" vom Kind als „Frucht" spreche (vgl. Apg 2,30), im „eigentlichen" Sinne meine der Begriff: Folge, Ertrag, Ergebnis, Gewinn. Die Taten der Menschen können als „Früchte" verstanden werden (vgl. Mt 21,43; 3,8 par; 7,16f). Paulus bezeichnet mit *karpos* die Ergebnisse seines Wirkens als Apostel (vgl. Röm 1,13; Phil 1,22). Lk 1,42 meint die „Leibesfrucht" (vgl. Gen 30,22, LXX), über die Elisabet den Segen spricht. Sie ist aber gleichzeitig auch die „Frucht", die aufgrund ihres Glaubens in Maria wächst, seit sie sich als Sklavin Gottes auf den Weg gemacht hat.

V.43 Und woher[a] mir dieses, daß die Mutter meines Herrn zu mir kommt?

Die Frage Elisabets in V.43 ist im Kontext ausgeprochen verwunderlich. Es ist zu diesem Zeitpunkt nicht mehr angebracht, nach dem Grund des Kommens Marias zu fragen. In V.45 wird vorausgesetzt, daß Maria ihr schon von dem Besuch des Engels berichtet hat. Daß Elisabet sich mit diesen Worten Maria unterordnen will, sozusagen eine mögliche Mütterkonkurrenz zu deren Gunsten entscheidet, will auch nicht recht einleuchten, auch wenn die herrschende Auslegung dies so sieht. Wie in den Kommentaren zum Motiv der unfruchtbaren Frau wird hier die Konkurrenz zwischen den beiden Frauen besonders herausgehoben. Die Rivalität zwischen Frauen ist auch hier als ein fester Bestandteil patriarchaler Beschreibungen von Frauen vorausgesetzt: Solidarität unter

---

[55] Zu Frauengruppen im NT vgl. Luise Schottroff 1990e; zu Lydia vgl. auch Ivoni Richter Reimer 1992, 91ff.
[56] Mit diesem Begriff beziehe ich mich auf die Ausführungen Elisabeth Schüssler Fiorenzas 1988b, 408ff, zur Ekklesia der Frauen. Sie versteht diese als ein Modell für Kirche, in dem strukturelle patriarchalische Dualismen überwunden werden und die Nachfolgegemeinschaft der Gleichgestellten ihren Ort hat.

Frauen und eine schwesterliche Verbundenheit, die nicht um einen Mann zentriert ist, wird in diesen Entwürfen nicht als Möglichkeit gesehen. In einer merkwürdigen Satzkonstruktion, die manche Ausleger an die Verwirrung einer „erstaunten Frau, die nicht recht versteht, was geschieht"[57], denken läßt, verbirgt sich das erste Christusbekenntnis, das im Lukasevangelium gesprochen wird.

a) Woher (*pothen*) mir dieses?
Wie ist diese merkwürdige Frage Elisabets zu verstehen? Mit *pothen* wird zunächst nach einem Ort gefragt: woher? Im Ersten Testament werden Fremde, Botschafter und Wanderer als erstes danach gefragt, woher sie kommen (vgl. Gen 29,4; 42,7; Jos 9,8; Ri 17,9 u.ö.). Durch den Zusammenhang und die jeweilige Antwort wird allerdings deutlich, daß diese Frage nicht nur den Ausgangspunkt der Reise betrifft, sondern weit darüber hinausgeht. Die Herkunft sagt viel über das Wesen der Menschen aus, auf das sich die Frage bezieht: „Kommt ihr in guter oder feindlicher Absicht? Wer seid ihr?" Lk 13,25ff macht diesen weiteren auf das Handeln bezogenen Bedeutungsgehalt deutlich. In einem Gerichtsbild wird Gott mit einem Hausherrn verglichen, der die Tür verschließt und nicht mehr öffnet, obwohl angeklopft und gerufen wird: „Herr mach uns auf! Er aber wird euch antworten: ich weiß nicht, woher ihr seid, (...) ihr habt alle Unrecht getan." Die Herkunft sagt auch vieles über Eigenschaften und Fähigkeiten aus, als deren Quelle und Ursprung sie verstanden wird. Nachdem Jesus in seiner Heimatstadt gepredigt hat, fragen sich die Menschen, die seine Familie kennen, staunend: „Woher hat er diese Weisheit und Kräfte?" Auch in Lk 20,7ff in der Frage nach der Vollmacht Jesu, geht es implizit um die Frage nach dem „woher", die im Zusammenhang der Taufe des Johannes explizit gestellt wird. Woher kommen der Geist (vgl. Joh 3,8), das lebendige Wasser (vgl. Joh 4,11), die Weisheit und Einsicht (vgl. Ijob 28,12.20; Lk 13,54.56; Mk 6,2)? In der Erzählung über die Heilung eines Blinden gibt Joh 9,13-34 darauf eine Antwort. Die PharisäerInnen fragen den Geheilten nach dem Vorgang der Heilung und nach Jesus: „aber von dem da wissen wir nicht, woher er kommt." Dieser antwortet ihnen (V.33): „Wenn dieser nicht von Gott käme, hätte er nichts tun können." Die Frage nach dem „woher" ist also immer auch eine Frage nach Gott, bzw. der göttlichen Herkunft einer Befähigung oder Einsicht.

Auch in dem Ausruf Elisabets wird die Frage nach der Herkunft der Offenbarung, die sie ausgelöst durch den Gruß Marias erfahren hat, gestellt. Der Inhalt ihrer Erkenntnis ist im anschließenden Nebensatz ausgedrückt: Elisabet erkennt im noch ungeborenen Jesus den Messias und in der Begegnung mit Maria den Anbruch der Heilszeit. In der Übersetzung von V.43 wäre deshalb zu ergänzen: „Woher kommt diese Offenbarung für mich?" Die göttliche Herkunft ihrer Vision ist durch ihre vorausgegangene Geisterfüllung beschrieben, auf die V.44 noch einmal verweist. Es ist Gott, der/die Elisabet dies erkennen

---

[57] François Bovon 1989, 86.

läßt. In ihrer Frage steckt aber noch mehr. Die Betonung ihrer eigenen Person ist auffällig: „Und woher kommt (diese Offenbarung) für *mich*, daß die Mutter *meines* Herrn zu *mir* kommt?" Elisabet erfährt sich als geisterfüllte Frau, als eine von Gott Beauftragte und fragt nach den Konsequenzen für ihr Leben: Was heißt es für mich, daß die messianische Zeit anbricht? Wie kann ich das, was ich erkenne, umsetzen und weitergeben? Ihre gesamte Verkündigung ist als eine prophetische charakterisiert, ihre Sprache ist in diesem Zusammenhang als Ausdruck einer spontanen und überwältigenden Offenbarungserfahrung zu deuten.[58]

V.44 Siehe nämlich, als es sich ereignete, daß der Klang deines Grußes an meine Ohren[a] gelangte, hüpfte das Kind vor Freude in meinem Innern.

Daß Elisabet eine Berufungserfahrung zum Ausdruck bringt, zeigt V.44 deutlich, wo in wörtlicher Rede noch einmal das ausgesagt wird, was sich in V.41 ereignete. Allerdings erwähnt Elisabet die Erfüllung mit Heiligem Geist nicht, dafür charakterisiert sie das Hüpfen des Kindes weiter durch den Begriff der (eschatologischen) Freude.

a) Der Klang gelangte an meine Ohren (*oys*)
Eine Schlüsselstelle für das Verständnis dieses Verses ist die Aussage Elisabets, daß der Gruß an ihre Ohren gelangte.[59] Die Ohren sind nach ersttestamentlichem Verständnis der Sitz von Einsicht und Erkenntnis (vgl. Ijob 33,16) und können stellvertretend für die ganze Person genannt werden (vgl. Gen 23,10; Rut 4,4). Gott ist es, der den Menschen die Ohren verschließen oder öffnen kann, damit sie seinen Willen erkennen und an ihn glauben oder sich vor ihm verschließen (vgl. Jes 6,9f; 50,4f; Ijob 33,16). Die Ohren sind der Ort des Offenbarungshandelns Gottes: „Der Herr hatte Samuel (...) das Ohr für eine Offenbarung geöffnet." (1 Sam 9,15) Die ProphetInnen sollen das weitergeben, was sie von Gott „gehört" haben (vgl. Jes 48,6-8). Auch in der neutestamentlichen Verkündigung sind die Ohren ein zentrales Organ. „Wer Ohren hat, der/die höre!" bekräftigt vielfach das Gesagte und ruft zum Glauben auf (vgl. Mt 13,43; Mk 4,9; Lk 8,8). Die JüngerInnen werden seliggepriesen, „weil ihre Ohren hören", weil sie die Geheimnisse des Himmelreiches erkennen (vgl. Mt 13,10-17). Das, was sie hörend erfaßt haben, d.h. ihren Glauben, sollen die JüngerInnen in die Öffentlichkeit tragen und verkünden (vgl. Mt 10,27). Elisabets Ohren werden durch den Geist geöffnet, sie erkennt die eschatologische Bedeutung der Begegnung mit Maria: Als die Stimme Marias an ihr „Ohr" gelangt, hüpft das Kind vor Freude in ihrem Leib. Elisabet erfährt

---

[58] Johannes Lindblom 1968, 34-35, beschreibt dieses Phänomen folgendermaßen: „Die Visionen treffen spontan und unerwartet ein; sie werden vom Visionär als etwas Wunderbares, Außerordentliches betrachtet (...) Was er erlebt, wird ihm als ‚von Oben' gegeben."
[59] Vgl. zum folgenden Johannes Horst 1954.

die Offenbarung existentiell und körperlich. „Beide Frauen und ihre Kinder stehen unter Geisteswirkung; darum ist ihnen ein verstehendes Ohr geschenkt, darum geben sie ein geistgewirktes Zeugnis."[60] 2 Petr 1,21 bietet eine klare Beschreibung einer solchen prophetischen Rede: „denn niemals wurde eine prophetische Weissagung durch menschlichen Willen ausgesprochen, sondern vom Heiligen Geist getragen haben die Menschen im Auftrag Gottes geredet." Diese Beauftragung schildert Elisabet in den Worten an Maria. Indem sie ihr Erleben in eigenen Worten noch einmal wiedergibt, zeigt sie, daß sie gewillt ist, den Auftrag anzunehmen und ihre Begeisterung und Freude mit Maria zu teilen.

V.45 Und selig[a] ist die, die geglaubt hat, daß sich erfülle, was der Herr ihr zugesagt hat.

a) Selig (*makaria*)
Elisabet spricht hier einen Makarismus, der als Gattung im NT der eschatologischen Verkündigung angehört und den Gepriesenen ihre Teilhabe am Reich Gottes zuspricht.[61] Auffällig ist, daß diese Seligpreisung keinen direkten Bezug auf Maria hat, seliggepriesen wird diejenige, die an die Verheißung Gottes glaubt. Dies trifft auf die Situation von Maria zu, die sich aufgrund ihres Glaubens aufgemacht hat, aber auch auf Elisabet (vgl. V.24f). Auch träfe dieser Makarismus auf die Frauen zu, die unter dem Kreuz ausgeharrt haben und nach der Zeit der Verzweiflung über den Tod sich der Worte Jesu, des *kyrios* erinnern und sich in der nachösterlichen Gemeinde wieder zusammenfinden (vgl. z.B. Lk 23,49; 24,1-10; Apg 1,14).
Gerade an dieser Seligpreisung wird deutlich, wie die Erzählung über die Begegnung der beiden Frauen die individuelle Ebene überschreitet und auf eine größere Gemeinschaft verweist. Auch in Lk 6,20-22 werden Menschen, entgegen der üblichen gesellschaftlichen Einschätzung seliggepriesen: Den Armen, Hungernden, Weinenden, Gehaßten wird das Heil im Reich Gottes zugesagt. Wie die Seligpreisung über die konkrete Situation Marias hinausweist, so ist auch das anschließende Magnificat nicht nur als Ausdruck ihrer persönlichen Befreiungserfahrung zu verstehen, wiewohl sie als arme, unverheiratet Schwangere ebenfalls zu den Erniedrigten und Gedemütigten der Gesellschaft gehört. Es ist ebenso das Befreiungslied Elisabets und der vielen anderen Frauen und Männer, die unter der Gewaltherrschaft des Römischen Reiches leiden. Die Kraft dieses Liedes wird nur verständlich, wenn die Situation, aus der sie geschöpft wird, nicht als momentane Stimmung Marias verstanden wird, sondern die Befreiungssituation einer konkreten Gemeinschaft beschreibt. Darauf leitet die sehr allgemein formulierte Seligpreisung in V.45 bereits hin.

---

[60] Johannes Horst 1954, 553.
[61] Vgl. F. Hauck/G. Bertram 1942, 370.

Maria und Elisabet singen ...

Es ist vielfach diskutiert worden, welche der Frauen als Sprecherin oder Sängerin des Magnificats (VV.46-55) anzusehen sei. Eine Auswertung des Textbefundes spricht eindeutig für Maria, auch wenn ein Teil der (lateinischen) Zeugen Elisabet als die Sängerin sieht. Eingewendet wird allerdings, daß die Situation, die im Magnificat beschrieben wird, und die Anklänge an das Lied Hannas (1 Sam 2) eher auf Elisabet weisen, weil Erniedrigung und Not (vgl. *tapeinosis* in V.48) in der Geschichte Marias nicht zu finden seien.[62] Elisabet, die durch ihre lange Unfruchtbarkeit gelitten hätte und durch ihre Schwangerschaft erhöht worden sei, sei als Sängerin zu betrachten. Erich Klostermann (1929) übersetzt deshalb in seinem Lukaskommentar: „Und Elisabet sprach" (18).

In der gegenwärtigen Diskussion[63] wird jedoch argumentiert, daß inhaltliche Kriterien nicht ausschlaggebend für die eine oder die andere Frau sprächen, da hier überindividuelle Themen und Erfahrungen thematisiert würden. Eine Entscheidung zugunsten Marias wird deshalb durchgängig aufgrund des Gewichts der Textzeugen getroffen, die sie als Sängerin sehen. Daran schließt sich aber (meist implizit) die Feststellung an, daß die junge Frau vom Lande sicher nicht in der Lage gewesen sei, solche machtvollen und durchkomponierten Worte zu sprechen.[64] Als Frau sei sie sicher nicht gebildet genug gewesen, aus ersttestamentlichen Zitaten einen solch poetischen Lobgesang zusammenzustellen. Deshalb wird davon ausgegangen, daß Lukas ihr die Worte in den Mund gelegt habe. François Bovon (1989) schreibt: „Dennoch bleibt es wahrscheinlich, daß Lukas ein vorgefundenes Lied übernimmt und verarbeitet, da es sich weder auf eine Geburt noch auf eine Jungfrauengeburt bezieht. Die Entsprechungen zum Kontext sind entweder redaktionell, oder Lukas hat gerade diesen Hymnus ausgewählt, weil er besser zum Kontext paßt. Für den Fortgang der Handlung ist er überflüssig, hat aber eine hermeneutische Funktion." (82) Die Erniedrigung *(tapeinosis)*, von der in V.48 die Rede ist, wird meist mit Niedrigkeit oder Demut übersetzt und als Glaubenshaltung vor Gott gedeutet, weil das Lied zur Situation Marias passen solle. Hier zeigt sich die Widersprüchlichkeit der Argumentation: Einerseits wird darauf verwiesen, daß inhaltlich kaum zu entscheiden sei, welche Frau das Lied gesungen habe und es nicht in die Lebenssituation Marias passe, andererseits werden die Aussagen des Magnificats doch ausschließlich auf sie bezogen.[65] Damit verbunden ist zumeist das Argument der Überordnung Marias über Elisabet, da sie die „beispielhaft

---

[62] Zu diesem Begriff *(tapeinosis)* vgl. Jane Schaberg 1990, 97-101; Luise Schottroff 1994, 291f. Jane Schaberg argumentiert, daß gerade dieser Begriff, der auch die Komponente sexueller Gewalt anklingen lasse, dafür spräche, daß das Lied Maria zuzuschreiben sei.

[63] Einen Überblick bieten die jeweiligen Kommentare zur Stelle; vgl. auch Raymond E. Brown u.a. 1981, 113-117.

[64] Vgl. z.B. Josef Ernst 1977, 84-85; Wolfgang Wiefel 1987, 58.

[65] Walter Schmithals 1980, 3f. Hier ließen sich viele ähnliche Beispiele anführen. In diesem Zusammenhang ist auch die literarkritische Lösung einzuordnen, V.48 als sekundär zu erklären.

Gesegnete" sei. Dabei wird zwar auf die Gattung: Lobgesang des/der Einzelnen bzw. persönliches Danklied verwiesen, aber nicht reflektiert, was diese Gattungsbestimmung für die Deutung der Situation austragen könnte.
Die Gattung des persönlichen Dankliedes[66] findet sich vielfach im Psalter.[67] Es ist auffällig, daß hier zwar in der ersten Person Singular von Not und Errettung gesprochen wird, die konkrete Situation und die Individualität des Erlebens jedoch nicht erkennbar ist. Hans Seidel (1987) führt dazu aus: „Die Notschilderungen sind ähnlich unkonkret wie bei den individuellen Klageliedern (...) Offensichtlich fanden die Dankenden ihre Nöte in diesen allgemeinen Schilderungen untergebracht." (25) Dankpsalmen haben ihren Ort im Kultus, auch wenn individuelle Erfahrungen zum Lob und Dank Gottes führen, so sind sie nicht als rein private Angelegenheit aufzufassen, sondern beschreiben auch eine überindividuelle Situation: „In seiner Rettung ist etwas geschehen, was die ganze Gemeinde betrifft, und Lob und Dank sind daher auch Sache der ganzen Gemeinde." (24) Die Sprache, die in diesem Zusammenhang verwendet wird, ist eine gottesdienstliche, die sich vielfach formelhafter Wendungen bedient: „Die Psalmen lassen erkennen, daß Glaubenssprache kultische und poetische Sprache zugleich ist. Von Gott und mit Gott kann nur angemessen in Zeugnis, Bekenntnis, Klage, Lob und Meditation gesprochen werden, und dazu bedient sich der Sprechende der Sprachhandlungen und der metaphorisch-symbolischen Sprache." (53) Hier spiegelt sich eine ganzheitliche Wirklichkeitserfahrung, in die die/der BeterIn ihr/sein Erleben einordnet.
Es ist also gerade das Kennzeichen der Gattung, daß nicht jede Einzelaussage auf die konkrete Situation der singenden Person zu beziehen ist, sondern das Umfassende der Rettungserfahrung zum Ausdruck bringen will. Die überindividuelle Befreiungserfahrung, die das Magnificat ausdrückt, stellt die Sängerin in die Heilsgeschichte Gottes mit dem Volk Israel. Es ließe sich deshalb sehr wohl auf die Situation Marias beziehen, die eine Offenbarung empfängt und sich auf den Weg macht. Ihr Erleben in der Begegnung mit Elisabet - im Gottesdienst der Ekklesia der Frauen - wäre damit der Anlaß und Ort für ihr Danklied. Um die gemeinschaftlichen Dimensionen des Magnificats herauszustellen, die deutlich machen, daß hier nicht nur die individuelle Erhöhungserfahrung Marias ausgedrückt wird, und einer eingeschränkt individuellen Auslegung vorzubeugen, plädiere ich dafür, V.46 folgendermaßen zu paraphrasieren: „Maria und Elisabet singen: ..." Dies entspricht zwar nicht der Textbezeugung,

---

[66] Über die Gattung des Magnificats gibt es eine breite Diskussion, auf die ich an dieser Stelle nur verweisen möchte. Ich schließe mich der Bestimmung von Luise Schottroff 1978, 301f, an, die den ausgedrückten Dank auf die Geburt des Messias als Erbarmungstat Gottes bezieht: „Die Zukunftshoffnung dieses Psalms ist mit der Gewißheit verbunden, daß die entscheidende Tat Gottes schon geschehen ist: Jesu Geburt (...) Die Erhöhung der niedrigen Magd Maria gilt von jetzt an für alle Generationen - und dieses Geschehen ist schon passiert." Hier findet sich auch ein Überblick über die Argumentationen für die unterschiedlichen Gattungsbestimmungen.

[67] Zu den Zitaten aus den Psalmen im Magnificat vgl. Erich Klostermann 1929, 18-19; Helmer Ringgren 1986, 23f.

dafür aber dem Inhalt, der hier verkündet wird. Die Geschichte der Kirche und der Mariologie machen es fast unmöglich, Maria als ganz normale Frau in einer Gemeinschaft von anderen Frauen (und Männern) wahrzunehmen. Daß sie als Sängerin dieses Lobpreises auftritt, bedeutet nicht, daß ihr Erleben dem anderer übergeordnet wird. Sie besingt ebenso die Erfahrungen Elisabets und der anderen, die sich in der Jesusbewegung und im Widerstand gegen die römische Besatzungsmacht zusammenfinden. Dies läßt sich an einer Auslegung der einzelnen Aussagen des Magnificats deutlich machen.[68]

Im folgenden möchte ich eine Übertragung des Magnificats von Ivoni Richter Reimer wiedergeben, die diesen gemeinschaftlichen Aspekt des Liedes sehr deutlich macht:

„Alles, was ich denke und spüre, alles, was ich bis jetzt lebte,
alles, was es in mir gibt und in mir ist, ist von Gott angenommen. Deshalb
möchte ich Gott loben!
Alle Menschen, die nach mir kommen werden, werden wissen,
daß Gott an mir Wunderbares getan hat
und daß er Wunderbares tun wird für die Menschen, die nach mir kommen
werden.
Wenn wir unsere Hoffnungen aufgeben,
werden wir Menschen sein, die unsicher und orientierungslos sind.
Wenn wir nicht die freundliche und erlösende Hand Gottes annehmen können,
werden wir Menschen voll Angst sein, sogar vor dem eigenen Schatten.
Wir können sicher sein, daß Gott die Menschen,
die mit Ungerechtigkeit über andere Menschen richten und herrschen,
fallenlassen wird.
Wir können sicher sein, daß er uns mit Barmherzigkeit empfängt,
wenn wir ihn lieben, indem wir seine Schöpfung achten und bewahren.
Wir können viel Gutes bekommen,
wenn wir immer wieder Hunger auf die Liebe Gottes haben,
denn der/die sich satt fühlt, wird leer ausgehen.
Gott hält uns ganz fest
von dem Anfang bis zum Ende der Zeiten,
so, wie es an Sara und Abraham verheißen wurde.
So hat Maria gesungen.
Und dies ist weiterhin ihr Lied.
Ihr einziges Lied. Das aber bis heute widerhallt.
Erfüllt von Hoffnung.
Durchdrungen von Realität.
Singen wir mit ihr."[69]

[68] Zur Auslegung des Magnificats vgl. Luise Schottroff 1978. Für viele inspirierende Anregungen danke ich Regene Lamb, deren noch nicht veröffentlichte Dissertation ausführliche Untersuchungen des Magnificats bietet.
[69] Ivoni Richter Reimer 1993 (unveröffentlichtes Manuskript, übersetzt von Regene Lamb).

Konkurrenz oder Solidarität?

Wie ist das Verhältnis zwischen Maria und Elisabet zu beschreiben? Welche Unterschiede und welche Gemeinsamkeiten bestehen zwischen ihnen? Zwei Motive durchziehen die Auslegungsgeschichte, die die Konkurrenz und die Unterschiede zwischen ihnen betonen: 1. Die unterschiedliche Bewertung des Wunders ihrer Schwangerschaft: Das Wunder einer Jungfrauengeburt steigere das der Geburt einer Unfruchtbaren; 2. Die Unterordnung Elisabets unter Maria sei dadurch bedingt, daß diese den Messias, jene „nur" den Täufer zur Welt bringe. Antikes gynäkologisches Wissen hält jedoch die Schwangerschaft einer unfruchtbaren alten Frau für ebenso ungewöhnlich wie die einer Jungfrau.[70] Im Rahmen antiker Zeugungsvorstellungen erscheint es ebenso (un-)wahrscheinlich, daß eine junge, fruchtbare Frau durch ihren eigenen Samen ein Kind zur Welt bringt wie der „erstorbene" Leib einer unfruchtbaren Frau. Beide Formen von Schwangerschaft sind aber als legendarisches Motiv bekannt. Zwei Gründe haben in der Auslegung von Lk 1 zu der These von der Wundersteigerung geführt: Einmal wird die Empfängnis einer Unfruchtbaren fast durchgängig als „beliebtes" oder „gängiges" Sagenmotiv bezeichnet. Es erscheint nicht weiter ungewöhnlich oder betrachtenswert, was mittels dieses Motivs ausgedrückt werden soll. Im Gegensatz dazu wird die Jungfrauengeburt als besonders und außergewöhnlich herausgestellt, meist ohne die konkreten Hintergründe zu betrachten, die hinter diesem Motiv stehen. Zweitens spielen christologische Gründe eine Rolle: Die Empfängnis und Geburt Christi muß doch bedeutender sein als die des Täufers! Natürlich darf hier nicht die Auslegungsgeschichte außer acht gelassen werden, die die Jungfräulichkeit Marias besonders herausgestellt und sie damit über alle anderen Frauen und deren Sexualität erhoben hat. Der Text selbst spricht nicht von einer Steigerung der wundersamen Schwangerschaften. Gott wirkt Wunder in der konkreten Situation jeder der beiden Frauen: an der alten unfruchtbaren Elisabet und an der jungen unverheirateten Maria. Die Worte des Engels bringen dies zum Ausdruck. Mit dem Verweis auf die Schwangerschaft Elisabets sagt er zu Maria: „Für Gott ist nichts unmöglich." (V.37) Dies verbindet sie miteinander und beschreibt ihre jeweilige Erfahrung mit Gott, die sie veranlaßt, zueinanderzukommen, gemeinsam ihre Befreiung zu feiern und die gute Nachricht weiterzutragen. Die Assoziationen an die alte und an die junge Zion unterstützen diese Verknüpfung noch einmal: sie stehen für die Befreiung von Jerusalem und Israel. Der Gedanke der Konkurrenz liegt hier fern. Der Blick ist hier auf Gottes Handeln gerichtet, der Befreiung und Rettung bewirkt. Sie ist aber nur durch das widerständige Handeln einer Gemeinschaft zu verwirklichen. Diese Vorstellung ist unserem westeuropäischen mittelständischen Denken fern: Wir suchen nach dem männlichen, jugendlichen Helden, der die Welt befreit und sich damit von allen anderen „normalen" Menschen abhebt, und tragen dieses Denken in den Text hinein.

---

[70] Material zu Vorstellungen der Jungfrauengeburt bietet Luise Schottroff 1994, 283-285.

Der Blick auf die Frauen und das Handeln Gottes an ihnen ermöglicht hingegen eine andere Sichtweise. Eng mit diesen Überlegungen ist die Kritik an der Vorstellung einer Mütterkonkurrenz um den bedeutenderen Sohn verbunden, die sich in vielen Auslegungen findet. Die beiden Sohnesverheißungen wären auf diese Frage hin neu zu untersuchen, um dies weiter zu klären. In der Begegnung der beiden Frauen ist von Über- bzw. Unterordnung nicht die Rede, ihre Söhne spielen hier nicht die Hauptrolle: Elisabet und Maria sind die Subjekte der Handlung. Brigitte Kahl (1993) schreibt dazu: „The age-old rivalry between one woman and another woman, between firstborn and younger son, which is inherent in rules of patriarchy, finally turns into sisterhood and brotherhood." (237)
Unterschiede bestehen zwischen den Frauen in erster Linie in bezug auf ihr Lebensalter, zudem ist Elisabet eine verheiratete Frau, während Maria erst verlobt ist. In der Mischna wird das Alter eines Mädchens, das verheiratet werden soll, mit 12-12 1/2 Jahren angegeben.[71] Elisabets genaues Alter ist schwer zu bestimmen, doch wird sie ungefähr 60 Jahre alt sein. Und doch gibt es Gemeinsamkeiten zwischen ihnen: Für beide ist es die erste Schwangerschaft, die zudem aus dem üblichen Rahmen fällt, ihre Begegnung ist die Konsequenz ihres Einlassens auf Gottes Heilsgeschichte. Auf ihrem Weg bieten sie sich gegenseitig Unterstützung, Bestätigung und Hilfe. In der Beschreibung ihrer Begegnung scheinen die Gemeinsamkeiten im Vordergrund zu stehen. Während das Alter für Zacharias eine große Rolle spielt und einen Hinderungsgrund für seinen Glauben abgibt (vgl. V.18), wird es zwischen Maria und Elisabet nicht angesprochen. Für das, was sich zwischen ihnen ereignet und ihre Gemeinschaft ausmacht, bedeutet es nichts Trennendes oder Hinderndes: Es gibt nicht mehr JüdInnen und GriechInnen, nicht SklavInnen noch Freie, nicht Männliches noch Weibliches und nicht alt noch jung, ihr seid alle „eins" in Christus Jesus - so wäre in Blick auf ihre Gemeinschaft Gal 3,28 zu erweitern. Auch das Bekenntnis in Gal 3,28 sieht nicht von den konkreten Lebensumständen der Menschen in den Gemeinden ab: Es gibt JüdInnen, GriechInnen, SklavInnen, Freie, Frauen und Männer - doch hat ihr Glauben konkrete Auswirkungen auf ihr Leben miteinander. Lk 1 und Apg 2,17 machen deutlich, daß hier auch das Verhältnis der Generationen untereinander miteinbezogen werden muß. In Anbetracht der Tatsache, daß das Alter von Elisabet für ihre Geschichte, für ihre Leid- wie für ihre Befreiungserfahrungen eine zentrale Rolle spielt, ist es auch für die Charakterisierung der Gemeinschaft von Elisabet und Maria wichtig, daß sie die Dimension alt und jung umfaßt. Sollte der Ort ihrer Begegnung die Frauen-Ekklesia - die „neue Familie" der JesusnachfolgerInnen und der ersten christlichen Gemeinden - sein, hieße das für diese, daß in ihr auch das Miteinander verschiedener Generationen von Bedeutung war. Elisabet wird als aktive, prophetisch redende, geisterfüllte Frau beschrieben. Die junge, mit einem gesellschaftlichen Makel behaftete, arme Frau Maria singt in

---

[71] Vgl. dazu Judith R. Wegner 1988, 21 mit Bezug auf m Nidda V,7.

dieser Gemeinschaft einen Lobpreis, der die Befreiung des ganzen Volkes zum Inhalt hat.
Elisabet ist eine alte Frau, die nicht durch ihre Kinder versorgt werden kann, ihr Sohn Johannes bedarf noch über Jahre ihrer Unterstützung. Stehen hinter der Idee einer Frauen-Ekklesia auch konkrete Vorstellungen einer Versorgung für alte Frauen, die nicht weiter durch ihre Nachkommen versorgt werden? Der Bericht über die Frauengruppe um Tabita in Apg 9,36-41[72] und die Anweisung für alte Witwen in 1 Tim 5,3-16 wären daraufhin zu untersuchen. Die Frauengruppen, von denen hier die Rede ist, sind als Versorgungs- und Solidaritätsgemeinschaften zu verstehen. Auch die Notiz über die Konflikte um Tisch- und Verkündigungsdienst, in den alleinstehende Frauen, die hellenistischen Witwen, involviert waren (vgl. Apg 6,1), weist darauf hin, daß sich Frauen in den Gemeinschaften Überlebensmöglichkeiten erkämpft haben und immer wieder neu erkämpfen müssen, in denen ein Überleben außerhalb des patriarchalen Haushaltes für sie möglich ist. Auf diesem Hintergrund liegt es nahe zu vermuten, daß auch die „drei Monate im Haus des Zacharias" von gemeinsamer Arbeit, Unterstützung und Versorgung getragen waren. Hier entsteht die Vision einer Überlebensmöglichkeit und eigenständigen Existenz von Frauen außerhalb der patriarchalen Ehe. Die familia dei bietet ein Bild für eine Lebensform, in der eine Ethik von Gegenseitigkeit und Geschwisterlichkeit im Alltag Wirklichkeit werden kann.

Lk 1 als Tradition der Frauen-Ekklesia

Die bisherigen Ausführungen haben deutlich gemacht, daß in Lk 1 Befreiungserfahrungen und -hoffnungen einer konkreten Gemeinschaft zum Ausdruck kommen und das Geschehen zwischen Elisabet und Maria nicht nur als private Begegnung zweier Frauen verstanden werden darf. Viele Hinweise deuten darauf hin, daß die VerfasserInnen in einer größeren Gemeinschaft zu vermuten sind. Wie sieht diese Gemeinschaft aus? Wer sind die AutorInnen und TradentInnen dieses Textes? Der Text bietet einige Hinweise: Die Begegnung findet nur unter Frauen statt, wichtige theologische Inhalte kommen in dem Geschehen zwischen ihnen zum Ausdruck. In dieser Begegnung werden Elisabet und Maria nicht auf ihre Mutterrolle festgeschrieben, auch wenn das Bild der Schwangerschaft auf einen nur Frauen vorbehaltenen Lebensbereich verweist. Hier wird der „Mutterleib" als Ort des Heilshandelns Gottes beschrieben und als Besonderheit wahrgenommen, von der Frauenaktivität ihren Ausgangspunkt nimmt. Die Rolle, die Elisabet für die Gemeinschaft spielt, charakterisiert diese in besonderer Weise: Sie ist als „Verwandte" der Maria Teil der Nachfolgegemeinschaft. Sie ist mit Heiligem Geist erfüllt, als Prophetin, die fest in der jüdischen Tradition verwurzelt ist, spricht sie ein Christusbekenntnis. Indem sie Maria in die Gemeinschaft aufnimmt, demonstriert sie die Ablehnung gesellschaftlicher Normen, die sowohl Kinderlosigkeit (als sozialen

---

[72] Vgl. zu dieser Stelle Ivoni Richter Reimer 1992, 55-90; vgl. auch Luise Schottroff 1996.

Tod) als auch uneheliche Schwangerschaft (als Ehebruch) verurteilen, sie spricht Elemente, die an einen Gottesdienst denken lassen. Im Vertrauen auf Gottes Verheißungen ist sie Subjekt der Heilsgeschichte Gottes. Die Tatsache, daß viele der Handlungen und Worte Elisabets denen von Jesus bzw. des Auferstandenen entsprechen, verdient besondere Beachtung. Einmal wird damit sicher auf die Bedeutung von Elisabet verwiesen, andererseits geben diese Parallelen aber auch Auskunft über die Christologie der VerfasserInnen. Die alte Elisabet, die Prophetin und „Vorläuferin", die wohl auch nach dem Tode Jesu die Bewegung weiterführt, wird dem Bild Jesu an die Seite gestellt. Die Vermutung liegt nahe, daß die VerfasserInnen von Lk 1 Jesus als Messias und Propheten verstanden haben, dessen Wirkungszeit in einer langen Tradition gestanden hat, die nach seinem Tod weitergeführt wird. Das kommt besonders im Magnificat zum Ausdruck, in dem das Heilshandeln Gottes in der Geschichte beschrieben wird. In bezug auf diese Frage wird die Untersuchung prophetischer Traditionen, die in der Person der alten Prophetin Hanna im Tempel (vgl. Lk 2,36-38) sichtbar werden, weiterführende Ergebnisse bieten. Daran wird sich eine ausführliche Diskussion der VerfasserInnenfrage unter Einbeziehung der anderen Traditionen des lukanischen Sonderguts anschließen.

Sechstes Kapitel
Hanna - die alte Prophetin im Tempel

In diesem Kapitel wird eine Frau im Mittelpunkt stehen, die in unserer Wissenschaftstradition wie Elisabet ebenfalls fast unbekannt ist: die alte Prophetin Hanna. In der Alten Kirche war sie eine verehrte Frau, deren Frömmigkeit hochgeschätzt und die zum Vorbild für christliche Witwen und Prophetinnen wurde. Doch danach ist sie fast in Vergessenheit geraten. Wer war diese Frau? Was berichtet das Lukasevangelium über sie? Was hat die alte Prophetin im Tempel zu sagen?

1. Forschungsüberblick

Der kurze Abschnitt, der über die Prophetin Hanna berichtet, steht im Zusammenhang des Tempelbesuchs von Maria, Josef und Jesus anläßlich des Reinigungsopfers Marias nach der Geburt ihres Sohnes (vgl. VV.22-39). Dorthin kommt auch der alte Mann Simeon, dem vom Heiligen Geist offenbart worden war, er werde nicht eher sterben, als er den Messias gesehen habe (vgl. VV.25-35). Vom Geist geführt trifft er auf die Eltern Jesu, nimmt das Kind auf den Arm und preist Gott dafür, daß er noch das Heil (*soterion*) schauen dürfe. Nach einem weiteren prophetischen Wort Simeons über das Schicksal Marias wird Hanna vorgestellt und von ihrem Handeln berichtet (vgl. VV.36-38). Der Abschnitt schließt mit der Notiz, daß die Eltern Jesu, nachdem sie alles getan hätten, was die Tora Gottes verlangte, nach Nazareth zurückkehrten (vgl. V.39).

Im folgenden werde ich auf den Gesamtzusammenhang des Kapitels nur dann zu sprechen kommen, wenn es für die Frage nach der Bedeutung Hannas notwendig wird. Ansonsten werde ich mich schwerpunktmäßig mit den VV.36-38 beschäftigen. Im vorangegangenen Kapitel ist vielfach auf die Geistbegabung und prophetischen Reden von Elisabet und Maria hingewiesen worden. Doch werden diese im Gegensatz zu Hanna an keiner Stelle explizit als Prophetinnen bezeichnet. Hanna wird als Prophetin vorgestellt, die zu allen spricht, „die auf die Befreiung Jerusalems warten". In diesem Zusammenhang stellt sich die Frage nach Traditionen von Frauenprophetie des Ersten Testaments und der neutestamentlichen Zeit, in die sie eingebunden ist. Bezeichnet dieser Titel ein besonderes Amt? In welchem Verhältnis steht die Prophetie von Frauen zur Prophetie von Männern? Welche Bedeutung kommen Hanna und ihrer Verkündigung im Gesamtzusammenhang von Lk 1.2 zu? Hanna hält sich im Tempel auf, wo sie Gott mit Beten und Fasten dient. Welchen Stellenwert im täglichen Geschehen am Tempel nimmt sie ein? Welchen Dienst verrichtet sie dort? In V.38 wird von ihrer prophetischen Rede berichtet, die sie vor all denen hält, die auf die Befreiung Jerusalems warten. Wer sind diese Menschen? Wor-

auf warten sie konkret; was ist mit *lytrosis* (Befreiung/Erlösung) gemeint? In diesem Zusammenhang stellt sich die Frage nach den Messiasvorstellungen und -erwartungen im Judentum dieser Zeit, an die Hanna in ihrer Rede anknüpft. Was bedeutet es, daß Simeon (vgl. 2,25-35) und Hanna den neugeborenen Jesus als Messias verkünden? Der Untersuchung der Literatur zu Lk 2,36-38 und zur Person Hannas möchte ich folgende Fragen voranstellen, die an diese Überlegungen anknüpfen:
1. Wird Hanna in der Literatur als Prophetin wahrgenommen? Wird auf Traditionen von Frauenprophetie eingegangen?
2. Welche Bedeutung kommt in den Ausführungen ihrem Dienst im Tempel zu? Wie wird er beschrieben und eingeordnet?
3. Hanna spricht zu all denen, die auf die Erlösung/Befreiung Jerusalems warten. Was wird über die messianischen Traditionen ausgesagt, an die sie in ihrer Rede anknüpft?
4. Welche Bedeutung wird dem hohen Lebensalter Hannas zugeschrieben?

Die feministische Diskussion

Bei meiner Durchsicht exegetischer feministischer Literatur habe ich keinen Entwurf gefunden, der Lk 2,36-38 in den Mittelpunkt der Untersuchung stellt. Der Aufsatz von Ruth Albrecht (1988), der sich speziell mit Hanna beschäftigt, ist in erster Linie aus einer kirchengeschichtlichen und gegenwartsbezogenen Perspektive verfaßt. Im folgenden werde ich die Ausführungen zu Hanna, die sich im Zusammenhang mit anderen Themen finden und sie am Rande oder als Beispiel erwähnen, anhand der oben entwickelten Fragen zusammenstellen und auswerten.

Die Prophetin Hanna
In ihrem Lukas-Kommentar geht Turid Karlsen Seim (1994) im Zusammenhang einer Untersuchung von asketischen Idealen im Lukasevangelium auch auf Hanna ein (vgl. 758). Sie beschreibt sie dabei allerdings nicht als Prophetin, sondern lediglich als Witwe (vgl. 754). Ihre prophetische Rede und die anderen über sie gegebenen Informationen dienten nach Ansicht Karlsen Seims nämlich lediglich als Hintergrund für deren Präsentation als ideale Witwe. Diese Darstellung habe ihre Wurzeln in jüdischen Frömmigkeitsvorstellungen, die in der Beschreibung von Judit begegnen und in 1 Tim 5,3-16 erneut aufgegriffen werden. Wichtig sei ihre lange Witwenschaft, um deutlich zu machen, daß sie sich nicht wieder verheiratet habe: „Hannah is thus first and foremost an ascetic figure, and she represents a model even for young women." (758) Ich frage mich, ob sich diese Behauptungen auch dann noch aufrechterhalten lassen, wenn die Notizen über ihr Leben und die Titulierung als Prophetin nicht nur als unbedeutende Hintergrundbeschreibung verstanden werden. Wird Hanna wirklich nur als Vorbild für asketisch lebende Witwen erwähnt? Kann Prophetie (von Frauen) tatsächlich als derart nebensächlich verstanden werden, daß auf ihre Botschaft kaum mehr geachtet werden muß?

Brigitte Kahl (1987) sieht in Hanna Eigenschaften und Zuschreibungen, die zuvor Elisabet und Maria zukamen, in einer Person vereinigt (vgl. 128). Neben dem Alter und der Erwähnung der Ehe (Pendant zu Elisabet) werde ihre Jungfrauenschaft (Pendant zu Maria) erwähnt, zugleich werde auf ihre beiden Frauen entsprechende theologische Qualifikation verwiesen. Auf die Bedeutung dieser Bezeichnung als Prophetin, auf die sie in diesem Zusammenhang lediglich anspielt, geht sie im weiteren nicht ein.

Ruth Albrecht (1988) stellt fest, daß Hanna die einzige Frau im neutestamentlichen Kanon sei, die Prophetin genannt wird und zugleich auch prophetisch handelnd in Erscheinung tritt (vgl. 132-134). Sie stellt sie in den Zusammenhang mit den Ereignissen um die Geburt und Kindheit Jesu, in denen bereits andere prophetisch redende Menschen eine wichtige Rolle gespielt hätten: Elisabet, Maria, Zacharias und Simeon. Nur sei ihre Rede nicht überliefert. Ruth Albrecht bezeichnet Hanna als auf der Schwelle stehend: „geprägt von Vorbildern des Alten Testaments, wird sie wiederum zum Leitbild für Frauen der christlichen Gemeinden." (134) Hanna sei fest in der Tradition ersttestamentlicher Prophetinnen wie Sara, Mirjam, Debora, Hanna, Abigail, Hulda und Ester verwurzelt. Im Blick auf ihre Rolle im frühen Christentum und in der Alten Kirche bezieht sich Ruth Albrecht allerdings nur noch auf ihre Rolle als Vorbild für christliche Witwen. Sie weist in ihren weiteren Überlegungen auf ein wichtiges Problem hin, das mit dem Verschwinden prophetischer Frauengestalten und ihrer Zurückdrängung verbunden ist. Sie schreibt: „Anna kam mir weit entfernt vor, ich hatte mich kaum mit ihr beschäftigt und konnte mir unter einer Prophetin, die ihr Leben in der Nähe des Jerusalemer Tempels verbrachte, wenig vorstellen." (136) Zur Beschreibung Hannas zieht sie dann eine Person aus ihrer Kindheit, eine alte Tante Anna, heran, die im selben Haus wie sie gelebt hatte: sie „gehörte einfach dazu und kam jeden Tag, sie war einfach da (...)" (137) Auch die Prophetin erscheint recht unauffällig: „Anna zieht sich auf der einen Seite zurück, in den Tempel, sie fastet und betet, kehrt sich nach innen." (138) Zwar beschreibt Ruth Albrecht im Anschluß daran diese Wendung nach innen auch als Öffnung gegenüber Gottes Zukunft, als Leben mit und für das Volk, doch bleibt die Prophetin eine eher unscheinbare Gestalt: „sie ist einfach da im Tempel." (138)

Ich habe diesen Entwurf so ausführlich wiedergegeben, um auf einige Probleme hinzuweisen, die sich für eine Wiederentdeckung der Person Hannas und die Frage nach ihrem Leben und ihrer Bedeutung ergeben. Einmal fehlt uns eine konkrete Vorstellung von Prophetinnen, ihrer Verkündigung und ihres Lebens. In der herrschenden Wissenschaftstradition sind sie so gut wie nicht im Blick gewesen. Es fehlt uns das Wissen um Traditionen, Personen und die Auseinandersetzungen, in die sie sich eingemischt haben: in Lk 2,36-38 sind wir mit Hannas Schweigen konfrontiert, ohne zu wissen, ob sie erst nachträglich zur Wortlosigkeit verurteilt wurde, indem ihre Rede getilgt wurde. Vielleicht war ihre Person aber auch so bekannt und anerkannt, daß die Erwähnung ihres Namens ausreichte, um die Inhalte ihrer Rede deutlich zu machen. Die knappen Informationen über ihren Dienst im Tempel und ihre Gebete wirken zunächst so blaß, daß auch Hanna als Person zunächst ganz unscheinbar in den Hintergrund rückt. Ich möchte in meiner Untersuchung fragen, ob die Notizen in Lk 2,36-38 nicht doch den Blick auf eine ganz andere Erscheinung eröffnen können: Wer ist diese Prophetin, die die Befreiung Jerusalems verkündet?

Hannas Dienst im Tempel
Untersuchungen, die sich mit dem Dienst Hannas im Tempel, ihren Aufgaben und deren Bedeutung befassen, habe ich nicht gefunden. In der Exegese wird deshalb auf diesen Punkt besonderer Wert zu legen sein.

Die messianische Verkündigung Hannas
Brigitte Kahl (1987) verweist in ihren Ausführungen auf die parallele Figurenkonstellation in Lk 1.2: Elisabet - Zacharias, Maria - Josef, Simeon - Hanna. Während Elisabet und Maria in Lk 1 jedoch redeten und handelten, werde Hanna schweigend dargestellt, sie wirke wie eine Dublette zu Simeon (vgl. 142). Sie sieht darin die Absicht des Lukas ausgedrückt, zu demonstrieren, daß nach einer kurzen Aufbruchs- und Umbruchsphase, in der die Rede der „Mütter" der Stummheit und dem Ungehorsam der „Väter" gegenübergestellt wurde, das Redeprimat wieder an die „Väter" gehe. „So gesehen wäre in der Gestalt der Hanna und ihrer - gemessen an Lk 1,26-60 - klaren Unterordnung unter Simeon genau das in den Anfang zurückprojiziert, was die künftige Rolle der Frau im Raum der Ekklesia sein wird." (145) Wird mit der Person Hannas tatsächlich die Unterordnung von Frauen unter Männer dargestellt? Wird sie durch ihre Beschreibung Simeon untergeordnet? Ist die Erwähnung ihrer nicht überlieferten Rede wirklich nur als Hinweis darauf zu verstehen, daß die Redekompetenz an die „Väter" zurückgegeben wird? Auf die möglichen Inhalte der Rede geht Brigitte Kahl im weiteren nicht ein, sie stellt aber im Vergleich mit dem Magnificat fest, daß in der Verkündigung des Heidenevangeliums Simeons alle politischen und sozialen Implikationen getilgt seien: „Dies entspricht der Gesamttendenz von Lk 2 als eines durchgängig ‚väter- und kaisergehorsamen' Kapitels." (145) Hieße dies für die Rede Hannas zu all denen, die auf die Befreiung Jerusalems warteten, daß auch sie Väter- und Kaisertreue verkündete?
Luise Schottroff (1994) stellt dies anders dar, sie kommt im Zusammenhang der Frage nach den Inhalten von Frauenprophetie auch auf Hanna zu sprechen (vgl. 211-218). Sie beschreibt diese als Prophetin, die im Anschluß an die messianische Verkündigung Simeons das eschatologische Heil verkündet: „Im Sinne des Lukas wird ihre eschatologische Botschaft so vorzustellen sein wie die des Magnificat der Maria (1,46-55). Die Befreiung Israels bedeutet, daß die Hungrigen satt werden und die ungerechten Gewaltherrscher von den Thronen stürzen." (212) Sie vertritt die These, daß die Verkündigung der Prophetinnen in den ersten Jahrhunderten eng mit dem Evangelium der Armen verknüpft sei, und zitiert dazu Belege aus dem Targum Jonathan, den Kerygmata Petrou und der syrischen Didaskalia.

Wie die Rede Hannas und deren Inhalte zu verstehen sind, wird in der Exegese ein Schwerpunkt der Untersuchung von Lk 2,36-38 sein.

Die alte Frau Hanna
Turid Karlsen Seim (1994) betont ausdrücklich, daß das hohe Alter Hannas keine Bedeutung an sich habe, sondern nur ihre lebenslang andauernde Witwenschaft beschreiben soll: „Not even Hannah's advanced age represents anything other than a superficial correspondence: for even if she now is a very old widow, she has been a widow for most of her life." (758) Ruth Albrecht (1988) sieht Hanna durch die Erwähnung ihres hohen Alters und die anderen biographischen Notizen als Symbolfigur weiblicher Integrität: „Die Prophetin führte drei voneinander unterscheidbare Leben, sie war Jungfrau, Ehefrau und Witwe." (138) Als alte Frau, die selbst keine Nachkommen mehr gebären konnte und deshalb keinen Platz im sozialen Gefüge mehr gehabt hätte, gäbe sie - selbst dem Tode nahe - ihren Segen einem fremden Neugeborenen. Damit überlasse sie ihre Zukunft der Heilsgeschichte Gottes: „Die dreifach sich Wandelnde hat ihren Ort sowohl gegenüber Gott als auch den Menschen gefunden (...)" (138)
Insgesamt ist im Blick auf das Alter Hannas ein ähnlicher Befund wie bei Elisabet zu konstatieren: ihre Bedeutung als alte Frau bleibt in den Entwürfen unklar. In der Exegese soll nach ihrer Verbindung zu Elisabet, den Ähnlichkeiten und Unterschieden zwischen den beiden Frauen, und ihrer Verwurzelung in ersttestamentlichen Traditionen gefragt werden.

Die nicht-feministische Diskussion. Kritische Durchsicht von Kommentaren zu Lk 2,36-38

Im folgenden werde ich aktuelle deutschsprachige Kommentare anhand der oben entwickelten Fragen untersuchen und auswerten.

Die Prophetin Hanna
In allen von mir bearbeiteten Kommentaren wird Hanna Prophetin genannt, wie dies der Bibeltext vorgibt. Doch sind die Aufmerksamkeit und der Stellenwert, die ihrer Prophetie zukommen, durchgängig sehr gering.
Eduard Schweizer (1982) bezeichnet Hanna in seiner Auslegung zu den VV.36-38 sogar lediglich als Witwe, ihre Verkündigung wird nicht als eine prophetische charakterisiert (vgl. 238). In einer nachfolgenden Bemerkung nennt er sie dann einmal Prophetin, ohne jedoch weiter auf ihre prophetische Verkündigung einzugehen. Bei Wolfgang Wiefel (1988) ist ebenfalls festzustellen, daß er Schwierigkeiten mit dem Titel Prophetin hat. Wenn er auf Hanna zu sprechen kommt, nennt er sie eine „als Prophetin gekennzeichnete Frau" (77.80). Seine Skepsis hinsichtlich ihrer Position als prophetische Verkünderin wird zudem darin deutlich, daß er die Rolle als Zeugin, die er ihr zuschreibt, als „auffallend angesichts der mangelnden Zeugnisfähigkeit der Frau im Rabbinat" (80) bezeichnet. Anschließend stellt er Hanna dann doch in die Reihe

der Prophetinnen des Ersten Testaments und verweist auf die besondere Würde, die ihr damit zukomme. Auf den Inhalt ihrer prophetischen Verkündigung geht er in diesem Zusammenhang jedoch nicht ein. François Bovon (1989) gibt bereits in der Einleitung zur gesamten Perikope zu verstehen, daß der Prophetie Hannas keine besondere Aufmerksamkeit zukommen brauche. Daß über den Inhalt des Gebetes und der Predigt Hannas nichts gesagt werde, bedeute für ihn einen Rückschritt im Vergleich zu dem Abschnitt über Simeon. „Von daher messe ich der Episode mit der Prophetin, deren heilsgeschichtliche Tragweite in der wunderbaren Begegnung des greisen Simeon mit dem jungen Messias liegt, die Funktion des Chorschlusses zu." (137) Zwar nimmt er Bezug auf ihr Gebet und ihre prophetische Predigt, einen Zusammenhang mit Jesus, den auch sie als Messias verkündigt, stellt er mit keinem Wort her. Das Zusammentreffen mit den Eltern und dem Kind wird nicht einmal erwähnt. Die geringere Bedeutung Hannas im Vergleich zu Simeon schreibt Bovon einem soziologischen Statusunterschied zwischen Mann und Frau im damaligen Judentum zu: „Der Mann ist bestimmt durch das, was er ist. Diesem Blick nach *innen* steht bei der Frau der Blick nach *außen* gegenüber: Hanna bekommt ihre Identität durch ihre Herkunft (...), ihr Alter (...) und ihre soziale und religiöse Stellung" (148). Er äußert im Anschluß an diese Ausführungen die Vermutung, daß das Schweigen des Lukas über die Worte Hannas diesem Statusunterschied Rechnung trage: „Mehr über Hanna will oder kann uns Lukas nicht erzählen." (150) Walter Schmithals (1980) geht davon aus, daß die Szene, in der von Hanna die Rede ist, der Simeonerzählung nachgebildet worden sei. Denn als „Evangelist der Frauen" wollte Lukas neben einen frommen Mann auch noch eine fromme Frau stellen (vgl. 46). Auf ihre Rolle als Prophetin geht er in seinen Ausführungen nicht ein, sondern stellt lediglich fest, daß Hanna im Unterschied zu Simeon wenig zu sagen habe, „was bei einer Prophetin überrascht" (45). Heinz Schürmann (1969) bestreitet sogar, daß Hanna bereits vor der Begegnung mit Jesus öffentlich als Prophetin gewirkt habe. Er setzt daher auch den Titel Prophetin in Gänsefüßchen: „‚Prophetin' war Anna wohl schon vor jener Begegnung (...), aber es bleibt fraglich, ob sie als solche öffentlich aufgetreten ist. Recht eigentlich wurde sie es in jener Stunde, als sie sich der Gruppe mit dem Kind zugesellte." (130-131) Die Begründung für das Schweigen über die Worte ihrer Predigt ist für ihn ganz einfach. Sie würden nicht mitgeteilt, „wohl weil denen des Simeon nichts mehr hinzuzufügen ist." (131)

Diese Durchsicht der Kommentare zeigt, daß der Rolle Hannas als Prophetin und ihrer Verkündigung wenig Aufmerksamkeit geschenkt wird. Es wird nicht einmal darauf hingewiesen, daß Hanna im Gegensatz zu Simeon und den anderen prophetisch Redenden in Lk 1.2 als einzige den Titel einer Prophetin trägt. Das Verhältnis zur Prophetie von Männern, die im Ersten Testament und auch in den neutestamentlichen Texten eine wichtige Rolle spielt, wird in keinem der Kommentare angesprochen. Zwar wird vereinzelt auf Traditionen von weiblicher Prophetie hingewiesen, doch weder werden Inhalte noch deren Stellenwert thematisiert. Allein die Tatsache, daß die Worte des Gebetes und der

Rede Hannas nicht überliefert sind, läßt die Kommentatoren schließen, daß diese deshalb nicht von besonderer Bedeutung sein können. Bovon leitet daraus sogar einen Statusunterschied zwischen Simeon und Hanna ab, obwohl dieser in dem Text an keiner Stelle ausgedrückt wird. Die besondere Wertschätzung, die in der Beschreibung ihrer Herkunft, ihres Lebenslaufes und ihres Dienstes im Tempel zum Ausdruck gebracht wird, wird hingegen nicht wahrgenommen.

Hannas Dienst im Tempel
Über Hannas Dienst im Tempel ist in den von mir bearbeiteten Kommentaren so gut wie nichts zu erfahren.
Aufgrund der Notiz, daß sie seit dem Tode ihres Mannes als Witwe im Tempel ihren Dienst tue, wird dieser in den meisten Kommentaren mit einem besonderen Witwenamt in Verbindung gebracht. Eduard Schweizer (1982) verweist darauf, daß ihr „Dienst der Fürbitte" für den christlichen Witwenstand zum Vorbild geworden sei (vgl. 38). Auch nach François Bovon (1989) entspricht Hanna dem Ideal der jüdischen und christlichen Witwe. Der Verzicht auf eine Wiederverheiratung und ihr frommer Lebenswandel zeichneten sie aus: „Natürlich hat sie nicht jede Minute gebetet und gefastet." (149) Er geht davon aus, daß sie in der Tempelanlage gelebt habe, weil sie im Gegensatz zu Simeon nicht erst hereinkommen mußte. Für Wolfgang Wiefel (1988) repräsentiert Hanna als Betende und Fastende Tempelfrömmigkeit. Er verweist auf einen solchen Dienst von Frauen, den die jüdische Überlieferung kenne - ohne jedoch konkreter darauf einzugehen oder diesen zu beschreiben. Jakob Kremer (1988) schreibt die Notiz über das ständige Verweilen der Witwe Hanna, die dem im Norden Palästinas angesiedelten Stamm Ascher angehörte, einer zum Teil mangelnden Kenntnis der geschichtlichen Situation zu (vgl. 41). Wie diese nach seiner Ansicht wirklich ausgesehen habe, sagt er jedoch nicht. Heinz Schürmann (1969) hingegen schreibt die Angaben über Hanna einer Jerusalemer Lokaltradition zu. „Sie war eine allen Tempelbesuchern bekannte Persönlichkeit, deren tägliches Fasten und deren Tempelgänge auffielen." (130) Man dürfe dabei aber nicht an eine Art klösterliches Leben im Tempelbezirk denken, wo sie bestimmte Dienste zu verrichten gehabt hätte. Sie sei bewußt als Vorbild des christlichen Witwenstandes geschildert.
Das Bild Hannas, das sich aus der Durchsicht der Kommentare ergibt, ist das einer frommen alten Frau, die betet und fastet, in ihrer Tätigkeit aber nicht genauer betrachtet werden muß. Sie bleibt in den Beschreibungen blaß und unscheinbar. Beim Lesen der Kommentare kam mir das heute übliche Klischee von den alten Frauen in den Sinn, die den Großteil der sonntäglichen Gottesdienstgemeinde bildeten und über die meist etwas abschätzig gesagt wird, daß sie den Inhalt der Predigten doch wohl kaum verstünden. Sie werden registriert, aber kaum beachtet. Ich frage mich, ob nicht genau dieses Bild hinter den Ausführungen der Kommentatoren steht, das es ihnen schwer macht, eine auch für die Tempelgemeinschaft wichtige religiöse Handlung in der Notiz über den Dienst Hannas zu sehen. Nach der Bedeutung ihrer Gebete und ihres

Fastens wird ebensowenig gefragt, allein die Notiz, daß sie Witwe sei, wird ausführlich kommentiert. Allerdings wird auch hier nicht deutlich, worin ihre besondere Vorbildfunktion für ein christliches Witwenamt bestanden habe.

Die messianische Verkündigung Hannas
Weil der Wortlaut der Verkündigung Hannas nicht überliefert ist, wird deshalb auf diese auch so gut wie nicht eingegangen. Meist wird lediglich die Notiz in V.38 paraphrasiert, in der ausgesagt wird, daß sie zu allen redete, die auf die *lytrosis* (durchgängig mit Erlösung übersetzt) Jerusalems warteten. Wer damit gemeint sein könnte, ist allerdings strittig. Heinz Schürmann (1969) sieht in den Wartenden den kleinen Kreis derer, die von der nahen Zukunft das messianische Heil erwarteten. In diesem Sinne sei Hannas Prophetie nicht als eine öffentliche zu verstehen: „Es ist Geheimwissen, auf Zukunft hin erzählt - das nachösterlich als pneumatische Glaubensbestätigung gelesen sein will." (131) Nach Eduard Schweizer (1982) ist es ein kleiner Kreis von Zionswächtern, der sich um sie scharte (vgl. 36). Jakob Kremer (1988) hingegen betont, daß sich ihre Worte an alle richteten, die die Erlösung Israels erwarteten, nicht nur an die Tempelbesucher (vgl. 41). Wolfgang Wiefel (1988) sieht zwar auch ganz Israel als Ziel der Erlösung, versteht in der Notiz in V.38 aber in erster Linie einen Hinweis auf den Ursprungsort der Tradition (vgl. 81). François Bovon (1989) geht etwas ausführlicher auf den Begriff *lytrosis* ein, der heilsgeschichtlich, juristisch und liturgisch die eschatologische Befreiung bezeichne (vgl. 149). Auf diese warteten viele in Jerusalem, das für das ganze Volk stehe. Aus dem weiteren Kontext des jeweiligen Kommentars wird ersichtlich, was nach Ansicht der Autoren unter Erlösung zu verstehen ist. François Bovon beschreibt die theologische Botschaft des Lukas im Zusammenhang der Verkündigung Simeons folgendermaßen: „Der Christusglaube ist die legitime Antwort auf die legitime jüdische Erwartung." (141) Jesus werde die Erlösung Israels erfüllen, weil er als „heilig" zu Gott gehöre (vgl. 151). Wie Simeon glücklich das noch hilflose Kind in die Arme schließt, so „sollte in der Zeit der Kirche das jüdische Volk die christliche Botschaft empfangen." (142) Jesus sei das Licht für alle Völker und für Israel, weil er das Heil bringe. Diese Interpretation der VV.29-32 ist Konsens in den von mir bearbeiteten Kommentaren.
Verkündigt Hanna in ihrer nicht überlieferten Rede denen, die auf die „Erlösung" Jerusalems/Israels warten, tatsächlich einen christlichen Messias Jesus, der die jüdischen Erwartungen erfüllt und deshalb auch von ihnen angenommen werden sollte? Repräsentiert sie mit ihrer Verkündigung bereits eine christliche Kirche, die sich vom Judentum durch ihren christlichen Glauben abgrenzt? Diese Fragen müssen in einer ausführlichen Exegese unter Einbeziehung einer Untersuchung der jüdischen Messiasvorstellungen dieser Zeit geklärt werden. Insbesondere ist dabei nach antijudaistischen Implikationen der Behauptung eines christlichen Messias als Erfüllung jüdischer Verheißungen und Erwartungen zu fragen.

Die alte Frau Hanna

Bei der Altersangabe Hannas ist nicht eindeutig zu klären, ob die 84 Jahre ihr gegenwärtiges Alter oder die Dauer ihrer Witwenschaft bezeichnen. Die Kommentare, die davon ausgehen, daß sie 84 Jahre alt ist, begründen dies grammatisch: „Wegen *eos* mit Genitiv ist 84 eher ihr gegenwärtiges Alter als die Dauer der Witwenschaft."[1] Wenn man jedoch 84 Jahre als Dauer ihrer Witwenschaft versteht, sieben Jahre Ehe hinzurechnet und von einem Verheiratungsalter zwischen 12-14 Jahren ausgeht, wäre Hanna bereits 103-105 Jahre alt.[2] Dieses Alter würde etwa dem Judits entsprechen, die 105 Jahre alt wurde. Auch sie war Witwe, die sich nach dem frühen Tod ihres Mannes nicht wieder verheiratet hatte (vgl. Jdt 16,22-23).

Über diese Diskussion hinaus bieten die Kommentare recht wenig in bezug auf das Alter Hannas. Wolfgang Wiefel (1988) vermerkt in bezug auf Simeon und Hanna recht vage: „Daß diese beiden Repräsentanten der wartenden Gemeinde offenbar im höchsten Alter stehen, soll wohl zeichenhaft erscheinen." (77) Für ihn ist der greise Simeon Repräsentant einer „alten Prophetie" (vgl. 79). Nach Heinz Schürmann (1969) sind die prophetischen Mitteilungen „aus dem Munde ehrwürdiger Gestalten, des greisen Simeon und der uralten Anna, das Offenbarungsereignis für die Gemeinde (...), so daß es zu Bekenntnisaussage und Glaubensentscheidung kommen kann." (120) Mit dem Bild des greisen Simeons, der das neugeborene Kind auf dem Arm hält, werde zum Ausdruck gebracht, daß hier die alte und die neue Zeit aufeinandertreffen: „hier geht die Erwartungszeit in die messianische Zeit über (...)" (124) François Bovon (1989) thematisiert in bezug auf Simeon die Bedeutung des hohen Alters und stellt die Erzählung in den Zusammenhang des Motivs des Greises, der noch etwas Besonderes erlebt, welches sich in der griechischen Literatur und im Ersten Testament häufig finden lasse: „Immerhin stehen wir jedoch vor bekannten Elementen, die Lukas kunstvoll anwendet, um einen bedeutenden Übergang vorzubereiten." (138) Was dieses „bekannte Element" inhaltlich im Zusammenhang von Lk 2 zum Ausdruck bringen will, bleibt hier allerdings offen. In den anderen von mir bearbeiteten Kommentaren wird nicht weiter auf das hohe Lebensalter Hannas bzw. Simeons eingegangen.

Es erstaunt, daß in keinem der Kommentare Bezug darauf genommen wird, daß in Lk 1 auch bereits zwei alte Menschen, Elisabet und Zacharias, im Mittelpunkt standen. Es wird keine Verbindung zu ihnen gezogen. Eine mögliche Anknüpfung an eschatologische Traditionen des Ersten Testaments wird ebenfalls nicht erwogen. Auch wird nicht deutlich, ob das Alter irgendeine besondere Bedeutung haben könnte, es sei denn, um damit auszudrücken, daß Altes durch Neues abgelöst werde. Sind Simeon und Hanna tatsächlich als RepräsentantInnen einer „alten Prophetie" und einer „alten Zeit" zu verstehen, die mit dem Kommen Jesu abgelöst ist und die Zuhörenden vor die Glaubensent-

---

[1] François Bovon 1989, 149. Vgl. auch Walter Schmithals 1980, 45.
[2] So: Eduard Schweizer 1982, 38; Heinz Schürmann 1969, 130; Wolfgang Wiefel 1988, 80-81; und Jakob Kremer 1988, 41, legen sich nicht fest.

scheidung stellt? Auch hier muß nach den antijudaistischen Mustern einer solchen Auslegung gefragt werden, die im Kommen Jesu in erster Linie die Ablösung „des Alten (Testaments)" durch „das Neue" des Christentums versteht.

2. Hanna - Gebet und Widerstand. Eine Exegese von Lk 2,36-38

Die Notizen, die sich in den Versen 36-38 über Hanna finden, sind recht knapp. Bei einem flüchtigen Lesen des Kapitels bleiben sie kaum in Erinnerung. ‚Ach, ja, da hat es noch eine alte Frau gegeben ...' Es bedarf vieler Kleinarbeit, um das Leben und die Bedeutung der Prophetin Hanna aus diesen kargen Angaben zu rekonstruieren. Aus den Begriffen, mit denen sie und ihr Tun im Tempel beschrieben werden, spricht jedoch sehr viel. Jeder erzählt ein Stück ihrer Geschichte. Ich möchte dieser nachgehen und sie wie in einem Puzzle Teil für Teil zusammensetzen, indem ich ausführlich nach der Bedeutung dieser Begriffe frage. Im folgenden werde ich die Perikope Lk 2,36-38 versweise exegetisch untersuchen. Die in der Übersetzung mit Hochbuchstaben gekennzeichneten Wörter sollen jeweils im Anschluß genauer betrachtet werden. Inhaltlich werden folgende Schwerpunkte im Mittelpunkt stehen: Traditionen der Prophetie von Frauen, der Dienst Hannas, der durch Fasten und Beten näher beschrieben wird, die Bedeutung des Tempels und der Begriff der Erlösung/Befreiung, der auf jüdische Messiaserwartungen weist. Abschließend soll die Frage nach der Bedeutung des hohen Lebensalters Hannas ausführlich behandelt werden.

V.36 Und da war Hanna, eine Prophetin[a], eine Tochter Penuels aus dem Stamm Ascher. Sie war fortgeschritten in den Tagen[b], sie hatte mit einem Mann sieben Jahre lang nach ihrer Jungfrauenschaft zusammengelebt.

a) Hanna, die Prophetin (*prophetis*)
Hanna wird als erstes als Prophetin bezeichnet, danach folgen Angaben über ihre Herkunft und ihre Biographie. Der folgende Überblick über die Prophetie von Frauen soll zeigen, in welche lange und bedeutende Tradition Hanna durch ihren Titel einer Prophetin gestellt wird. Die Geschichte prophezeiender Frauen reicht von der vorstaatlichen Zeit (Mirjam, Debora ...) über die Königszeit (Hulda) und die nachexilische Epoche (Noadja, Judit, Ester ...) bis in die neutestamentliche Zeit (Elisabet, Töchter des Philippus, Töchter des Ijob[3] ...) und die ersten Jahrhunderte der Kirchengeschichte (Prisca, Maximilla, Ammia ...). Eine vollständige Geschichte der Prophetie von Frauen und ihrer Einbettung in prophetische Traditionen insgesamt kann in Rahmen dieses Kapitels nicht dargestellt werden. Ich möchte deshalb im folgenden einige Prophetin-

---

[3] Zu jüdischen Prophetinnen in der hellenistisch-römischen Epoche vgl. Ross Shepard Kraemer 1992, 109.

nen exemplarisch vorstellen und besonders nach den Inhalten und Grundprinzipien ihrer Verkündigung fragen. In meiner Darstellung beziehe ich mich vor allem auf die feministische Diskussion zu den jeweiligen Stellen, die Prophetinnen erwähnen. Diese werde ich zum Teil referieren und im Anschluß eine eigene Einordnung vornehmen.

Exkurs: Prophetinnen

Prophetinnen im Ersten Testament
Im Ersten Testament werden nur wenige Frauen explizit als Prophetinnen bezeichnet. In der LXX findet sich der Begriff *prophetis* sechsmal: Ex 15,20 (Mirjam); Ri 4,4 (Debora); 2 Kön 22,14; 2 Chr 34,22 (Hulda); Neh 6,14 = LXX: 2 Esra 16,14 (Noadja); Jes 8,3 (namentlich nicht bekannte Prophetin): Gegen prophezeiende Frauen polemisiert Ezechiel (vgl. Ez 13,2-9). Die jüdische Tradition geht von sieben Prophetinnen aus (vgl. b Meg 14b): Sara, Mirjam, Debora, Hanna, Abigail, Hulda und Ester. Neben den im Ersten Testament explizit als Prophetinnen bezeichneten Frauen werden hier auch solche in diese Tradition gestellt, von denen prophetisches Handeln berichtet wird. Das zeigt, daß mit einem größeren Kreis von Prophetinnen als den oben genannten zu rechnen ist. Tereza Cavalcanti (1989) zählt zu diesen noch Tamar, Rut, Judit und die Mutter der sieben Söhne im Makkabäerbuch (vgl. 2 Makk 7): „Thus, in different texts of the Hebrew Bible we see women reminding men of the traditions of the people, and demanding that the law be fulfilled and the rights of the weakest respected. Isn't this prophetic ministry? We know that the prophets fought for this same cause, they were protagonists of justice." (124) Sie beschreibt die Prophetinnen als im Kampf für Gerechtigkeit engagiert, sie ermutigten die Menschen, nicht aufzugeben und selbst aktiv zu werden. Frauen klagten beharrlich das verletzte Recht ein und arbeiteten geduldig für das Erreichen ihres Ziels: „Wisdom is associated with life experience, with the slow learning about life that comes only with age and time. The wise know the importance of historical patience." (125) Gerade in Zeiten, in denen die offizielle Führung des Volkes macht- und hilflos der Krise gegenüberstand, seien Prophetinnen aufgetreten. Richter 5 beschreibt die desolate Situation des Landes, das sich neuen GöttInnen zugewendet hat und unter Fremdherrschaft, Hunger und Not leidet. Debora zieht nun zu dessen Befreiung aus (Ri 5,7): „BewohnerInnen des offenen Landes gab es nicht mehr, es gab sie nicht mehr in Israel bis du dich erhobst, Debora, bis du dich erhobst, Mutter in Israel." Auch die Erzählungen über Rut, Judit, Ester und die der Mutter der Makkabäer seien in solchen Krisenzeiten entstanden (vgl. 126f). Die Tatsache, daß die Mutter der Makkabäer wie viele andere Frauen anonym bleibe, mache deutlich, daß ihr Platz innerhalb des Volkes sei: „Resistance struggles are undoubtly collective struggles." (127) Ihr Kampf sei von Solidarität getragen, sie seien mit dem ganzen Volk verbunden. Die gemeinschaftliche Dimension und ihr Glaube an Gott seien grundlegend für ihr Engagement: „The women who came out of Israel embodied the desire to live, the people's energy, their past,

the reasons for their hope: in short, their faith in the convenant with their God." (138-139) In Liedern und Gebeten wendeten sie sich an Gott und griffen dann aktiv in das politische Geschehen ein, wobei sie häufig ihr eigenes Leben aufs Spiel setzten.

Eine wichtige Prophetin, die eng mit dem Jerusalemer Tempel verbunden ist, vielleicht sogar Tempelprophetin war, ist Hulda (vgl. 2 Kön 22). Sie ist die einzige namentlich bekannte Prophetin der Königszeit, die nach dem Fund eines Gesetzbuches zum König Joschija gerufen wird, um den Inhalt dieser Schrift zu beglaubigen. Sie verkündet in prophetischer Rede den Zorn Gottes über die Stadt. „Mit ihrer Ankündigung des unabänderlichen Unheils gehört Hulda in die deuteronomistische Prophetentradition und erweist sich in der Schau des ‚Prophetengesetzes' (5.Mose 18,9-20) als wahre Prophetin, deren Unheilsworte sich erfüllt haben."[4] Als Beraterin des Königs ist sie eine herausragende Gestalt, die die Grundlagen für die bedeutende josianische Reform liefert. Im Buch Jeremias, der einer ihrer Zeitgenossen war, wird Hulda jedoch nicht erwähnt: „Ist sie vielleicht als machtvolle Konkurrentin bewußt verschwiegen worden?"[5] Von Konkurrenzsituationen zwischen weiblichen und männlichen ProphetInnen zeugen weitere Stellen: In Neh 6,14 wird die Prophetin Noadja als Gegenspielerin Nehemias beschrieben. Sehr aufschlußreich ist auch die Polemik Ezechiels in Ez 13,17-21 gegen prophezeiende Frauen, die eine andere Position als er vertreten. Renate Jost (1994) vermutet, daß sie im Zusammenhang der Verehrung der Göttin Ischtar anzusiedeln seien. Auf jeden Fall wende sich die Kritik Ezechiels gegen magische Praktiken von Prophetinnen, die nicht Mitglieder des „offiziellen" Kultus gewesen seien. „Unabhängig davon, ob die Prophetinnen im Namen der Ischtar oder im Namen JHWHs weissagten, waren sie offensichtlich so einflußreich, daß sie in der ökonomischen und religiösen Krise nach 587 v.Chr. für die priesterlichen Kreise, in denen das Ezechielbuch entstanden ist, zu einer bedrohlichen Konkurrenz werden konnten und noch heftiger als ihre männlichen Kollegen bekämpft wurden." (64)

Die nachbiblisch-jüdische Sicht von Frauenprophetie
Um die Traditionen, in die Hanna eingebettet ist, erschließen zu können, ist es interessant, nach Berichten über Prophetinnen und die verschiedenen Formen von Prophetie in der Zeit des Zweiten Tempels und danach zu fragen. Daneben soll ein Blick auf die jüdische und rabbinische Rezeption der Erzählungen über Prophetinnen zeigen, daß diese Traditionen auch in neutestamentlicher Zeit lebendig waren. Antoinette Clark Wire (1990) bietet in ihrer Studie über Prophetinnen in Korinth eine Zusammenstellung von Texten, die Prophetie von Frauen erwähnen. Sowohl im römisch-hellenistischen als auch im jüdischen und frühchristlichen Bereich sind prophezeiende Frauen bekannt. Es gibt Berichte über ihre Visionen, Offenbarungen, Lehren und Beschreibungen ihres

---

[4] Marie-Theres Wacker 1988, 93.
[5] Renate Jost 1994, 62.

Kultes und ihrer prophetischen Praxis (vgl. 237-269). Ich möchte im folgenden insbesondere auf die jüdische Literatur der Zeit des Zweiten Tempels eingehen und danach fragen, welche Prophetinnen in dieser Zeit bekannt waren und verehrt wurden.[6] Philo von Alexandrien beschreibt das prophetische Handeln von Zippora, Mirjam und Hanna; Pseudo-Philo berichtet in diesem Zusammenhang von Melcha (einer Tochter Ruts), Mirjam und Sedecla (der Frau von Endor). Josephus nennt Debora, Abigail und Hulda. Im Testament Ijob wird den Töchtern Ijobs: Hemera, Cassia und Amaltheias-Keras prophetisches Handeln zugeschrieben.

Leila Leah Bronner (1994) zeigt in ihrer Studie über die rabbinische Rekonstruktion biblischer Frauengeschichten, daß bei den Rabbinen Fragen der weiblichen Prophetie vielfach thematisiert wurden. Ausgehend von b Megilla 14b, wo explizit sieben Prophetinnen genannt werden, untersucht sie die rabbinische Rezeption der Erzählungen von Sara, Debora, Hanna, Abigail, Hulda und Ester. Sara werde besonders häufig erwähnt. „Certainly the sages believed that Sarah was herself a prophetess who, as the Talmud says, ‚discerned by means of the Holy Spirit.'" (164) In verschiedenen Midrash-Traditionen werde sogar vertreten, daß ihr prophetischer Geist stärker gewesen sei als der Abrahams (vgl. Ex Rabba 1,1). Auch Mirjam gelte in der rabbinischen Tradition als Prophetin, der verschiedene Prophezeiungen zugeschrieben werden, obwohl diese in den biblischen Texten nicht überliefert worden sind. Sie habe z.B. die Geburt Mose vorhergesagt und über seine Zukunft prophezeit (vgl. Ex Rabba 1,13). Zusammen mit ihren Brüdern Moses und Aaron werde sie als Führerin des Volkes beschrieben: „In general, however, they portray Miriam as a fearless leader who stands up and defends Israel against destruction by her enemies. She was a prophetess who foretold redemption for her people (...), she spoke up fearless for Israel against friend and foe." (170) Auch Debora werde in der rabbinischen Tradition als Führerin des Volkes dargestellt, auch wenn ihre Eigenständigkeit und Macht dadurch eingeschränkt werde, daß die Frage nach ihrem Ehemann - Lappidoth oder bei manchen Auslegern: Barak - vielfach in den Mittelpunkt gestellt werde. Die Schwierigkeiten, die die Rabbinen mit einer solchen starken Persönlichkeit wie Debora hatten, zeige sich auch darin, daß sie wie Hulda als hochmütig bezeichnet werde (vgl. b Megilla 14b; b Pesach 66a). Bronner macht deutlich, daß das eingeschränkte Frauenbild der Rabbinen ihre Deutung stark beeinflußt: „Although the rabbis acknowledge Debora's greatness as a prophetess, they had difficulties in coming to terms with the idea of a woman acting as a leader of such stature and authority." (174) Auch Ester werde in ihrer Rolle als politische Führerin Prophetin genannt. In bezug auf Hulda werde unter den Rabbinen vor allem diskutiert, in welcher Beziehung sie zu Jeremia gestanden habe und warum nicht er an ihrer Stelle vom König gerufen worden sei (vgl. 174f). Die Führungsrolle einer Frau habe vielen Auslegern Schwierigkeiten gemacht, auch wenn es Äußerungen gebe, die diese als besonders herausragend darstellten (vgl. Targum Jonathan

---

[6] Die genauen Fundstellen sind bei Antoinette Clark Wire 1990, 240-245, aufgeführt.

zu 2 Kön 22). In der Darstellung von Hanna als einer Prophetin werde besonders auf ihr Lied in 1 Sam 2 Bezug genommen. Abigail werde eher als weise Frau, denn als Prophetin beschrieben, was auf eine enge Verbindung von Weisen und ProphetInnen in der rabbinischen Tradition hinweise (vgl. 176f).
Insgesamt zeigten diese Darstellungen, daß das Wissen über prophetisches Handeln von Frauen einen festen Platz im Bewußtsein der damaligen Zeit gehabt haben muß. Trotz aller Schwierigkeiten, die die Rabbinen mit der Vorstellung von machtvollen Frauen hatten, die das Volk anführten und prophezeiten, konnten sie nicht umhin, sie zur Kenntnis zu nehmen und ihre Stärke anzuerkennen. Besonders deutlich wird in ihrer Darstellung der Prophetinnen, daß ihr prophetisches Handeln auch immer mit politischer Aktivität verbunden wird. Prophetinnen treten an die Öffentlichkeit und werden für ihre Taten verehrt. Die Erzählungen über sie werden weitergetragen und aktualisiert, wie besonders das Targum Jonathan in Blick auf Hanna zeigt.

Frauen in prophetisch-messianischen Bewegungen in hellenistisch-römischer Zeit
Über Prophetinnen in hellenistisch-römischer Zeit habe ich leider keine Untersuchungen gefunden. Deshalb werde ich hier auf allgemeine Darstellungen zurückgreifen und im Anschluß danach fragen, ob auch hier prophetisches Handeln von Frauen einen Platz gehabt haben könnte.[7] Besonders in den Schriften von Josephus finden sich Erzählungen über Männer, die als Propheten aufgetreten sind. So beschreibt er eine prophetische Pharisäergruppe am Hofe des Herodes, die zu ihm in Opposition stand.[8] Von pharisäischen bzw. pharisäisch-rabbinischen Propheten wird in den Quellen vielfach berichtet.[9] In diesen Zusammenhang gehört auch das prophetische Auftreten Rabbi Akibas zu Beginn des zweiten jüdischen Aufstandes, der Bar Kochba als Messias verkündete. Josephus berichtet weiter von einem Propheten, der bei der Zerstörung des Tempels durch die Römer etwa 6000 Menschen zum Tempel ruft, um dort Gottes Beistand und Rettung zu erwarten. Sie werden alle von den Soldaten verbrannt.[10] Ein weiterer Prophet namens Jesus, Sohn des Ananus, sei vier Jahre vor Ausbruch des Krieges aufgetreten und habe den Untergang Jerusalems und des Tempels prophezeit. Dieser wird vom römischen Statthalter gefoltert und bei der Belagerung der Stadt durch ein Wurfgeschoß getötet.[11] Weiter berichtet Josephus von messianischen Propheten, die nach dem Vorbild des Mose oder Josuas das Volk führen wollten. „Auch diese Männer und ihre Kreise sind der Überzeugung, daß die in der Heilsgeschichte Israels vorgegebenen Ereignisse am Ende des gegenwärtigen Äons neu verwirklicht werden müssen."[12] Diesen Bewegungen wurde von den Römern schnell ein Ende be-

[7] Zum folgenden vgl. Rudolf Meyer 1959.
[8] Vgl. Flavius Josephus, Jüdische Altertümer, 17,43ff.
[9] Vgl. Rudolf Meyer 1959, 834.
[10] Vgl. Flavius Josephus, Geschichte des jüdischen Krieges, 6,286ff.
[11] Vgl. ebd., 6,300ff.
[12] Rudolf Meyer 1959, 826-827.

reitet, indem sie ihre Anführer hinrichteten.[13] Von Prophetinnen, die als Führungsgestalten innerhalb dieser Gruppierungen aufgetreten sind, findet sich keine Notiz. Entweder hat Josephus sie nicht erwähnt, weil sie nicht in sein (ablehnendes) Bild dieser Bewegungen paßten, oder es hat sie nicht gegeben. Für mich wäre es aber durchaus vorstellbar, daß Frauen nach dem Vorbild Judits, Mirjams oder Deboras aufgestanden sind, um das Volk von der Herrschaft der Römer zu befreien. Im Zusammenhang des Berichts über den Propheten, der bei der Zerstörung Jerusalems eine große Menschenmenge zum Tempel geführt hatte, erwähnt Josephus auch Frauen und Kinder, die sich um ihn versammelt hatten und mit ihm getötet wurden.[14] Daraus ist zu schließen, daß in den prophetisch-messianischen Bewegungen auch Frauen beteiligt waren. Die archäologischen Funde in den Höhlen am Toten Meer aus der Zeit des Bar-Kochba-Aufstandes unterstützen diese These. Das sogenannte Babatha-Archiv beweist, daß auch Frauen unter den Aufständischen aktiv waren und sich am Widerstand beteiligt haben.[15] Weiterhin sind auch die AnhängerInnen Johannes des Täufers und die JüngerInnen Jesu als Mitglieder einer jüdischen messianisch-prophetischen Bewegung zu sehen, die teils als WanderprophetInnen durch das Land zogen, teils in „Häusern" seßhaft waren.[16]

Prophetinnen im Neuen Testament
Im Neuen Testament wird nur zweimal explizit der Titel Prophetin verwendet: in Lk 2,36 für Hanna und in Offb 2,20 für Isebel. Prophetisches Reden von Frauen thematisiert 1 Kor 11,2-16, wo Paulus die Frauen auffordert, beim Prophezeien im Gottesdienst einen Schleier zu tragen. Weiter wird in Apg 2,17 verkündet, daß der Geist der Prophetie über Frauen und Männer ausgegossen wird. In Apg 21,9 ist von den Töchtern des Philippus die Rede, die prophezeiende Jungfrauen genannt werden. Wie im Ersten Testament werden hier unter ProphetInnen VerkünderInnen einer göttlichen, inspirierten Botschaft verstanden.[17] Bei Paulus hat das Charisma der Prophetie einen sehr hohen Stellenwert (vgl. 1 Kor 12-14). Es soll vor allem zur Erbauung der Gemeinde genutzt werden. Die Offenbarungen, die die ProphetInnen von Gott erhalten, können sie selbst nicht beeinflussen. Diese sollen sie so verkünden, daß die Gemeinde sie verstehen und von ihnen lernen kann. Es wurde vielfach diskutiert, ob hinter den neutestamentlichen Texten die Vorstellung stehe, daß alle Mitglieder der Gemeinde nach der endzeitlichen Geistausschüttung, von der Apg 2 berichtet, ProphetInnen seien. David E. Aune (1983) hat in seiner Studie über Prophetie im frühen Christentum plausibel dargestellt, daß diese Vorstellung lediglich als theologisches Diktum zu verstehen sei. „We therefore

[13] Vgl. Flavius Josephus, Jüdische Altertümer, 20,97f.167f.169ff; Geschichte des jüdischen Krieges, 2,258ff; 7,437ff.
[14] Vgl. Flavius Josephus, Geschichte des jüdischen Krieges, 6,286ff.
[15] Zum Babatha-Archiv vgl. Ellen Riemer 1994.
[16] Zum Modell der Jesusbewegung als jüdischer Befreiungsbewegung innerhalb der Pax Romana vgl. Luise Schottroff 1994, 23-27.
[17] Vgl. Gerhard Friedrich 1959, 829.

conclude that some, but not all, early Christians acted as inspired mediums of divine revelation and that these individuals alone received the label ‚prophet'." (201) Wie im Ersten Testament seien dies herausragende Persönlichkeiten, die besondere Fähigkeiten für den Empfang der Offenbarungen Gottes aufwiesen. Dieses Charisma wird auch selbstverständlich Frauen zugeschrieben, wie die Erwähnung der Prophetinnen in 1 Kor 11,2-16 zeigt. In der Auslegungsgeschichte werden aber dennoch Unterschiede zwischen prophezeienden Männern und Frauen konstatiert. So hätten nach Gerhard Friedrich (1959) die Töchter des Philippus niemals prophetisch geredet oder eine Gottesoffenbarung verkündet, weil ein prophetischer Spruch von ihnen nicht erwähnt werde (vgl. 830). Elisabet, Maria und Hanna bezeichnet Gerhard Friedrich neben Zacharias und Simeon ausdrücklich als prophetisch Redende. Allerdings muß er in seinen weiteren Ausführungen zu neutestamentlicher Prophetie nicht weiter auf sie eingehen, weil er sie zu den vorchristlichen ProphetInnen rechnet (vgl. 836f).

Insgesamt ist zu konstatieren, daß Prophetie in neutestamentlicher Zeit ein sehr vielfältiges Phänomen darstellte, das aber durchgängig hochgeschätzt wurde. In 1 Kor 12,28-29 schreibt Paulus den ApostelInnen, ProphetInnen und LehrerInnen besondere gemeindeleitende Fähigkeiten zu, die ihnen durch das Charisma verliehen seien. Auch wenn damit keine Ämter im heutigen Sinne zu verstehen sind, so spricht doch aus dieser Aufzählung eine besondere Wertschätzung dieser von Gott verliehenen Gaben.

Prophetinnen in der Alten Kirche

Auch bei den Kirchenvätern findet sich diese sehr positive Bewertung der Prophetie. Anne Jensen (1992) zeigt in ihrer Studie über Frauen im frühen Christentum, daß sowohl Hanna als auch die Töchter des Philippus als Prophetinnen bekannt waren und verehrt wurden. „Sämtliche Verfasser anerkannten die prophetische Autorität dieser Frauen und versuchten, ihre jeweiligen Interessen unter Berufung auf sie zu legitimieren. Wie die Apostel gelten sie als Garantinnen der kirchlichen Tradition." (63) Auch in nachapostolischer Zeit hat es Frauen gegeben, die als Prophetinnen auftraten und sich in diese Tradition stellten. Hier sind vor allem Ammia aus Philadelphia und Priska und Maximilla zu nennen. Ihr Auftreten löste in der kirchlichen Hierarchie die Diskussion darüber aus, ob denn in ihren Reihen das Charisma der Prophetie noch lebendig sei. Die uns heute kaum bekannte Ammia lebte im zweiten Jahrhundert in Kleinasien, Schriften sind von ihr leider nicht erhalten. Lediglich aus den Äußerungen Eusebs über sie wird deutlich, daß mit ihrem Namen die Erinnerung an eine Prophetin von höchstem Ansehen verbunden war.[18] Priska und Maximilla traten ebenfalls im zweiten Jahrhundert zusammen mit Montanus auf. Aber nicht er war der führende Prophet dieser Bewegung, die von seinem Namen abgeleitet „montanistisch" genannt wird, sondern Priska, wie beson-

---

[18] Vgl. Anne Jensen 1992, 67-68.

ders aus dem Zeugnis Tertullians deutlich wird.[19] Von diesen beiden Prophetinnen sind Orakel und Sprüche überliefert, aus denen ihre Lehre erschlossen werden kann. Diese wurde aber bereits in der Frühzeit von der Großkirche heftig bekämpft und die Bewegung schließlich vernichtet. Zur Frage nach den Prophetinnen in dieser Zeit ist der Einschätzung Leopold Zscharnacks zu folgen, die er bereits 1902 abgab: „Wir haben es oben ausgeführt, dass in solchen enthusiastischen Zeiten, wo Charisma und Ekstase keine Seltenheit sind, sondern zu den Dingen des Tages gehören, nur wenige Namen der auch sonst, sei es durch Herkunft, sei es durch Amt Ausgezeichneten der folgenden Generation überliefert werden. Die grosse Menge verschwindet, weil sie namenlos geblieben ist; und doch war sie vorhanden und wirksam. Neben jenen Philippustöchtern und der Ammia stand eine grosse, unübersehbare Menge von anderen Frauen, die auch charismatisch begabt waren wie jene, denen auch die ihrem Charisma entsprechenden Rechte eingeräumt wurden." (65)

Dieser kurze Abriß der Geschichte der Prophetinnen zeigt, daß ein solcher Titel nicht beiläufig verliehen wurde. Er bedeutete eine besondere Auszeichnung und beinhaltete eine Wertschätzung, die besagt, daß die Trägerin das Wort Gottes verkündete. Diese Verkündigung war an bestimmte Inhalte gebunden: Vor allem von den ersttestamentlichen ProphetInnen wird berichtet, daß sie für Gerechtigkeit eintraten, die Rechte der Armen und Unterdrückten verteidigten und einen Gott priesen, der auf der Seite der Schwachen steht. Mit dem Bild ersttestamentlicher Prophetinnen sind auch immer politische Aktivitäten verbunden. Sie führen das Volk an oder werden im Zusammenhang von öffentlichen Auseinandersetzungen erwähnt. Prophetie war zu allen Zeiten aus der Sicht der Herrschenden unbequem. Gerade die Geschichte der jüdischen prophetisch-messianischen Bewegungen in römisch-hellenistischer Zeit zeigt, wie brutal diese bekämpft und niedergeschlagen wurden. Hanna wird mit ihrem Titel einer Prophetin in diese Tradition gestellt, er weist auf die Verbindung von besonderem Glauben und politischem Widerstand hin. Ihre Beschreibung weist viele Ähnlichkeiten mit der Judits auf, mit ihrem Namen wird an Hanna erinnert: von beiden ist eine ausdrucksvolle Botschaft überliefert, die das Eingreifen Gottes, Befreiung des Volkes und die Veränderung der ungerechten Verhältnisse zum Inhalt hat (vgl. bes. 1 Sam 2,1-11; Jdt 9,1-14). Die Nähe zu Judit und deren prophetischer Aktivität ist zudem bereits durch die Erwähnung der Witwenschaft Hannas angedeutet. Ulrike Wagener (1994) führt dazu aus: „Die Figur der Judith steht für eine Tradition im hellenistischen Judentum, die Witwenschaft nicht mehr primär sozial, sondern religiös definiert: Ausgangspunkt ist auch hier das ‚ohne Mann sein' der Frau, das jedoch nicht Ursache sozialen Elends, sondern - als bewußte Entscheidung zum Alleinbleiben - Voraussetzung für besondere religiös-spirituelle Begabung ist. Geblieben ist die besondere Zuwendung Gottes zur Witwe, die jedoch nicht mehr in ihrer Schwachheit, sondern ihrer prophetischen Existenz gründet."

---

[19] Vgl. ebd., 326. Zu Priska und Maximilla vgl. 268-352.

(129f). Im folgenden werde ich die Ausführungen in Lk 2,36-38 auf dem Hintergrund dieser Informationen näher betrachten:
Im Zusammenhang des Kapitels Lk 2 tritt Hanna neben Simeon auf, von dem im Gegensatz zu ihr eine prophetische Rede überliefert ist. Viele AuslegerInnen hat dies dazu verleitet, nur auf Simeon zu schauen und Hanna als diesem untergeordnet und ihr Auftreten lediglich als Bestätigung seiner Botschaft zu verstehen. Ein Vergleich mit Simeon soll zeigen, daß Hanna keine Dublette zu ihm darstellt oder dessen Botschaft lediglich wiederholt, sondern als eine Parallelgestalt zu Simeon mit einer eigenen Botschaft dargestellt ist:[20]
1. Von Simeon sind bis auf die Angabe seines hohen Lebensalters keine biographischen Daten genannt, während Hannas Name, ihr Prophetinnentitel, ihr Alter, ihre Herkunft, ihr ehelicher Status und ihre besondere Frömmigkeit aufgeführt werden. Das Wirken des Heiligen Geistes findet bei Simeon im privaten und persönlichen Bereich statt, er spricht nur zu den Eltern, seine Ausführungen erhalten dadurch insgesamt einen privaten Charakter, auch wenn er über Dinge redet, die über diesen kleinen Kreis hinaus von großer Bedeutung sein werden. Hanna dagegen steht in der Öffentlichkeit, ihr Titel weist auf religiöses und politisches Wirken hin: „Anna appears as a more institutional character (...) Anna has no private place and inhabits the public space of the Temple."[21] Sie spricht nicht nur zu den Eltern, sondern zu einer größeren Menge.
2. Simeon spricht darüber, was das Kommen für ihn persönlich, für Israel und die Völker und speziell für Maria bedeuten wird. Hanna hat nationale Interessen im Blick. Sie geht nicht weiter auf ihr persönliches Schicksal ein, sondern ordnet sich denen zu, die auf die Befreiung Jerusalems warten.
3. Der privateren und auf den kleineren Kreis der Familie Jesu bezogenen Darstellung Simeons entspricht, daß er das Kind auf den Arm nimmt. Von Hanna wird dies nicht berichtet, sie nimmt keinen weiteren Kontakt zum Kind oder den Eltern auf.
Gemeinsam ist beiden, daß sie als fromme JüdInnen beschrieben werden, die auf den Messias und den Anbruch des Reiches Gottes warten. Beide reden und handeln prophetisch, auch wenn nur Hanna den Titel Prophetin trägt. Beide preisen Gott. Es erstaunt jedoch, daß Simeon letztlich eine Rolle innehat, die nach herkömmlichem Verständnis weitaus eher einer Frau zugeschrieben worden wäre: Er hat eine private Offenbarung in seinem Haus und geht daraufhin in den Tempel, wo er das Kind auf den Arm nimmt und zu den Eltern spricht. Hanna hingegen lebt unabhängig von familiären Bindungen, verrichtet gottesdienstliche Tätigkeiten im Tempel, trägt einen Titel, der diesen zudem eine wichtige Bedeutung beimißt, und wendet sich mit ihrer Rede an eine größere Öffentlichkeit. „In that sense, her role is to spread the news of the messiah's coming and its effects beyond the bounds of the family."[22] Durch Hannas

[20] Zum folgenden vgl. auch Mark Coleridge 1993, 179-183.
[21] Ebd., 179.
[22] Ebd., 182.

Rede wird deutlich, was Gottes Handeln durch Jesus konkret bedeuten wird: sie verheißt die Befreiung Jerusalems/Israels. Im weiteren Evangelium wird dieses Handeln in den einzelnen Erzählungen entfaltet werden. Hannas prophetische Rede ist so verstanden nicht so wortlos, wie sie zunächst erscheint. Durch die Erwähnung, daß sie Gott preist und anschließend über „ihn"[23] spricht, wird der theozentrische Charakter ihrer Rede deutlich. Der Titel Prophetin qualifiziert ihre Rede als Gottes Wort, das durch sie verkündet wird. Sie prophezeit die Erfüllung der Verheißungen Gottes, die im Handeln Jesu und seiner JüngerInnen konkret werden. Hanna blickt in ihrer Rede auf die Zukunft, die das Kommen des Messias eröffnen wird.

b) ... und sie war fortgeschritten in den Tagen

Das Alter Hannas wird mit etwa denselben Worten bezeichnet wie das Elisabets in Lk 1,7. An dieser Stelle möchte ich lediglich darauf hinweisen, daß hier die Verbindung zwischen den beiden Frauen explizit hergestellt wird. Eine Gegenüberstellung von Hanna und Elisabet soll am Schluß dieses Kapitels erfolgen. Dort werde ich deutlich machen, welche inhaltlichen Aussagen damit verbunden werden, daß zwei alte Frauen im Mittelpunkt der Handlung stehen. Als alte Frau, die prophetisch redet und handelt, kommt Hanna eine große Wertschätzung zu. Zusammen mit der Erwähnung ihrer Witwenschaft klingt in der weiteren Beschreibung ihres Alters eine besondere Nähe zu Judit an. Daneben ist das Bild einer alten Frau, die den Messias verkündet, im Rahmen eschatologischer Vorstellungen als Zeichen für den Anbruch der Heilszeit zu betrachten.

V.37 Und sie war Witwe an die 84 Jahre alt. Sie verließ den Tempel nicht und diente[a] Gott Tag und Nacht mit Fasten[b] und Beten[c].

a) Sie diente Gott (*latreyo*)
In der LXX hat der Begriff durchgehend eine auf Gott bezogene Bedeutung.[24] Er bezeichnet einmal den kultischen Dienst, der vor allem durch das Darbringen von Opfern bestimmt ist (vgl. Ex 3,12; 8,4; 10,26; Dtn 10,12ff). Der Gottesdienst der IsraelitInnen ist die Antwort auf die Herausführung aus Ägypten. Die Gottesverehrung beinhaltet das Bekenntnis zu dem einen Gott JHWH (vgl. Ex 3,12). Dtn 10,12 gibt Auskunft über das, was unter „dienen" weiter verstanden wird: „Und nun, Israel, was fordert der Herr, dein Gott, von dir außer dem einen: daß du den Herrn, deinen Gott, fürchtest, indem du auf allen seinen Wegen gehst, ihn liebst, und dem Herrn, deinem Gott, mit ganzem Herzen dienst (*latreyein*)." Hier stehen die Verehrung Gottes, die Befolgung der Tora, die Liebe zu Gott und das sakrale Dienen parallel nebeneinander und erklären

---

[23] Mark Coleridge 1993, 181 A.2, geht davon aus, daß die Unklarheit, ob Gott oder Jesus gemeint ist, beabsichtigt sei, um den Focus auf Gott zu richten: „(...) by looking away from Jesus in himself to God as prime mover and redemption as the effect of his action."

[24] Zum folgenden vgl. Hermann Strathmann 1942.

und ergänzen sich gegenseitig. Dtn 10,17-19 charakterisiert Gott weiter, dem dieser Dienst gelten soll: „Er läßt kein Anrecht gelten und nimmt keine Bestechung an. Er verschafft Waisen und Witwen ihr Recht. Er liebt die Fremden und gibt ihnen Nahrung und Kleidung - auch ihr sollt die Fremden lieben, denn ihr seit Fremde in Ägypten gewesen." Danach folgt ein weiterer Aufruf, Gott zu dienen. Hier wird sehr deutlich, daß Gott dienen und das Halten der Gebote, d.h. das Tun von Gerechtigkeit und Nächstenliebe eng zusammengehören.

Auch im Neuen Testament bedeutet *latreyo* immer, Gott zu dienen. Vor allem im Hebräerbrief wird dabei konkret an einen sakralen Opferdienst gedacht (vgl. Hebr 8,5; 9,9; 10,2; 13,10). Paulus bezeichnet seine gesamte Missionstätigkeit als Dienen (vgl. Apg 24,14; 27,23; Röm 1,9; vgl. auch 2 Tim 1,3). In Apg 24,14-16 führt der „lukanische Paulus" aus, was er konkret darunter versteht: „Ich glaube an alles, was in der Tora und in den Propheten steht, und ich habe dieselbe Hoffnung auf Gott, die auch diese hier haben: daß es eine Auferstehung der Gerechten und Ungerechten geben wird. Deshalb bemühe ich mich, vor Gott und den Menschen ein reines Gewissen zu haben." Der Gottesdienst des Volkes Israel erwächst aus der Hoffnung auf die Verheißungen: „deshalb dient es Gott unablässig, bei Tag und Nacht" (vgl. Apg 26,6-7). Die enge Verbindung zwischen der Hoffnung auf die Erfüllung der Verheißungen und dem Dienen Gottes findet sich auch in Offb 7,13-17: Johannes sieht in einer Vision Menschen mit weißen Gewändern, über die ihm gesagt wird: „Es sind die, die aus der großen Bedrängnis kommen; sie haben ihre Gewänder gewaschen und im Blut des Lammes weiß gemacht. Deshalb stehen sie vor dem Thron Gottes und dienen ihm bei Tag und Nacht im Tempel." Dann folgt die Verheißung an die, die in lebensbedrohender Not und Bedrängnis leben, die als MärtyrerInnen und Opfer der römischen Besatzungsmacht sterben, unter der auch der Schreiber Johannes leidet:[25] „Sie werden keinen Hunger und keinen Durst mehr leiden (...) das Lamm in der Mitte vor dem Thron wird sie weiden und zu den Quellen führen, aus denen das Wasser des Lebens strömt, und Gott wird alle Tränen von ihren Augen abwischen." Im Lobgesang des Zacharias wird genau dieser Zusammenhang zwischen Not und Unterdrückung, Hoffnung auf die Erfüllung der Verheißungen Gottes und der Dank über die erfahrene Befreiung (vgl. Lk 1,68) ausgedrückt und als Voraussetzung für den Gottes-Dienst beschrieben. Die VV.74-75 charakterisieren diesen Dienst, zu dem die Menschen von Gott befreit wurden: „er hat uns geschenkt, daß wir aus der Hand der Feinde befreit, ihm furchtlos dienen (*latreyein*) in Heiligkeit und Gerechtigkeit." Auch hier wird wie in Dtn 10,12ff der Gottesdienst mit dem Tun von Gerechtigkeit umschrieben.

Aus diesen Ausführungen wird deutlich, daß auch das Dienen Hannas eine wichtige theologische Bedeutung hat. Mit ihrem Dienen gibt sie ihrer Hoffnung auf die Verheißungen Gottes Ausdruck, sie erwartet die Befreiung durch

---

[25] Zum historischen Hintergrund der Johannesapokalypse und seiner Funktion als Trost- und Protestschrift vgl. Allan Boesak 1988.

Gott. Ihr Dienst ist aber nicht als ein passives Hoffen auf die göttliche Erlösung mißzuverstehen. Wie die Analyse der Begriffes gezeigt hat, ist mit dem Gottesdienst immer auch das Tun der Tora und der Einsatz für Gerechtigkeit verbunden. In diesem Sinne bezeichnet der Gottesdienst Hannas ein widerständiges Handeln, das auf Befreiung und ein Ende der Not des unterdrückten Volkes hinarbeitet. Hannas Dienst findet im Tempel statt, dem Zentrum religiöser Hoffnungen und religiöser (und politischer) Macht in Jerusalem. Um die Aussage verstehen zu können, die mit der Beschreibung des Dienstes Hannas im Tempel getroffen werden sollte, ist es nötig, die sozialgeschichtlichen Hintergründe und Zusammenhänge der Vorgänge am Tempel etwas näher zu beleuchten.

Exkurs: Der Tempel in Jerusalem in römischer Zeit

Die Bedeutung des Tempels in Jerusalem zur Zeit des Neuen Testaments ist bedingt durch seine Stellung als zentrales Heiligtum des Judentums, durch das die religiöse und politische Führung des Volkes eng miteinander verbunden waren. Der Tempel war zu allen Zeiten der Geschichte Israels auch das zentrale Symbol religiöser Identität als Volk Gottes, an dem geopfert und gebetet wurde. Unter der römischen Besatzungsmacht stand der Tempel unter römischer Kontrolle, wurde aber weiterhin von einer jüdischen Priesterschaft geführt. Die Folgen dieser Verbindung für das Volk und die Bedeutung, die der Tempel in der Religionsausübung hatte, möchte ich im folgenden kurz skizzieren.
Die Besetzung Palästinas durch die Römer verlief in drei Phasen.[26] Zwischen 63-40 v.Chr. beließen sie Palästina als autonomen jüdischen Staat bestehen, der theoretisch von der Familie der Hasmonäer regiert wurde, aber unter römischer Kontrolle stand. Hyrkan II wurde als Ethnarch und Hohepriester an dessen Spitze eingesetzt. Im Jahre 37 v.Chr. wurde Herodes in Rom zum König ernannt. Seine Regierungszeit bezeichnet die zweite Periode der römischen Besatzung. Sie wechselte zwischen Autonomie unter der aristokratischen Familie des Herodes und römischer Oberherrschaft. Durch die absolute Loyalität Herodes' zu Rom und dessen persönlichen Kontakt zu Augustus hatte er die zentrale Macht an seine Person gebunden. Mit außerordentlicher Brutalität unterdrückte er jegliche Opposition. Seine Regierungszeit ist daneben durch riesige Bauprojekte gekennzeichnet. Er errichtete zwei Städte: Cäsarea und Sebaste, baute die königliche Residenz Massada zu einem luxuriösen Palast aus und rekonstruierte den Tempel in Jerusalem in gigantischen Dimensionen. Zehn Jahre nach seinem Tod (im Jahre 6 n.Chr.) wurde das Land endgültig zur römischen Provinz Judaea „Generell gewährten die römischen Behörden den jüdischen Institutionen weitestgehende Autonomie in religiösen Fragen, aber selbst die Priester wurden von Statthaltern kontrolliert, die die Macht besaßen, Priester zu berufen oder zu entlassen."[27]

[26] Zum folgenden vgl. Eli Barnavi 1993, 48-53.
[27] Ebd., 49.

Auch in Palästina wurde nun endgültig die römische Einheitskultur durchgesetzt, die sich in allen Teilen ihres Herrschaftsgebietes findet.[28] Die Römer übernahmen die religiöse und politische Vorherrschaft über das besetzte Land, deren Führern sie eine gewisse Eigenständigkeit ließen. Die Grundvoraussetzung war jedoch die völlige Loyalität Rom gegenüber. Die römischen Machthaber haben dabei gegenüber den lokalen Religionen unterworfener Völker in der Regel eine Politik der Integration verfolgt. Sie arbeiten deshalb mit der lokalen politischen Führung zusammen, in Jerusalem und Palästina vor allem mit der herodianischen Königsfamilie und den Sadduzäern.[29]

In Jerusalem behielten es sich die Römer vor, Hohepriester ein- oder abzusetzen. Das Hohepriestertum, die religiöse Führung des Judentums, wurde so zum verlängerten Arm der römischen Machthaber: Ämterkauf, Begünstigungen, Bestechung und Intrigen prägten in der Folge dieses Amt.[30] Davon hatten beide Seiten etwas: Der römische Staat sicherte sich treue und gehorsame Untertanen, die kleine Oberschicht konnte sich bereichern und hatte Anteil an der Macht der römischen Herren. Wie verweltlicht die Hohepriester waren, zeigen archäologische Funde: riesige Wohnhäuser, Schmuck, wertvolle Fresken ...[31] Innerhalb dieses Systems besetzten sie alle wichtigen öffentlichen, einflußreichen und einträglichen Ämter. Ihr Reichtum stammte vor allen von Tempelabgaben und Opfern, Anlagen und Abgaben.[32] „Gegen säumige Schuldner schickten die Hohepriester ihre Büttel, die mit Gewalt die Frucht von den Tennen und das Vieh aus den Ställen holten, so daß viele Kleinbauern verarmten und in Schuldknechtschaft verfielen."[33] Der römische praefectus residierte die meiste Zeit des Jahres in Cäsarea am Meer und kam lediglich aus Anlaß der hohen Feiertage mit militärischer Verstärkung nach Jerusalem. In Jerusalem selbst gab es eine römische Garnison, die etwa 500-1000 Mann umfaßte. Die jüdische Führung, das Synhedrium und die Hohepriester, hatte zwar nur eingeschränkte Kompetenzen, aber für viele JüdInnen repräsentierte sie in ihrem Alltag mehr als der Prokurator selbst die verhaßte römische Macht. Der Protest gegen diese Herrschaft ist vielfach niedergelegt. Er richtete sich gegen die Ämterhäufung in hochpriesterlichen Familien und gegen diejenigen, die ihre Macht auf Kosten der Gläubigen, der Armen und Unterdrückten auslebten. Vor allem von Seiten der PharisäerInnen wurde diese Kritik laut.[34] Der Tempel als solcher wurde jedoch von allen weiterhin als zentrales Heiligtum bejaht. Die enge Zusammenarbeit zwischen der heimischen Führungsschicht und den römischen Besatzern bedeutete aber auch, daß Kritik am Tempel, d.h. an der priesterlichen Führung, zugleich als gegen den römischen Staat gerichtet verstanden wurde. Dazu kommt ein weiteres politisches Moment, das Joh 11,48

---

[28] Vgl. Luise Schotroff 1994, 24.
[29] Vgl. Luise Schottroff 1990e, 285.
[30] Vgl. Reinhold Mayer 1994, 62.
[31] Vgl. Meir Ben-Dov 1985.
[32] Zum Abgabensystem und Steuern vgl. Frank Unruh 1994.
[33] Reinhold Mayer 1994, 62.
[34] Vgl. Reinhold Mayer 1994, 63.

sehr klar zum Ausdruck bringt. Hier geht es um die Frage, wie Jesus und seinen Aktivitäten begegnet werden soll: „Wenn wir zulassen, daß er weiter so viele Zeichen tut, werden viele an ihn glauben und die Römer werden uns diesen Ort und das Volk wegnehmen." Der Jerusalemer Führung war nicht daran gelegen, aufständische (messianische) Bewegungen im Volk aufkommen zu lassen. Sie wußten, daß dies sofort ein Eingreifen der Römer zur Folge gehabt hätte. Die Furcht vor dem Verlust der Reste nationaler und religiöser Selbständigkeit führte dazu, daß sie Jesus und andere Anführer jüdischer Befreiungsbewegungen den römischen Machthabern auslieferten.[35]

Bei der Niederschlagung des jüdischen Aufstandes (66-73) wurde der Tempel im Jahre 70 n.Chr. von den Römern zerstört. „Die Krise, die durch die Zerstörung und die enormen Verluste an Menschenleben hervorgerufen wurde, erschütterte die Grundfesten des jüdischen Bewußtseins. Traditionelle Vorstellungen und Glaubensinhalte wurden in Frage gestellt. Es entstand ein Machtvakuum, das den Zusammenhalt und sogar die Existenz der Juden als Nation bedrohte."[36] Ein eindrückliches Zeugnis dafür bietet z.B. die Klage Esras (4 Esra 10). Die jüdischen messianischen Befreiungsbewegungen waren mit der Zerstörung des Tempels jedoch nicht verschwunden. Der zweite jüdische Aufstand unter Bar Kochba (132-135) hatte sich zum Ziel gesetzt, die römischen Besatzer zu vertreiben und den Tempel wiederzuerrichten. Eine in dieser Zeit geprägte Münze zeigt den Namen Bar Kochbas rings um die Abbildung der Tempelfassade: „Die Münzen vermitteln auch wertvolle Informationen über die Gefühle, Hoffnungen und Ziele der Aufständischen. Sie zeigen Symbole, die mit den Tempelriten verbunden sind, Inschriften, die die ‚Erlösung Israels' und die Freiheit Jerusalems' beschwören."[37] Dies zeigt sehr deutlich, daß noch sehr lange am Tempel als zentralem religiösen Symbol festgehalten wurde. Religiöse Identität und die Motivation zum Widerstand gegen die Besatzer haben hier ihren Bezugspunkt.

Münze aus dem Bar-Kochba-Aufstand mit der Aufschrift: Jerusalem - Jahr 2 der Freiheit Israels[38]

[35] Vgl. Luise Schottroff 1990h, 285.
[36] Eli Barnavi 1993, 56.
[37] Ebd., 60.
[38] Die Abbildung findet sich bei Kanael Baruch 1962, Sp. 1253-1254, Nr.10.

Für die Bewertung von Lk 2,36-38 stellt sich nun die Frage, welche Bedeutung der Tempel im Lukasevangelium hatte. In seiner Studie „Jerusalem und der Tempel. Die geographisch-theologischen Elemente in der lukanischen Sicht des jüdischen Kultzentrums" (1980) zeigt Michael Bachmann, daß der Tempel auch im Lukasevangelium das zentrale jüdische Heiligtum darstellt. Auch für Lukas sei der Tempel der Ort der Gesetzeserfüllung und Haftpunkt der gesamten jüdischen Religion (vgl. 331-335). Er zeigt, daß der Gottesdienst Hannas, der durch Gebet und Fasten näher beschrieben ist, aus lukanischer Sicht den Tempeldienst insgesamt charakterisiert. Die Gebetspraxis Hannas könne nur dem Kultus entsprechend aufgefaßt sein, darauf verwiese vor allem die Formel: „bei Tag und bei Nacht" (vgl. 335-340). Bachmann legt dar, „daß nach Lukas gerade die an dieser Stätte erfolgende Verrichtung von Gebeten das eigentliche Wesen des jüdischen Heiligtums und des sich an ihm abspielenden Geschehens besonders treffend kennzeichnet." (340) Durch die Erwähnung, daß Hanna aus dem Stamm Ascher stamme, wolle Lukas auf die Zusammengehörigkeit aller Stämme Israels zum Tempel hinweisen, in die er auch die sich bildende junge Gemeinschaft, für die er schreibe, einordnen wolle. Durch die Gebetspraxis werde Kontinuität zum Judentum ausgedrückt und die Bezogenheit auf den Tempel als Kultzentrum zum Ausdruck gebracht (vgl. 354). In diesem Zusammenhang sei der Tempel als die dem ganzen Volk zugeordnete Stätte der Gottesverehrung zu verstehen. Bachmann zeigt, daß das Heiligtum zudem als zentraler Ort göttlicher Offenbarung verstanden wurde. Die Bezeichnung Hannas als Prophetin weise darauf noch einmal besonders hin (vgl. 364f). Im Tempel werde das auf die Zukunft des ganzen Volkes bezogene endzeitliche Heil erwartet. Auch der Schluß des Evangeliums (Lk 24,52-53), wo ausgesagt wird, daß die JüngerInnen nach Jerusalem in den Tempel zurückkehren und dort Gott preisen, zeige, daß es sich bei dieser Hoffnung, die sich an den Tempel knüpft, um ein Warten auf ein letztlich göttliches Eingreifen eschatologischer Relevanz gehe: „An diesem herausgehobenen Offenbarungsort hat die Hoffnung Israels auf das rettende Wirken seines Gottes ihren Haftpunkt." (369)
Diese Ausführungen zeigen nun, daß das in Lk 2 geschilderte Geschehen als Ausdruck jüdischer Tempelfrömmigkeit zu verstehen ist, die ihre eschatologischen Erwartungen an diesen Ort knüpft. Mit der Darbringung des Opfers durch Maria und Josef und die geschilderte Gebets- und Gottesdienstpraxis Hannas wird die Teilnahme am jüdischen Kultus am Tempel geschildert und dieser in seiner Gültigkeit und Bedeutung für die Gottesverehrung bejaht. Daß auch die JüngerInnen am Schluß des Evangeliums nach Jerusalem zurückkehren, zeigt zudem, daß diese Phase der Tempelbezogenheit nicht auf eine Zeit vor Jesu Geburt oder bis zum Beginn seiner Verkündigung beschränkt bleibt. Auch nach seinem Tod rechnet sich die Bewegung um ihn zur Tempelgemeinde und erwartet dort zusammen mit dem übrigen Volk das endzeitliche Eingreifen Gottes (vgl. Apg 2,46).
Wie sind diese Aussagen nun auf dem Hintergrund der oben geschilderten Zustände am Tempel unter der römischen Besatzungsmacht und nach seiner Zer-

störung, die bei der Abfassung des Evangeliums schon geschehen ist, zu verstehen? Hier sind zwei Ebenen miteinander verbunden. Auf der ersten repräsentiert Hanna durch ihren Gottesdienst und ihre Gebetspraxis eine Tempelfrömmigkeit, die als Kritik am priesterlichen Mißbrauch der Macht und der Ausbeutung der Gläubigen zu verstehen ist. Ich sehe ihre Beschreibung auf dem Hintergrund dessen, was Jesus bei der „Tempelreinigung" (vgl. Lk 19,45-48) lehrt: „Heißt es nicht in der Schrift: Mein Haus soll ein Haus des Gebetes sein. Ihr aber habt daraus eine Räuberhöhle gemacht." Für Hanna ist der Tempel ein „Haus des Gebetes", sie wird zum Gegenbild zu den Hohepriestern und der übrigen Tempelhierarchie, die sich in Kooperation mit den Römern bereichern. Ihre Beschreibung bringt implizit zum Ausdruck: Im Tempel soll Gott gedient werden, nicht den Römern! Hier stellt sich Lk 2 in die Tradition des pharisäischen Protestes gegen die Mißstände am Tempel. Auf der anderen Ebene bedeutet das Festhalten an der zentralen Bedeutung des Tempels auch nach seiner Zerstörung, daß die Jesusbewegung ganz deutlich im Zusammenhang der anderen jüdischen messianischen Befreiungsbewegungen verstanden werden muß, die sich die Wiedererrichtung des Tempels als zentralen Ort jüdischer Identität zum Ziel gesetzt haben. Am Tempel erwarten sie das endzeitliche Heilshandeln Gottes. Hier wird die Befreiung Jerusalems/Israels verkündet.

b) Sie diente Gott mit Fasten (*nesteia*) ...
In der gesamten Antike war der Brauch des Fastens bekannt und verbreitet, es galt als Vorbereitung für die Begegnung mit Gottheiten und für den Empfang von Offenbarungen, Visionen, ekstatischen und magischen Kräften.[39] Auch das Erste Testament kennt diesen Brauch. Mose fastet 40 Tage, als er auf dem Berg Sinai die Zehn Gebote empfängt und niederschreibt (vgl. Ex 34,28; Dtn 9,9). Daniel bereitet sich mit Fasten und Beten auf die Visionen vor, die er von Gott erbittet und anschließend empfängt (vgl. Dan 9,3; 10,2-3). Fasten ist vielfach mit Gebeten verbunden und steht häufig im Zusammenhang von Notsituationen, in denen der Beistand Gottes erfleht wird (vgl. Ri 20,26; 1 Sam 7,6; Jer 36,6.9; Neh 1,4 u.ö.). Zudem ist das Fasten Teil von Trauerriten (vgl. z.B. 1 Sam 31,13; 2 Sam 1,12).
Die Propheten kritisieren eine Fastenpraxis, die sich lediglich an der äußerlichen Handlung orientiert, ohne damit einen wirklichen Gottesdienst zu tun. An Jes 58,1-14 wird sehr gut deutlich, was nach prophetischem Verständnis mit Fasten verbunden wird (vgl. auch Sach 7,1-15). Zuerst wird hier die kritisierte Praxis beschrieben (V.3-4): „Seht, an euren Fasttagen macht ihr Geschäfte und treibt alle eure Arbeiter zur Arbeit an. Obwohl ihr fastet, gibt es Streit und Zank, und ihr schlagt zu mit roher Gewalt. So wie ihr fastet, verschafft ihr eurer Stimme droben kein Gehör." Im Anschluß daran beschreibt der Prophet eine Fastenpraxis, die auch soziale Konsequenzen hat, als einen Dienst an Gott, der sich auch durch Arbeit für Gerechtigkeit ausdrückt (V.6ff): „das ist

---

[39] Zum folgenden vgl. J. Behm 1942.

ein Fasten, wie ich es liebe: die Fesseln des Unrechts zu lösen, die Stricke des Jochs zu entfernen, die Versklavten freizulassen, jedes Joch zu zerbrechen, an die Hungrigen dein Brot auszuteilen, die obdachlosen Armen ins Haus aufzunehmen, wenn du einen Nackten siehst, ihn zu bekleiden und dich deinen Verwandten nicht zu entziehen." Regelmäßiges und z.T. lebenslanges Fasten zeichnet gerecht lebende Menschen aus und gilt als Zeichen besonderer Gottesfurcht. Ein Beispiel dafür ist Judit, die nach dem Tod ihres Mannes nicht mehr heiratet und seitdem Trauerkleidung trägt (vgl. Jdt 8,4-8): „Sie fastete, seit sie Witwe war, alle Tage, außer am Sabbat und am Vortag des Sabbats, am Neumond und am Vortag des Neumonds und an den Festtagen und Freudentagen des Hauses Israel." (V.6) Aus dieser Aufzählung wird auch deutlich, daß an besonderen Freuden- und Festtagen nicht gefastet und die Trauer unterbrochen wurde.

An dieses Verständnis knüpft auch Mk 2,18ff par an. Die JüngerInnen Jesu werden gefragt, warum sie nicht fasteten. Jesus antwortete: „Können denn die Hochzeitsgäste fasten, solange der Bräutigam bei ihnen ist? Solange der Bräutigam bei ihnen ist, können sie nicht fasten. Es werden aber Tage kommen, da wird ihnen der Bräutigam genommen sein; an jenem Tag werden sie fasten." Mit dem Kommen des Messias ist die Heils- und Freudenzeit angebrochen, in der nicht mehr gefastet wird. Hinter Jesu Ausspruch steht also eine grundsätzliche Bejahung der Fastenbräuche, die nach seinem Tod auch weiterhin eingehalten werden sollen. Daß Jesus selbst auch fastete, wird u.a. aus Mt 4,2 und Lk 4,2 deutlich. Auch aus Mt 6,16-18 spricht ein sehr positives Verständnis des Fastens, das sich als Gottesdienst im Sinne von Jes 58 versteht. Von einer auch im Urchristentum verbreiteten Fastenpraxis zeugen Texte aus der Apostelgeschichte. Fasten und Gebete sind vielfach zusammen genannt (vgl. Apg 13,3; 14,23). In Apg 13,2-3 ist das Fasten auch Vorbereitung für eine Offenbarung des Heiligen Geistes.

Was bedeutet das für den Dienst Hannas im Tempel, der durch Fasten und Gebete beschrieben wird? Einmal wird sie dadurch parallel zu Judit als besonders gottesfürchtige Frau dargestellt. Ihre Fastenpraxis wird der in Jdt 8,6 beschriebenen entsprechen. Ihr Fasten hängt zudem sehr eng mit ihrer Bezeichnung als Prophetin zusammen. Es gilt als Vorbereitung für die Offenbarungen Gottes und den Empfang des Heiligen Geistes, für den sie jederzeit bereit ist. Sie stellt sich mit ihrem ganzen Leben, unabhängig von einem Ehemann oder Kindern, die sie versorgen müßte - bei Tag und bei Nacht -, in den Dienst Gottes.

Ihr Fasten und ihre Gebete beschreiben sie aber auch als Wartende im Sinne derer, die in 2,38 erwähnt werden. Sie wartet wie Simeon auf den Messias, den Anbruch der Heilszeit Gottes und die Befreiung Jerusalems. In ihren Gebeten erfleht sie diesen Tag und bereitet deren Erhörung durch ihr Fasten mit vor. Sie wird dadurch als eine aktiv Handelnde beschrieben, die Anteil an der Heilsgeschichte Gottes mit seinem Volk hat. Die Erwähnung des Fastens bereitet auch schon ihre prophetische Rede in Lk 2,38 vor. Sie wird einerseits als vom Geist inspirierte Rede charakterisiert, aber auch inhaltlich im Sinne von Jes 58 bestimmt: Ein wahres Fasten beinhaltet eine Praxis der Gerechtigkeit den Armen, Hungrigen und Unterdrückten gegenüber. Genau diese Menschen werden auch die HörerInnen ihrer Botschaft der Befreiung sein. Hanna verkündet ihnen das Evangelium der Armen, das ein Ende ihrer Not bedeuten wird. Sie erkennt in Jesus den Messias und bringt in ihrer Rede zum Ausdruck, daß ihre Gebete und die der vielen anderen erhört wurden.

c) ... und Beten (*deesis*)

In rabbinischen Schriften sind die ersttestamentliche Hanna und ihr Lobgesang ein wichtiges Paradigma für BeterInnen und Gebete.[40] Es ist zu vermuten, daß auch in Lk 2 an die ersttestamentliche Hanna erinnert werden und der Hochschätzung des Gebetes Ausdruck gegeben werden soll. Zu dem Beten Hannas ist im Zusammenhang der Fragen bezüglich ihres Gottesdienstes und ihrer Fastenpraxis bereits vieles gesagt worden. Ich möchte das an dieser Stelle aber nicht wiederholen, sondern konkret danach fragen, wie eines ihrer Gebete gelautet haben könnte. Weil diese nicht im Wortlaut überliefert sind, möchte ich das Gebet einer Frau wiedergeben, das uns bekannt ist. Vielleicht haben Hannas Gebete auch dieses zum Vorbild gehabt, was historisch durch die Kontinuität in der jüdischen Gebetstradition durchaus vorstellbar ist.

Hier ist natürlich zuerst an den Lobgesang Hannas in 1 Sam 2 zu denken, der auch schon für das Magnificat als Vorlage diente. Ich möchte im folgenden aber ein weniger bekanntes Gebet zitieren, nämlich jenes, das Judit sprach, bevor sie sich zur Rettung ihres Volkes aufmachte und Holophernes tötete. Der Hintergrund ihrer Geschichte ist die Besetzung Israels in assyrischer Zeit. König Nebukadnezzar schickt den Oberbefehlshaber der Truppen auf einen Kriegszug, der auch die IsraelitInnen bedroht. Im Mittelpunkt des Widerstandes steht die Witwe Judit, die sich durch besondere Frömmigkeit auszeichnet. Nach einem Gespräch mit den Ältesten der Stadt, in dem von der besonderen Not des Volkes und den Konsequenzen einer blutigen Eroberung die Rede ist, beschließt sie, zur Rettung aufzubrechen. Doch zuvor ruft sie Gott um Beistand an. In ihrem Gebet erinnert sie Gott an seinen Plan mit dem Volk Israels und bittet ihn dann um Unterstützung im Kampf gegen die Besatzer (Jdt 9,7-14): „Sieh doch auf die Assyrer! Sie verfügen über ein gewaltiges Heer, brüsten sich mit ihren Rossen und Reitern, sind stolz auf die Schlagkraft ihrer Speere, ihre Bogen und Schleudern und wollen nicht einsehen, daß du der Herr bist, der den Kriegen ein Ende setzt. ‚Herr' ist dein Name. Brich ihre Stärke mit deiner Macht, und vernichte ihre Kraft mit deinem Zorn! Denn sie haben beschlossen, dein Heiligtum zu entweihen (...) Schenke mir, der Witwe, die Kraft zu der Tat, die ich plane. Schlag den Knecht wie den Herrn und den Herrn wie den Diener durch meine listigen Worte; brich ihren Trotz durch die Hand einer Frau! Denn deine Macht stützt sich nicht auf die große Zahl, deine Herrschaft braucht keine starken Männer, sondern du bist der Gott der Schwachen und der Helfer der Geringen; du bist der Beistand der Armen, der Be-

---

[40] Vgl. Leila Leah Bronner 1994, 87-110.

schützer der Verachteten und der Retter der Hoffnungslosen. Ja, du Gott meines Vaters und Gott deines Erbbesitzes Israel, du Herr des Himmels und der Erde, Schöpfer der Meere und König deiner ganzen Schöpfung, höre mein Gebet (...) Laß dein ganzes Volk und alle Stämme erkennen und wissen, daß du der wahre Gott bist, der Gott aller Macht und Stärke, und es für dein Volk Israel keinen anderen Beschützer gibt als dich allein."
Es wären lediglich wie im Targum Jonathan die Assyrer durch die Römer zu ersetzen, um daraus ein aktuelles Gebet Hannas werden zu lassen. Die politische Situation ist vergleichbar. Die Rettung des Volkes wird ersehnt und kann nur durch ein Eingreifen Gottes und den mutigen Widerstand der Menschen Wirklichkeit werden. Das Selbstbewußtsein der Beterin und das absolute Vertrauen auf Gott, das aus dem Gebet spricht, könnten auch für Hanna als charakteristisch angenommen werden. Mit derselben Selbstverständlichkeit, mit der sie mit ihrer Rede vor das Volk tritt, wird sie auch ihre Gebete im Tempel gesprochen haben.

V.38 Und zu dieser Stunde trat sie heran und pries Gott und sprach über ihn zu allen, die auf die Befreiung[a] Jerusalems warteten.

c) Die Befreiung (*lytrosis*) Jerusalems
Der Begriff *lytrosis* findet sich in der LXX im Zusammenhang von Ausführungen über das Rückkaufrecht des Landes, das grundsätzlich als Eigentum JHWHs verstanden wurde. Das Auslösen verpfändeten Landes soll in jedem 50sten Jahr, dem Jubeljahr, vonstatten gehen (vgl. Lev 25,29). Auch für israelitische SklavInnen fremder HerrInnen im Lande soll es ein solches Loskaufrecht geben (vgl. Lev 25,48). Diese Auslösungsvorstellung findet sich auch in den Verordnungen über die Abgaben an die Priester, die in wörtlicher Rede Gottes an Aaron formuliert sind (vgl. Num 18,1-32, bes. VV.14ff): „Alles, was in Israel geweiht wird, gehört dir (...) Du mußt aber den Erstgeborenen bei den Menschen auslösen." In Ps 49,8 (LXX: 48,8) geht es ebenfalls um das Auslösen von Menschen. In diesem Fall wird es für unmöglich erklärt, eine Auslösesumme an Gott zu zahlen, um damit die Lebensspanne zu verlängern und der Vergänglichkeit zu entgehen. Ps 111,9 (LXX: 110,9) verbindet *lytrosis* mit dem Bundesgedanken und bezieht die Erlösung auf das ganze Volk. Aus dem Zusammenhang des Psalms wird deutlich, wie diese Erlösung konkret aussieht: V.3 verspricht, daß Gerechtigkeit walten wird, V.5 verheißt ausreichend Nahrung für die Menschen, V.6 spricht Israel eine Sonderrolle unter den Völkern zu. Die Erlösung, die Gott gewährt, wird es den Menschen ermöglichen, ein Leben nach den Geboten Gottes zu führen (vgl. V.7). Ps 130,7 (LXX: 129,7) versteht *lytrosis* im Zusammenhang der Vergebung der Sünden. Diese Erlösung wird jedoch nicht individuell verstanden, sondern kollektiv auf ganz Israel bezogen. Jes 63,4 verbindet die Erlösung Israels mit dem Gericht Gottes über die Völker. Gott verkündet Gerechtigkeit und vernichtet die Völker, die Israel unterdrücken.

Aus diesem kurzen Überblick wird deutlich, daß Erlösung oder das Auslösen des Volkes durch die Vorstellung bestimmt ist, daß Israel als Volk durch den Bund in besonderer Weise zu Gott gehört (vgl. Jes 43,1; 41,14). In dem schon erwähnten Gebet Judiths bittet diese Gott um Beistand und nennt Israel in diesem Zusammenhang den Erbbesitz Gottes (vgl. Jdt 9,12). Auslösung aus der Herrschaft der fremden Völker bedeutet besonders in den späten Texten die konkrete Befreiung von den Feinden.[41] Auch im Zusammenhang der Erlösung von den Sünden (vgl. Ps 130) wird diese nie individuell verstanden. Für V.38 habe ich deshalb entschieden, *lytrosis* mit Befreiung zu übersetzen, auch wenn der Begriff Erlösung der Vorstellung von Auslösung, die hinter seiner Verwendung steht, sehr nahe kommt. Durch die herrschende christliche Tradition geprägt, sind wir es jedoch gewohnt, unter Erlösung ein individuelles Geschehen zu verstehen, das sich im Inneren einer Person abspielt. Auch die mit der Vergebung der Sünden verbundene Erlösung wird herkömmlich existentiell in bezug auf die einzelne und den einzelnen gedeutet. Erlösung hat aber in der ersttestamentlichen und jüdischen Tradition ganz konkrete auf die Gemeinschaft bezogene Dimensionen, die im politischen und sozialen Bereich Befreiung der unterdrückten und leidenden Menschen bedeuten. Eine Münze aus der Zeit des Bar Kochba-Aufstandes illustriert diesen konkreten Befreiungsaspekt sehr deutlich. Sie trägt die hebräische Aufschrift, die übersetzt: „der Priester Eleazar - Jahr 1 der Erlösung Israels" lautet.[42]

Der Begriff der Erlösung spielt in der jüdischen Geschichte eine zentrale Rolle, „die Sehnsucht und die Erlösungshoffnung gehören zum Grundgehalt des jüdischen Glaubens, der im Leben des Volkes *allezeit* lebendig ist (...) Man wird kaum ein Buch aus der Zeit des zweiten Tempels finden, das der Erlösungshoffnung keinen Raum gewährte und das nicht irgendeinen originellen Beitrag zur Lehre von der Erlösung zu bieten hätte, sei es der Tage des Messias selbst oder auch der Zeit, die nach seiner Ankunft herrschen wird." (45) Dieser Einschätzung Shmuel Safrais (1978) möchte ich im folgenden nachgehen und nach der Verbindung von messianischen Erwartungen und der Vorstellung von Erlösung/Befreiung fragen. An welche Traditionen knüpft Hanna

---

[41] Vgl. z.B. Jes 43,14. Weitere Belege aus nachbiblischer jüdischer Literatur stützen dieses Verständnis, vgl. z.B. PsSal 8,11.30. Vgl. auch Friedrich Büchsel 1942, 352, bes. A.8.

[42] Vgl. Baruch Kanael 1962, Sp. 1251-1254, hier: Abb. 11. Der hier verwendete hebräische Begriff *lig'ullat* wird in der LXX mit *lytrosis* wiedergegeben.

an, wenn sie über Jesus zu denen spricht, die auf die Erlösung/Befreiung Jerusalems warteten? Gibt es eine konkrete Messiasvorstellung im Judentum, die im Hintergrund vermutet werden muß? Welche Inhalte werden mit den Vorstellungen eines Messias und der von ihm ausgehenden Erlösung/Befreiung verbunden?

Exkurs: Jüdische Messiaserwartungen

Als erstes ist es wichtig zu betonen, daß es nicht *die* jüdische Messiaserwartung gegeben hat. Es ist von einer Vielfalt von Erwartungen, Vorstellungen und Bildern auszugehen, die sich zum Teil sogar widersprachen und sich keinesfalls vereinheitlichen lassen. In Israel hat es auch nicht zu allen Zeiten die Vorstellung eines Messias gegeben, im Ersten Testament finden sich nur wenige Texte, die auf eine endzeitliche messianische Gestalt hinweisen. Der Begriff Messias ist von dem hebräischen Begriff *maschach*, der „salben" bedeutet, abgeleitet. Ursprünglich verwies er nur auf die Salbung von Königen und Priestern bei ihrer Amtseinsetzung (vgl. 1 Sam 9,16; 10,1; 2 Sam 2,4; 5,1-3; Ex 30,30). Erst später wurde der Messias zu einer Gestalt, die in Verbindung mit der erwarteten Heilszeit gesehen wurde. Im Buch Sacharja z.B. postuliert der Prophet die Idealvorstellung der messianischen Doppelherrschaft eines gesalbten Priesters und eines gesalbten davidischen Fürsten (vgl. Sach 4,1-14). In seiner Untersuchung ersttestamentlicher Texte stellt Shemaryahu Talmon (1982) dar, daß es in diesen Vorstellungen einer Heilszeit gebe, die allein durch Gott herbeigeführt wird, und daneben Passagen, die die Erwartung eines Messias beinhalten. Diese wurden in verschiedenen Texten z.B. in Jes 9,1-4.5-6; 11,1-5.6-9; Mi 4,1-5; 5,1-4 miteinander verbunden. Das Wesen dieser biblischen Messias- und Heilszeit-Hoffnung charakterisiert er folgendermaßen: „Die ersehnte Heilszeit liegt im Rahmen der menschlich erfahrenen und erfahrbaren Geschichte. Sie ist also inner- und nicht übergeschichtlich (...) Die Erwartungen beziehen sich auf eine faßbare Zukunft." (59) Den Menschen lege diese Erwartung eine konkrete Verantwortung für die Zukunft auf. „Es ist die Aufgabe eines jeden, durch sein gottgefälliges Verhalten die Realisierung der Heilszeit in der Geschichte zu ermöglichen." (62) Phasen des Krieges und die immer wieder erfahrene Verzögerung werde in biblischen und früh-nachbiblischen Texten als Etappe der Läuterung verstanden, die zur Vorbedingung des Anbruchs dieser Heilszeit werde (vgl. 63). In manchen Texten wie Daniel und dem ersten Buch Henoch gibt es keinen Hinweis auf einen Messias. Hier ist es Gott selbst, der die Erlösung herbeiführt.[43] Selbst in einem so überschaubaren Bereich wie dem der Schriften aus Qumran, die in einer kleinen abgeschlossenen Gemeinschaft verfaßt wurden, lassen sich vielfältige und sehr un-

---

[43] Die Menschensohnvorstellung im Buch Daniel ist in diesem Zusammenhang kollektiv auf das Volk Israel zu beziehen, nicht auf eine individuelle Messiasgestalt. Zu beiden Schriften vgl. Richard Horsley 1993, 17-18.

terschiedliche messianische Vorstellungen finden.[44] So werden in 1QS 9,10f drei endzeitliche Gestalten beschrieben: der Prophet und die beiden Gesalbten Aarons und Israels. Jedoch werden diesen keine erlösenden Funktionen zugeschrieben. „Ihr Kommen oder ihre Gegenwart kennzeichnet einfach den Anbruch der neuen Ära."[45] Außerhalb dieser Stelle wird in den Schriften aus Qumran der Begriff Messias nicht mehr verwendet. 4QFlor 11 spricht ausgehend von 2 Sam 7,11-14 vom „Sproß Davids", der am Ende der Tage in Zion auftreten wird. In 4QFlor wird der „Erforscher der Tora" als eschatologische Gestalt vorgestellt, der zusammen mit einem endzeitlichen Richter, der als „Fürst der Gemeinde" bezeichnet wird, auftritt (vgl. CD 7,18f; vgl. auch 1QSb 5,20-29). Daneben gibt es Schriften wie 1QM, die ganz ohne die Vorstellung einer messianischen Gestalt auskommen. Die Gemeinschaft vertraut hier auf die Führung Gottes selbst. Auch ein Blick in weitere zeitgenössische jüdische Schriften bestätigt dieses vielfältige Bild. In den Psalmen Salomos wird im 17. Psalm von einem König gesprochen, der von Gott eingesetzt werde, um Israel von der römischen Fremdherrschaft zu erlösen. Dieser wird ausdrücklich „Sohn Davids" und „Messias" genannt. Seine Aufgabe ist es, die ungerechten fremden Herrscher zu vertreiben und innerhalb des eigenen Volkes wieder für Gerechtigkeit im sozialen und politischen Bereich zu sorgen. Als geisterfüllter Herrscher, der nach dem Vorbild von Jes 11 gezeichnet ist, soll er die Feinde „durch seines Mundes Wort" überführen (vgl. 17,24-24; 35-36). „Der Messias der Psalmen Salomos ist, wie seine Urheber, eindeutig nicht der Reichsregent der davidischen Dynastie (...), sondern ein Toralehrer."[46] Auch in 4 Esra findet sich die Vorstellung eines Messias. Sein Kommen wird in 7,26-44 im Zusammenhang des Weltgerichts beschrieben. Bemerkenswert ist in dieser Beschreibung, daß der Messias 400 Jahre auf Erden sein und dann zusammen mit der übrigen Menschheit sterben wird. Die Welt werde dann zur Urzeit zurückkehren und ein neuer Äon erwachen. Nach der allgemeinen Totenauferstehung erscheint dann Gott selbst auf dem Richterthron und hält Gericht. In 11,36-46 tritt in einer weiteren Vision Esras ein Löwe auf, der den Adler, der das römische Reich symbolisiert, überwindet. In 12,32-40 wird der Löwe als Messias aus dem Stamm Davids gedeutet, der über die Römer richten wird: „er wird ihnen die Gottlosigkeit vorhalten, die Ungerechtigkeiten strafen, die Frevel vor Augen führen." (4 Esra 12,32) Dann wird er die Römer vernichten. Die Visionen, die in 2 Baruch von Gottes Gesalbten berichten, schildern diesen als den eschatologischen Richter, der der Herrschaft der Römer ein Ende bereiten wird (vgl. 2 Bar 39-40). In diesem Gericht werden alle Völker verurteilt, die Israel unterdrückt haben. Auch in den rabbinischen Schriften sind messianische Erwartungen lebendig. Der Talmudtraktat Sanhedrin 97-98 behandelt ausführlich Fragen nach dem Messias, der als konkret irdischer beschrieben wird. Er werde zur Zeit der endzeitlichen Drangsale eingreifen (vgl. b Sanhedrin 98b),

---

[44] Zum folgenden vgl. Hermann Lichtenberger 1993, 9-14.
[45] Richard Horsley 1993, 19.
[46] Ebd., 20.

die als sein Werk beschrieben werden. Sein Kommen wird dann eine Zeit des Friedens und des Segens einleiten. Alain Goldmann (1993) resümiert in seiner Untersuchung messianischer Visionen im rabbinischen Judentum: „Wir können leicht annehmen, daß das Kommen des Messias nicht ein plötzliches, unerwartetes Ereignis sein wird wie das Herunterfallen eines Meteors. Sein Kommen verlangt eine lange, durch religiösen und moralischen Fortschritt bedingte Vorbereitung. Dies heißt folglich, daß die *Bedingung sine qua non* die aus vollem Herzen und ganzer Seele erfolgte Umkehr zu Gott ist." (65)
Dieser kurze Überblick bietet einen kleinen Einblick in die Hoffnungen und Erwartungen der Menschen, die unter Fremdherrschaft und Unterdrückung litten.[47] „Die messianische Idee ist die Antwort des Judentums auf das Leid des *einzelnen*, auf das Böse im Leben der *Gesellschaft* und die traurige Situation *des Volkes* unter den Völkern, den Streit und Krieg *zwischen den Völkern*, die Schwäche der Gotteserkenntnis in der Welt und die Macht der Herrschaft des Bösen und des Satans über die Welt."[48] In ihrer Vorstellung steht der Welt die Erlösung bevor, die auf den verschiedenen Ebenen ein Ende des Leids und die Errichtung gerechter Ordnungen bedeuten wird. Israel wird in dieser Vorstellung als Trägerin der Tora eine besondere Stellung unter den Völkern einnehmen, in Jerusalem werden sich die Verstreuten sammeln. Die Menschen beschreiben ihre Hoffnung auf ein Eingreifen Gottes, der der ungerechten Herrschaft ein Ende bereiten und sein Reich errichten werde. Die Rolle eines Messias wird dabei sehr unterschiedlich gedeutet. In manchen Schilderungen übernimmt er eine aktive Erlöserfunktion, in anderen wird er als endzeitlicher Richter beschrieben, in wieder anderen stellt er lediglich ein Zeichen für den Anbruch Heilszeit dar. „In jedem Fall konzentrieren sich allerdings die Erlösungshoffnungen dieser Gruppen vor der Zerstörung des Tempelstaates durch die Römer auf die Verdammung der jüdischen hohepriesterlichen Herrscher sowie der Regenten der Fremdherrschaft."[49] Viele Schriften kommen sogar ohne eine messianische Gestalt aus und erwarten ein direktes Eingreifen Gottes. Der Anbruch des Reiches Gottes, die Erlösung, wird für die unterdrückten Menschen konkrete innerweltliche Veränderungen bedeuten. Die ungerechte Herrschaft der eigenen Machthaber und die der Römer wird ein Ende haben. Gottes Gericht bedeutet für die Menschen, die unter ihrer Herrschaft leiden, die Aufrichtung von Recht und Frieden. Diese Hoffnung auf ein unmittelbar bevorstehendes Ende und den Eintritt in das Gottesreich war immer auch mit der Vorstellung der Aktivität und Tat Israels und der einzelnen Menschen verbunden. „Die Enderwartung führte zu einer geistig-gesellschaftlichen und einer gesellschaftlich-politischen Gärung und bildete den Sauerteig für zahlreiche soziale und politische Bewegungen während der ganzen Periode des zweiten Tempels, vor und nach der Zerstörung desselben, im Lande und in der

---

[47] Zum Thema vgl. auch Ekkehard und Wolfgang Stegemann 1995, 196ff.
[48] Shmuel Safrai 1978, 43-44.
[49] Richard Horsley 1993, 22.

Zerstreuung."⁵⁰ Daß auch die Erlösung, auf die diejenigen warteten, zu denen Hanna spricht, kollektiv verstanden wurde und die konkrete Befreiung von ungerechten Machthabern und der römischen Herrschaft zum Inhalt hatte, wird durch den Zusatz: die Erlösung Jerusalems deutlich. Der Begriff *lytrosis* wird auch im Lobgesang des Zacharias verwendet und dort auf das ganze Volk bezogen, dem Gott einen starken Retter schicken werde, um es zu befreien (vgl. Lk 1,68).

In den von mir untersuchten Kommentaren zur Stelle wurde nun vielfach die These vertreten, daß der von Simeon und Hanna verkündete Messias als Erfüllung der Erwartungen Israels zu verstehen sei, der eine speziell christliche (entpolitisierte) Botschaft verkündete, die den Anbruch der Heilszeit zum Inhalt hatte und die Entstehung einer christlichen Kirche begründete. Steht hinter Verkündigung Simeons und Hannas tatsächlich die bereits vollzogene Trennung vom Judentum? Wird durch die Vorstellung, daß sich in diesem ersttestamentliche Verheißungen erfüllten, ausgedrückt, daß eine „neue Zeit" angebrochen sei, die die Menschen vor eine Glaubensentscheidung stellte?⁵¹ Wird durch das Bekenntnis zu Jesus als den Christus im Neuen Testament der „alte" jüdische Glauben abgelöst? Tritt hier die christliche Kirche an die Stelle Israels als erwähltes Volk, dem Erlösung verheißen ist? Wolfgang Stegemann (1993) macht darauf aufmerksam, daß sowohl das Bekenntnis zu Jesus Christus als auch die heilsgeschichtliche Bedeutung des Volkes Israel im Laufe der Geschichte der Kirche immer wieder antijüdisch interpretiert worden seien, und fragt danach, wie ein nicht antijüdisch gewendetes Bekenntnis zu Jesus als Messias/Christus aussehen könnte (vgl. 21-24). Seine Ausführungen zu Jesus als Messias in der Theologie des Lukas werde ich im folgenden kurz darstellen und anschließend danach fragen, wie seine Ergebnisse auf die Frage nach den Inhalten der Rede Hannas angewendet werden können.

Wolfgang Stegemann setzt für seine Ausführungen zum Messiasverständnis bei Lukas voraus, daß es auch im Neuen Testament nicht nur *ein* messianisches Konzept gibt. Wenn er im Zusammenhang des Lukasevangeliums vom Messias Israels spreche, meine er den „endzeitlichen Gesalbten, den Befreier Israels und königlichen Herrscher auf dem Throne Davids." (25) Er führt weiter aus, daß es in der lukanischen Theologie eine reale politische Hoffnung auf den endzeitlichen davidischen König Israels gegeben habe, in deren Zusammenhang Jesus in der lukanischen Christologie gestellt werde. In der Ankündigung des Engels an Maria (vgl. 1,32f) werde die Geburt des verheißenen endzeitlichen Königs auf dem Davidsthron angesagt, an den sich konkrete, diesseitige Erwartungen für das Volk Israels knüpften. Dies machten die Lobgesänge Marias, Zacharias' und Simeons sehr deutlich (vgl. 25-26). Auch die lukanische Ausformung der Bezeichnung Jesu als König der Juden (vgl. 19,37-39; 23,2f.37f) konkretisiere den politisch-realen Aspekt dieser Akkla-

---

⁵⁰ Shmuel Safrai 1978, 47. Vgl. auch die Ausführungen zu V.36 in bezug auf prophetische Bewegungen in diesem Kapitel.
⁵¹ Vgl. z.B. Heinz Schürmann 1969, 120.124.

mation. Dieser konkrete Hintergrund der Messiaswürde Jesu werde auch in der Apostelgeschichte vielfach herausgestellt (Apg 3,20; 5,42; 8,37; 9,22.34 u.ö.). Die Messianität Jesu werde bei Lukas programmatisch exklusiv auf Israel bezogen: „Gerade in der lukanischen Christologie weist also der *Christos*-Titel Jesus als den verheißenen Messias und Retter Israels aus." (29) Lukas habe den Messiastitel gerade nicht „christianisiert" und entpolitisiert, sondern ihn im Rahmen zeitgenössischer Messiastraditionen interpretiert.

Nun werde aber in der Forschungsgeschichte argumentiert, daß Lukas in der sogenannten „Vorgeschichte" noch eine sehr politische Hoffnung auf den Messias ausdrücke, er aber durch die sich dehnende Zeit, das Ausbleiben des Heils und die sogenannte „Parusieverzögerung" dazu veranlaßt worden sei, zu staatsbürgerlicher Loyalität Rom gegenüber aufzurufen und sich mit dem römischen Staat zu arrangieren.[52] Wolfgang Stegemann wendet sich in seinen weiteren Ausführungen gegen das Konzept der „Parusieverzögerung" als hermeneutischen Schlüssel zur lukanischen Christologie und rückt an dessen Stelle das seines Erachtens zentrale Ereignis der Katastrophe Israels im jüdisch-römischen Krieg (vgl. 30). Die Erfahrungen des Unheils und der Zerstörung mußten die Überzeugungen der messianischen Gemeinschaft in Frage stellen, die Heil und Befreiung erwartete. Parallelen zum Schicksal Jesu seien aufgestellt worden: „Ja, kann er überhaupt der Messias Israels sein, da er selbst in Jerusalem gekreuzigt wurde und Israel vom Unglück betroffen war?" (30) Diese Zweifel an der Messianität Jesu würden besonders durch die Emmausjünger ausgedrückt, die resigniert zu dem ihnen fremden Wanderer sprachen: „Wir aber hofften, daß er der ist, der kommen soll, Israel zu erlösen." (Lk 24,21) Lukas kläre diese Frage, indem er das Leiden und den Tod für messianisch notwendig erkläre und zu einem schriftgemäßen Datum im Ablauf der Heilsgeschichte mache (vgl. 24,25f). „Diese messianisch-soteriologische Interpretation des Todes Jesu macht Lukas allerdings nicht am Kreuz Jesu, sondern ausdrücklich an seinem Leiden fest." (31) Der Auferstandene deute selbst diesen heilsgeschichtlichen Plan Gottes und stelle zwei Aussagen in den Mittelpunkt: Leiden und Eingehen in die Herrlichkeit. Die Verherrlichung Jesu, von der in Lk 24,26 die Rede ist, trete bei Lukas aber nicht an die Stelle der messianischen Befreiung Israels. „Vielmehr schiebt Jesu Himmelfahrt die endgültige Erfüllung des messianischen Heils nur zeit- und heilsgeschichtlich hinaus." (32) Das katastrophale Schicksal Israels im Jahre 70 habe zu einer Korrektur der messianischen Christologie bei Lukas geführt. Die Ankunft Jesu in Jerusalem sei noch nicht die Aufrichtung der erwarteten davidischen Herrschaft gewesen. Auch das Heil für Israel erfülle sich erst mit der Parusie.

Im weiteren diskutiert Wolfgang Stegemann die Frage nach dem Heil für die HeidInnen und bezieht sich hier ausdrücklich auf die Simeonsweissagung in Lk 2,25ff (vgl. 34-36).[53] Diese knüpfe sprachlich und inhaltlich an Jes 40 an,

---

[52] Vgl. ebd., 29. Stegemann bezieht sich hier insbesondere auf Hans Conzelmann (Die Mitte der Zeit. Studien zur Theologie des Lukas) und Exegeten in seinem Gefolge.
[53] Vgl. auch Wolfgang Stegemann 1991, 87-94.

wo ebenfalls der Trost Israels verheißen wird. In dem Kind sehe Simeon das künftige Heil (*soterion*; nicht den Heiland!), das zunächst allen Stämmen Israels bereitet sei.[54] In V.32 spreche er dann davon, daß dieses auch ein „Licht zur Offenbarung für Heiden" sei. Es sei Konsens in den Kommentaren zur Stelle, daß Jesus mit diesem Licht gemeint sei. Tatsächlich meine Lukas damit das messianische Heil. Dieses werde als göttliche Offenbarung für die Völker wirken. „Daraufhin ist mithin in der Auslegung des ‚Nunc Dimittis'' peinlich genau zu achten, daß nicht der Messias Israels selbst ‚Licht der Heiden' ist, sondern dem vom messianischen Heil Gottes betroffenen *Volk Israel* kommt diese heilsgeschichtliche Prärogative zu. So universal auf einmal die heilsgeschichtliche Perspektive des Propheten Simeon ist, sie bleibt in einem bestimmten Sinn exklusiv gebunden an Israel." (36) In Anknüpfung an Klaus Haacker (1985) macht Stegemann deutlich, daß bei Lukas die universale Ausweitung des Heils an die messianische Tradition und soteriologische Rolle Israels gebunden bleibt (vgl. 37). Das Heil für die Heiden setzt voraus, daß in Jesus der Messias Israels zur Welt gekommen und mit seiner Wirksamkeit die messianische Heilszeit angebrochen ist. „Der entscheidende Hoffnungsinhalt, der sich mit der Erwartung des Messias verknüpft, steht auch im christlichen Typ der messianischen Idee noch aus. Wie Israel erwartet die Christenheit in dieser Hinsicht noch immer das Kommen des Messias und die Aufrichtung seiner Königsherrschaft in Israel." (39) Mit Blick auf die antijudaistische Tradition christlicher Theologie macht Wolfgang Stegemann auf die Schwierigkeiten eines solchen Bekenntnisses aufmerksam: In gewisser Weise behielten es sich die ChristInnen - bei allen Gemeinsamkeiten mit jüdischen Traditionen - vor, zu definieren, wer der zukünftige Messias sei. Auch wenn sie dies nur könnten, weil jüdische AnhängerInnen Jesu dies einst getan hätten, bliebe doch das Problem der Bevormundung bestehen. „Deshalb kommt es darauf an, diesen bei Lukas so betonten ‚pro-heidnischen' Aspekt, d.h. die Einbeziehung der Völker in das zukünftige messianische Heil Israels auch hervorzuheben. Antijüdisch wird unser Bekenntnis immer dann nicht sein, so meine ich, wenn wir einerseits seine Gültigkeit nur für uns beanspruchen, nicht aber für das jüdische Volk, andererseits aber nicht vergessen, daß wir es dem jüdischen Volk verdanken." (39)

Die Notiz über die Rede Hannas bestätigt die Beobachtungen, die Wolfgang Stegemann zur Verkündigung Jesu als den Messias Israels im Lukasevangelium gemacht hat:

1. Mit der Rede zu denen, die auf die Erlösung/Befreiung Jerusalems warten, stellt Hanna sich in jüdische Traditionen, die die Erlösung in den Mittelpunkt heilsgeschichtlicher Erwartungen stellen. Diese sind real-politisch zu verstehen und beinhalten die Hoffnung auf die Befreiung von ungerechten Herrschern des jüdischen Volkes und von der römischen Besatzungsmacht. Hanna repräsentiert in gewisser Weise das Leben, welches allen Menschen ermöglicht

---

[54] Stegemann macht deutlich, daß *laos/laoi* bei Lukas immer auf die Stämme Israels bezogen wird und in 2,31 nicht als „Heiden/Völker" gedeutet werden darf.

werden soll: ein Leben, das nach den Geboten Gottes ausgerichtet sein kann und im Tempel seinen Mittelpunkt hat. Zu diesem Leben werden zudem politische Freiheit, ausreichend Nahrung, soziale Gerechtigkeit, Frieden unter allen Völkern und die Harmonie mit der Natur gehören (vgl. auch Jes 11).
2. Mit der Bemerkung, daß sie Gott preise, bevor sie zu den Wartenden zu sprechen beginnt, wird deutlich gemacht, daß das Heil allein von Gott ausgeht. Das Kommen des Messias wird zum Zeichen für den Anbruch seines Reiches. Sehr aufschlußreich ist an dieser Stelle die Beobachtung Wolfgang Stegemanns, daß auch Simeon in 2,32 nicht Jesus als „Licht der Völker" verkündet, sondern das von Gott ausgehende messianische Heil. Auch die Beschreibung der Rede Hannas stellt nicht die Person Jesu in den Mittelpunkt: Es ist weder die Rede davon, daß sie ihn auf den Arm nimmt, noch wird sein Name in diesem Zusammenhang genannt. Lediglich das Pronomen *aytoy* (ihn), das grammatisch auch auf Gott bezogen werden könnte, weist auf Jesus hin. Es wird zudem auch nicht explizit gesagt, daß sie vom Messias spricht, allein die Erlösung Jerusalems wird betont. Durch den Zusammenhang von Lk 1.2 (bes. 1,32f) und der vorangehenden Worte Simeons ist jedoch davon auszugehen, daß sie Jesus als Messias, als den verheißenen endzeitlichen davidischen Herrscher, verkündet. Der Schwerpunkt liegt jedoch auf der kommenden Erlösung/Befreiung des Volkes, d.h. dem Anbruch des Reiches Gottes.
3. Mit der näheren Charakterisierung der Erlösung als Erlösung Jerusalems wird hier deutlich gemacht, daß Hanna Israel den Messias verkündet. Von den anderen Völkern ist bei ihr nicht die Rede. Das messianische Heil bleibt bei ihr an Israel gebunden. Ein „christianisierter" (unpolitischer) Messias ist in ihrer Verkündigung nicht zu vermuten. Wenn es zutrifft, daß ihre Rede als Einleitung für das, was im weiteren Evangelium entfaltet wird, zu verstehen ist, dann bedeutet das, daß auch dieses zunächst an Israel gerichtet ist. Diese Überlegungen möchte ich im abschließenden Kapitel, in dem ich die Frage nach der Bedeutung von Lk 1.2 im Zusammenhang des ganzen Evangeliums stellen werde, weiter nachgehen.

3. Eine Frau von 84 Jahren

Im folgenden möchte ich zunächst zusammenfassend die Ergebnisse der Exegese von Lk 2,36-38 in bezug auf die Person Hannas, ihr Tun im Tempel und ihre Verkündigung darstellen. Anschließend werde ich auf die Bedeutung der Erwähnung des hohen Lebensalters für die Beschreibung der Prophetin eingehen.

Die Prophetin Hanna

Der Titel einer Prophetin bedeutete eine besondere Auszeichnung und beinhaltete eine Wertschätzung, die besagt, daß die Trägerin das Wort Gottes verkündete. Diese Verkündigung war an bestimmte Inhalte gebunden: Gerechtigkeit, Verteidigung der Rechte der Armen und Unterdrückten und den Glauben an einen Gott, der auf der Seite der Schwachen steht. Prophetinnen werden vielfach im Zusammenhang von öffentlichen und kriegerischen Auseinandersetzungen erwähnt, in denen sie das Volk anführen. Sie verbinden ihren Glauben und ihre prophetischen Fähigkeiten mit politischem Widerstand und sind deshalb in den Augen der Herrschenden oft unbequem. Hannas Beschreibung weist viele Ähnlichkeiten mit der Judits auf Mit ihrem Namen wird an Hanna in 1 Sam 1.2 erinnert: von beiden ist eine ausdrucksvolle Botschaft überliefert, die das Eingreifen Gottes, Befreiung des Volkes und die Veränderung der ungerechten Verhältnisse zum Inhalt hat. Die Prophetin Hanna steht in der Öffentlichkeit, ihr Titel weist auf religiöses und politisches Wirken hin. Unabhängig von familiären Bindungen hält sie sich im Tempel auf und verrichtet dort gottesdienstliche Tätigkeiten. Durch ihre Rede wird deutlich, was Gottes Handeln durch Jesus, den erwarteten Messias, konkret bedeuten wird: Sie verheißt die Befreiung Jerusalems. Sie prophezeit dem Volk Israel die Erfüllung der Verheißungen Gottes, die im Handeln Jesu und seiner JüngerInnen konkret werden. Hanna blickt in ihrer Rede auf die Zukunft, die das Kommen des Messias eröffnen wird.

Hannas Dienst im Tempel

Hanna gibt mit ihrem Dienst ihrer Hoffnung auf die Erfüllung der Verheißungen Ausdruck, sie erwartet die Befreiung durch Gott. Dieser ist aber nicht als ein passives Hoffen auf die göttliche Erlösung mißzuverstehen. Wahrer Gottesdienst bedeutet, nach der Tora zu leben und für Gerechtigkeit einzutreten. In diesem Sinne bezeichnet der Gottesdienst Hannas ein widerständiges Handeln, das auf Befreiung und ein Ende der Not des unterdrückten Volkes hinarbeitet. Das in Lk 2 geschilderte Geschehen ist zudem als Ausdruck jüdischer Tempelfrömmigkeit zu verstehen, die ihre eschatologischen Erwartungen an diesen Ort knüpft. Durch die geschilderte Gebets- und Gottesdienstpraxis Hannas wird die Teilnahme am jüdischen Kultus am Tempel geschildert und dieser in seiner Gültigkeit und Bedeutung für die Gottesverehrung bejaht. In der Darstellung Hannas sind zwei Ebenen miteinander verbunden: Auf der ersten repräsentiert sie durch ihren Gottesdienst und ihre Gebetspraxis eine Frömmigkeit, die als Kritik am priesterlichen Mißbrauch der Macht und der Ausbeutung der Gläubigen zu verstehen ist. Sie wird zum Gegenbild zu den Hohepriestern und der übrigen Tempelhierarchie, die sich in Kooperation mit den Römern bereichern. Ihre Beschreibung bringt implizit zum Ausdruck: Im Tempel soll Gott gedient werden, nicht den Römern! Auf der anderen Ebene bedeutet das Festhalten an der zentralen Bedeutung des Tempels auch nach seiner Zerstörung - die ja bei der Abfassung des Evangeliums bereits geschehen ist - daß die Jesusbewegung ganz deutlich im Zusammenhang der anderen jüdischen messianischen Befreiungsbewegungen verstanden werden muß, die am Tempel als zentralen Ort jüdischer Identität festhalten. Am Tempel erwarten sie das endzeitliche Heilshandeln Gottes. Hier wird die Befreiung Jerusalems/Israels verkündet.

Die messianische Verkündigung Hannas

Mit der Rede zu denen, die auf die Erlösung/Befreiung Jerusalems warten, stellt Hanna sich in jüdische Traditionen, die die Erlösung in den Mittelpunkt heilsgeschichtlicher Erwartungen stellen. Diese sind real-politisch zu verstehen und beinhalten die Hoffnung auf die Befreiung von ungerechten Herrschern des jüdischen Volkes und von der römischen Besatzungsmacht. Mit der Bemerkung, daß sie Gott preise, bevor sie zu sprechen beginnt, wird deutlich gemacht, daß das Heil allein von Gott ausgeht. Das Kommen des Messias wird zum Zeichen für den Anbruch seines Reiches. Der Zusammenhang von Lk 1.2 (bes. 1,32f) und der vorangehenden Worte Simeons macht deutlich, daß sie Jesus als Messias, als den verheißenen endzeitlichen davidischen Herrscher, verkündet. Das messianische Heil bleibt in ihrer Rede an Israel gebunden. Ein „christianisierter" (unpolitischer) Messias ist in ihrer Verkündigung nicht zu vermuten.

Die alte Frau Hanna

Als alte Frau, die prophetisch redet und handelt, kommt Hanna eine große Wertschätzung zu. Sie steht in der Tradition weiser alter Frauen des Ersten Testaments, die als Matriarchinnen und Ratgeberinnen hoch geachtet wurden. Hier ist an Sara zu erinnern, die als alte Frau noch schwanger wird und einen Sohn zur Welt bringt. Ihr wird besonderer Segen zuteil, die Verheißungen auf Existenz und Überleben als Volk Gottes werden durch sie Wirklichkeit. Andere weise Frauen, von denen das Erste Testament berichtet, mischen sich in die aktuelle Politik ein und sind diplomatisch aktiv: die weise Frau von Tekoa (2 Sam 14) und die Frau aus Abel-Bet-Maacha (vgl. 2 Sam 20,14-22). Ihre Beschreibungen lassen die Vermutung zu, daß es sich bei ihnen um ältere Frauen handelt, die um Rat und Hilfe gebeten wurden. In diesem Zusammenhang sind auch die Erzählungen von der Prophetin Hulda (2 Kön 22,14-20) und der Totenbeschwörerin von Endor (1 Sam 28,3-25) einzuordnen. 2 Makk 7 erzählt die Geschichte einer Mutter, deren Söhne gezwungen werden sollten, die Tora Gottes zu übertreten. Sie ermutigt diese zum Widerstand und erleidet selbst den Tod. In der Erzählung wird sie wegen ihrer besonderen Frömmigkeit und ihres mutigen Handelns als Vorbild für das ganze Volk dargestellt. Zusammen mit der Erwähnung ihrer Witwenschaft klingt in der Beschreibung Hannas und der Benennung ihres Alters eine besondere Nähe zu Judit an, von der gesagt wird, daß sie 105 Jahre alt wurde (vgl. 16,21-25).
Daneben ist das Bild einer alten Frau, die den Messias verkündet, im Rahmen eschatologischer Vorstellungen als besonderes Zeichen für den Anbruch der Heilszeit zu betrachten. Die alte Prophetin Hanna und ihre Verkündigung stehen hier sinnbildlich für die Erfüllung dieser Verheißungen. Als alte Frau verkündet sie das Heil, das mit ihr dem ganzen Volk geschenkt wird. In Lk 1.2 wird von vier alten Menschen berichtet: Zacharias, Elisabet, Simeon und Hanna. Im folgenden möchte ich Hanna und Elisabet zusammen betrachten

und danach fragen, welche Rolle diese beiden Frauen im Zusammenhang der Erzählung und im Blick auf den gesamten Ablauf des Evangeliums spielen.

4. Elisabet und Hanna

Zwischen den beiden Frauen gibt es eine Reihe von Gemeinsamkeiten: Beide sind alt - fortgeschritten in den Tagen. Elisabet ist eine alte Frau nach der Menopause und wahrscheinlich ungefähr 60 Jahre alt oder älter. Hanna hat bereits das 84. Lebensjahr erreicht. Beide Frauen werden als fromme Jüdinnen geschildert. Elisabets Leben wird als vor Gott gerecht beschrieben. Sie ist eine gläubige Jüdin, die fest in ihren Traditionen verwurzelt ist, ihrem Sohn den Namen gibt und auch Zacharias ermöglicht, erneut zum Glauben zu finden. Auch Hannas besondere Frömmigkeit und ihr Glaube werden herausgestellt: Sie widmet ihr ganzes Leben dem Dienst Gottes. Von beiden Frauen wird in diesem Zusammenhang ausgesagt, daß sie beten. Zudem wird deutlich, daß ihre Gebete Erhörung finden. Ihr religiöses Handeln und ihre theologische Kompetenz werden damit sehr hoch bewertet und als vorbildhaft herausgestellt.

Elisabet ist die zentrale Figur in Lk 1, ihre Schwangerschaft strukturiert den zeitlichen Ablauf. Ihre Eigenständigkeit wird betont, als eine der wenigen Frauen im Evangelium hält sie eine machtvolle prophetische Rede. Ihre Leidensgeschichte als kinderlose alte Frau wird sichtbar und dient als Schlüssel für das Verständnis der Aussage des ganzen Kapitels: Gott steht auf der Seite der Frauen und wird das Volk aus Unterdrückung und Erniedrigung befreien. Hanna wird explizit als Prophetin bezeichnet. Auch wenn die Worte ihrer Rede nicht überliefert sind, läßt sich doch auf deren Inhalt schließen: Sie verkündet das Kommen des Messias, die Befreiung Israels und den Anbruch des Reiches Gottes. Die Botschaft der beiden Frauen ist dieselbe, auch wenn sie von verschiedenen Ausgangspunkten ausgehen: Elisabet lebt im Haus ihres Mannes, Hanna im Tempel. Elisabets prophetische Kraft bleibt zunächst im verborgenen. Hanna ist hingegen eine in der Öffentlichkeit bekannte und geschätzte Person. Sie repräsentieren verschiedene Facetten weiblicher Biographien: Die eine lebt ihr Leben lang in einer Ehe und sehnt sich nach einem Kind, die andere hat nicht wieder geheiratet und insofern ihre familiären Bindungen schon früh aufgegeben. Und doch sind sie durch ihren Glauben an die Verheißungen Gottes verbunden. Beide werden durch ihr widerständiges Handeln zu Subjekten der Heilsgeschichte Gottes. Beide verkünden die Befreiung von ungerechten Strukturen und treten für ein Leben ein, in dem Gerechtigkeit und Frieden herrschen. Dieser Weg führt sie zu neuen Lebensformen, die nicht länger durch die Zwänge der patriarchalen Ehe eingeschränkt sind. Elisabet findet sich mit anderen Frauen und Männern zur „Ekklesia der Frauen" zusammen. Hanna ist mit denjenigen eng verbunden, die auf die Befreiung Jerusalems warten. Beide Frauen werden als herausragende Repräsentantinnen der Gemeinschaften, zu denen sie gehören, geschildert.

Beide symbolisieren bereits durch ihr Auftreten als prophetisch redende alte Frauen den Anbruch des Reiches Gottes. Die Schwangerschaft einer alten Frau in Lk 1 muß im Blick auf die Geschichte dieses Motivs als eschatologisches Zeichen gedeutet werden. Erlösung, Befreiung, die Verwandlung aller ungerechten Herrschaftsverhältnisse sind nahe, das Reich Gottes bricht an. Als alte Frauen verkünden Hanna und Elisabet das Heil, das dem ganzen Volk geschenkt wird. Ihr Auftreten erfüllt die Verheißungen von Joel 3,1-5 und Sach 8,4-5. Sie repräsentieren die Kontinuität zu den Traditionen des Ersten Testaments, für deren Gültigkeit und Autorität ihre Beschreibungen zeugen.

Daneben finden sich in den Beschreibungen der beiden Frauen auch nachösterliche Reflexionen. In Form von Geburtserzählungen wird in Lk 1 geschildert, wie nach dem Schrecken und der Erschütterung über Jesu Tod die Bewegung durch die Initiative von Frauen weitergeführt wird. Als Jüngerin in der Nachfolge bietet Elisabet Maria (und einer größeren Gemeinschaft von Frauen) Raum und Unterstützung. Gemeinsam feiern sie ihre Befreiung und die Befreiung des ganzen Volkes. Auch der Bericht vom Dienst Hannas muß auf dem Hintergrund des Todes Jesu und der Katastrophe des Jahres 70 gelesen werden: Der Tempel ist zerstört, die Römer haben gesiegt. Die Menschen leben weiterhin in Not und Unterdrückung und leiden in besonderem Maße unter den Folgen des Krieges. Hanna repräsentiert die Gültigkeit der messianischen Hoffnungen, die auch durch das erfahrene Unheil nicht aufgehoben werden. Das Leiden wird als ein notwendiger Abschnitt der Heilsgeschichte gedeutet. Es bereitet den endgültigen Anbruch und die Wiederkehr des Messias vor. In diesem Sinne symbolisiert auch die Beschreibung Hannas den Glauben an die Auferstehung: Trotz Tod und Zerstörung, Verzweiflung und Not ist an den der Tora und dem Halten der Gebote festzuhalten, die Hoffnung auf Befreiung bleibt lebendig. Gerade durch ihre Person wird sehr deutlich zum Ausdruck gebracht, daß die Erlösung an das Volk Israel und den Tempel als Symbol jüdischer religiöser und politischer Identität gebunden ist. Von dort aus wird sie auch als Licht für die Völker leuchten, wie es die Weissagung Simeons zum Ausdruck bringt.

In dieser knappen Zusammenfassung wird die Fülle theologischer Gedanken und wichtiger Aussagen deutlich, die an die beiden alten Frauen gebunden sind. Wie kaum eine andere Gestalt im Evangelium repräsentieren sie die Anknüpfung an ersttestamentliche Frauen, die Matriarchinnen, Prophetinnen und weise Ratgeberinnen, an prophetische und eschatologische Traditionen und stehen gleichzeitig für die Jüngerinnen in der Nachfolge und den Glauben an die Auferstehung. Warum sind diese Frauen bisher kaum wahrgenommen worden? Ihre Erzählungen stehen an zentraler Stelle, die Begegnung von Elisabet und Maria wird alljährlich zur Weihnachtszeit wieder neu betrachtet. Ich denke, daß dies in erster Linie daran liegt, daß es alte Frauen sind. Alte Frauen stehen in unserer Gesellschaft und unseren Lebensvorstellungen ganz am Rande und werden wenig beachtet. Theologische Kompetenz wird ihnen kaum zugetraut. In biblischer Zeit war dies anders, wie die Erzählungen von Hanna und Elisabet zeigen. Alte Frauen waren in der Jesusbewegung und den urchristlichen Gemeinden als Jüngerinnen und Prophetinnen aktiv und angesehen. In allen Erzählungen, in denen von Frauen ohne eine konkrete Altersangabe die Rede ist, muß davon ausgegangen werden, daß auch alte Frauen unter diesen waren. Um deutlich zu machen, daß Elisabet und Hanna keine Ausnahmen waren, sondern lediglich als Repräsentantinnen einer großen Gruppe von alten Frauen anzusehen sind, deren Existenz und Wichtigkeit durch sie zum Ausdruck kommt, möchte ich für die Auslegung neutestamentlicher Texte folgenden Vorschlag formulieren: Solange nicht das Gegenteil zu beweisen ist, ist davon auszugehen, daß alle erwähnten Frauen und Männer alt sind. Damit soll nicht gesagt werden, daß die Jesusbewegung tatsächlich nur aus alten Menschen bestand oder daß diese wichtiger oder bedeutender seien als junge Menschen. Dieses Vorgehen sollte auch nur solange gelten, bis es in exegetischen Entwürfen nicht mehr als selbstverständlich gilt, daß religiöses Handeln und bedeutende theologische Aussagen ausschließlich an junge dynamische Männer (und Frauen) gebunden sind. Die Vielfalt, die auf diese zum Ausdruck kommen kann, möchte ich in einem kurzen, plakativen Abriß der Forschungsgeschichte zeigen:

Charismatische, unabhängige (bärtige?) Männer um Jesus
In den Entwürfen herrschender Theologie waren über die Jahrhunderte stets Männer als Jünger, Apostel, Propheten und Bischöfe im Blick. Dies zeigt sich z.B. noch an der Beschreibung der sogenannten Wandercharismatiker der Jesusbewegung durch Gerd Theißen (1983). Er beschreibt den Wanderradikalen als (jungen) charismatischen Mann, der nicht nur freiwillig seinen Besitz, sondern auch Kinder und Ehefrau zurückgelassen habe und nun frei aller Bindungen nach einer radikalen Ethik leben könne (vgl. 83ff).

Männer und Frauen um Jesus
Elisabeth Schüssler Fiorenza (1988b) hat als erste eine feministische Kritik an diesem Bild Theißens und der Tradition, die er repräsentiert, geübt (vgl. 195ff). Sie weist darauf hin, daß es auch Frauen in der Jesusbewegung als Jüngerinnen, Apostolinnen, Lehrerinnen ... gegeben hat. Sie beschreibt die Bewegung als Gemeinschaft der Gleichgestellten.

Arme, marginalisierte und unterdrückte Frauen und Männer um Jesus
Die sozialgeschichtliche Forschung hat darauf hingewiesen, daß in der Bibelauslegung häufig unreflektiert die JüngerInnen als Mitglieder einer wohlhabenden Mittelschicht beschrieben werden.[55] Durch sozialgeschichtliche Untersuchungen kommen nun die Armen und Unterdrückten, Kranken und Verach-

---

[55] Auf diese Tendenz haben Ivoni Richter Reimer 1992, 91-161, und Luise Schottroff 1991g, z.B. in ihrer Analyse zur Auslegung der Erzählung von Lydia in Apg 16 hingewiesen. Diese erscheint hier stets als wohlhabende Unternehmerin. Die sozialgeschichtliche Untersuchung ihrer Arbeit zeigt hingegen ein anderes Bild: Purpurfärben galt als schmutziges und verachtetes Gewerbe, das gerade das Überleben sichern konnte.

teten ins Zentrum des Bildes. Exemplarisch ist hier der Titel eines Buches von Luise Schottroff und Wolfgang Stegemann zu nennen: „Jesus von Nazareth - Hoffnung der Armen" (1990).

Arme, marginalisierte und unterdrückte Frauen, Männer und Kinder um Jesus
Bettina Eltrop (1996) hat gezeigt, daß Kinder selbstverständlich immer mit anwesend waren. Auch sie waren geachtete Mitglieder der Jesusbewegung und der urchristlichen Gemeinden.

Arme, marginalisierte und unterdrückte alte und junge Frauen, Männer und Kinder um Jesus
In der vorliegenden Arbeit habe ich gezeigt, daß auch alte Frauen und Männer JüngerInnen und ProphetInnen waren. Sie waren angesehene RepräsentantInnen der Gemeinden und werden als aktiv Handelnde und theologisch Redende beschrieben. Alte Frauen und Männer müssen immer als anwesend mitgedacht werden.

Wie eine solche Auslegung praktisch aussehen kann, die auch alte Menschen im Blick hat, zeigt ein kurzer Aufsatz von Luzia Sutter Rehmann (1995b) zu Auferweckungen im Markusevangelium. Hier beschreibt sie die Schwiegermutter des Petrus als alte Frau, die krank und allein darniederliegt: „Was wird nun mit der alten Mutter? Bleibt sie liegen auf ihren Laken, fiebernd, hungernd, am Boden? Das wäre mir eine schöne Jesusbewegung, wenn sie diese Frau übersehen hätte!" (15) In den folgenden Ausführungen macht sie deutlich, daß diese alte Frau nach ihrer Heilung zur ersten Jüngerin im Markusevangelium wird. Von der Heilung der Schwiegermutter des Petrus wird auch in Lk 4,38-39 berichtet. Somit tritt auch hier eine weitere alte Frau aus ihrer Unsichtbarkeit heraus. Wie alt mag die Mutter des vom Tode erweckten jungen Mannes aus Nain (Lk 7,11-17) gewesen sein? Ist die Frau in Lk 7,36-50, die Jesus prophetisch salbt, auch als alte Prostituierte vorstellbar? Sind unter den in Lk 8,3 namentlich genannten Jüngerinnen auch alte Frauen? Können wir uns Maria und Marta als alte Witwen vorstellen, die im Alter zusammenleben und mit Jesus theologische Streitgespräche führen? Diese Liste wäre noch auf die vielen anderen erwähnten Frauen und Männer auszuweiten. Ein Ergebnis steht aber bereits im vorhinein fest: Unser Bild der Jesusbewegung und der urchristlichen Gemeinden wird vielfältiger und lebendiger, theologische Aussagen können nicht mehr auf eine kleine elitäre Gruppe bezogen werden. Sie müssen am Alltag aller Menschen gemessen werden.

Siebtes Kapitel
Lk 1.2 - Vorgeschichte oder Evangelium?

In diesem Kapitel möchte ich den Versuch wagen, einen Weg durch den Dschungel der Lukasforschung zu schlagen und die Ergebnisse meiner exegetischen Untersuchungen in diese einzuordnen. Die schier unübersichtliche Fülle der Literatur zu diesem Thema erschwert dieses Vorhaben, eine detaillierte Gesamtdarstellung würde den Rahmen dieser Arbeit sprengen. Deshalb habe ich eine Auswahl aus den zahlreichen vorliegenden Entwürfen getroffen, die ich ausführlich untersuchen werde. Diese sollen jedoch jeweils eine breitere Forschungsrichtung repräsentieren, so daß die wichtigsten Fragestellungen der Lukasforschung exemplarisch diskutiert werden können. Im folgenden soll es vor allem darum gehen, Lk 1.2 in den lukanischen Gesamtentwurf des Evangeliums und der Apostelgeschichte einzuordnen. Sind Lk 1.2 als Zeugnisse judenchristlicher Kreise anzusehen, die „Lukas" als vorgefundene Quelle „seinem" Evangelium lediglich vorschaltet, und deshalb von untergeordnetem Wert für die Frage nach dem Verständnis des lukanischen Doppelwerkes? Oder bilden diese Kapitel nicht vielmehr eine komprimierte Vorstellung der theologischen Gedanken und Aussagen des ganzen Evangeliums, die anschließend entfaltet werden? Daran anschließend stellt sich die Frage: Wer ist „Lukas"? Ist weiterhin von *einem* Autor auszugehen - oder lassen sich die Texte auch als Zeugnisse gemeindlichen Lebens darstellen, die von vielen verschiedenen Menschen verfaßt wurden? Wo sind diese Gemeinden anzusiedeln? Ist das lukanische Schriftwerk in heidenchristlichen oder judenchristlichen Kreisen in der Diaspora entstanden? Welche Rolle spielten (alte) Frauen bei der Abfassung der Texte? Aus diesen Überlegungen ergeben sich für mich vier Fragen, die ich an die vorliegenden Entwürfe zum Lukasevangelium stellen werde:

1. Wer ist „Lukas"? In welchen gemeindlichen Zusammenhang sind die Schriften des Lukasevangeliums (und die Apostelgeschichte) einzuordnen?
2. Welchen Stellenwert haben die Kapitel Lk 1.2 im Gesamtzusammenhang des lukanischen Schriftwerkes? Welcher Geschichtsentwurf liegt dem lukanischen Konzept zugrunde?
3. Welches Frauenbild, bzw. Bild des Geschlechterverhältnisses wird in den Schriften überliefert?
4. Welche Rolle haben (alte) Frauen bei der Abfassung gespielt?

1. Die feministische Diskussion

Im folgenden werde ich drei feministische Entwürfe zum Lukasevangelium vorstellen. Jane Schaberg (1992) und Turid Karlsen Seim (1994) haben beide einen kurzen Kommentar zum gesamten Lukasevangelium verfaßt, in dem die oben entwickelten Fragen thematisiert werden. Brigitte Kahl (1987) bietet ebenfalls einen Entwurf, der sich unter besonderer Berücksichtigung von Lk 1.2 mit dem Lukasevangelium beschäftigt.

Jane Schaberg

1. Nach Jane Schaberg (1992) ist Lukas ein Heidenchrist, der hellenistisch gebildet und mit der LXX so vertraut war, daß er ihren Stil nachahmen und deren Quellen in seinem Entwurf verarbeiten konnte (vgl. 278). Die Schriften wendeten sich auch in erster Linie an Heiden(-ChristInnen). Die Gemeinden seien bereits so an die sie umgebende Gesellschaft assimiliert, daß sie auch deren Werte, ihre sozialen, ökonomischen und politischen Einstellungen teilten. Der Radikalismus der Jesusbewegung und ihre Vision der Gleichgestellten sei während der Entstehung der Kirche durch einen „Liebespatriarchalismus" ersetzt worden. Es sei nicht auszuschließen, daß es sich bei „Lukas" um eine Frau handelte, denn wohlhabende Frauen seien in dieser Zeit gut ausgebildet gewesen. Allerdings hält Schaberg dies aufgrund der von ihr rekonstruierten Einstellung des Evangeliums Frauen gegenüber für recht unwahrscheinlich. Zeitlich siedelt sie die Schriften nach der Zerstörung des Tempels zwischen 85-90 n.Chr. an.

2. Jane Schaberg übernimmt den von Hans Conzelmann entwickelten Ansatz, der das lukanische Geschichtskonzept in drei Phasen aufgeteilt sieht (vgl. 277): 1. Periode Israels (von der Schöpfung bis zu Johannes dem Täufer); 2. Periode Jesu (von seinem öffentlichen Auftreten bis zur Himmelfahrt); 3. Zeit der Kirche (von der Himmelfahrt bis zur Parusie). Dieses Konzept sei auf dem Hintergrund der Parusieverzögerung entstanden. Welche Bedeutung diese Einteilung für die Auswertung von Lk 1.2 hat, die nach diesem Konzept zur Periode Israels gehören, thematisiert sie nicht. Sie wertet sie vielmehr im Zusammenhang der Passagen im Lukasevangelium aus, die Frauen im Zentrum haben (vgl. 282-285). Hier hätten Frauen weitaus machtvollere *(powerful)* Rollen inne als im restlichen Evangelium, indem sie als Prophetinnen handelten und zentrale befreiende Aussagen träfen. Allerdings würden auch diese in der Darstellung eingeschränkt. So erscheine Maria letztlich trotz ihres mit Autorität gesprochenen Magnificats als diejenige, die sich dem Wort Gottes unterordne. „Hers is what Luke considers a woman's perfect response to God: obedient trust and self-sacrifice." (285)

3. Die machtvolle Darstellung in Lk 1 verdankten Elisabet und Maria zudem in erster Linie ihrer Mutterschaft. „It is likely that Luke has permitted powerful women characters here in the narrative mainly because the context is the traditional women's role of bearing and raising children." (282) Jane Schaberg sieht im Lukasevangelium, das vielfach als besonders frauenfreundlich bezeichnet wurde, die Tendenz, eigenständige Frauen einzuschränken und ihre Unterordnung zu legitimieren. Es seien zwar auch frauenbefreiende Traditionen zu entdecken, aber diese seien mit solchen, die männliche Dominanz in

den Gemeinden und ihre Herrschaft über Frauen legitimierten, so eng verknüpft, daß es häufig schwer sei, sie zu entwirren. Weiblichen Leserinnen würden die biblischen Frauen als Vorbilder dargestellt: „prayerful, quiet, grateful, women supportive male leadership, forgoing the prophetic ministry." (275) Zentrale Frauenrollen seien die der Mutter und Nährenden, wobei die biologische Mutterschaft durch eine spirituelle ersetzt und auf die Gemeinde bezogen werde (vgl. 280). Frauen würden niemals als aktive Jüngerinnen beschrieben, denen eine Berufung zuteil werde, sondern zum Schweigen verurteilt. Ihre Position sei die der passiven Zuhörerinnen.

4. Besonders das lukanische Sondergut, zu dem auch Lk 1.2 gehören, weise viele Texte auf, in denen Frauen eine zentrale Rolle spielen. Jane Schaberg knüpft an die Überlegungen an, in denen dieses Sondergut als Frauenquelle bezeichnet wurde. Allerdings macht sie auf die auch hier deutlich werdenden Versuche, Frauenaktivität einzuschränken, aufmerksam. Auch wenn dieses Material ursprünglich aus einer Frauenquelle stammte, könne es nicht als Beschreibung historischer Realität aufgefaßt werden. „Luke responds to concern about the role of women by incorporating and editing material, subtly making the point that women must be restricted." (277) Trotzdem weise es viele Spuren auf, die auf eine größere Einbindung von Frauen und deren Leitungsfunktionen hinwiesen: „Perhaps it is related to the ‚old wives' tales' 1 Tim 4:7 warns against, or was produced in circles like that of the widows 1 Tim 5:2-16 attempts to control." (277)

Jane Schabergs Ansatz, das Lukasevangelium zu lesen, ist in vielen Punkten richtungsweisend. Besonders ernstzunehmen ist ihre Warnung, Texte, die von Frauen handeln, nicht als einfache Beschreibung ihrer historischen Realität zu verstehen, sondern stets danach zu fragen, wer ein Interesse an der Art der Darstellung haben könnte. Ihre Infragestellung der weit verbreiteten Bewertung von Lukas als „Evangelist der Frauen", die häufig lediglich aufgrund der Anzahl der erwähnten Frauen getroffen wird, ist methodisch weiterführend. Es sollte immer danach gefragt werden, wie eine Frau dargestellt ist, ob ihr Name erwähnt ist, welche Rolle sie im Zusammenhang des Textes und im Vergleich zu Männern spielt und ob sie eine Rede hält oder schweigt.

Kritisch ist allerdings anzumerken, daß Jane Schaberg, ohne dies weiter zu reflektieren, die These Theißens und anderer übernimmt, die vom praktizierten Liebespatriarchalismus in den Gemeinden ausgeht. Diese These bildet den Hintergrund ihrer Ausführungen über die Rolle von Frauen in den Gemeinden, die sie auf dieser Ebene kritisiert und ablehnt. Weiterhin übernimmt sie zur Beschreibung des geschichtlichen Kontextes die These von der Parusieverzögerung. Letztlich bedingt diese in ihrem Konzept die Assimilation an die Gesellschaft, die zur Unterdrückung der Frauen geführt haben soll. An dieser Stelle ist jedoch zu fragen, ob es nicht vielmehr die hermeneutische Herangehensweise ist, die dieses Bild entstehen läßt. Gibt es tatsächlich den Patriarchen Lukas, der, weil er sich in die Gesellschaft einfügen will, Frauen einschränkt und zum Schweigen bringt? Wie ist dies mit der messianischen Auf-

bruchstimmung von Lk 1.2 zu vereinbaren, die das Ende aller gesellschaftlichen Hierarchien und ungerechten Ordnungen verkündet?
Weitere Anfragen sind an ihr Bild des Autors „Lukas" und seine Aufarbeitung von vorgefundenen Quellen zu stellen. Die von Jane Schaberg konstatierte Einschränkung von Frauen auf die Mutterrolle trifft im Zusammenhang der Erzählungen von Maria und Elisabet nicht zu. Auch Ivoni Richter Reimer (1992) zeigt in ihrer Studie zur Apostelgeschichte, daß Frauen zu den Hauptträgerinnen der Gemeindearbeit und der Ausbreitung des Evangeliums gehörten. Sie legt dar, daß es hier kein einheitliches Bild von Frauenrealität und ihren Lebenskontexten gibt. Sie macht besonders darauf aufmerksam, daß zwischen der in androzentrischer Sprache berichteten Geschichte und der Lebensrealität, die dahinter steht, zu unterscheiden ist. In vielen Fällen seien Frauen einfach „mitgemeint". „Lukas nennt Frauen nur dann mit Namen, wenn ihre Persönlichkeit hochrangig und ihre Geschichte paradigmatisch für den Fortbestand der Gemeinschaft der Heiligen war." (263) Eine durchgängige Tendenz, Frauen einzuschränken und zum Schweigen zu bringen, stellt sie jedoch nicht fest. Im Anschluß daran ist zu fragen, ob es möglich ist, die Realität und die Bedeutung von Frauen im Lukasevangelium zu beschreiben, ohne diese apologetisch als nur positiv darzustellen oder sie durchgängig als negativ und eingeschränkt zu bewerten.
Unbeantwortet bleibt in Jane Schabergs Entwurf auch die Frage nach der Bedeutung von Lk 1.2 für das restliche Evangelium. Indem sie, ohne dies weiter zu diskutieren, davon ausgeht, daß „Lukas" als Heidenchrist für Nicht-JüdInnen schreibt, fragt sie auch weiterhin nicht danach, welche Rolle die hier verarbeiteten Traditionen für die Gemeinde haben, die diese überliefern. Für sie sind sie letztlich nur Spuren einer Vergangenheit, in der Frauen eine bedeutsamere Rolle in den Gemeinschaften gespielt haben. Ich frage mich allerdings, ob diese Einschätzung der Darstellung von Elisabet, Maria, Hanna und den anderen erwähnten Frauen und den von ihnen verkündeten Botschaften tatsächlich gerecht wird.

Turid Karlsen Seim

1. Turid Karlsen Seim (1994) äußert sich nicht zu der Frage nach den VerfasserInnen und dem konkreten historischen Hintergrund des Evangeliums. Sie geht in ihrer Analyse von dem gegebenen Text aus und will dessen (Geschlechter-)Konstruktionen offenlegen. „For the most part it ignores the history behind the Lukan screen and concentrates on the given text." (729)
2. Aus diesem Grund unterscheidet sie auch nicht zwischen den verschiedenen Quellen, die dem Evangelium zugrundeliegen (könnten), und behandelt die Kapitel Lk 1.2 genauso wie die anderen Texte auch. An verschiedenen Stellen zieht sie sie als Beleg für ihre Thesen heran. Deutlich wird allerdings, daß sie z.B. die Perikope über Hanna auf dem Hintergrund einer frühchristlichen Praxis der Askese liest (vgl. 758). Sie stellt sie als „ideale" Witwe dar, die eine

asketische Lebensweise repräsentiere und damit zum Vorbild auch für die jüngeren Frauen werde.
3. Die Frage nach dem Geschlechterverhältnis steht im Mittelpunkt des Entwurfs von Turid Karlsen Seim. Sie verwendet das soziale Geschlecht *gender* als analytische Kategorie, mit der sie die Rolle von Frauen im Lukasevangelium untersuchen will. Ihre Voraussetzung ist, daß die Geschlechterdifferenz, auch wenn sie sich in den verschiedenen Zeiten und Kulturen unterschiedlich darstelle, als Konstante anzusehen ist. „Gender differentation and relationship will, no matter how they vary in their expressions, always have an all-embracing structural significance." (729) Deshalb fragt sie auch nicht nach den genauen historischen Hintergründen, sondern versucht die *gender*-Konstruktion des vorliegenden Textes zu ergründen. Hier stellt sie zunächst fest, daß Frauen und Männer in vielen Erzählungen parallel und gleichwertig, in „gender-pairs", dargestellt seien. „Women and men belong to the same community; they are united by common rituals and live together in mutual material dependence." (730) Es werde vielfach von Frauen- und Männergruppen berichtet, die einander gegenübergestellt werden. Zwischen diesen bestünde keine hierarchische Ordnung. Diese Gruppen seien in die neue Familie Jesu (vgl. Lk 8,19-21) integriert, die die biologische Familie ersetzte. Indem die biologische Mutterschaft von Frauen, die bisher gesellschaftlich ihre Identität und Ehre ausgemacht habe, ersetzt werde durch ihre Jüngerinnenschaft, werden traditionelle Werte in Frage gestellt (vgl. 733). Jedoch würden diese patriarchalen Werte nur modifiziert und in die Gemeinschaften übernommen: „But even if the *patria potestas* is transferred to God alone, this does not automatically create equality between sisters and brothers." (734) Frauen seien nun nicht mehr ihren Ehemännern untergeordnet und zum Dienst verpflichtet, sondern ihren „Brüdern", d.h. den männlichen Jüngern. Dabei betont Turid Karlsen Seim unter Berufung auf Lk 8,1-3 besonders, daß Frauen aus ihrem finanziellen Vermögen geschöpft hätten, um damit die Jesusbewegung zu unterstützen (vgl. 740-742). Hingegen würden Frauen in theologischer Hinsicht z.B. in den Heilungsgeschichten als passiv und das Heil empfangend dargestellt. Hier werde ihre gesellschaftliche Rolle erneut reproduziert: „The social provocation lies not in what the women are doing but in where and whom they serve." (743) Maria, die Schwester von Martha, sei in Lk 10 als Idealbild einer Jüngerin schweigend, hörend und empfangend im Haus dargestellt, während männliche Jünger verkündend und lehrend an die Öffentlichkeit träten (vgl. 747f). Den Frauen am Grabe, die die Wahrheit verkündeten, werde selbst von den männlichen Jüngern, die hier keine besonders gute Gestalt abgegeben hätten, nicht geglaubt. Deswegen würden sie von der öffentlichen Verkündigung ausgeschlossen (vgl. 752). Hier liegt nach Karlsen Seim die doppeldeutige Botschaft, die das Lukasevangelium vermittle: Es werden zwar außergewöhnliche Traditionen von eigenständigen und bedeutenden Frauen überliefert, gleichzeitig werden Frauen jedoch zum Schweigen gebracht. Es bleibe nur die (gefährliche) Erinnerung an sie.

4. Zu den VerfasserInnen des Evangeliums sagt sie nichts. Indem sie vom gegebenen Text ausgeht, trennt sie nicht zwischen historischer Praxis der Jesusbewegung und der literarischen Reflexion dieser Praxis in der aktuellen Gemeindesituation bei der Abfassung.

Der Entwurf von Turid Karlsen Seim gibt nur wenige Antworten auf die gestellten Fragen. Dies liegt natürlich in ihrer Herangehensweise begründet, die nicht an Maßstäben gemessen werden darf, die diesem Ansatz fremd sind. Kritisch ist jedoch anzufragen, ob die Frage nach der Geschlechterdifferenz allein als zeitlos konstante Kategorie zur Erfassung eines historischen Textes ausreicht. Letztlich setzt auch Turid Karlsen Seim eine Vorstellung der historischen Situation und der VerfasserInnen voraus. Indem sie diese aber nicht offenlegt, erscheint das geschilderte Verhältnis zwischen Männern und Frauen festgelegt und nahezu unveränderbar. Auch wenn sie davon ausgeht, daß kulturelle und zeitliche Unterschiede das äußere Bild verändern, so ist es doch in seinen Grundstrukturen festgelegt. Ich sehe in dieser Herangehensweise die Gefahr, daß die Analyse von (biblischen) Texten letztlich nur noch darin besteht, diese Grundstrukturen von ihrem eigentlich irrelevanten historischen Kostüm zu befreien und in ihrer Zeitlosigkeit freizulegen. Wenn historische, genauer: sozialgeschichtliche, Hintergründe und die konkreten Menschen in ihrer konkreten gesellschaftlichen, wirtschaftlichen, religiösen und politischen Situation nicht mehr der Maßstab zur Bewertung einer Situation sind, die einem Text zugrunde liegt, ist die Gefahr einer Projektion eigener Vorstellungen und Grundvoraussetzungen in diesen schnell gegeben. Hier reicht die Kategorie *gender* zur Analyse allein nicht aus.

Brigitte Kahl

1. Auch Brigitte Kahl (1987) versteht Lukas als heidenchristlichen Autor, der für eine Kirche schreibt, die sich längst vom Judentum getrennt habe. Dieses vom Judentum, der „Väterreligion", losgelöste Christentum müsse nun seine Loyalität dem römischen Reich gegenüber beweisen (vgl. 74ff). Seine Schriften seien zwischen 70 und 135 n.Chr. zwischen den jüdischen Aufständen anzusiedeln (vgl. 68). Die Niederlage im jüdischen Krieg wirke noch nach, die Römer seien sich der Gefahr des Unruheherdes Israel bewußt. Um nicht dem Verdacht der Anarchie und dem Bruch mit jeglichen Traditionen zu unterliegen, was innerhalb des römischen Weltbildes die Störung aller Ordnung und Sicherheit bedeutet hätte, beteuere Lukas die Kontinuität zum Judentum. Er schreibe an Theophilus, den sie sich als hochgestellten Römer vorstellt, den Lukas von der „Harmlosigkeit" des Christentums überzeugen wolle (vgl. 60ff). Damit den Römern der „Väterkonflikt" des Christentums mit dem Judentum nicht als Aufruhr erscheine, der den „Asylstatus" des Christentums innerhalb des römischen Toleranzrahmens gegenüber dem Judentum gefährden könnte, beschreibe Lukas diesen als innerjüdischen und damit für die Sicherheit des römischen Reiches ungefährlichen (vgl. 85).

2. Besonders in den „Anfangsgeschichten", wie Brigitte Kahl die ersten Kapitel des Lukasevangeliums bezeichnet, werde diese Kontinuität zum Judentum zum Ausdruck gebracht. Hier lege Lukas seine Sicht dar, weil ihm der Markus-Anfang nicht ausreichend erschienen sei (vgl. 87). „Lukas hat die Anfangsgeschichte der christlichen Tradition mit der Anfangsgeschichte der jüdischen Tradition verbunden." (93) In der Erzählung werde jedoch nicht nur Kontinuität, sondern auch Diskontinuität zum Ausdruck gebracht: in Lk 1 werde das Ende des theologischen Väterprimats verkündet. Die Mütter und Söhne nähmen die Stelle der Väter ein (vgl. 103ff). Brigitte Kahl sieht dabei sowohl in den Kindern als auch in den Frauen die Zuwendung zu den Heiden repräsentiert (vgl. 166.119). Diese Grenzüberschreitung vom Judentum zum Heidentum werde in Lk 2 auch durch die Stallgemeinschaft der Familie Jesu mit den Hirten ausgedrückt. „Der Beginn und die Ausbreitung der Herrschaft Christi ‚ganz von unten' hatte mit Notwendigkeit ökumenische Implikationen, da soziale und ökonomische Implikationen ein gemeinsames Phänomen der römischen wie der jüdischen Ordnung darstellte und da ferner innerhalb der sozialen und religiösen (Väter)hierarchie Israels ein Abstieg ‚ganz nach unten' ein Absinken auf die Stufe des quasi Nicht-mehr-Zugehörigseins zum Judentum implizierte." (126f) Die Erhebung der sozial Erniedrigten habe dann folgerichtig zur Verkündung des Heidenevangeliums geführt. Dieser Übergang werde durch die Akzentverschiebung zwischen Lk 1 und Lk 2 zum Ausdruck gebracht. In Lk 2 werde der Väterkonflikt seiner sozial-politischen Dimensionen entkleidet, die „Thronsturzvision" Marias aufgehoben und das Armenevangelium in das Heidenevangelium überführt (vgl. 147ff). Durch die Heidenpredigt Simeons und den durch ihn verkörperten „Vätergehorsam" werde ausgedrückt, daß die Christen zwar mit Israel als nationaler Größe gebrochen hätten, aber nicht den Gehorsam Gott gegenüber verweigerten. Es sei für Lukas zwar nicht einfach gewesen, aber in Lk 2 sei es ihm gelungen, den Gottesgehorsam der Christen mit dem Bekenntnis zu ihrem Kaisergehorsam zu verbinden.

3. Lukas präsentiere in Lk 1 bedeutende Frauen, deren Glaube und Gehorsam besonders hervorgehoben und dem Unglauben der „Väter" gegenübergestellt werde (vgl. 117-119). Die Handlungskompetenz gehe in Lk 1 von den „Vätern" an die „Mütter" und Kinder über. Elisabet und Maria seien die ersten bevollmächtigten Wortträgerinnen, an denen die Integration derer, die in der jüdischen Väterordnung (relativ) desintegriert gewesen seien, deutlich gemacht werde. In Lk 2 werde jedoch die Väterordnung restituiert (vgl. 141-147): Die „Väter" gewinnen hier - repräsentiert durch den gehorsamen Simeon - ihre Rede- und Handlungskompetenz zurück. Die „Mütter" treten wieder in den Hintergrund, sie haben lediglich eine vorübergehende Leerstelle gefüllt. Dies werde an der Darstellung Hannas deutlich, von der im Gegensatz zu Simeon keine Rede überliefert sei. „So gesehen wäre in der Gestalt der Hanna und ihrer - gemessen an Lk 1,26-60 - klaren Unterordnung unter Simeon genau das in den Anfang zurückprojiziert, was die künftige Rolle der Frau im Raum der Ekklesia sein wird." (145)

4. Die Frage nach der Rolle der Frauen bei der Abfassung des Evangeliums stellt sich für Brigitte Kahl, um zu ergründen, warum das Lukasevangelium mit der Darstellung so bedeutender Frauen beginnt (vgl. 146f). Warum hat Lukas das erste Kapitel überhaupt geschrieben, wenn er in Lk 2 viele der Aussagen wieder zurücknimmt? Warum nimmt er einen „umstürzlerischen" Text wie das Magnificat auf, wenn er doch den Ausgleich mit Rom sucht? Wichtig sei Lukas der Anknüpfungspunkt an jüdische Traditionen, an das Armenevangelium, gewesen, in dem er die Voraussetzung für das Heidenevangelium gesehen habe. Zudem sei zu vermuten, daß die soziale Situation auch die konkrete historische Realität der Gemeinden zur Zeit des Lukas widerspiegelt. Hier habe es viele sozial Erniedrigte und Frauen gegeben. Der von Lukas aufgezeichnete Weg vom Armenevangelium zum Heidenevangelium, in dem der politische und soziale Zündstoff entschärft worden sei, sei deshalb als Kompromiß zwischen den Anliegen dieser Gruppe und den Sicherheitsinteressen des römischen Reiches anzusehen.

Der Entwurf von Brigitte Kahl betrachtet das Lukasevangelium unter theologischen und politischen Aspekten. Sie macht sehr deutlich, daß es Stellung zu aktuellen Konflikten innerhalb des römischen Reiches nimmt. Die Verfolgung von AufrührerInnen und politisch Widerständigen muß als Realität hinter allen Äußerungen wahrgenommen werden. Dieser Einschätzung ist grundsätzlich zu folgen. Kritisch anfragen möchte ich allerdings eine Grundvoraussetzung ihrer Ausführungen: Richtet sich das lukanische Schriftwerk tatsächlich an einen Römer? Hat Lukas wirklich apologetische Interessen? Gerade die von ihr selbst aufgeworfene Frage nach dem Magnificat ist hier erneut zu betrachten. Welcher römische Leser[1], der an der Sicherheit der Ordnungen interessiert ist, würde das Magnificat lediglich als geschichtlichen Text lesen? Könnte jemand, der nicht mit jüdischen Traditionen vertraut ist, eine so differenzierte Lektüre des Textes leisten, wie Brigitte Kahl sie voraussetzt? Wäre es einem Römer möglich, zwischen Vätertraditionen, deren zeitweiliger Ersetzung durch die der Mütter und ihrer letztendlichen Restitution zu unterscheiden? Ein „umstürzlerischer" Text wie das Magnificat hätte wohl ausgereicht, um die Bewegung als aufrührerisch und in höchstem Maße gefährlich einzustufen. Menschen wurden zu dieser Zeit aus weitaus geringeren Anlässen verfolgt und hingerichtet.[2] Das Lukasevangelium als apologetischen Text aufzufassen, erfordert LeserInnen, die eine differenzierte Darstellung würdigen wollen und können, die sich auf religiöse und philosophische Betrachtungen einlassen, Interesse für die vermittelten Inhalte und Verständnis für die TrägerInnen des Evangeliums haben. Weiterhin ist zu fragen, ob zur Zeit des Lukas' das Chri-

---

[1] Ich bleibe hier bei der männlichen Form, um deutlich zu machen, daß es hier um Herrschaftsinteressen geht, die in diesem Zusammenhang von mächtigen Männern vertreten wurden.

[2] Vgl. z.B. Tacitus, Annalen VI,10. Hier berichtet Tacitus, daß eine alte Frau umgebracht worden sei, nur weil sie bei der Hinrichtung ihres Sohnes geweint hatte. Auch bei Kreuzigungen wurde bereits jedes Zeichen der Solidarität wie Trauer oder Bestattung der Toten als Verbrechen bestraft. Vgl. dazu Luise Schottroff 1990b, 136-138.

stentum als eigenständige Größe überhaupt schon existierte und wenn ja, ob sie von den Römern als eine solche wahrgenommen wurde. Hat es wirklich die Notwendigkeit gegeben, die Konflikte zwischen ChristInnen und JüdInnen als innerjüdisch darzustellen, wenn sie in einer solchen Form nicht mehr existiert hätten?

Weiter ist zu fragen, ob die Inhalte, die Hoffnungen und Erwartungen des Magnificats und die Kraft, die aus diesem spricht, nicht allen apologetischen Interessen getrotzt haben. Einem Verfasser wie Lukas wird dies nicht verborgen geblieben sein. Aus diesem Text spricht die Lebendigkeit einer Gruppe, die eine mächtige Umwälzung erwartet. Er dokumentiert ihren Widerstand und wird auch zu seiner Zeit Menschen ermutigt haben, sich für Gerechtigkeit einzusetzen. Elisabet und Maria verkünden die Befreiung und den Anbruch des Reiches Gottes. Auch wenn in Lk 2 auf der statistischen Ebene Frauen weniger Redeanteile haben als die Männer, erscheint es mir nicht einleuchtend, dies als Zeichen der generellen Zurückdrängung von Frauen zu werten. Hätte es nicht auch weiterhin starke und einflußreiche Frauen gegeben, die die Bewegung geprägt hätten, wäre das Magnificat sicher einem Mann in den Mund gelegt worden!

Weiterhin möchte ich kritisch fragen, ob „Lukas" tatsächlich das Armenevangelium durch das Heidenevangelium ersetzt und dessen politische und soziale Dimensionen entschärft. Brigitte Kahl findet bereits in dem Übergang von Lk 1 zu Lk 2 diesen Prozeß dokumentiert. Eine Voraussetzung dafür ist für sie, daß die Frauen bereits die „Heiden" repräsentieren, weil sie wie diese ebenfalls zu den im Judentum Desintegrierten gehören. Hier ist zunächst einzuwenden, daß Frauen im Judentum nicht generell zu den Desintegrierten gehörten.[3] Zudem ist gerade die Zuwendung zu den sozial Schwachen, den Entrechteten und Marginalisierten ein Wesenszug der jüdischen Religion. An dieser Stelle von der Notwendigkeit des Heidenevangeliums zu sprechen, das sich (anders als die jüdische „Väterreligion") diesen Gruppen zuwendet, halte ich für nicht angemessen. Außerdem leuchtet es mir nicht ein, warum ausgerechnet eine Frau wie Elisabet, eine fromme Jüdin, deren Beschreibung tief in den Traditionen des Ersten Testaments wurzelt, als Repräsentantin für die „Heiden" angesehen werden soll. Ein Großteil der Schwierigkeiten, die sich in dem Entwurf von Brigitte Kahl ergeben, gründen sich in ihrer Vorraussetzung, „Lukas" als Heidenchrist anzusehen, der ein Heidenevangelium verkündet. Ihre vorzüglichen Textbeobachtungen weisen nämlich eigentlich in eine andere Richtung. Sie stellt für mich sehr klar und überzeugend dar, wie tief Lk 1 in den Traditionen des Ersten Testaments verwurzelt ist und mit dessen Bildern und Erzählungen die eigene Gegenwart beschreibt. Warum sollte nicht auch „Lukas" in diesen Traditionen zu Hause sein?

---

[3] Hier möchte ich nur auf Ross Shepard Kraemer 1992; Amy-Jill Levine (Hg.) 1991; Bernadette J. Brooten 1982, verweisen.

2. Die nicht-feministische Diskussion

Im folgenden werde ich anhand zweier Positionen deutlich machen, wie die Bedeutung von Lk 1.2 im Zusammenhang des Lukasevangeliums und der Apostelgeschichte eingeschätzt wird.[4] Besonders der Entwurf von Hans Conzelmann ist für Generationen von TheologInnen richtungsweisend gewesen, wird auch heute noch anerkannt und liegt vielen aktuellen Arbeiten zum Lukasevangelium zugrunde. Deshalb werde ich diesen exemplarisch darstellen. Eine andere Interpretationslinie, die versucht, von Lk 1.2 aus das gesamte lukanische Schriftwerk zu lesen, möchte ich exemplarisch mit dem Entwurf von Ulrich Busse wiedergeben.[5] Er entwickelt auch Grundzüge für eine andere Deutung des lukanischen Geschichtsbildes. Im Anschluß an die Darstellung dieser beiden Entwürfe werde ich eine Einordnung der Ergebnisse meiner Untersuchungen zu Lk 1.2 in das lukanische Gesamtwerk vornehmen.

Hans Conzelmann

1. Nach Hans Conzelmann (1974b) gehört Lukas zur dritten christlichen Generation. Er habe aus zeitlicher Distanz zu den Geschehnissen, über die er berichtet, geschrieben. Entstanden sei sein Schriftwerk nach der Zerstörung des Tempels an der Wende vom ersten zum zweiten Jahrhundert (vgl. 260). Genaues lasse sich über den Verfasser nicht sagen, wahrscheinlich sei er nicht in Rom anzusiedeln, möglich wäre der Bereich der Ägäis (vgl. 244). Sein Entwurf zeige aber bereits eine christliche Kirche, die sich in der Welt eingerichtet habe. Daß Hans Conzelmann Lukas eindeutig in das Heidenchristentum einordnet, zeigen seine Äußerungen über Israel und das Judentum: „Symptomatisch ist auch der Blick auf Israel aus der Perspektive einer Kirche, für welche das Judentum nicht mehr ein primär praktisches (außer der Tatsache der Verfolgung), sondern ein theoretisches Problem ist. Es geht nicht mehr um die Bekehrung Israels, sondern um das Verstehen der Grundlagen der Kirche: Heilsgeschichte, Schrift, Gesetz." (256) Er schreibe für diese verfolgte Kirche, ohne politische Interessen oder ein Programm des (geistigen) Widerstands zu vertreten. Das Imperium Romanum betrachte er lediglich unter dem Gesichtspunkt der Ausbreitung des Christentums (vgl. 242). Er betone besonders die Loyalität zum römischen Reich, während die „aufrührerische Gesinnung" der Juden hervorgehoben werde (vgl. 1977, 130).
2. Sehr aufschlußreich für die Frage nach der Stellung von Lk 1.2 ist ein kurzer Überblick über das Lukasevangelium: „Ähnlich wie Mt beginnt auch Lk mit Geburts- und Kindheitsgeschichten Jesu (sic!) (Lk 1f.). Die eigentliche

---

[4] In diesem Abschnitt soll und kann kein Überblick über die gesamte Forschung zum Lukasevangelium gegeben werden. Hier möchte ich auf einschlägige Arbeiten verweisen: z.B. Georg Brauckmann 1974; Martin Rese 1985.

[5] Hier sind weiterhin z.B. Paul Minear 1974; Richard J. Cassidy 1978.1983; Klaus Haacker 1985, und Wolfgang Stegemann 1993, zu nennen. Weitere Literaturhinweise auf eine solche Lukasdeutung finden sich bei Martin Rese 1985, 2309-2310.

Handlung setzt mit 3,1 ein (...)"[6] In dem Entwurf von Hans Conzelmann werden diese Kapitel so gut wie nicht bearbeitet, die Ausklammerung ihrer theologischen Aussagen begründet er mit ihrer fraglichen Authentizität (vgl. 1977, 109). Sie gehören in seinem Aufriß der lukanischen Heilsgeschichte (vgl. 1974a, 62f) zur Zeit des Gesetzes und der Propheten, des historischen Israels als Verheißungsträgers, an die die Zeit Jesu anschließe, die durch die Realisierung des Heils gekennzeichnet sei. Mit der Passion gehe diese Zeit zu Ende und gehe in die der Kirche über. „Die Kirche ist nunmehr der Heilsträger, ‚Israel', erwiesen durch die Anabasis Jesu in den Tempel und fortdauernd erwiesen durch den Geist." (1974a, 63) Hintergrund dieses Konzeptes sei die „Parusieverzögerung". Die Jahre der Verfolgung und des Ausbleibens der Parusie seien der Kirche unendlich lang erschienen. Lukas komme in dieser Situation die Leistung zu, ein neues theologisches Konzept der Endzeithoffnung entwickelt zu haben: „Nicht das *Kommen*, sondern das *Sein* des Reiches wird ausgerufen, das jetzt schon *ist* - aber im Jenseits. Ist das Trost für die Verfolgten? Ja, denn das Reich ließ sich im Bilde sehen - im Leben Jesu (...) Das Reich *ist*, aber es ist nicht *bei uns*. Aber es *wird* eines Tages bei uns (bzw. wir in ihm) sein." (1974a, 61f) Das messianische Konzept sei im Gegensatz zu dem des Judentums ein betont unpolitisches (vgl. 1977, 128ff). Das erwartete Heil sei nicht mehr als geschichtliches Ereignis zu verstehen, sondern individuell zu erlangen. Es gehe der lukanischen Botschaft um das „Heil für mich", das durch den Geist verbürgt werde und nicht berechenbar sei (vgl. 1977, 219).
3. Frauen spielen in dem Entwurf von Hans Conzelmann keine Rolle. Lediglich bei der Auslegung von Lk 8,1-3 geht er auf die Bedeutung ihrer Erwähnung ein. Diese weise auf die Passion und stelle die Frauen als „Zeugen aus Galiläa" vor, die bei der Auferstehung erneut genannt werden. „Natürlich sind Züge aus der Urgemeinde zurückprojiziert. Wie die männlichen Nachfolger zu Aposteln, so sind die weiblichen zu Diakonen stilisiert (V.3)." (1977, 41 A.1)
4. Bei der Frage des Verfassers stellt sich für ihn nicht die Frage nach einer Gruppe, in der es möglicherweise auch Frauen gegeben haben könnte. Entscheidender ist für ihn die Frage, ob Lukas nun Historiker, Frühkatholizist oder eigenständiger Theologe gewesen sei (vgl. z.B. 1974a, 241ff).
Der Entwurf von Hans Conzelmann gehört in eine Zeit, die leider für weite Teile der heutigen Theologie noch andauert, in der sozialgeschichtliche Fragen keine Rolle gespielt haben. Das von ihm als hermeneutischer Schlüssel verwendete Konzept der „Parusieverzögerung" erscheint auf dem Hintergrund jüdischer und frühchristlicher Eschatologie als Fehleinschätzung, als Konstrukt neuzeitlicher Wissenschaft.[7] Im Zusammenhang messianischer Bewegungen und ihres Einsatzes für das Kommen des Reiches Gottes, das sie brennend erwartet haben, von einem Irrtum in bezug auf die Naherwartung und einem Ausbleiben der Parusie zu sprechen, erscheint mir nicht angebracht.

[6] Hans Conzelmann/Andreas Lindemann 1988, 286-287. Auch seine Darstellung des Lukasevangeliums in „Die Mitte der Zeit" beginnt mit 3,1.
[7] Zur Kritik an diesem Modell vgl. auch Luise Schottroff 1994, 250-256.

Eschatologisches Denken ist nicht linear. Es beschreibt die Hoffnung der für Befreiung Kämpfenden, daß Gott ihnen in ihrer Gegenwart, in ihrem Kampf um gerechte Beziehungen beisteht. Diese Erwartung gibt ihnen die Kraft, deshalb sprechen sie von Gottes Nähe und dem Anbrechen seines Reiches. „Das Urteil ‚Irrtum' sprechen die Sieger der Geschichte, die selbstverständlich davon ausgehen, daß alles so weitergeht wie bisher."[8] Die messianischen Erwartungen, die sich auch bei Lukas finden, als unpolitisch darzustellen, entspricht genau einer solchen Siegergeschichtsschreibung, die nicht von den Menschen in den Bewegungen ausgeht, sondern die Perspektive der (römischen) Herrscher einnimmt. Allerdings sind diese zu keiner Zeit von der Harmlosigkeit oder einem unpolitischen Charakter der messianischen Bewegungen ausgegangen, wie deren blutige Niederschlagungen zeigen. Spätestens nach der Lektüre des Magnificats wäre das religiös-messianische Konzept der Jesusbewegung als ein politisches erkannt worden. Die Aussage, daß Gott die Mächtigen vom Thron stürzen werde (Lk 1,52), hat in den Ohren der Herrscher sicher nie harmlos und unpolitisch geklungen. Sollte Lukas tatsächlich eine den Römern gegenüber apologetische Haltung hätte einnehmen wollen, hätte er sicher nicht die „Vorgeschichte" an den Anfang gestellt. Spätestens bei der Rede Hannas zu denen, die auf die „Erlösung/Befreiung" Jerusalems warteten (Lk 2,28), wäre diese ad absurdum geführt worden.

Im Blick auf die Gesamtbeurteilung der Theologie des „Lukas" und seiner Sicht der Geschichte, wie Hans Conzelmann sie darstellt, möchte ich mich der Kritik von Paul S. Minear (1974) anschließen, der zu dem Schluß kommt, „daß H. Conzelmann nur dadurch zu seinem besonderen Verständnis der lukanischen Theologie gelangen konnte, daß er die einschlägigen Befunde der Kindheitsgeschichten ignorierte oder für irrelevant erkärte." (226) Er macht sehr deutlich, daß Conzelmanns Dreiteilung der Heilsgeschichte auch nur durch die Nichtbeachtung von Lk 1.2 vorgenommen werden konnte. Conzelmann habe die besondere Art der prophetischen Botschaft, die den Weg für die weiteren Ereignisse bahne, nicht verstanden: „Es ist doch so gut wie unmöglich, den Prolog so zu lesen, wie die zeitgenössischen Leser des Lukas ihn verstanden haben müssen, um dann zu dem Schluß zu kommen, daß für Lukas nunmehr, ‚die Heilszeit (...) als Epoche zurückliegt und abgeschlossen ist.'" (227)

Aus seiner androzentrischen Perspektive spielen bei Conzelmann Frauen keine Rolle, ihre historische Bedeutung ist bei ihm nicht im Blick und auch nicht von Interesse. Aber nicht nur deshalb ist für feministisch-theologische Ansätze die Übernahme seines Konzeptes abzulehnen. Es basiert insgesamt auf einer kontextlosen Analyse der biblischen Texte, die er allein aus diesem Grund rein individuell („das Heil für mich") und übergeschichtlich interpretieren kann. Sein Konzept der Heilsgeschichte, das er bei Lukas wiederfindet, beurteilt die Kämpfe von Menschen und ihren Einsatz für Gerechtigkeit und Befreiung aus der Perspektive einer etablierten Kirche, der es um die Anpassung an die

---

[8] Ebd., 251.

Gesellschaft geht. Dabei werden das Handeln von Männern und Frauen unsichtbar gemacht und Veränderungen auch in bezug auf das Miteinander der Geschlechter, Vorstellungen von gleichberechtigter Geschwisterlichkeit und Gegenseitigkeit spiritualisiert. Dies wird besonders an seiner Darstellung lukanischer Ethik deutlich. Ein Armutsideal gäbe es weder bei Lukas noch in der Apostelgeschichte, die Gütergemeinschaft sei als stilisierte Darstellung der Einheit der Kirche in der Anfangszeit zu verstehen (vgl. 1977, 218). In der Gegenwart des Lukas bestehe auch nicht mehr der Anspruch, diese zu verwirklichen. Für mich klingt diese Einschätzung angesichts einer hungernden Bevölkerung, die unter Krieg, Besetzung, Abgaben und Hungersnöten leidet, zynisch. Teilen scheint für eine Tradition, wie sie durch Hans Conzelmann verkörpert wird, keine (christliche) Tugend mehr zu sein. Für die Menschen, die das Magnificat zu ihrem Befreiungslied gemacht haben, war es jedoch vielfach die einzige Möglichkeit zu überleben. Sie vertreten nicht nur eine Ethik des Almosengebens, sondern geben ihrer Erwartung einer radikalen Umkehrung der menschlichen Hierarchien und sozialen Ordnungen Ausdruck, die zu ihrer Unterdrückung und Ausbeutung führen. In der Solidarität untereinander, in der Gemeinschaft der Heiligen, wird diese neue Ordnung bereits Wirklichkeit.[9] Die Vorstellung des Heils „für mich" allein erweist sich hier als neuzeitliche individualistische Anschauung, die in einen Zusammenhang projiziert wird, der genau das Gegenteil zum Ausdruck bringt.

Schließlich ist die Darstellung des Judentums bei Hans Conzelmann kritisch zu betrachten. Er selbst äußert sich nicht abwertend gegenüber JüdInnen oder dem Judentum. Allerdings finden sich in seiner Beschreibung des lukanischen Judentumbildes verschiedene Stereotype, die dieses gegenüber dem Christentum abwerten. So erscheinen JüdInnen als „notorische Unruhestifter", auf deren heilsgeschichtliche Ablösung bereits zurückgeblickt werde (1977, 135). Desweiteren spricht er häufig von „jüdischen Umtrieben", die den unpolitischen Handlungen der ChristInnen gegenüberständen (vgl. 1977, 130). In der Passionsgeschichte findet er die historische Schuld der JüdInnen zum Ausdruck gebracht, die der Unschuld der Römer gegenübergestellt werde (vgl. 1977, 131). Hier ist zu fragen, ob diese antijudaistische Sicht tatsächlich Bestandteil des lukanischen Werkes ist oder erst durch die Interpretation in dieses hineingetragen wird. Schreibt „Lukas" tatsächlich als Heidenchrist, der das Judentum als heilsgeschichtlich abgelöst ansieht? Oder ließe sich sein Werk auch in einem innerjüdischen Zusammenhang interpretieren? Festzuhalten bleibt aber an der Kritik an dem unreflektierten Sprachgebrauch, der diese Stereotype - sollten sie von Lukas stammen - auch weiterhin in ihrer Gültigkeit festschreibt.

Ulrich Busse

1. Ulrich Busse (1991) sieht im Gegensatz zu dem in der Forschung formulierten Konsens „Lukas" nicht als heidenchristlichen Autor (vgl. 162 A.6). Er

---

[9] Zur Gütergemeinschaft in der Urgemeinde vgl. Ivoni Richter Reimer 1992, 29-54.

vermutet in diesem nicht einmal einen Proselyten, sondern einen Diasporajuden. Als Begründung führt er an, daß es in der ganzen antiken Literatur keinen Beleg dafür gebe, daß ein Grieche eine östliche Sprache erlernt hätte, um die Heiligen Schriften lesen zu können. Auch die griechische Übersetzung sei zunächst lediglich in jüdischen Kreisen bekannt gewesen. Da das gesamte lukanische Doppelwerk intensiv von jüdischen Traditionen durchdrungen sei, mit denen kreativ umgegangen werde, sei eine genaue Kenntnis des biblischen Erzählwerks bei dem Verfasser notwendig gewesen, die ein Gottesfürchtiger kaum erlangt haben dürfte. Er sieht in diesem einen jüdisch sozialisierten Menschen mit griechischer Bildung, der sich mit der längst vollzogenen Heidenintegration in den christlichen Gemeinden arrangiert habe. Diese Einschätzung bildet für Ulrich Busse die Grundlage für seine Einordnung von Lk 1.2 in den Gesamtzusammenhang des lukanischen Doppelwerkes. Für ihn besteht nicht die Notwendigkeit, den an die LXX angelehnten Stil der „Vorgeschichte" als Zeichen für die Herkunft aus einer anderen Tradition zu deuten. Vielmehr gehe „Lukas" mit Erzählhandlungen und Motiven der ihm und seinen LeserInnen vertrauten Literatur sehr kreativ um und aktualisiere die Themen und Aussagen für die eigene Gegenwart (vgl. 163-167).
2. Ulrich Busse bezeichnet Lk 1.2 als „Evangelium", um damit den Akzent auf die theologischen Dimensionen der Vorgeschichte zu legen: „Sie dient nämlich dazu, den Leser auf die bedeutsamen Ereignisse einzustimmen, die ‚sich unter uns erfüllt haben.' Die Vorgeschichte hat der Autor verfaßt, um den Leser zu konditionieren, indem er dessen Vorverständnis und Denkhorizont *biblisch* erweitert." (176) Die LeserInnen sollten sich mit den dargestellten Personen identifizieren und die folgenden Geschichtserzählungen auf dem Hintergrund der Ausführungen in Lk 1.2 lesen (vgl. 172). Hier werde nicht nur stilistisch an die LXX angeknüpft, sondern auch inhaltlich. Mit Zacharias und Elisabet erinnere er an Gottes Bundesverheißungen an Abraham und Sara, mit Johannes an die prophetische Bußpredigt und mit Jesus an die messianischen Erlösungshoffnungen Israels. In der Vorgeschichte seien bereits fast alle theologischen Aussagen formuliert, die im weiteren Verlauf des Evangeliums und der Apostelgeschichte noch einmal aufgegriffen werden. Dies zeigt Busse an einer Reihe von Textbeispielen (vgl. 167-172). Dabei setze Lukas LeserInnen voraus, die seine Anspielungen auch verstehen und umsetzen können. In seiner gesamten Verkündigung beziehe er sich immer wieder auf die Schrift, nicht nur auf „historische" Fakten. „Deshalb wird die Schrift nicht nur im traditionell vorgegebenen Schema von Verheißung und Erfüllung, sondern auch als in biblischen Geschichten hermeneutisch umgesetzte Realisation ihrer Hoffnungsdimensionen für die anbrechende End- und Heilszeit durch Lukas aktualisiert." (177) Das bedeute, daß Lukas in seinen Erzählungen von Jesus, Johannes und in der Apostelgeschichte nicht nur eine historische Rekonstruktion vergangener Ereignisse bieten will, sondern mit ihnen den Eintritt und Vollzug der in der Schrift formulierten Hoffnungen Israels beschreibt. „Unter diesem Blickwinkel war es für den Evangelisten nur konsequent, die für ihn wahren theologischen Beweggründe der geschilderten geschichtlichen Ereignisse vor-

weg unter hermeneutischer Verwendung biblischer Motive und Anspielungen sowie in gekonnter sprachlicher LXX-Mimesis in seiner Vorgeschichte eingehend zu thematisieren. Sie enthält das theologische Programm des Autors in einem dazu passenden Gewand erzählerischer haute couture." (177)

3. Zur Frage nach dem überlieferten Frauenbild nimmt Ulrich Busse nicht Stellung, obwohl das von ihm aufgeführte Material diese geradezu aufdrängt. Ein Großteil der von ihm als programmatisch für das ganze Evangelium gedeuteten Aussagen wird durch Frauen verkündet.

4. Aus seiner Beschreibung *des Verfassers* des Evangeliums und der Apostelgeschichte wird recht deutlich, daß er diesen für einen Mann hält. Die Frage nach an der Abfassung beteiligten Frauen stellt er sich nicht.

Der Ansatz von Ulrich Busse ist in vielen Punkten weiterführend. Besonders seine Sicht von „Lukas" als eines Diasporajuden eröffnet Möglichkeiten einer textgerechten Deutung des lukanischen Schriftwerkes. Seine Beobachtung, daß sich in Lk 1.2 programmatisch fast alle Aussagen finden, die im weiteren Evangelium erneut aufgegriffen und entfaltet werden, haben die Ergebnisse der vorliegenden Arbeit bestätigt. Seine Ausführungen basieren vor allem auf einer Untersuchung der literarischen Ebene. Um die historischen Dimensionen seiner Ergebnisse erfassen zu können, ist es weiterhin nötig, diese durch sozialgeschichtliche Forschungen zu ergänzen. Der Ansatz von Wolfgang Stegemann (1993), die Zerstörung des Tempels als hermeneutischen Schlüssel für das Verständnis des Lukasevangeliums zu betrachten, könnte hier sinnvoll eingebracht werden. Ein solcher hermeneutischer Ansatz müßte schließlich mit einer feministischen Lektüre der Texte verknüpft werden, um weitere Aussagen über die TrägerInnenkreise und deren Botschaft und konkrete Lebenspraxis treffen zu können.

3. Das Lukasevangelium - ein jüdisches Buch

Im folgenden werde ich in Auseinandersetzung mit vorhandenen Entwürfen eine eigene Einordnung des Lukasevangeliums vornehmen. Ich werde zeigen, daß es in judenchristlichen Kreisen entstanden ist, die als Teil der jüdischen prophetisch-messianischen Befreiungsbewegungen zu verstehen sind. Lk 1.2 bieten den Schlüssel für dieses Verständnis des lukanischen Schriftwerkes, auf ihre besondere Stellung werde ich deshalb im folgenden ausführlich eingehen. Zur Beschreibung der lukanischen Gemeinden werde ich auch der Frage nach dem hier dokumentierten Geschlechterverhältnis nachgehen. Abschließend soll die Frage nach den VerfasserInnen der Texte und besonders nach der Beteiligung alter Frauen an der Abfassung behandelt werden.

Die judenchristliche Herkunft des Lukasevangeliums

Lk 1.2 gehören zum sogenannten lukanischen Sondergut, d.h. zu den Texten, die nicht in der Markus-Vorlage stehen und nicht aus der Logienquelle Q

stammen, wie ein Vergleich mit dem Matthäusevangelium zeigt.[10] Über die Herkunft dieser Texte und ihre Stellung im Evangelium wurden viele Mutmaßungen angestellt.[11] Von denjenigen, die davon ausgehen, daß „Lukas" dieses Sondergut, das möglicherweise aus verschiedenen Quellen stammte, vorlag, werden Thesen darüber aufgestellt, wo es ursprünglich beheimatet war. Besonders für Lk 1.2 wird eine Herkunft aus judenchristlichen Kreisen vermutet, die manche AutorInnen auch für das restliche Sondergut annehmen. Häufig genannt wird in diesem Zusammenhang die Gruppe um Jakobus, die die Texte bei ihrer Flucht aus Jerusalem gerettet hätte.[12] Paul Winter (1955) vertritt die These, daß Lk 1 ursprünglich auf hebräisch oder aramäisch verfaßt wurde, die LeserInnen seien allerdings Nicht-JüdInnen bzw. HeidInnen gewesen. Auch wenn von einer jüdischen oder judenchristlichen VerfasserInnenschaft dieser Texte ausgegangen wird, bleibt es strittig, wie das Verhältnis von „Lukas" zu diesen Quellen zu beurteilen ist. Häufig wird vermutet, daß „Lukas" von Geburt aus Grieche gewesen sei und sich dann als „Gottesfürchtiger" der jüdischen Religion zuwandte. Deshalb habe er Kenntnis der biblischen Geschichten und Traditionen gehabt und die ihm vorliegenden Quellen in seinen eigenen heilsgeschichtlichen Entwurf eingearbeitet.[13] Hier ergeben sich nun weitere Fragen: Hat „Lukas" diese Texte als „Historiker" einfach übernommen und sie in den Ablauf seines Schriftwerkes nur eingeschaltet oder finden sich auch hier seine Gedanken und Aussagen wieder? Je nachdem, wie diese Frage beantwortet wird, verändert sich der Stellenwert, der Lk 1.2 zugemessen wird. Hans Conzelmann z.B. beachtet diese Kapitel in seinen Ausführungen so gut wie nicht, weil sie z.T. seinem Verständnis der lukanischen Theologie widersprechen. Generell ist festzustellen, daß Lk 1.2 und der Rest des Evangeliums vielfach getrennt voneinander behandelt werden. Für die Forschung bis 1966, dem Jahr des Erscheinens seines Aufsatzes, stellt Paul S. Minear fest: „Seltsam jedoch ist, daß einerseits viele der neueren Untersuchungen des lukanischen Doppelwerkes die Kindheitsgeschichten so gut wie gar nicht beachten, andererseits die meisten Untersuchungen dieser Kindheitsgeschichten den Rest des Gesamtwerkes außer acht lassen." (204) Er selbst vertritt die These, daß das gesamte lukanische Schriftwerk von Lk 1.2 aus gelesen werden muß. Er legt dar, daß die Kindheitsgeschichten in ihrem Sprachgebrauch, Stil und der Auswahl der Motive als lukanisch anzusehen seien (vgl. 207f). Anhand von acht Punkten macht er zusammenfassend deutlich, daß stilistische und kompositionelle Merkmale Lk 1.2 mit dem Gesamtwerk aufs engste verbinden. Diese verbindenden Merkmale sind nach Minear (vgl. 211-215):
1. Der Darstellungsstil eines Historiographen.
2. Die Verwendung von Reden, Zitaten und Hymnen.

---

[10] Einen guten Überblick über diese Texte und ihre Inhalte bietet Rainer Riesner 1993.
[11] Einen Überblick bietet Martin Rese 1985, 2284-2288.
[12] Vgl. z.B. Paul Winter 1956, 13; François Bovon 1989, 22; Rainer Riesner 1993, 245f.
[13] So z.B. François Bovon 1989, 22-24.

3. Die durchgängig verkündete „Hoffnung Israels", die besondere Bedeutung für Arme, Frauen, speziell für Witwen und andere Marginalisierte hat.
4. Die liturgische Lebensart der Menschen, die durch Fasten, Gebet und Jubel ausgedrückt wird.
5. Das Vertrauen auf Engel und Epiphanien.
6. Die Betonung der Erfüllung göttlicher Verheißung.
7. Das geschilderte Verhalten gegenüber der Erfüllung des von Gott Verheißenen: Hören, Umkehr, Buße, Gebet, Freude, geisterfülltes Zeugnis.
8. Die christologische Ausformung des Zeugnisses durch eine Mannigfaltigkeit von Titeln.

Minear zeigt, daß sowohl die handelnden Personen als auch alle berichteten Einzelereignisse im Zusammenhang gelesen werden müssen. „Die Geschichten selbst entfalten sich so, daß sie einen durchgehenden Strang von Ereignissen vor Augen führen, die sämtlich ihren Ursprung in Gottes wunderbarer Erfüllung seiner Bundesverheißungen an Israel haben." (233)
Wenn diese Einschätzung, der ich mich aufgrund der Ergebnisse meiner exegetischen Arbeit anschließen möchte, zutrifft, muß erneut nach der Herkunft der VerfasserInnen des Evangeliums gefragt werden.[14] Hat ein griechisch sprechender Heidenchrist „Lukas" eine judenchristliche Quelle Lk 1.2 vorgefunden und von dieser ausgehend die nachfolgenden Texte formuliert und weiteres vorhandenes Material (Markus, Q, weiteres Sondergut) miteinander verbunden? Oder könnte „Lukas" als Grieche, der sich mit den biblischen Texten vertraut gemacht hat, deren Stil und Sprache so perfekt imitiert haben, daß davon ausgegangen werden kann, daß er Lk 1.2 selbst formuliert hat? An dieser Stelle wendet Ulrich Busse für mich sehr überzeugend ein, daß das gesamte lukanische Doppelwerk so intensiv von jüdischen Traditionen durchdrungen sei, mit denen kreativ umgegangen werde, daß eine sehr genaue Kenntnis des biblischen Erzählwerks bei dem Verfasser notwendig gewesen sei, die ein Gottesfürchtiger, der erst als Erwachsener zum jüdischen Glauben konvertierte, kaum erlangt haben dürfte. Martin Hengel (1975) hat gezeigt, daß sich im Diasporajudentum die griechische Sprache und Kultur durchgesetzt hatte. Die anzuerkennende hellenistische Bildung des „Lukas" setzt damit keinesfalls einen gebildeten Griechen nichtjüdischer Herkunft voraus. (Es ist natürlich nicht auszuschließen, daß er aus einer nichtjüdischen Familie stammte, die zum Judentum übertrat und ihn bereits früh mit biblischen Traditionen vertraut machte.) Ich möchte mich deshalb Ulrich Busse (1991) anschließen, der in „Lukas" einen Diasporajuden mit griechischer Bildung sieht, der sich mit der längst vollzogenen Integration von Menschen aus den Völkern in den christlichen Gemeinden arrangiert hat (vgl. 162 A.6). „Lukas" gehe mit Erzählhandlungen und Motiven der ihm und seinen LeserInnen vertrauten Literatur kreativ um,

---

[14] Im folgenden werde ich auch weiterhin im Singular von „Lukas" sprechen, wenn ich an den vorhandenen Forschungsstand anknüpfe. Die in diesem Zusammenhang getroffenen Aussagen und Einschätzungen haben aber auch dann noch Gültigkeit, wenn von einem VerfasserInnenkreis ausgegangen wird, der hinter „Lukas" zu vermuten ist.

imitiere den LXX-Stil und aktualisiere die Themen und Aussagen für die eigene Gegenwart (vgl. 163-167). Busse versteht Lk 1.2 als ganzes als Proömium, als Einleitung, in das weitere Schriftwerk, in dem dann fast alle hier bereits vorgestellten theologischen Aussagen erneut aufgegriffen werden (vgl. 167-172). Hier gewähre „Lukas" den LeserInnen Einblick in die Tiefendimensionen seiner Erzählungen. „Indem er in der Zacharias/Elisabet- die Abraham/Sara-Geschichte und Gottes Bundesverheißungen an sein Volk, in Johannes die wiedererstarkte prophetische Bußpredigt und in Jesus die messianischen Erlösungshoffnungen Israels - wann auch immer sie sich endgültig realisieren werden - verkörpert sieht, signalisiert er dem Leser: Gott hat in unseren Tagen sich einen Weg bereiten lassen, den zu betreten für alle - ob Jude oder Heide - zu seinem Schalom führt." (176) Diese Themen würden im restlichen Evangelium weiter entfaltet (vgl. 167-172). Zwei Beispiele: Die Aufgabe des Täufers mit seiner Bußpredigt, die Umkehr- und Erlösungsbedürftigkeit Israels aufzuzeigen und die Rückkehr zu Gott anzuleiten, werde in Lk 1,17.68 formuliert und in 3,1-20 ausgeführt (vgl. auch Apg 1,22; 10,37; 13,24). Die prophetisch-messianische Aufgabe Jesu, die in der Ankündigung an Maria beschrieben wird (Lk 1,32f), erfülle dieser in seinem Wirken: Hier werde die Königsherrschaft Gottes realisiert (vgl. z.B. Lk 4,18f.43; 6,20-23; 10,9; 11,20; 17,21; Apg 28,23). Inhaltlich seien die Kennzeichen des Reiches Gottes bereits durch das Magnificat (Lk 1,46-55) beschrieben worden: die Umkehrung der sozialen, ökonomischen und politischen Verhältnisse, die Erhöhung der Erniedrigten, die Option für die Armen. Weiterhin sei die Hoffnung auf die Wiederherstellung Jerusalems und des Tempels (Apg 15,15f) an die davidische Herkunft des Messias (1,32f) geknüpft. „Auf diese Weise verdeutlicht Lukas seinem Leser, daß unter den gleichen Voraussetzungen in seiner Zeit das Heilsangebot Gottes auch ihn erreicht hat: die Zusage nämlich, die Er Abraham und allen weiteren Patriarchen sowie Mose und David einst für die Endzeit gemacht hatte, welche aufgrund des ständigen Gebets der Frommen in Israel zur Zeit des Zacharias aktiviert, daß nämlich der Weg des Herrn von Johannes vorbereitet, daß die Hoffnung Israels durch Jesus in Kraft gesetzt und von den ersten Missionaren fortgeführt werde, das alles ‚hat sich unter uns erfüllt'." (172) „Lukas" und die LeserInnen befänden sich nun ebenfalls auf diesem Weg, getragen von der „Hoffnung Israels" (vgl. Apg 24,14).

Meine exegetischen Untersuchungen bestätigen die Annahme, daß die lukanischen Gemeinden als judenchristliche einzuordnen sind, die sich selbst zum Judentum gehörig betrachteten, in das sie auch Menschen aus den Völkern aufnahmen. Am Anfang des Evangeliums setzen die Erzählungen von Elisabet, Maria, Zacharias, Simeon und Hanna auch Maßstäbe für die Werte und Grundsätze der Gemeinden in der Nachfolge Jesu insgesamt. Vor allem durch das Auftreten Hannas, die im Tempel die Erlösung Jerusalems verkündet, wird noch einmal deutlich, daß das Evangelium und die Gemeinschaft, vor der sie spricht, sich wie Paulus in Apg 24,14f von der Hoffnung Israels getragen weiß.

Das Heil für Israel als „Licht für die Völker"

Wie läßt sich diese Theorie von der judenchristlichen Herkunft des Lukasevangeliums mit der besonders in der Apostelgeschichte im Mittelpunkt stehenden Mission von Menschen aus den Völkern verbinden? Wie ist das Verhältnis zwischen ersttestamentlichen und jüdischen Traditionen und der lukanischen Gemeinde zu bestimmen? Hat „Lukas" das jüdische Armenevangelium durch ein „Heidenevangelium" ersetzt? Es wurde vielfach dargelegt, daß „Lukas" in seinem Werk zwar deutlich mache, daß die Anfänge des Christentums eng mit der Synagoge und dem Tempel verbunden seien. „Andererseits wird sofort auf die heilsgeschichtliche Ablösung der Juden geblickt (...)", so Hans Conzelmann (1977, 135). Die Juden hätten sich verstockt gezeigt und ihre Aufgabe als „Israel" nicht wahrgenommen, deshalb werde die Kirche als Heilsträgerin zu „Israel" (vgl. 135-138). Weiterhin stehe aber jedem/jeder einzelnen JüdIn offen, sich ihr anzuschließen. In der Anfangszeit hätten auch die ChristInnen das Gesetz erfüllt, seien aber im weiteren Verlauf der Geschichte davon befreit worden. Diese Anfangszeit gelte bei Lukas als rein historische Voraussetzung der späteren Kirche, die sich im Laufe der Geschichte weiterentwickelt habe. Damit werde die Frage geklärt, wie die Kirche aus dem Verband von Judentum, Gesetz und Tempel heraustreten und weiterhin in der Kontinuität der Heilsgeschichte verbleiben konnte (vgl. 198).

Hier wird davon ausgegangen, daß es zwar einen innerjüdischen Anfang der christlichen Kirche gegeben habe, den „Lukas" zu Beginn seines Evangeliums dokumentiere, er aber im weiteren den heilsgeschichtlichen Ablösungsprozeß beschreibe. Trotz der konstatierten Berufung auf das Erbe Israels, das auch die ChristInnen nicht verleugnet hätten, ist diese Argumentation häufig mit einer (unbewußten) Abwertung des Judentums verbunden. Dies möchte ich an einem neueren Entwurf, dem von François Bovon (1989), aufzeigen, der durch die weite Verbreitung des Kommentarwerks (EKK) große Wirkung hat: Auch Bovon geht von einer rein geschichtlichen Darstellung der Anfangszeit aus, die durch eine „jüdische Praxis" der Apostel gekennzeichnet sei. „Glücklicherweise ist die Situation inzwischen eine andere. Nicht die mosaischen Gesetze bestimmen das christliche Ethos, sondern die Gebote des Evangeliums, speziell das doppelte Liebesgebot. Lukas wünscht sich Christen, die auf die Menschen und nicht auf die Gebote achten, die sich als treue, fröhliche, freie, nicht berechnende, solidarische, fromme Jünger des Auferstandenen sehen." (25) Daraus ist zu folgern: Das „mosaische Gesetz", womit Bovon die Tora meint, sei nicht durch das Liebesgebot bestimmt. Es bringe die Menschen dazu, mehr auf starre Gebotserfüllung als auf die Mitmenschen zu achten. Es mache sie zu nicht-treuen, nicht-fröhlichen, berechnenden, nicht-solidarischen, nicht-frommen(?) AnhängerInnen ihrer Religion. Hier sind es also die Defizite der jüdischen Tradition, besonders deren geforderte „Gesetzesfrömmigkeit", die ein heidenchristliches gesetzesfreies Evangelium nötig machen, damit die Heilsgeschichte weitergehen kann.

Luise Schottroff (1994) hat das Konzept eines gesetzesfreien Heidenchristentums für die neutestamentliche Zeit als Fiktion bezeichnet und auf die Problematik dieser Anschauung in bezug auf ihren Antijudaismus hingewiesen (vgl. 27-30). Sie macht deutlich, daß mit der Ablehnung der Beschneidung die Tora nicht insgesamt abgelehnt wird. Die diskriminierende Sicht des „Gesetzes" sei als christliches Stereotyp zur Abgrenzung anderer Religionen zu werten.[15] Sie versteht das Christentum bis ins zweite Jahrhundert hinein als eine messianische Bewegung neben anderen innerhalb des Judentums. „Eine gesetzesfreie Völkerkirche ist eine antijudaistische, frauenfeindliche und eurozentrische Konstruktion, die das Neue Testament nicht für sich in Anspruch nehmen kann. Sie verdeckt die inhaltliche Kontinuität zwischen Jesus und den messianischen Gemeinden in Kleinasien, Griechenland, Afrika, Italien und anderswo im ersten und zweiten Jahrhundert." (30)

Wie läßt sich diese Einschätzung mit der lukanischen Darstellung der Mission von Menschen aus den Völkern verbinden? Welche Aussagen machen die Texte selbst zum Verhältnis von JüdInnen und Menschen aus den Völkern innerhalb der Heilsgeschichte Gottes? Sind sie auch anders als in den oben zitierten Entwürfen zu deuten? Eine wichtige Grundlage für eine andere Interpretation bietet bereits die Einordnung von „Lukas" als eines judenchristlichen Verfassers, der mit Hilfe von Bildern und Erzählungen seiner jüdischen Tradition die Gegenwart deutet. Auch die Bewertung von Lk 1.2 als Einleitung, in der wichtige programmatische Aussagen getroffen werden, die im weiteren Schriftwerk eine zentrale Rolle spielen, verhindert, die Erzählungen lediglich als historisches Zeugnis zu verstehen. Die theologischen Inhalte und Beschreibungen der religiösen Identität und Praxis der dargestellten Personen haben weiter Gültigkeit, sie sind die Basis für alle weiteren Aussagen und dienen zu einem vertieften Verständnis der Hintergründe und Wurzeln des Evangeliums.

An dieser Stelle muß allerdings kritisch angefragt werden, wie die messianische Hochstimmung, die in Lk 1.2 geschildert wird, in einen Zusammenhang mit dem leidenden und gekreuzigten Jesus gebracht werden kann. Hat „Lukas" das ihm überlieferte Konzept eines politisch-konkreten Messianismus, mit dem das Anbrechen der Königsherrschaft Gottes, Heil und konkret erfahrbare Befreiung verkündet wird (Lk 1.2), nicht grundsätzlich verändert, indem er von der Himmelfahrt Jesu und seiner Wiederkehr (Apg 1) spricht? Ist sein Entwurf nicht doch als Reaktion auf das Ausbleiben der Parusie zu verstehen, die dazu geführt hat, daß sich die Kirche auf unbestimmte Zeit in der Welt einrichtet und sich mit der sie umgebenden Gesellschaft arrangiert? Und ist nicht doch die „Heidenmission" als zumindest historisch notwendige Konsequenz der Ablösung Israels zu verstehen, das sich dieser Integration der Völker verweigert? Weiterführende Überlegungen zur Beantwortung dieser Fragen bietet Wolfgang Stegemann (1993).[16] Er macht deutlich, daß „Lukas" den Messiastitel

---

[15] Vgl. auch Marlene Crüsemann 1997, 90-97.
[16] Vgl. auch die Ausführungen in Kapitel 6 zu Lk 2,38: Hier findet sich eine ausführliche Darstellung seines Ansatzes. Vgl. auch Richard J. Cassidy 1983.

nicht „christianisiert" und entpolitisiert habe, sondern ihn im Rahmen jüdischer Messiastraditionen konkret-politisch interpretiert. Der in der Forschungsgeschichte häufig vorgebrachten Argumentation, Lukas habe in der sogenannten „Vorgeschichte" noch eine sehr politische Hoffnung auf den Messias ausgedrückt, sei aber durch die sich dehnende Zeit, das Ausbleiben des Heils und die sogenannte „Parusieverzögerung" dazu veranlaßt worden, sich mit dem römischen Staat zu arrangieren, setzt Wolfgang Stegemann ein anderes Konzept entgegen. An die Stelle der „Parusieverzögerung" als hermeneutischen Schlüssel zur lukanischen Christologie rückt er das seines Erachtens zentrale Ereignis der Katastrophe Israels im jüdisch-römischen Krieg (vgl. 29f). In bezug auf die Simeonsweissagung in Lk 2,25ff führt Stegemann aus, daß es hier um das messianische Heil gehe, das als göttliche Offenbarung für die Völker wirken werde. Nicht der Messias Israels selbst sei das „Licht der Heiden", sondern das vom messianischen Heil Gottes betroffene Volk Israel. So universal die heilsgeschichtliche Perspektive des Propheten Simeon sei, sie bleibe in einem bestimmten Sinn exklusiv an Israel gebunden (vgl. 36). Von einer heilsgeschichtlichen Ablösung Israels sei demzufolge im Lukasevangelium nicht die Rede, das Gegenteil sei der Fall. Dies betont auch Klaus Haacker (1985) in einem Aufsatz über das Bekenntnis des Paulus zur „Hoffnung Israels" (vgl. Apg 23,6; 26,6f; 28,20). Haacker versteht dieses als Ausdruck tiefer Solidarität mit den Anliegen jüdischer Existenz vor Gott, auch wenn vielfach von Konflikten zwischen Paulus und VertreterInnen des jüdischen Volkes berichtet werde. „Das Wichtigste ist jedoch, daß alle diese Konflikte Lukas nicht davon abhalten, die ganze Jesusgeschichte in den Kontext der Hoffnungen Israels einzuzeichnen." (441) Hier bezieht Haacker sich ausdrücklich auf Lk 1.2, wo die Erlösung Israels besungen werde. Nicht einmal die universale Heidenmission bedeutete für Lukas die Preisgabe der messianischen Erwartungen: „Paulus tritt hier an die Seite von Maria und Zacharias, Simeon und Hanna und gesellt sich zu den Jüngern nach Emmaus." (442) Das zweite Kommen des Messias werde die erwartete Befreiung bringen, die Zerstörung Jerusalems und die Besetzung durch die Römer sei begrenzt (vgl. Lk 21,24.28). Diese Überlegungen machen deutlich, daß das Lukasevangelium als jüdisches Buch zu verstehen ist. Hier spricht kein Heidenchrist, der seine eigene Tradition auf Kosten des Judentums profilieren muß. Alle Konflikte, von denen es spricht, sind auf diesem Hintergrund als innerjüdische Auseinandersetzungen zu bewerten.

Das Lukasevangelium - Frauenpower oder Unterordnung?

Die Durchsicht von Entwürfen zum Lukasevangelium hat gezeigt, daß dessen Haltung Frauen gegenüber sehr unterschiedlich verstanden wird. Während männliche Exegeten diese - wenn sie sie überhaupt thematisieren - sehr positiv beurteilen, „Lukas" den „Evangelisten der Frauen" nennen,[17] ist die Einschät-

---

[17] Vgl. z.B. Walter Schmithals 1980, 28.31. Vgl. auch Rainer Riesner 1993, 243.247. Zum folgenden vgl. die Ausführungen zur feministischen Diskussion in Kapitel 7.

zung der Exegetinnen durchgängig negativ: Jane Schaberg sieht hier die Tendenz, Frauen einzuschränken und sie auf eine passive, mütterlich-versorgende, schweigende Rolle festzulegen. Turid Karlsen Seim sieht zwar einerseits die Infragestellung traditioneller Werte, die die Identität von Frauen innerhalb von Ehe und Familie beschrieben, ausgedrückt, diese seien damit aber nicht grundsätzlich aufgehoben. Die Unterordnung und der Dienst von Frauen seien nun auf die Jünger anstatt auf die Ehemänner bezogen. In den Gemeinden sei ihre Rolle im Haus, während die Männer verkündend an die Öffentlichkeit träten. Auch Brigitte Kahl sieht im Lukasevangelium die Unterordnung von Frauen dokumentiert. Während in Lk 1 noch von redenden und handelnden Frauen berichtet werde, werde ihre Aktivität und Redekompetenz bereits in Lk 2 eingeschränkt. Dies sei das Bild der Rolle von Frauen in den entstehenden Gemeinden, das in die Anfangszeit zurückprojiziert worden sei.

Wichtig ist an dieser Kritik die Infragestellung der weit verbreiteten Bewertung von „Lukas" als „Evangelisten der Frauen", die häufig lediglich aufgrund der Anzahl der erwähnten Frauen getroffen wird. Es sollte immer danach gefragt werden, wie eine Frau dargestellt ist, ob ihr Name erwähnt ist, welche Rolle sie im Zusammenhang des Textes und im Vergleich zu Männern spielt und ob sie eine Rede hält oder schweigt. Es sollte stets danach gefragt werden, wer ein Interesse an der Art der Darstellung haben könnte und in welches Konzept des Geschlechterverhältnisses diese einzuordnen ist. Kritisch möchte ich aber an diese Entwürfe die Frage stellen, ob hier nicht aus der herrschenden Wissenschaft übernommene Konzepte für die Bestimmung des Verhältnisses von Frauen und Männern in den Gemeinden maßgeblich sind und letztlich eine andere Interpretation erschweren. Ich denke da an das Konzept des „Liebespatriarchalismus", das z.B. von Jane Schaberg (1992) undiskutiert übernommen wird. Diese These bildet den Hintergrund ihrer Ausführungen über die Rolle von Frauen in den Gemeinden, die sie auf dieser Ebene kritisiert und ablehnt. Weiterhin übernimmt sie zur Beschreibung des geschichtlichen Kontextes die These von der „Parusieverzögerung". Letztlich bedingt diese in ihrem Konzept die Assimilation an die Gesellschaft, die zur Unterdrückung der Frauen geführt haben soll. Auch die Einschätzung von Brigitte Kahl ist maßgeblich davon bestimmt, daß sie „Lukas" als Heidenchrist versteht, der sich apologetisch äußert und den Ausgleich mit der römisch-hellenistischen Gesellschaft sucht.

Ließe sich auch das Verhältnis der Geschlechter im Lukasevangelium anders deuten, wenn davon ausgegangen wird, daß es in der jüdischen Tradition steht und diese nicht zugunsten eines Heidenevangeliums oder einer Anpassung an die römisch-hellenistische Gesellschaft aufgegeben wird? Was bedeutet es für die Rolle von Frauen im lukanischen Schriftwerk insgesamt, wenn Lk 1.2 als Einleitung verstanden werden, deren Inhalte im weiteren entfaltet werden? Die Ergebnisse meiner exegetischen Untersuchungen von Lk 1.2 bestätigen die These von einer durchgängigen Unterordnung von Frauen nicht. Elisabet, Maria und Hanna spielen hier eine zentrale Rolle, verkünden wichtige theologische Inhalte. Ihr religiöses Handeln und ihre theologische Kompetenz werden sehr hoch bewertet und als vorbildhaft herausgestellt. Sie verkünden das Heil, das dem ganzen Volk geschenkt wird. Vor allem Hanna repräsentiert die Gültigkeit der messianischen Hoffnungen, die auch durch das erfahrene Unheil nicht aufgehoben werden. Trotz Tod und Zerstörung, Verzweiflung und Not ist an der Tora und dem Halten der Gebote festzuhalten, die Hoffnung auf Befreiung bleibt lebendig. Die drei Frauen werden durch ihr widerständiges Handeln zu Subjekten der Heilsgeschichte Gottes, verkünden die Befreiung von ungerechten Strukturen und treten für ein Leben ein, in dem Gerechtigkeit und Frieden herrschen. Diese besondere Rolle ist gerade durch ihr Eingebundensein in jüdische Traditionen bedingt, dies ist als wichtiges Ergebnis festzuhalten. Eine mögliche Anpassung an die römisch-hellenistische Gesellschaft ist in ihrer Beschreibung nicht festzustellen. Auch ihre Unterordnung in einem System des „Liebespatriarchalismus" ist nicht zu konstatieren. Im Gegenteil: Während die Frauen verkünden, schweigt Zacharias. Auch Simeon erscheint nicht als Patriarch, der die Unterordnung der Frauen fordert, mit denen er zu tun hat. Im Vergleich mit Hanna ist er vielmehr auf den privat-häuslichen Bereich beschränkt, während sie verkündend an die Öffentlichkeit tritt.

Nun ist allerdings weiter zu fragen, ob diese sehr positive Darstellung von Frauen repräsentativ für das ganze lukanische Schriftwerk ist. Ein kurzer Blick in das Lukasevangelium und die Apostelgeschichte zeigt, daß hier nicht durchgängig davon zu sprechen ist, daß Frauen die für die gesamte Handlung bestimmenden Charaktere sind und machtvolle Reden halten. Von vielen der explizit erwähnten Frauen ist nicht einmal der Name bekannt (vgl. Lk 4,38-39: die Schwiegermutter des Petrus. Der Name seiner Frau, die in dieser Erzählung unsichtbar bleibt, ist ebensowenig bekannt. Vgl. Lk 7,11-17: die Mutter des Jünglings von Nain; Lk 36-50: die große Liebende; Lk 8,40-56: die Frau mit dem Blutfluß; Lk 11,27-28: eine Frau aus der Volksmenge; Lk 13,10-17: die gekrümmte Frau in der Synagoge; Lk 13,20-21: die Frau, die einen Sauerteig herstellt; Lk 15,8-10: die Frau, die nach der Drachme sucht; Lk 17,32: die Frau des Lot; Lk 18,1-8: die beharrliche Witwe; Lk 21,1-4: die arme Witwe; Lk 22,56: die Sklavin im Hof; Lk 23,27-30 die Frauen von Jerusalem ...) Allerdings muß auch erwähnt werden, daß viele der geheilten Männer ebenfalls namenlos bleiben, wie auch andere zentrale Gestalten in den Gleichnissen (vgl. z.B. Lk 15,3-7: der Hirte, der das verlorene Schaf sucht; 15,11-32: der Vater und seine beiden Söhne; Lk 8,4-8: der Sämann ...). Dies entspricht der Gattung: In Gleichnissen sind generell keine Namen zu erwarten. Zudem muß immer davon ausgegangen werden, daß sich in den Volksmengen und häufig in maskuliner Form bezeichneten Gruppen von Menschen („Pharisäer", „Fischer", „Jünger" ...) immer auch Frauen befanden. Das Fazit, das Ivoni Richter Reimer (1992) für den Befund der Apostelgeschichte zieht, ist auch auf das Evangelium zu übertragen: „Es ist deutlich geworden, daß Lukas namentlich bzw. explizit nur einige Frauen erwähnt, die mit den Hauptträgern der petrinisch-paulinischen Missionstätigkeit (...) in Kontakt bzw. in Konflikt gekommen sind (...) Lukas nennt Frauen nur dann beim Namen, wenn ihre Persönlichkeit hochrangig und ihre Geschichte paradigmatisch für den Fortbestand der Gemeinschaft der Heiligen war." (263) Elisabet, Maria und Hanna sind Persönlichkeiten, die wahrscheinlich eine ganz besondere Bedeutung gehabt haben. Hier sind auch Maria Magdalena, Johanna, Susanna, Maria, die Mutter des Jakobus (vgl. Lk 8,1-3; 24,10), und die Schwestern Maria und Martha (vgl. Lk 10,38-42) zu nennen. Die Anzahl der namentlich erwähnten Frauen ist zwar im Vergleich zu der der Männer geringer[18] (vgl. nur die Berufungen der Jünger: Lk 5,11-27; 6,12-16: Simon, Jakobus, Johannes, Levi; Andreas; Philippus, Bartholomäus; Matthäus; Jakobus, Sohn des Alphäus; Simon, der Zelot; Judas), aber im Vergleich zu anderen antiken Texten höchst erstaunlich. Zudem ist das lukanische Prinzip der paarweisen Darstellung bemerkenswert: ein Sachverhalt wird anhand der Erzählung über einen Mann und dann über eine Frau oder in der Reihenfolge umgekehrt ausgeführt (vgl. z.B. Lk 7,11-17 und 8,40-56; 13,10-17 und 14,1-6; 13,18-19.20-21; 15,3-7.8-10 ...). In diesen Erzählungen ist keine hierarchische Abstufung zwischen den Erzählungen über Frauen und denen über Männer festzustellen. Andererseits sind in einigen lukanischen Veränderungen der markinischen Vorlage fraueneinschränkende Züge festzustellen: So nennt er die Ehefrauen unter denen, die bei der Nachfolge verlassen werden (vgl. Lk 14,26; 18,29/Mk 10,29; vgl. auch Lk 8,19-21/Mk 3,34f). Die Erzählung über die syrophönizische Frau fehlt gänzlich (vgl. Mk 7,24-30).

Dieser kurze Überblick ergibt folgende Ergebnisse: 1. Bedeutende und namentlich bekannte Frauen stehen neben unsichtbar gemachten, namentlich unbekannten. Mehr Männer als Frauen werden namentlich genannt, doch auch Männer bleiben namenlos. 2. Vielfach werden Sachverhalte parallel und gleichwertig an Frauen und an Männern demonstriert. 3. Neben für Frauen befreienden Traditionen finden sich auch solche, die ihre Aktivitäten einschränken. Eine einheitliche Struktur ist in dieser Frage nicht auszumachen, jede Stelle muß für sich gesondert betrachtet werden. Allerdings ist aus den Texten die Existenz eines durchgängig praktizierten „Liebespatriarchalismus", wie er sich in der Ethik der Haustafeln[19] findet und von vielen der von mir bearbeiteten Entwürfe zum Lukasevangelium auch hier im Hintergrund vermutet wird, nicht zu erschließen. Außerdem sollte der Auftakt des Evangeliums, bei dem Elisabet, Maria und Hanna in besonderer Weise hervorgehoben werden, nicht zu gering geachtet werden. Wenn es zutreffend ist, daß viele Aussagen, die von ihnen gemacht werden, im Verlauf des weiteren Schriftwerkes noch einmal aufgegriffen werden, so muß ihre Präsenz und die Erinnerung an sie stets im Hintergrund wahrgenommen werden. Wenn Jesus die Tempelpraxis kritisiert (vgl. Lk 19,45-48), so wird damit auch an die Erzählung von Hanna erinnert. Wenn auf das „Evangelium der Armen" Bezug genomen wird (vgl. Lk

---

[18] Eine genaue Aufzählung und Statistik findet sich bei Jane Schaberg 1992, 280.
[19] Vgl. z.B. Kol 3,18-41; Eph 5,22-6,9; 1 Petr 2,18-3,7. Zu diesen Stellen und ihrer Auslegung vgl. Elisabeth Schüssler Fiorenza 1998a, 111ff; zur Kritik am Konzept des „Liebespatriarchalismus" vgl. auch Luise Schottroff 1994, 15-23; Luzia Sutter Rehmann 1995, 131-143.

4,16-30; Lk 6,20-26 u.ö.), klingt im Hintergrund auch das Magnificat Elisabets und Marias an. Diese Aufzählung wäre weiter zu ergänzen. Ihre Erzählungen und die Darstellung ihrer (Frauen-)Rolle geben in gewisser Weise die Lesart der nachfolgenden Texte vor. Damit soll nicht bestritten werden, daß es trotzdem im weiteren lukanischen Schriftwerk auch explizit Traditionen gibt, die Frauenaktivität unsichtbar machen. Auch wenn sich hier patriarchatskritische Tendenzen und Belege für die Realisierung einer Ethik der Gleichgestellten, von Geschwisterlichkeit und Gegenseitigkeit finden lassen, bedeutet dies nicht, daß das Lukasevangelium allen heutigen feministischen Wünschen und Ansprüchen genügt. Die Menschen, die die Schriften überliefert haben, sind in einer patriarchalen Umwelt sozialisiert, sie bewegen sich nicht in einem luftleeren Raum. Daneben ist bei ihnen - wie auch in unserer Gegenwart - von Rückfällen in längst überwunden geglaubte Verhaltensweisen und Vorstellungen auszugehen.[20] Die Kritik an männlichen Privilegien und eine im Alltag praktizierte Gleichberechtigung ist immer auch mit dem Kampf um Macht verbunden. Die neutestamentlichen Texte zeugen von zahlreichen Konflikten, die sich um die Frage nach der Aufteilung der Hausarbeit und der öffentlichen Wortverkündigung drehen (vgl. Lk 10, 38-42; Apg 6,1-7). Die Haustafeln und die anderen Anweisungen an Frauen, sich den Männern unterzuordnen (vgl. z.B. 1 Kor 14, 34-36; 1 Tim 2,9-15; 5,3-16), sind als Zeugnisse dieser Konflikte zu lesen, die daraus resultieren, daß Frauen ihre gesellschaftlich und auch von manchen christlichen Männern geforderten Verhaltensweisen verändern.[21] Aus dem Befund ist die These eines durchgehend praktizierten Liebespatriarchalismus nicht aufrecht zu erhalten. Auch das Lukasevangelium dokumentiert eine lebendige Auseinandersetzung um die Fragen des Verhältnisses der Geschlechter und gewährt damit Einblicke in die Struktur der Gemeinschaften, die es überliefert haben.

Alte Frauen im Zentrum - Zur Frage nach den VerfasserInnen

Die vorangegangenen Beobachtungen, daß sich patriarchatskritische Traditionen neben solchen finden, die Frauenaktivität unsichtbar machen, werfen weitere Fragen nach dem Verfasser bzw. den VerfasserInnen des lukanischen Schriftwerkes auf. Kann weiterhin davon ausgegangen werden, daß ein (männlicher) Autor „Lukas" - sei er nun Heidenchrist oder Judenchrist - dieses abgefaßt hat? Warum finden sich widersprechende Traditionen nebeneinander? Welches Interesse könnte „Lukas" daran gehabt haben, diese zu überliefern? Warum hat „er" nicht tatsächlich das Magnificat einem Mann in den Mund gelegt oder Simeon die Befreiung Jerusalems verkünden lassen? Auf welche

---

[20] Vgl. dazu als aktuelles Beispiel das Urteil des Europäischen Gerichtshofes vom 17. Oktober 1995, das Grundsätze des Bremer Gleichstellungsgesetzes, das in besonderer Weise Frauen fördern sollte, als unrechtmäßig erklärt. Eine ausführliche Dokumentation findet sich in der Frankfurter Rundschau vom 3. November 1995.

[21] Zur Auslegung von 1 Tim 2,9-15 vgl. Luise Schottroff 1994, 104-119

Weise hat „Lukas" Kenntnis von dem gynäkologischen Wissen und den gynozentrischen Traditionen erlangt, die in Lk 1 verarbeitet worden sind? Selbst wenn davon ausgegangen wird, daß „er" dieses Material bereits vorgefunden hätte, ist für mich die Frage noch nicht befriedigend geklärt, warum es in dieser patriarchatskritischen und gynozentrischen Form überliefert wurde. Wenn „Lukas" hier tatsächlich als „Frauenfreund" gehandelt hätte, der sich selbstlos in den Hintergrund stellt, warum finden sich dann im restlichen Schriftwerk solche Texte, die Frauenaktivität verleugnen? Warum bleiben im weiteren so viele Frauen namenlos und schweigend im Hintergrund? Sein vielfach angeführter kreativer Umgang mit vorgefundenen Quellen und Traditionen hätte „Lukas" doch auch dazu veranlassen können, Frauen ins Zentrum zu stellen, sie Reden halten zu lassen.

Es wird deutlich, daß dieser Ansatz nicht weiterführt und letztlich keine befriedigenden Antworten ermöglicht. Luise Schottroff (1995) stellt deshalb das Konzept des Autors neutestamentlicher Texte grundsätzlich in Frage. Karikierend beschreibt sie das herrschende Konzept: „Der ‚Autor', den traditionelle Einleitungswissenschaft sich vorstellt, ist ein weißer Mann, der am Schreibtisch seiner wohlgefüllten Bibliothek sitzt und gelegentlich von seiner Frau oder Haushälterin (falls katholisch) eine Tasse Tee hingestellt bekommt." (206) Ein Blick in die Abschnitte der Kommentare und Einleitungen, die sich mit der Frage nach dem Verfasser beschäftigen, bestätigt dieses Bild. Ich möchte nur zwei Beschreibungen des „Lukas" herausgreifen, um deutlich zu machen, daß diese Darstellung von Luise Schottroff leider sehr reale Vorbilder hat: „Wir dürfen ihn mit großer Wahrscheinlichkeit, wenn auch nicht mit letzter Gewißheit Lukas heißen und in seiner Arbeit eine Leistung von großer Bedeutung für die Geschichte der Christenheit erblicken, die ihn selbst als einen bedeutenden Mann und als gläubigen Christen ausweist, der aus der apostolischen Zeit in die Zeit der werdenden alten Kirche hineinragt und auf ihrem Weg bestimmend einwirkt."[22] „Lukas" wird eine umfassende Bildung bescheinigt, seine rhetorischen Fähigkeiten werden hoch bewertet. „Seine gepflegte Sprache weist auf seine Herkunft aus höherer Gesellschaftsschicht und eine gute Ausbildung hin, die sowohl die griechische Rhetorik als auch die Methoden der jüdischen Schriftauslegung umfaßt. Lukas ist m.E. von Geburt aus ein Grieche, der sich jedoch früh der jüdischen Religion zuwandte."[23] Zwar wird immer darauf hingewiesen, daß die Evangelien eine vielfältige mündliche und z.T. auch schon schriftliche Vorgeschichte haben, jedoch tritt diese in der weiteren Beschäftigung hinter die Gestalt, das Wirken und die vermutete Theologie des Autors zurück. Letztlich erscheint ein Evangelium dann doch als das Werk einer einzelnen bedeutenden Person. Luise Schottroff (1995) setzt diesem Konzept ein Gegenmodell entgegen: „Die Texte des Neuen Testaments sind nicht Produkte des Schreibens einzelner Männer (oder Frauen), sie sind Ergebnisse eines langen gemeinsamen Kampfes von Frauen

---

[22] Walter Grundmann 1981, 39.
[23] François Bovon 1989, 22.

und Männern für das Leben, das Gott gegeben hat und das Gott will. Die Texte stammen aus dem Schatz der *koinonia*, dem Teilen von Angst, Hoffnung und Brot, der gemeinsamen Überlegung, welcher Schritt im Alltag der nächste sein soll." (207) Sie verwendet für die Schriften des Neuen Testaments deshalb den Begriff „Liederbuch der Armen", um die Subjekte, die hier sprechen und ihre Sprache zu kennzeichnen. „Im Lukasevangelium begegne ich nicht einem gebildeten Hellenisten, der sein Christentum politisch-apologetisch darstellt, sondern dem Sprechen, Erzählen, Trösten und Singen von Frauen und Männern, die sich gar nicht so grundsätzlich von denen in den Gemeinden, die hinter Markus und Matthäus stehen, unterscheiden (...) Der individuelle Anteil eines sogenannten Autors ist gering und sollte minimalisiert werden." (207f)

Elaine M. Wainwright (1991) hat in ihrer Studie über das Matthäusevangelium, in der sie Texte untersucht, in denen Frauen eine zentrale Rolle spielen, ebenfalls sich widersprechende Traditionen aufgedeckt, die nebeneinander überliefert werden. Hier gebe es solche, die eine patriarchatskritische Haltung und eine befreiende Christologie beinhalteten, neben androzentrischen, die Frauen von Führungspositionen ausschließen wollten. Erstere berichteten z.B. von der Frau, die von ihrem Blutfluß geheilt wurde (vgl. Mt 9,20-22), von der kanaanäischen Frau, die für ihre Tochter kämpft (vgl. Mt 15,21-28), oder von der Mutter der Zebedäus-Söhne (Mt 20,20-28; 27,56). Diese Geschichten ermutigten Frauen, patriarchale Strukturen und Normen in Frage zu stellen, indem sie alternative Werte verträten. Deshalb bezeichnet Elaine M. Wainwright diese als „Frauentraditionen" (women's traditions). „Their stories firmly establish women's full participation in the life of their house churches within the gospel of Jesus. The traditions surrounding women characters would have been one of the sources of women's empowerment and they also give witness to other sources of such power." (349) Diese patriarchatskritischen „Frauentraditionen" seien von Frauen in den Hausgemeinden tradiert worden. In diesen hätten sie ihren Bedürfnissen, Bestrebungen und Visionen von der Zukunft der Gemeinschaften Ausdruck gegeben (vgl. 343). Daneben gäbe es solche Traditionen, in denen ausschließlich Männer als Jünger bezeichnet werden, in die die patriarchatskritischen eingebunden worden seien. Deshalb ergäbe sich für das Matthäusevangelium ein sehr ambivalentes Bild: „On the one hand, the presence of these stories of women at the centre of the patriarchal narrative and at the heart of the life of the house churches offered a constant critique of patriarchy and all its attendant structures and world view. On the other hand, their incorporation into such a narrative co-opted their very subversive power for the support of patriarchy (...)" (351) Dieses Nebeneinander erklärt Wainwright mit der Entstehung der Texte in den Lebenszusammenhängen der matthäischen Hausgemeinden. Hier gäbe es diese verschiedenen Stimmen nebeneinander. Das Evangelium sei als Produkt eines lebendigen Diskussionsprozesses zwischen Männern und Frauen zu verstehen. Auch Frauen seien aufgrund ihrer Tora-Bildung und den Lesungen an jedem Sabbat durchaus gebildet genug gewesen, aktiv am Verfassen von Schriften teilzuhaben. „Therefore, we can presume that the women in the Matthean community whose background was in Judaism could certainly have participated in the community's reflections on the life of Jesus in the light of their own scriptures as is manifest throughout the gospel." (347) Die Widersprüchlichkeit (ambiguity) bleibe jedoch bestehen: Frauentraditionen seien vorhanden, sie hätten das matthäische Schriftwerk mitgeprägt, seien jedoch bedroht und für patriarchale Interessen vereinnahmt worden. Mit dieser Doppeldeutigkeit vieler Texte seien auch die heutigen LeserInnen des Evangeliums konfrontiert, die an der dort verkündeten Vision des Reiches Gottes teilhaben wollten (vgl. 352).

Die exegetischen Untersuchungen dieser Arbeit haben deutlich gezeigt, daß sich auch in Lk 1.2 solche „Frauentraditionen" finden lassen, d.h. Texte, die in einer Gemeinschaft entstanden sind, in der Frauen gleichberechtigt mit Männern lebten und handelten. Die Begegnung von Elisabet und Maria „im Haus des Zacharias" charakterisiert diese: Hier feiern Frauen einen Gottesdienst, singen und verkünden den Anbruch des Reiches Gottes. Sie sind mit Heiligem Geist erfüllt, reden prophetisch und geben ihrer Befreiung, die sie an ihrem eigenen Leib erfahren haben, Ausdruck. An ihnen wird die Option Gottes für die Armen, sein Beistand und seine Treue dem erniedrigten Volk Israel gegenüber deutlich. Zacharias ist schweigend anwesend, er lernt von den Frauen und kann deshalb im Anschluß auch ein eigenes Befreiungslied, das „Benedictus", singen. Im Anschluß an Elisabeth Schüssler Fiorenza möchte ich diese Gemeinschaft als „Ekklesia der Frauen" bezeichnen, als einen Zusammenschluß von Frauen und Männern, die gemeinsam eine Vision von Befreiung und einem Miteinander entwickeln, das von Gegenseitigkeit und Geschwisterlichkeit getragen ist. Hier haben sie sich die Hoffnungs- und Ermutigungsgeschichten aus ihrer Bibel, dem Ersten Testament, erzählt und sie für ihre Gegenwart aktualisiert. Hier haben sie sich gegenseitig Unterstützung und Hilfe geboten. Die Solidarität zwischen Maria und Elisabet, die für beide Frauen überlebenswichtig ist, beschreibt, wie diese Hilfe praktisch ausgesehen haben kann. Diese Gemeinden sind auch der Ort, an dem Widerstandtraditionen zu Hause sind, hier erwarten die Menschen die Befreiung Israels und tragen durch ihr Handeln und ihre Gebete zur Verwirklichung des Reiches Gottes bei.

In den Hausgemeinden haben sich auch viele alte Frauen und Männer getroffen, die hier Unterstützung und Versorgungsmöglichkeiten gefunden haben. Elisabet, Zacharias, Simeon und Hanna repräsentieren diese sicherlich nicht unbedeutende Gruppe alter Menschen. Daß sie nicht lediglich als AlmosenempfängerInnen angesehen wurden, wird aus dem Respekt und der Ehrfurcht deutlich, mit denen von den alten Menschen in Lk 1.2 berichtet wird. Sie sind Autoritäten, denen grundlegende theologische Aussagen zugeschrieben werden, durch sie wird der Anbruch der eschatologischen Heilszeit deutlich. Sie stehen für die Kontinuität zu den überlieferten Traditionen, sicherlich hatten sie viele Geschichten zu erzählen. Aus den Kreisen der alten Frauen stammte wahrscheinlich auch das in Lk 1 verarbeitete gynäkologische Wissen. Der gynozentrische Charakter der Erzählungen über die Empfängnis von Elisabet und Maria und ihre Begegnung weist auf ihre Verwurzelung in einer Frauentradition hin, die an die Hebammengeschichten über die Geburten der Matriarchinnen in der Genesis anknüpft. In den Erzählungen von Lk 1.2 treten alte Frauen in den Mittelpunkt, die in der gesellschaftlichen Hierarchie ganz unten stehen und für das patriarchale Interesse an der Fortpflanzung nicht von Wert sind, die Ausgrenzungen und Schmähungen ausgesetzt sind und ansonsten in ihrem Elend unsichtbar bleiben. Es ist vorstellbar, daß die Erzählungen über die alte Elisabet und Hanna in den Kreisen alter Frauen weitergetragen wurde.[24] Zusammen mit den anderen jüngeren Mitgliedern der Gemeinden waren sie an dem Entstehungsprozeß des lukanischen Schriftwerks beteiligt. In Lk 1.2 haben sie ihrer Vision von einem Miteinander der Generationen Ausdruck gegeben. Ihre Stimmen erklingen neben den vielen anderen, die den Charakter des lukanischen Schriftwerkes prägen.

4. Zusammenfassung

1. Das lukanische Schriftwerk ist aufgrund der verarbeiteten ersttestamentlichen Traditionen und des kreativen Umgangs mit ihnen in judenchristlichen Kreisen anzusiedeln. Die eschatologischen Erwartungen und die Beschreibungen des anbrechenden Reiches Gottes, der Glaube an den jüdischen Messias Jesu und das Bekenntnis zur Hoffnung Israels, an der trotz der praktizierten Heidenmission festgehalten wird, ordnen die Gemeinschaft in das Judentum in der Diaspora ein. Die lukanischen Gemeinden sind Teil der jüdischen prophetisch-messianischen Befreiungsbewegung innerhalb der Pax Romana.

2. Lk 1.2 sind insgesamt als Einleitung (Proömium) in das lukanische Schriftwerk zu verstehen, in der fast alle theologischen Themen bereits formuliert sind, die im weiteren erneut aufgegriffen und entfaltet werden. Am Anfang des Evangeliums setzt die Beschreibung der Gemeinschaft der dort vorgestellten Personen und ihr Handeln die Maßstäbe für die Werte und Grundsätze der Gemeinden in der Nachfolge Jesu insgesamt. Elisabet, Maria, Zacharias, Josef, Simeon und Hanna zeichnen den Weg der Söhne Johannes und Jesus und den der anderen JüngerInnen vor, ihre Geschichten bilden einen Verständnisschlüssel für das weitere Geschehen. Sie stehen als Personen für die Kontinuität zu den ersttestamentlichen Traditionen ein, als jüdische Gerechte sehen sie in Jesu Geburt das Zeichen für den Anbruch der messianischen Heilszeit Gottes.

3. Eine einheitliche Sicht des Geschlechterverhältnisses ist im lukanischen Schriftwerk nicht festzustellen. Der Befund ist widersprüchlich: 1. Bedeutende und namentlich bekannte Frauen stehen neben unsichtbar gemachten, namentlich unbekannten. Mehr Männer als Frauen werden namentlich genannt, doch gibt es auch viele Männer, die namenlos bleiben. 2. Vielfach werden Sachverhalte parallel und gleichwertig an Frauen und an Männern demonstriert.

---

[24] Vgl. auch Jane Schaberg 1992, 277, die vermutet, daß die Erzählungen des lukanischen Sondergutes in den Kreisen alter Witwen (1 Tim 5,2-16), überliefert worden sein könnten.

3. Neben für Frauen befreienden Traditionen finden sich auch solche, die ihre Aktivitäten unsichtbar machen. Eine einheitliche Struktur ist in dieser Frage nicht auszumachen. Deshalb ist es nötig, jede Stelle für sich gesondert zu betrachten. Die Existenz eines durchgehend praktizierten „Liebespatriarchalismus" ist aus den Texten nicht zu erschließen.

Der Auftakt des Evangeliums, bei dem Elisabet, Maria und Hanna in besonderer Weise hervorgehoben werden, gibt in gewisser Weise die Lesart der nachfolgenden Texte vor. Wenn es zutreffend ist, daß viele Aussagen, die von ihnen getroffen werden, im Verlauf des weiteren Schriftwerkes noch einmal aufgegriffen werden, so muß ihre Präsenz und die Erinnerung an sie stets im Hintergrund wahrgenommen werden. Neben patriarchatskritischen Tendenzen und Belegen für die Realisierung einer Ethik der Gleichgestellten, von Geschwisterlichkeit und Gegenseitigkeit, gibt es im lukanischen Schriftwerk aber auch Traditionen, die Taten von Frauen verleugnen und sie zum Schweigen bringen wollen. Dieses ist als Dokument einer lebendigen Auseinandersetzung um Fragen der Gleichberechtigung zu verstehen und zeugt von Konflikten, die deren Umsetzung im Alltag mit sich brachte.

4. Das Vorhandensein dieser widersprüchlichen Traditionen, die nebeneinander überliefert sind, stellt das herrschende Konzept des Autors neutestamentlicher Texte grundsätzlich in Frage. Den männlichen Autor „Lukas", der allein das ihm überlieferte Material neu zusammengestellt und ergänzt hat, hat es in dieser Form nicht gegeben. Vielmehr ist von einem Entstehungszusammenhang in den Gemeinden auszugehen, in denen Männer und Frauen zusammen die Schriften verfaßt haben. Diese dokumentieren darin ihre Hoffnungen, Erwartungen, Visionen und Konflikte. Unter den VerfasserInnen gab es auch viele alte Menschen, die in Lk 1.2 durch Elisabet, Zacharias, Simeon und Hanna repräsentiert werden. Besonders die „Frauentraditionen" in Lk 1, die gynäkologisches Wissen verarbeiten, sind vermutlich auf Erzählungen alter Frauen zurückzuführen. Gemeinsam mit den Jüngeren haben sie hier ihrer Vision von einem Miteinander der Generation Ausdruck gegeben.

Literaturverzeichnis

Quellen (Übersetzungen)

Äsop, Die Fabeln des Äsop, Bibliothek der Antike: Antike Fabeln, übersetzt von Johannes Irmscher (Hg.), Berlin, Weimar 1987.
Anthologia Graeca, Griechisch-Deutsch, Hermann Beckby (Hg.), München 1957.
Aristophanes, Komödien 3 Bd., übersetzt von Ludwig Seeger, München o.J.
Aristoteles, Politik, Die Lehrschriften herausgegeben, übertragen und in ihrer Entstehung erläutert von Paul Gohlke, Paderborn 1959.
Ders., Rhetorik, übersetzt von Franz G. Sieveke, München 1980.
Ders., Über die Glieder der Geschöpfe, Die Lehrschriften herausgegeben, übertragen und in ihrer Entstehung erläutert von Paul Gohlke, Paderborn 1959.
Athenaios von Naukratis, Das Gelehrtenmahl, aus dem Griechischen von Ursula und Kurt Treu, Sammlung Dietrich Bd. 329, Leipzig 1985.
Biblia Hebraica Stuttgartensia, hg. von K. Elliger/K. Rudolph, Stuttgart 1967.
Cicero, Cato der Ältere: Über das Greisenalter, herausgegeben und übersetzt von Ernst von Reusner, Stuttgart 1965.
Ders., Der Staat, in: ders., Werke in drei Bänden, 2. Bd., Bibliothek der Antike, übersetzt von Liselot Huchthausen und Christian und Ursula Rothe, Berlin, Weimar 1989, 253-358.
Ders., Laelius über die Freundschaft, in: ders., Werke in drei Bänden, 3. Bd., Bibliothek der Antike, übersetzt von Horst Dieter und Liselot Huchthausen, Berlin, Weimar 1989, 123-163.
Ders., Pflichtenlehre, in: ders., Werke in drei Bänden, 3. Bd., Bibliothek der Antike, übersetzt von Horst Dieter u. Liselot Huchthausen, Berlin, Weimar 1989, 165-305.
Das Buch der Jubiläen, übersetzt von Klaus Berger, Jüdische Schriften aus hellenistisch-römischer Zeit Bd. II: Unterweisung in erzählender Form, Gütersloh 1981.
Demosthenes, VI. Private Orations L-LVIII, In Neaeram LIX, übersetzt von A.T. Murray, Cambridge/Massachusetts, London 1938.
Der Babylonische Talmud, neu übertragen durch Lazarus Goldschmidt, Berlin 1929-1936.
Griechische Papyri aus Ägypten als Zeugnisse des öffentlichen Lebens, Joachim Hengstl (Hg.), München 1978.
Johannesakten, übersetzt von Knut Schäferdiek und Ruairí ó h Uiginn, in: Neutestamentliche Apokryphen Bd. II, Wilhelm Schneemelcher (Hg.), Tübingen 5. Aufl. 1989, 138-193.
Joseph und Aseneth, übersetzt von Christoph Burchardt, JSHRZ II/4, Gütersloh 1983, 631-720.
Josephus, Flavius, Geschichte des Jüdischen Krieges, übersetzt und mit Anmerkungen versehen von Heinrich Clementz, Wiesbaden, Nachdruck der Ausgabe von 1900, o.J.
Ders., Jüdische Altertümer, übersetzt und mit Anmerkungen versehen von Heinrich Clementz, Wiesbaden 11. Aufl. 1993.
Lukian, Hetärengespräche, in: Vergnügliche Gespräche und burleske Szenen, ausgewählt, übertragen und eingeleitet von Horst Gasse, Sammlung Dietrich, Leipzig 3. Aufl. 1985.
Midrash Rabbah, Translated into English with Notes, Glossary and Indices: H. Freedman/Maurice Simon, London, Bournemouth 2. Aufl. 1951.
Mischna. Text, Übersetzung und ausführliche Erklärung, Traktat Nidda, Übersetzung von Benyamin Z. Barslai, Berlin, New York 1980.

Mischna, Übersetzung und ausführliche Erklärung, Traktat Sota, Übersetzung von Hans Bietenhard, Berlin 1956.

Mischnajot, Teil III - Ordnung Nashim, punktiert, ins Deutsche übersetzt und erklärt von M. Petuchowski und Simon Schlesinger, Wiesbaden 1933.

Novum Testamentum Graece, hg. von K. Aland; E. Nestle, 7. rev. Druck der 26. Aufl., Stuttgart 1983.

Ovid, Publius Naso, Aus den Briefen vom Pontus Euxinus, in: Römerlyrik in deutsche Verse übertragen von J.M. Stowasser, Heidelberg 1909, 349-363.

Ders., Metamorphosen, in deutsche Hexameter übertragen und mit dem Text herausgegeben von Erich Rösch, München 1961.

Ders., Tristien, in: Römerlyrik in deutsche Verse übertragen von J.M. Stowasser, Heidelberg 1909, 323-349.

Pausanias, Reisen in Griechenland. Gesamtausgabe in drei Bänden, übersetzt von Ernst Meyer, hg. von Felix Eckstein, München 1986.

Phaedrus, Äsopische Fabeln, Bibliothek der Antike: Antike Fabeln, übersetzt von Johannes Irmscher (Hg.), Berlin, Weimar 1987.

Philo von Alexandria, Die Werke in deutscher Übersetzung, hg. von Leopold Cohen, Isaak Heinemann, Maximilian Adler und Willy Theiler, 7 Bände, Berlin 2. Aufl. 1962-64.

Platon, Die Gesetze, übertragen von Rudolf Rufener, Zürich, München 1974.

Ders., Der Staat, übertragen von Rudolf Rufener, Zürich, München 1974.

Ders., Theaitetos, Spätdialoge I, übertragen von Rudolf Rufener, Zürich, München 1974.

Plutarch, Vom Schuldenmachen, in: ders., Moralia, übersetzt und herausgegeben von Wilhelm Ax, Leipzig 1950, 127-138.

Protevangelium des Jakobus, in: Neutestamentliche Apokryphen in deutscher Übersetzung, Bd. 1: Evangelien, Edgar Hennecke, Wilhelm Schneemelcher (Hg.), Tübingen 4. Aufl. 1968, 280-290.

Römische Grabinschriften, gesammelt und ins Deutsche übertragen von Hieronymus Geist, betreut von Gerhard Pfohl, München 2. Aufl. 1976.

Seneca, Briefe an Lucilius über Ethik, 2 Bücher, übersetzt, erläutert und herausgegeben von Franz Loretto, Stuttgart 1977.1982.

Septuaginta. Id est Vetus testamentum graece iuxta LXX interpretes, hg. von A. Rahlfs, Stuttgart 1982.

Soranus, Gynecology, translated with an Introduction by Owsei Temkin, Publications of the Institute of the History of Medicine, The Johns Hopkins University, Second Series: Texts and Documents, Volume III, Baltimore 1956.

Tacitus, Annalen I-IV, Übersetzung von Walther Sontheimer, Stuttgart 1980.

Terenz, Das Mädchen von Andros (Andria), in: Die Komödien, neu übertragen von Viktor von Marnitz, Stuttgart 1960, 1-57.

Viertes Buch Esra, übersetzt von Hermann Gunkel, in: Die Apokryphen und Pseudepigraphen des Alten Testament, 2. Bd.: Die Pseudepigraphen des Alten Testaments, hg. von Emil Kautzsch, Darmstadt 1962, 331-401.

Hilfsmittel

Aland, Kurt (Hg.), Synopsis Quattuor Evangeliorum. Locis parallelis evangeliorum apocryphorum et patrum adhibitis, Stuttgart 13. Aufl. 1985.

Ders. (Hg.), Vollständige Konkordanz zum griechischen Neuen Testament. Unter Zugrundelegung aller modernen kritischen Textausgaben und des Textus Receptus in Verbindung mit H. Riesenfeld u.a., neu zusammengestellt unter der Leitung von K. Aland, 2 Bände, Berlin 1978-83.

Bauer, Walter, Griechisch-deutsches Wörterbuch zu den Schriften des Neuen Testaments und der übrigen urchristlichen Literatur, Berlin 6. Aufl. 1971.
Blaß, A./Debrunner, F./Rehkopf, F., Grammatik des neutestamentlichen Griechisch, Göttingen 6. Aufl. 1984.
Hatch, Edwin/Redpath, Henry A., A Concordance to the Septuagint and other Greek Versions of the Old Testament (Including the Apocryphal Books), 2 Bände, Oxford 1897.

Sekundärliteratur

Albertz, Rainer, Hintergrund und Bedeutung des Elterngebots im Dekalog, ZAW 90 (1987), 348-374.
Albrecht, Ruth, Anna. Symbol weiblicher Integrität, in: Zwischen Ohnmacht und Befreiung. Biblische Frauengestalten, K. Walter (Hg.), Freiburg, Basel, Wien 1988, 132-138.
AltersWachSinn, beiträge zur feministischen theorie und praxis, 15. Jg. (1992), Heft 33.
Anderson, Janice Capel, Mary's Difference: Gender and Patriarchy in the Birth Narratives, in: Journal of Religion 67 (1987), 183-202.
Aune, David E., Prophecy in Early Christianity and the Ancient Mediterranean World, Grand Rapids, Michigan 1983.
Bachmann, Michael, Jerusalem und der Tempel. Die geographisch-theologischen Elemente in der lukanischen Sicht des jüdischen Kultzentrums, BWANT Bd. 6, Stuttgart u.a. 1980.
Backes, Gertrud/Krüger, Dorothea, „Ausgedient!?" Lebensperspektiven älterer Frauen, Bielefeld 1983.
Barnavi, Eli (Hg.), Universalgeschichte der Juden. Von den Ursprüngen bis zur Gegenwart. Ein historischer Atlas, Hg. der deutschen Ausgabe: Frank Stern, Wien 1993.
Baumann, Gerlinde, Gottes Geist und Gottes Weisheit, in: Feministische Hermeneutik und Erstes Testament: Analysen und Interpretationen/mit Beitr. von Hedwig Jahnow u.a., Stuttgart u.a. 1994, 138-148.
Beauvoir, Simone de, Das Alter, Reinbek 1972.
Becker, Jürgen u.a. (Hg.), Die Anfänge des Christentums. Alte Welt und neue Hoffnung, Stuttgart u.a. 1987.
Behm, Johannes, Art.: *nestis ktl.*, in: ThWNT Bd. IV, Gerhard Kittel (Hg.), Stuttgart 1942, 925-935.
Ben-Dov, Meir, In the Shadow of the Temple. The Discovery of Ancient Jerusalem, New York 1985.
Ben-Sasson, Haim Hillel, Art.: Age and the Aged, in: Encyclopaedia Judaica Volume II, Jerusalem 4. Aufl. 1978, Sp. 343-348.
Berger, Klaus, Die königlichen Messiastraditionen des Neuen Testaments, in: NTS 20 (1974/75), 1-44.
Binder, G., Art.: Geburt II (religionsgeschichtlich), in: RAC IX, Stuttgart 1976, Sp. 43-171.
Bloch, Iwan, Die Prostitution, Handbuch der gesamten Sexualwissenschaft in Einzeldarstellungen Bd. 1, Berlin 1912.
Blome, Andrea, Frau und Alter. „Alter" - eine Kategorie feministischer Befreiungstheologie, Gütersloh 1994.
Blum, Erhard, Die Komposition der Vätergeschichte, WMANT Bd. 57, Neukirchen 1984.

Boesak, Allan, Schreibe dem Engel Südafrikas. Trost und Protest in der Apokalypse des Johannes, Stuttgart 1988.
Bolkestein, Hendrik, Wohltätigkeit und Armenpflege im vorchristlichen Altertum, Nachdruck der Ausgabe von 1939, New York 1979.
Bornkamm, Günter, Art.: *presbos*, in: ThWNT Bd. 6, G. Friedrich (Hg.), Stuttgart 1959, 651-683.
Bovon, François, Das Evangelium nach Lukas, 1. Teilbd. (Lk 1,1-9,50), EKK, Neukirchen-Vluyn 1989.
Bowman Thurston, Bonnie, The Widows. A Women's Ministry in the Early Church, Minneapolis 1989.
Bracker, Maren (Hg.), Alte aller Frauen Länder. Gemeinsamkeit macht stark, Kassel 1990.
Bracker Maren/Ursula Dallinger/Mechthild Middeke, (Hg.), Altweiber-Sommer. Beiträge zu den späten Jahren der Frau, Kassel 1987.
Braumann, Georg (Hg.), Das Lukasevangelium. Die redaktions- und kompositionsgeschichtliche Forschung, WdF Bd. CCLXXX, Darmstadt 1974.
Bronner, Leila Leah, From Eve to Esther. Rabbinic Reconstructions of Biblical Women, Louisville, Kentucky 1994.
Brooten, Bernadette J., Women Leaders in the Ancient Synagogue. Inscriptional Evidence and Background Issues, Brown Judaistic Studies 36 (1982).
Dies., Frühchristliche Frauen und ihr kultureller Kontext. Überlegungen zur Methode historischer Rekonstruktion, in: Einwürfe zur Bibel. Lektüre und Interessen, F.W. Marquardt u.a. (Hg.), München 1985, 62-93.
Brown, Cheryl Anne, No Longer be Silent. First Century Jewish Portraits of Biblical Women. Studies in Pseudo-Philo's Biblical Antiquities and Josephus's Jewish Antiquities, Louisville 1992.
Brown, Raymond, The Birth of the Messiah. A Commentary on the Infancy Narratives in Matthew and Luke, New York u.a. 1979.
Ders. u.a. (Hg.), Maria im Neuen Testament. Eine ökumenische Untersuchung, Stuttgart 1981.
Bruit Zaidman, Louise, Die Töchter der Pandora. Die Frauen in den Kulten der Polis, in: Geschichte der Frauen Bd. 1 Antike, P. Schmitt Pantel (Hg.), Frankfurt, New York 1993, 376-415.
Büchsel, Friedrich, Art.: *lytroo ktl.*, in: ThWNT Bd. IV, G. Kittel (Hg.), Stuttgart 1942, 352-359.
Busse, Ulrich, Das „Evangelium" des Lukas. Die Funktion der Vorgeschichte im lukanischen Doppelwerk, in: Der Treue Gottes trauen. Beiträge zum Werk des Lukas, C. Bussmann/W. Radl (Hg.), Freiburg, Basel, Wien 1991, 161-179.
Butting, Klara, Die Buchstaben werden sich noch wundern. Innerbiblische Kritik als Wegweisung feministischer Hermeneutik, Berlin 1994.
Callaway, Mary, Sing, O Barren One. A Study in Comparative Midrash, Ph.D., 1979 Columbia University, Dissertation Series/SBL No. 91, 1986.
Cassidy, Richard J., Jesus, Politics, and Society: A Study of Luke's Gospel, Maryknoll, New York 1978.
Ders., Luke's Audience, the Chief Priests, and the Motive for Jesus' Death, in: Political Aspects in Luke-Acts, R.J. Cassidy/P.J. Scharper (ed.), Maryknoll, New York 1983, 146-167.
Cavalcanti, Tereza, The Prophetic Ministry of Women in the Hebrew Bible, in: Through her Eyes. Women's Theology from Latin America, E. Tamez (ed.), Maryknoll, New York 1989, 118-139.

Charlesworth, J.H., From Jewish Messianology to Christian Christology. Some Caveats and Perspectives, in: Judaism and Their Messiahs at the Turn of the Christian Era, J. Neusner (ed.), Cambridge 1987, 225-264.

Christ, Karl, Geschichte der römischen Kaiserzeit von Augustus bis Konstantin, München 1988.

Cohen, Shaye J.D., Crossing the Boundary and Becoming a Jew, HTR 82,1 (1989), 13-33.

Ders., Menstruants and the Sacred in Judaism and Christianity, in: Women's History and Ancient History, S.B. Pomeroy (ed.), University of North Carolina Press 1991, 273-299.

Coleridge, Mark, The Birth of the Lukan Narrative. Narrative as Christology in Luke 1-2, Sheffield 1993.

Conzelmann, Hans, Zur Lukasanalyse (1952), in: Das Lukasevangelium. Die redaktions- und kompositionsgeschichtliche Forschung, G. Braumann (Hg.), WdF Bd. CCLXXX, Darmstadt 1974, 43-63. (=1974a)

Ders., Der geschichtliche Ort der lukanischen Schriften im Urchristentum (1966), in: Das Lukasevangelium. Die redaktions- und kompositionsgeschichtliche Forschung, G. Braumann (Hg.), WdF Bd. CCLXXX, Darmstadt 1974, 236-260. (=1974b)

Ders., Die Mitte der Zeit. Studien zur Theologie des Lukas, 6. Aufl. Tübingen 1977.

Ders., Grundriß einer Theologie des Neuen Testaments, 4. Aufl. bearb. von A. Lindemann, Tübingen 1987.

Conzelmann, Hans/Andreas Lindemann, Arbeitsbuch zum Neuen Testament, 9. überarb. und erw. Auflage Tübingen 1988.

Corley, Kathleen E., Were the Women around Jesus Really Prostitutes? Women in the Context of Graeco-Roman Meals, SBL 1989, Seminar Papers, Missoula/Montana 1989, 487-521.

Corso, Carla/Sandra Landi, Porträt in grellen Farben. Leben und Ansichten einer politischen Hure, Frankfurt/M. 1993.

Crüsemann, Marlene, Art.: AT/Hebräische Bibel/Erstes Testament - NT/Zweites Testament, in: Antijudaismus im NT? Grundlagen für die Arbeit mit biblischen Texten, Henze u.a. (Hg.), Gütersloh 1997, 29f.

Daimler, Renate, Verschwiegene Lust. Frauen über 60 erzählen von Liebe und Sexualität, Köln 1991.

D'Angelo, Mary Rose, Women in Luke-Acts: A Redactional View, JBL 109/3 (1990), 441-461.

Dies., Women Partners in the New Testament, Journal of Feminist Studies in Religion (1990), 65-86.

Dannemann, Irene, „Isoliert und verwundbar". Die Konsequenzen der These von Jesu Unehelichkeit im Leben der Jane Schaberg, in: Schlangenbrut 50 (1995), 44f.

Dies., „Aus dem Rahmen fallen". Frauen im Markusevangelium. Eine feministische Re-Vision, Berlin 1996.

Dautzenberg, Gerhard, Urchristliche Prophetie. Ihre Erforschung, ihre Voraussetzungen im Judentum und ihre Struktur im ersten Korintherbrief, BWANT 6. Folge Heft 4, Stuttgart u.a. 1975.

Darr, Katheryn Pfisterer, Far More Precious than Jewels. Perspectives on Biblical Women, Louisville 1991.

Deines, Roland, Reinheit als Waffe im Kampf gegen Rom. Zum religiösen Hintergrund der jüdischen Aufstandsbewegung, in: Mit Thora und Todesmut. Judäa im Widerstand gegen die Römer von Herodes bis Bar Kochba, H.-P. Kuhnen (Hg.), Stuttgart 1994, 70-87.

Delling, Gerhard, Art.: *ora*, in: ThWNT Bd. IX, G. Friedrich (Hg.), Stuttgart u.a. 1973, 675-681.

Diepgen, Paul, Die Frauenheilkunde der Alten Welt, in: Handbuch der Gynäkologie, 12. Bd. 1. Teil: Geschichte der Frauenheilkunde I, W. Stoeckel (Hg.), München 1937.

Dijk-Hemmes, Fokkelien van, Traces of Women's Texts in the Hebrew Bible, in: On Gendering Texts. Female and Male Voices in the Hebrew Bible, A. Brenner/F. van Dijk-Hemmes, Biblical Interpretation Series Volume 1, Leiden, New York, Köln 1993, 17-112.

Dirschauer, Klaus, Die Alten als Objekte. Ergebnisse einer kirchlichen Studie, Evangelische Kommentare 20 (1987), 580-582.

Ders., Eure Greise werden Träume träumen, eure Jünglinge Gesichte sehen, in: Emanzipiertes Alter, R. Boeckler/K. Dirschauer (Hg.), Göttingen 1990, 9-22.

Doress, Paula Brown/Diana Laskin Siegal/The Midlife and Older Women Book Project, Unser Körper - unser Leben. Über das Älterwerden. Ein Handbuch für Frauen, Hamburg 1991.

Drössler, Christine (Hg.), Women at Work: Sexarbeit, Binnenmarkt und Prostitution. Dokumentation zum Ersten Europäischen Prostituiertenkongreß, Marburg 1992.

Dublin, R.Z., A Crown of Glory. A Biblical View of Aging, New York/Mahwak 1988.

Duden, Barbara, Der Frauenleib als öffentlicher Ort. Vom Mißbrauch des Begriffs Leben, Hamburg, Zürich 1991.

Ebberfeld, Ingelore, „Es wäre schön, nicht so allein zu sein." Sexualität von Frauen im Alter, Frankfurt, New York 1992.

Ebstein, Wilhelm, Die Medizin im Neuen Testament und im Talmud, photomechan. Nachdr. d. Ausg. Stuttgart 1903, München 1975.

Eisen, Ute E., Amtsträgerinnen im frühen Christentum. Epigraphische und literarische Studien, Göttingen 1996.

Eltrop, Bettina, Denn solchen gehört das Himmelreich. Kinder im Matthäusevangelium. Eine feministisch-sozialgeschichtliche Untersuchung, Stuttgart 1996.

Ernst, Josef, Das Evangelium nach Lukas, RNT, Regensburg 5. Aufl. 1977.

Eversmann, Susanne/Antje Kunstmann, (Hg.), When I'm Forty Four. Kursbuch Älterwerden, München 1993.

Exum, J. Cheryl, Fragmented Women. Feminist (Sub)versions of Biblical Narratives, Valley Forge 1993.

Fabry, Heinz-Josef, Art.: *aqar*, in: ThWAT Bd. VI, G.J. Botterweck/H. Ringgren/H.J. Fabry (Hg.), Stuttgart u.a. 1987, Sp. 343-346.

FAMA. Feministisch-theologische Zeitschrift 3 (1996), Themenheft: Altern.

Feministisches Frauen Gesundheits Zentrum e.V. Berlin, Wechseljahre. Eine Broschüre zur Selbsthilfe, Berlin 3. Aufl. 1991.

Fischer, Irmtraud, „... und sie war unfruchtbar." Zur Stellung kinderloser Frauen in der Literatur Alt-Israels, in: Kinder machen. Strategien der Kontrolle weiblicher Fruchtbarkeit, G. Pauritsch u.a. (Hg.), Wien 1988, 118-126.

Dies., Die Erzeltern Israels. Feministisch-theologische Studien zu Genesis 12-36, BZAW Bd. 222, Berlin, New York 1994.

Fitzmyer, Joseph A., The Gospel According to Luke, The Anchor Bible, New York 1981.

Fohrer, Georg, Das Buch Jesaja. 3. Bd. Kapitel 40-66, Züricher Bibelkommentare, Zürich, Stuttgart 1964.

Freyne, Seán, Die frühchristlichen jüdischen Vorstellungen vom Messias, in: Concilium 29 (1993), 25-32.

Frick, Frank S., Widows in the Hebrew Bible: A Transactional Approach, in: A Feminist Companion to Exodus - Deuteronomy, The Feminist Companion to the Bible 6, A. Brenner (ed.), Sheffield 1994, 139-151.

Friedrich, Gerhard, Art.: *prophetis ktl.* (Propheten und Prophezeien im Neuen Testament), in: ThWNT Bd. VI, G. Friedrich (Hg.), Stuttgart u.a. 1959, 829-863.

Ders., Der alte Mensch. Soziologische, psychologische und biblische Aspekte, Pastoraltheologie 27 (1983), 504-519.

Gebara, Ivone/Maria C. Lucchetti Bingemer, Maria, Mutter Gottes und Mutter der Armen, Düsseldorf 1988.

Gerstenberger, Erhard/Wolfgang Schrage, Frau und Mann, Stuttgart u.a. 1980.

Goldmann, Alain, Die messsianische Vision im rabbinischen Judentum, in: Messiasvorstellungen bei Juden und Christen, E. Stegemann (Hg.), Stuttgart u.a. 1993, 57-66.

Gottwald, Norman K., Sozialgeschichtliche Präzision in der biblischen Verankerung der Befreiungstheologie, in: Wer ist unser Gott? Beiträge zu einer Befreiungstheologie im Kontext der „ersten" Welt, L. und W. Schottroff (Hg.), München 1986, 88-107.

Greeven, Heinrich, Propheten, Lehrer, Vorsteher bei Paulus. Zur Frage der „Ämter" im Urchristentum, in: ZNW 40 (1952/53), 1-43.

Gremel, Maria, Mit neun Jahren in den Dienst. Mein Leben im Stül und am Bauernhof 1900-1930, Wien, Köln 2. Aufl. 1991.

Grimm, Werner, Deuterojesaja: Deutung, Wirkung, Gegenwart: ein Kommentar zu Jesaja 40-55, Calwer Bibelkommentare, Stuttgart 1990.

Groth, Sylvia, Hitze ... und Wut. Die Medikamentisierung der Wechseljahre, in: AltersWachSinn, beiträge zur feministischen theorie und praxis, 15. Jg. (1992), H. 33, 51-63.

Grundmann, Walter, Das Evangelium nach Lukas, Theologischer Handkommentar zum Neuen Testament Bd. 3, Berlin 9. Aufl. 1991.

Gunkel, Hermann, Genesis, Göttinger Handkommentar zum Alten Testament, 1. Abt. 1. Bd., Göttingen 6. Aufl. 1964.

Haacker, Klaus, Das Bekenntnis des Paulus zur Hoffnung Israels nach der Apostelgeschichte des Lukas, in: NTS 31 (1985), 437-451.

Hamburger, J., Real-Encyclopädie für Bibel und Talmud. Wörterbuch zum Handgebrauch für Bibelfreunde, Theologen, Juristen, Gemeinde- und Schulvorsteher, Lehrer, Strelitz 1883. (Art.: Fötus, 226-230; Geburt, 254-256).

Harbsmeier, D., Die alten Menschen bei Euripides, Diss. Göttingen 1968.

Harris, J. Gordon, Biblical Perspectives on Aging. God and the Elderly (Overtures to Biblical Theology 22), Philadelphia 1987.

Harrison, Beverly W., „Wer nichts produziert, der ist nichts". Der Wert des älteren Menschen in den Augen der Gesellschaft, in: Die neue Ethik der Frauen. Kraftvolle Beziehungen statt bloßen Gehorsams, dies., Stuttgart 1991, 133-162.

Hauck, Friedrich/Siegfried Schulz, Art.: *porne ktl.*, in: ThWNT 6, G. Friedrich (Hg.), Stuttgart u.a. 1959, 579-595.

Hedwig-Jahnow-Forschungsprojekt, Feministische Hermeneutik und Erstes Testament, in: Feministische Hermeneutik und Erstes Testament: Analysen und Interpretationen/mit Beitr. von Hedwig Jahnow u.a., Stuttgart u.a. 1994, 9-25.

Heidebrecht, Brigitte (Hg.), Laß dir graue Haare wachsen. Bilder aus der Lebensmitte, Trier 1991.

Heinemann-Knoch, Marianne/Johann de Rijke/Christel Schachtner, Alltag im Alter. Über Hilfsbedürftigkeit und Sozialisationen, Frankfurt, New York 1985.

Hengel, Martin, Zwischen Jesus und Paulus. Die „Hellenisten", die „Sieben" und Stephanus (Apg 6,1-15; 7,54-8,3), in: ZThK 72 (1975), 151-206.

Henze, Dagmar/Claudia Janssen/Stefanie Müller/Beate Wehn (Hg.), Antijudaismus im Neuen Testament? Grundlagen für die Arbeit mit biblischen Texten, Gütersloh 1997.
Hermann, H./H. Herter, Art.: Dirne, in: RAC Bd. III, Th. Klauser (Hg.), Stuttgart 1957, Sp. 1149-1213.
Hölzle, Christine, Probleme des unerfüllten Kinderwunsches und seiner medizinischen Behandlung, in: Kinder machen. Strategien der Kontrolle weiblicher Fruchtbarkeit, G. Pauritsch u.a. (Hg.), Wien 1988, 10-21.
Hoffmann, Uttrac, Alte Augenblicke entfalten junge Denkbilder, Bremen 1982.
Hopkins, Keith, On the Probable Age Structure of the Roman Population, in: Population Studies 20 (1966/67), 245-264.
Horner, Maria, Aus dem Leben einer Hebamme, herausgegeben, bearbeitet und mit einem Vorwort versehen von Christa Hämmerle, Wien, Köln, Weimar 2. Aufl. 1994.
Horsley, Richard, Jüdische Erwartungen in Palästina und ihre Messiaserwartungen in der späten Zeit des zweiten Tempels, in: Concilium 29 (1993), 14-24.
Horst, Johannes, Art.: *oys ktl.*, in: ThWNT 5, G. Friedrich (Hg.), Stuttgart 1954, 543-558.
Itzchaky, Samson/Moshe Yitzhaki/Samuel Kottek, Fertility in Jewish Tradition. (Ethno-medical and Folkloric Aspects), in: Koroth Vol. 9, No. 1-2, 1985, 113-135.
Jensen, Anne, Gottes selbstbewußte Töchter. Frauenemanzipation im frühen Christentum, Freiburg, Basel, Wien 1992.
Jeremias, Joachim, Jerusalem zur Zeit Jesu, Göttingen 3. Aufl. 1962.
Jost, Renate, Freundin in der Fremde. Rut und Noomi, Stuttgart 1992.
Dies., Die Töchter des Volkes prophezeien, in: Für Gerechtigkeit streiten. Theologie im Alltag einer bedrohten Welt, Dorothee Sölle (Hg.), Gütersloh 1994, 59-65.
Kahl, Brigitte, Armenevangelium und Heidenevangelium. „Sola scriptura" und die ökumenische Traditionsproblematik im Lichte von Väterkonflikt und Väterkonsens bei Lukas, Berlin 1987.
Dies., Toward a Materialist-Feminist Reading, in: Searching the Scriptures. Volume One: A Feminist Introduction, E. Schüssler Fiorenza (ed.), New York 1993, 225-240.
Dies., Lukas gegen Lukas lesen. Feministisch-kritische Hermeneutik des Verdachts und des Einverständnisses, in: Bibel und Kirche 4 (1995), 222-229.
Kanael, Baruch, Art.: Münzen und Gewichte, in: BBh Bd. 2, Göttingen 1962, Sp. 1249-1256.
Kessler, Rainer, Benennung des Kindes durch die israelitsche Mutter, Wort und Dienst NF 19, 1987, 25-35.
Kimball, Charles A., Jesus' Exposition of the Old Testament in Luke's Gospel, Sheffield 1994.
Kirchhoff, Renate, Die Sünde gegen den eigenen Leib. Studien zu *porne* und *porneia* in 1.Kor 16,12-20 und dem sozio-kulturellen Kontext der paulinischen Adressaten, Göttingen 1994.
Klauck, H.J., Hausgemeinde und Hauskirche im frühen Christentum, SBS 103, Stuttgart 1981.
Klein, Charlotte, Theologie und Anti-Judaismus. Eine Studie zur deutschen theologischen Literatur der Gegenwart, München 1975.
Klindworth, Gisela, Älterwerden. Lebenslaufkrisen von Frauen, Bielefeld 1988.
Klostermann, Erich, Das Lukasevangelium, Handbuch zum Neuen Testament, 2. Aufl. 1929.

Klostermann, Helena, Alter als Herausforderung. Frauen über sechzig erzählen, Frankfurt/M. 1984.

Köhler, Ludwig, Der hebräische Mensch. Eine Skizze, unverändert. Nachdruck der 1. Aufl. 1953, Darmstadt 1976.

Koffmahn, Elisabeth, Die Doppelurkunden aus der Wüste Juda. Recht und Praxis der jüdischen Papyri des 1. und 2. Jahrhunderts n.Chr. samt Übertragung der Texte und deutscher Übersetzung, Studies on the Texts of the Desert of Judah, Volume V., Leiden 1968.

Kokula, Ilse, Jahre des Glücks, Jahre des Leids. Gespräche mit älteren lesbischen Frauen. Dokumente, Kiel 2. Aufl. 1990.

Kraemer, Ross Shepard, Jewish Women in the Diaspora World of Late Antiquity, in: Jewish Women in Historical Perspective, J.R. Baskin (ed.), Detroit 1991, 43-67.

Dies., Women's Authorship in Jewish and Christian Literature in the Greco-Roman Period, in: „Women Like This". New Perspectives on Jewish Women in the Greco-Roman World, A.-J. Levine (ed.), Atlanta, Georgia 1991, 221-242.

Dies., Her Share of the Blessings. Women's Religions Among Pagans, Jews, and Christians in the Greco-Roman World, New York, Oxford 1992.

Kraus, Hans-Joachim, Das Evangelium der unbekannten Propheten, Jesaja 40-66, Kleine Biblische Bibliothek, Neukirchen-Vluyn 1990.

Krauss, Samuel, Talmudische Archäologie, 3 Bände. Reprographischer Nachdruck der Ausg. Leipzig 1911, Hildesheim 1966.

Kremer, Jakob, Lukasevangelium, Echter Kommentar zum NT mit der Einheitsübersetzung Bd. 3, Würzburg 1979.

Krug, Antje, Heilkunst und Heilkult in der Medizin der Antike, 2. durchges. und erw. Aufl. München 1993.

Kudlien, F., Art.: Geburt I (medizinisch), in: RAC Bd. IX, Stuttgart 1976, Sp. 36-43.

Lachs, Johann, Die Gynaekologie des Galen. Eine geschichtlich-gynaekologische Studie, Abhandlungen zur Geschichte der Medicin, H. Magnus u.a. (Hg.), Heft IV, Breslau 1903.

Lamb, Regene, Ein Licht ist angezündet, in: Bibel und Kirche 4 (1995), 230-234.

Lamb, Regene/Claudia Janssen, Die Herausforderung feministischer Bibelauslegung. Zur Gratwanderung zwischen akademischen Idealen und alltäglicher Erfahrung, in: JK 11 (1993), 609-613.

Dies., „ZöllnerInnen und Prostituierte gelangen eher in das Reich Gottes als ihr" (Mt 21,31). Frauenarmut und Prostitution, in: „... so lernen die Völker des Erdkreises Gerechtigkeit". Arbeitsbuch zu Bibel und Ökonomie, K. Füssel/F. Segbers (Hg.), Luzern, Salzburg 1995, 275-284.

Lang, Christoph Maria, „Alt möcht ich werden..." 50 Frauen und Männer sehen ihr Leben, Berlin 1994.

Lenz, Ilka, Wenn Frauen alt werden, Frankfurt/M. 1988.

Lesky, Erna, Die Zeugungs- und Vererbungslehren der Antike und ihr Nachwirken, Akademie der Wissenschaften und der Literatur. Abhandlungen der Geistes- und Sozialwissenschaftlichen Klasse, Jahrgang 1950, Nr.19, Wiesbaden 1950.

Lichtenberger, Hermann, Messianische Erwartungen und messianische Gestalten in der Zeit des Zweiten Tempels, in: Messiasvorstellungen bei Juden und Christen, E. Stegemann (Hg.), Stuttgart u.a. 1993, 9-20.

Lieu, Judith M., Cicumcision, Women and Salvation, NTS 40 (1994), 358-370.

Lindblom, Johannes, Gesichte und Offenbarungen. Vorstellungen von göttlichen Weisungen und übernatürlichen Erscheinungen im ältesten Christentum, Lund 1968.

Löw, Leopold, Beiträge zur jüdischen Alterthumskunde II. Die Lebensalter in der jüdischen Literatur, Szegedin 1875, Nachdruck 1969.

Lohfink, Norbert, Lobgesänge der Armen: Studien zum Magnificat, dem Hodajot von Qumran und einigen späten Psalmen, Stuttgart 1990.

Lohse, Eduard, Umwelt des Neuen Testaments, Grundrisse zum NT Bd. 1, Göttingen 7. Aufl. 1986.

Maier, Christl, Jerusalem als Ehebrecherin in Ezechiel 16. Zur Verwendung und Funktion einer biblischen Metapher, in: Feministische Hermeneutik und Erstes Testament: Analysen und Interpretationen/mit Beitr. von Hedwig Jahnow u.a., Stuttgart u.a. 1994, 85-105.

Maier, Johann, Die Wertung des Alters in der jüdischen Überlieferung der Spätantike und des frühen Mittelalters, in: Saeculum 30 (1979), 355-364.

Martin, Emily, Die Frau im Körper. Weibliches Bewußtsein, Gynäkologie und Reproduktion des Lebens. Aus dem Englischen von W. Möller-Falkenberg, Frankfurt, New York 1989.

Martin, Jochen, Das Patriarchat in Rom. Die hausväterliche Gewalt, in: Journal für Geschichte 5 (1986), 30-35.

Martin-Archard, Robert, Biblische Ansichten über das Alter, Concilium 27 (1991), H.3, 108-203.

Mayer, Günter, Die jüdische Frau in der hellenistisch-römischen Antike, Stuttgart u.a. 1987.

Mayer, Reinhold, „Du bist der Fels...": Hochpriester und Messias in den Auseinandersetzungen mit Rom, in: Mit Thora und Todesmut. Judäa im Widerstand gegen die Römer von Herodes bis Bar Kochba, H.-P. Kuhnen (Hg.), Stuttgart 1994, 60-69.

Merritt, H. Wayne, The Angel's Announcement: A Structuralist Study, in: Text and Logos. The Humanistic Interpretation of the New Testament, T.W. Jennings (ed.), Atlanta, Georgia 1990, 97-108.

Meyer, Rudolf, Art.: *prophetes ktl.* (Prophetentum und Propheten im Judentum der hellenistisch-römischen Zeit), in: ThWNT Bd. VI, G. Friedrich (Hg.), Stuttgart u.a. 1959, 813-828.

Mies, Maria, Methodische Postulate zur Frauenforschung, in: beiträge zur feministischen theorie und praxis 1 (1978), 41-235.

Minear, Paul S., Die Funktion der Kindheitsgeschichten im Werk des Lukas (1966), in: Das Lukasevangelium. Die redaktions- und kompositionsgeschichtliche Forschung, G. Braumann (Hg.), WdF Bd. CCLXXX, Darmstadt 1974, 204-253.

Montefiore, C.G., The Synoptic Gospels. Edited with Introduction and a Commentary, Vol. I.II, London 1909.

Montet, Elisabeth, Risse. Über das Älterwerden von Frauen, Gießen 1981.

Müller, Paul G., Lukas-Evangelium, Stuttgarter kleiner Kommentar NT, NF 3, Stuttgart 3. Aufl. 1988.

Müller-Markus, Ulrike, Art.: Parteilichkeit, in: WbFTh, E. Gössmann u.a. (Hg.), Gütersloh 1991, 315- 317.

Nathanson, Barbara H. Geller, Toward a Multicultural Ecumenical History of Women in the First Century/ies C.E., in: Searching the Scriptures, Volume One: A Feminist Introduction, E. Schüssler Fiorenza (ed.), New York 1993, 272-289.

Neumann, Josef, The child in the first two chapters of the Gospel of Luke. A contribution to the understanding of generation, birth and child development in the first century of Christianity, in: Koroth Vol. 9, No. 1-2, 1985, 164-172.

Neusner, Jakob, Wann wurde das Judentum eine messianische Religion, in: Concilium 29 (1993), 33-41.

Newsom, Carol A./Sharon H. Ringe (ed.), The Women's Bible Commentary, London 1992.

Oeri, Hans Georg, Der Typ der komischen Alten in der griechischen Komödie, seine Nachwirkungen und seine Herkunft, Dissertation Basel 1948.
Onken, Julia, Feuerzeichenfrau. Ein Bericht über die Wechseljahre, München 1988.
Passruger, Barbara, Hartes Brot. Aus dem Leben einer Bergbäuerin, Wien, Köln 1989.
Dies., Steiler Hang, Wien, Köln 1993.
Patai, Raphael, Sitte und Sippe in Bibel und Orient, Frankfurt/M. 1962.
Pfisterer-Haas, Susanne, Darstellungen alter Frauen in der griechischen Kunst, Frankfurt/M. u.a. 1989.
Plaskow, Judith, Und wieder stehen wir am Sinai. Eine jüdisch-feministische Theologie, Luzern 1992.
Dies., Anti-Judaism in Feminist Christian Interpretation, in: Searching the Scriptures, Volume One: A Feminist Introduction, E. Schüssler Fiorenza (ed.), New York 1993, 117-129.
Pomeroy, Sarah B., Frauenleben im Klassischen Altertum, Stuttgart 1985.
Praetorius, Ina, Art.: Androzentrismus, in: WbFTh, E. Gössmann u.a. (Hg.), Gütersloh 1991, 14.
Dies., Anthropologie und Frauenbild in der deutschsprachigen protestantischen Ethik seit 1949, Gütersloh 1993.
Preisshofen, Felix, Untersuchungen zur Darstellung des Greisenalters in der frühgriechischen Dichtung, Hermes Einzelschriften Bd. 34, Wiesbaden 1977.
Preuschoff, Gisela, Guter Hoffnung. Ganzheitliche Anregungen für Körper und Seele in der Schwangerschaft, Köln 1990.
Preuß, Julius, Die Pathologie der Geburt nach Bibel und Talmud, in: Zeitschrift für Geburtshilfe und Gynäkologie, Bd. 54, Heft 3, 1905, 448-481.
Radl, Walter, Rettung in Israel, in: Der Treue Gottes trauen. Beiträge zum Werk des Lukas, C. Bussmann/W. Radl (Hg), Freiburg, Basel, Wien 1991, 43-60.
Reader der Projektgruppenbeiträge zur Sommeruniversität 1988 in Kassel und 1989 in Gelnhausen zum Thema: Patriarchatsanalyse als Aufgabe Feministischer Befreiungstheologie I und II.
Reid, Barbara E., Choosing the Better Part? Women in the Gospel of Luke, Collegeville, Minnesota 1996.
Reinsberg, Carola, Ehe, Hetärentum und Knabenliebe im antiken Griechenland, München 2. Aufl. 1993.
Reinsprecht, Ilse, Zeugung als männliche Tat - Reflexionen zu den Schöpfungsmythen und Platons Theorie der geistigen Kreativität, in: Kinder machen. Strategien der Kontrolle weiblicher Fruchtbarkeit, G. Pauritsch u.a. (Hg.), Wien 1988, 127-137.
Rese, Martin, Das Lukasevangelium. Ein Forschungsbericht, in: Aufstieg und Niedergang der römischen Welt II. Principat 25. Bd. 3. Teilbd., Berlin, New York 1985, 2258-2328.
Rieger, Renate, Art.: Befreiungstheologie, in: WbFTh, E. Gössmann u.a. (Hg.), Gütersloh 1991, 39-44.
Riemer, Ellen, Das Babatha-Archiv: Schriftzeugnisse aus dem Leben einer jüdischen Frau vor dem Zweiten Aufstand, in: Mit Thora und Todesmut. Judäa im Widerstand gegen die Römer von Herodes bis Bar Kochba, H.-P. Kuhnen (Hg.), Stuttgart 1994, 94-106.
Richardson, Bessie Ellen, Old age Among the Ancient Greeks. The Greek Portrayal of Old Age in Literature, Art, and Inscriptions, The John Hopkins University Studies in Archaeology No. 16, New York 1933, Nachdruck 1969.
Richter Reimer, Ivoni, Frauen in der Apostelgeschichte des Lukas: Eine feministisch-theologische Exegese, Gütersloh 1992.

Riesner, Rainer, Prägung und Herkunft der lukanischen Sonderüberlieferung, in: Theologische Beiträge 24 (1993), 228-248.

Ringgren, Helmer, Luke's Use of the Old Testament, in: Christians Among Jews and Gentiles. Essays in Honor of Krister Stendahl on His 65. Birthday, George W.E. Nickelsburg/G.W. MacRae (ed.), Philadelphia 1986, 227-235.

Roecken, Sully/Carolina Brauckmann, Margaretha Jedefrau, Freiburg (Breisgau) 1989.

Roth, Roswith, Psychologische Aspekte von ungewollter Kinderlosigkeit, in: Kinder machen. Strategien der Kontrolle weiblicher Fruchtbarkeit, G. Pauritsch u.a. (Hg.), Wien 1988, 22-39.

Rousselle, Aline, Der Körper und die Politik. Zwischen Enthaltsamkeit und Fortpflanzung im Alten Rom, in: Geschichte der Frauen Bd. 1 Antike, P. Schmitt Pantel (Hg.), Frankfurt, New York 1993, 323-372.

Ruether, Rosemary Radford, Christologie und das Verhältnis zwischen Juden und Christen, in: Concilium 29 (1993), 85-93.

Ruppert, Lothar, Der alte Mensch aus der Sicht des Alten Testaments, in: TThZ 85 (1976), 270-281.

Safrai, Shmuel/M. Stern (ed.), The Jewish People in the First Century. Historical, Political History, Social, Cultural and Religious Life and Institutions, Volume II, Compendium Rerum Iudaicarum ad Novum Testamentum, Assen, Amsterdam 1976.

Safrai, Shmuel, Das jüdische Volk im Zeitalter des Zweiten Tempels, Neukirchen 1978.

Schaberg, Jane, The Illegitimacy of Jesus. A Feminist Theological Interpretation of the Infancy Narratives, San Francisco 2. Aufl. 1990.

Dies., Luke, in: The Women's Bible Commentary, C.A. Newsom/S.H. Ringe (ed.), London 1992, 275-292.

Schabert, Josef, Das Alter und die Alten in der Bibel, Saeculum 30 (1979), 338-354.

Ders., Genesis, 1-11 und 12-25, Die neue Echter Bibel, Würzburg 1983.1986.

Schachtner, Christel, Störfall Alter. Für ein Recht auf Eigensinn, Frankfurt/M. 1988.

Schaumberger, Christine, „Das Recht, anders zu sein, ohne dafür bestraft zu werden". Rassismus als Problem weißer feministischer Theologie, in: AnFragen 1. Diskussionen Feministischer Theologie. Weil wir nicht vergessen wollen... zu einer Feministischen Theologie im deutschen Kontext, dies. (Hg.), Münster 1987, 101-122.

Dies., „Es geht um jede Minute unseres Lebens!" Auf dem Weg zu einer kontextuellen feministischen Befreiungstheologie, in: Befreiung hat viele Farben. Feministische Theologie als kontextuelle Befreiungstheologie, R. Jost/U. Kubera (Hg.), Gütersloh 1991, 15-34. (=1991a)

Dies., Art.: Erfahrung, in: WbFTh, E. Gössmann u.a. (Hg.), Gütersloh 1991, 73-77. (=1991b)

Schaumberger, Christine/Luise Schottroff, Schuld und Macht. Studien zu einer feministischen Befreiungstheologie, München 1988.

Scheid, John, Die Rolle der Frauen in der römischen Religion, in: Geschichte der Frauen Bd. 1 Antike, P. Schmitt Pantel (Hg.), Frankfurt, New York 1993, 417-449.

Scheinhardt, Saliha, Frauen, die sterben, ohne daß sie gelebt hätten, Freiburg, Basel, Wien 1993.

Schmithals, Walter, Das Evangelium nach Lukas, Züricher Bibelkommentar NT 3.1, Zürich 1980.

Schneider, Johannes, Art.: *oneidos ktl.*, in: ThWNT Bd. 5, G. Friedrich (Hg.), Stuttgart 1954, 238-242.

Scholz, Susanne, Politische Korrektheit versus Empowerment? Feministische Theologie im deutschen Kontext, in: Schlangenbrut 49 (1995), 43-44.
Schottroff, Luise, Das Magnificat und die älteste Tradition über Jesus von Nazareth, Ev. Theol. 38 (1978), 298-313.
Dies., Der Sieg des Lebens: biblische Traditionen einer Friedenspraxis, München 1982.
Dies., Befreiungserfahrungen. Studien zur Sozialgeschichte des Neuen Testaments, Theologische Bücherei Bd. 82, München 1990.
Dies., Frauen in der Nachfolge Jesu in neutestamentlicher Zeit (1980), in: Befreiungserfahrungen. Studien zur Sozialgeschichte des Neuen Testaments, dies., München 1990, 96-133. (=1990a)
Dies., Maria Magdalena und die Frauen am Grabe Jesu (1982), in: Befreiungserfahrungen. Studien zur Sozialgeschichte des Neuen Testaments, dies., München 1990, 134-159. (=1990b)
Dies., „Gebt dem Kaiser, was dem Kaiser gehört, und Gott, was Gott gehört". Die theologische Antwort der urchristlichen Gemeinden im Römischen Reich (1984), in: Befreiungserfahrungen. Studien zur Sozialgeschichte des Neuen Testaments, dies., München 1990, 96-133. (=1990c)
Dies, Jungfrauengeburt (1986), in: Befreiungserfahrungen. Studien zur Sozialgeschichte des Neuen Testaments, dies., München 1990, 257-263. (=1990d)
Dies., Der gekreuzigte Mensch aus Galiläa, in: Befreiungserfahrungen. Studien zur Sozialgeschichte des Neuen Testaments, dies., München 1990, 284-290. (=1990e)
Dies., „Anführerinnen der Gläubigkeit" oder „einige andächtige Weiber"? Frauengruppen als Trägerinnen jüdischer und christlicher Religion im ersten Jahrhundert n.Chr. (1987), in: Befreiungserfahrungen. Studien zur Sozialgeschichte des Neuen Testaments, dies., München 1990, 291-304. (=1990f)
Dies., Lydia. Eine neue Qualität der Macht (1988), in: Befreiungserfahrungen. Studien zur Sozialgeschichte des Neuen Testaments, dies., München 1990, 305-309. (=1990g)
Dies., Die Kreuzigung Jesu. Feministisch-theologische Rekonstruktion der Kreuzigung Jesu und ihrer Bedeutung im frühen Christentum, in: Das Kreuz mit dem Kreuz. Feministisch-theologische Anfragen an die Kreuzestheologie - Ansätze feministischer Christologie, E. Valtink (Hg.), Hofgeismar 1990, 7-28. (=1990h)
Dies., Die Herren wahren den theologischen Besitzstand. Zur Situation feministisch-theologischer Wissenschaft in der Bundesrepublik Deutschland, in: JK 6 (1990), 367-371. (=1990i)
Dies., „Freue dich, du Unfruchtbare" - Zion als Mutter in 4 Esra 9-10 und Gal 4,21-31, in: Theologie zwischen Zeiten und Kontinenten, FS für Elisabeth Gössmann, T. Schneider/H. Schüngel-Straumann (Hg.), Freiburg, Basel, Wien 1993, 31-43.
Dies., Lydias ungeduldige Schwestern. Feministische Sozialgeschichte des frühen Christentums, Gütersloh 1994.
Dies., Auf dem Weg zu einer feministischen Rekonstruktion der Geschichte des frühen Christentums, in: Feministische Exegese. Forschungserträge zur Bibel aus der Perspektive von Frauen, Luise Schottroff/Silvia Schroer/Marie-Theres Wacker, Darmstadt 1995, 175-248.
Dies., 13. Sonntag nach Trinitatis (Apg 6,1-7), in: Göttinger Predigtmeditationen 50. Jg. (1996), Heft 4, 359-365
Schottroff, Luise/Willy Schottroff, Hanna und Maria, in: Gotteslehrerinnen, L. Schottroff/J. Thiele (Hg.), Stuttgart 1989, 23-45.
Schottroff, Luise/Dorothee Sölle, Hannas Aufbruch: Aus der Arbeit feministischer Befreiungstheologie, Bibelarbeiten, Meditationen, Gebete, Gütersloh 1990.

Schottroff, Luise/Stegemann, Wolfgang, Jesus von Nazareth - Hoffnung der Armen, Stuttgart u.a. 3. Aufl. 1990.
Schottroff, Willy, Alter als soziales Problem in der hebräischen Bibel, in: Was ist der Mensch...? Beiträge zur Anthropologie des Alten Testaments; Hans Walter Wolff zum 80. Geb., München 1992, 61-77. (=1992a)
Ders., Die Armut der Witwen, in: Schuld und Schulden: Biblische Traditionen in gegenwärtigen Konflikten, M. Crüsemann/W. Schottroff (Hg.), München 1992, 54-89. (=1992b)
Schroer, Silvia, Die Samuelbücher, Neuer Stuttgarter Kommentar: Altes Testament, Bd. 7, Stuttgart 1992.
Dies., Weise Frauen und Ratgeberinnen in Israel - Literarische Vorbilder der personifizierten Chokmah, BN 51 (1990), 41-60.
Schüngel-Straumann, Helen, Ruah (Geist-, Lebenskraft) im Alten Testament, in: Feministische Theologie, M. Kassel (Hg.), Stuttgart 1988, 59-73.
Dies., Art.: Bibel, in: WbFTh, E. Gössmann u.a. (Hg.), Gütersloh 1991, 49-54. (=1991a)
Dies., Schifra und Pua. Frauenlist als Gottesfurcht, in: Mit allen Sinnen glauben. Feministische Theologie unterwegs, FS für Elisabeth Moltmann-Wendel, H. Pissarek-Hudelist/L. Schottroff (Hg.), Gütersloh 1991. (=1991b)
Dies., Ruah bewegt die Welt. Gottes schöpferische Lebenskraft in der Krisenzeit des Exils, SBS 151, Stuttgart 1992.
Dies., Mutter Zion im Alten Testament, in: Theologie zwischen Zeiten und Kontinenten, FS für Elisabeth Gössmann, T. Schneider/H. Schüngel-Straumann (Hg.), Freiburg, Basel, Wien 1993, 19-39.
Schürmann, Heinz, Das Lukasevangelium, 1. Teil, Herders Kommentar zum Neuen Testament Bd. III, Freiburg, Basel, Wien 1969.
Schüssler Fiorenza, Elisabeth, Das Schweigen brechen - sichtbar werden, Concilium 21 (1985), 387-398.
Dies., Brot statt Steine. Die Herausforderung einer feministischen Interpretation der Bibel, Freiburg/Schweiz 1988. (=1988a)
Dies., Zu ihrem Gedächtnis... Eine feministisch-theologische Rekonstruktion der urchristlichen Ursprünge, übersetzt von C. Schaumberger, München, Mainz 1988. (=1988b)
Dies., Zur Methodenproblematik einer feministischen Christologie des Neuen Testaments, in: Vom Verlangen nach Heilwerden. Christologie in feministisch-theologischer Sicht, D. Strahm/R. Strobel (Hg.), Fribourg/Luzern 1991, 129-147.
Dies., Jesus: Mirjam's child, Sophia's prophet. Critical Issues in Feminist Christology, New York 1994.
Schweizer, Eduard, Das Evangelium nach Lukas, NTD Teilbd.3, Göttingen 1982.
Seidel, Hans, Auf den Spuren der Beter. Einführung in die Psalmen, Berlin 2. Aufl. 1987.
Seim, Turid Karlsen, The Gospel of Luke, in: Searching the Scriptures Vol. 2: A Feminist Commentary, E. Schüssler Fiorenza (ed.), New York 1994, 728-762.
Dies., The Double Message: Patterns of Gender in Luke-Acts, Nashville 1994.
Seybold, Irmtraut, Schwangerschaft und Geburt in Mesopotamien, in: Kinder machen. Strategien der Kontrolle weiblicher Fruchtbarkeit, G. Pauritsch u.a. (Hg.), Wien 1988, 102-115.
Siegele-Wenschkewitz, Leonore (Hg.), Verdrängte Vergangenheit, die uns bedrängt. Feministische Theologie in der Verantwortung für die Geschichte, München 1988.
Sigal, Phillip, Judentum, Stuttgart u.a. 1986.

Standhartinger, Angela, Das Frauenbild im Judentum der hellenistischen Zeit. Ein Beitrag anhand von ‚Joseph und Aseneth', Arbeiten zur Geschichte des Antiken Judentums und des Urchristentums XXVI, Leiden, New York, Köln 1995.

Stegemann, Ekkehard W./Wolfgang Stegemann, Urchristliche Sozialgeschichte: die Anfänge im Judentum und die Christusgemeinden in der mediterranen Welt, Stuttgart u.a. 1995.

Stegemann, Wolfgang, „Licht der Völker" bei Lukas, in: Der Treue Gottes trauen. Beiträge zum Werk des Lukas, C. Bussmann/W. Radl (Hg), Freiburg, Basel, Wien 1991, 81-97.

Ders., Jesus als Messias in der Theologie des Lukas, in: Messiasvorstellungen bei Juden und Christen, E. Stegemann (Hg.), Stuttgart u.a. 1993, 21-40.

Stemberger, Günter, Geschichte der jüdischen Literatur. Eine Einführung, München 1977.

Ders., Der Talmud. Einführung - Texte - Erläuterungen, München 1982.

Ders., Midrasch: Vom Umgang der Rabbinen mit der Bibel. Einführung - Texte - Erläuterungen, München 1989.

Stenger, Werner, „Gebt dem Kaiser, was des Kaisers ist...!" Eine sozialgeschichtliche Untersuchung zur Besteuerung Palästinas in neutestamentlicher Zeit, Bonner biblische Beiträge Bd. 68, Frankfurt/M. 1988.

Stoebe, Hans Joachim, Das erste Buch Samuelis, Kommentar zun Alten Testament Bd. VII 1, Gütersloh 1973.

Stolz, Fritz, Das erste und zweite Buch Samuel, Züricher Bibelkommentare: Altes Testament Bd. 9, Zürich 1981.

Strathmann, Hermann, Art.: *latreuo ktl.*, in: ThWNT Bd. IV, G. Kittel (Hg.), Stuttgart 1942, 58-66.

Sturm, Vilma, Alte Tage, München 1988.

Sutter Rehmann, Luzia, Art.: Eschatologie, in: WbFTh, E. Gössmann u.a. (Hg.), Gütersloh 1991, 86-89.

Dies., „Und ihr werdet ohne Sorge sein..." Gedanken zum Phänomen der Ehefreiheit im frühen Christentum, in: Für Gerechtigkeit streiten. Theologie im Alltag einer bedrohten Welt, D. Sölle (Hg.), Gütersloh 1994, 88-95.

Dies., Geh - frage die Gebärerin. Feministisch-befreiungstheologische Untersuchungen zum Gebärmotiv in der Apokalyptik, Gütersloh 1995. (=1995a)

Dies., „Und er packte ihre Hände voller Macht..." Auferweckungen im Markusevangelium, in: FAMA 11 (1995), Heft 3, 15-16. (=1995b)

Talmon, Shermaryahu, Der Gesalbte Jahwes - Biblische und früh-nachbiblische Messias- und Heilserwartungen, in: Jesus - Messias?: Heilserwartungen bei Juden und Christen, H.-J. Greschat (Hg.), Regensburg 1982, 27-68.

Tatum, W. Barnes, Die Zeit Israels: Lukas 1-2 und die theologische Intention der lukanischen Schriften (1967), in: Das Lukasevangelium. Die redaktions- und kompositionsgeschichtliche Forschung, G. Braumann (Hg.), WdF Bd. CCLXXX, Darmstadt 1974, 317-336.

Teubal, Savina J., Sarah the Priestess. The First Matriarch of Genesis, Athens/Ohio, 1984.

Theißen, Gerd, Studien zur Soziologie des Urchristentums, Wissenschaftliche Untersuchungen zum NT Bd. 19, Tübingen 2. Aufl. 1983.

Ders., Soziologie der Jesusbewegung. Ein Beitrag zur Entstehungsgeschichte des Urchristentums, München 5. Aufl. 1985.

Thürmer-Rohr, Christina, Vagabundinnen. Feministische Essays, Berlin 4. Aufl. 1988.

Tolbert, Mary Ann, Social, Sociological, and Anthropological Methods, in: Searching the Scriptures, Volume One: A Feminist Introduction, E. Schüssler Fiorenza (ed.), New York 1993, 255-271.

Torjesen, Karen Jo, Reconstruction of Women's Early Christian History, in: Searching the Scriptures, Volume One: A Feminist Introduction, E. Schüssler Fiorenza (ed.), New York 1993, 290-310.

Trible, Phyllis, Gott und Sexualität im Alten Testament, Gütersloh 1993.

Trillhaas, Wolfgang, Versuche und Chancen des Alters, Ev. Kommentare 20 (1988), 341-345.

Tyson, Joseph B., Jews and Judaism in Luke-Acts: Reading as a Godfearer, in: NTS Vol. 41 (1985), 19-38.

Unruh, Frank, „... denn ihr habt ja dem Kaiser keine Steuern bezahlt..." Die Bedeutung von Abgaben und Zwangsdiensten im jüdischen Widerstand gegen Rom, in: Mit Thora und Todesmut. Judäa im Widerstand gegen die Römer von Herodes bis Bar Kochba, H.-P. Kuhnen (Hg.), Stuttgart 1994, 35-59.

Unruh, Trude, Aufruf zur Rebellion. „Graue Panther" machen Geschichte, Essen 2. überarb. Aufl. 1988.

Wacker, Marie-Theres, 2.Könige 22,8.9a.10b.11-20: Hulda - eine Prophetin vor dem Ende, in: Feministisch gelesen Bd. 1, E.R. Schmidt (Hg.), 91-99.

Wainwright, Elaine M., Towards a Feminist Critical Reading of the Gospel according to Matthew, BZNW 60, Berlin, New York 1991.

Wegener, Ulrike, Die Ordnung des „Hauses Gottes": der Ort von Frauen in der Ekklesiologie und Ethik der Pastoralbriefe, WUNT Reihe 2 Bd. 65, Tübingen 1994.

Wegner, Judith Romney, The Image of Women in Classical Rabbinic Judaism, in: Jewish Women in Historical Perspective, J.R. Baskin (ed.), Detroit 1991, 68-93.

Dies., Chattel or Person? The Status of Women in the Mishnah, New York, Oxford 1988.

Westermann, Claus, Das Buch Jesaja. Kapitel 40-66, ATD Teilbd. 19, Göttingen 4. Aufl. 1981. (=1981a)

Ders., Genesis, 2.Teilbd. Genesis 12-36, Biblischer Kommentar Altes Testament, Bd. I/2, Neukirchen-Vluyn 1981 (=1981b)

Westphal, Günter, Endstation Pflegeheim oder die Zukunft der alten Menschen ist nicht der Tod, Hamburg 1987.

Wiefel, Wolfgang, Das Evangelium nach Lukas, Theologischer Handkommentar zum Neuen Testament III, Berlin 1987.

Wimschneider, Anna, Herbstmilch. Lebenserinnerungen einer Bäuerin, München, Zürich 1987.

Winkler, Ute, Der unerfüllte Kinderwunsch. Ein Ratgeber für kinderlose Paare, München 1994.

Winter, Paul, Some Observations on the Language in the Birth and Infancy Stories of the Third Gospel, in: NTS 1 (1954-55), 111-121.

Ders., The Proto-Source of Luke I, in: Novum Testamentum 1 (1965), 12-199.

Wire, Antoinette Clark, The Corinthian Women Prophets. A Reconstruction through Paul's Rhetoric, Minneapolis 1990.

Wolff, Hans Walter, Anthropologie des Alten Testaments, München 3. Aufl. 1977.

Zanker, Paul, Die trunkene Alte. Das Lachen der Verhöhnten, Frankfurt 1989.

Zimmerli, Walther, 1.Mose 12-25: Abraham, Züricher Bibelkommentare AT 1.2, Zürich 1976.

Zscharnack, Leopold, Der Dienst der Frau in den ersten Jahrhunderten der christlichen Kirche, Göttingen 1902.

Bildanhang

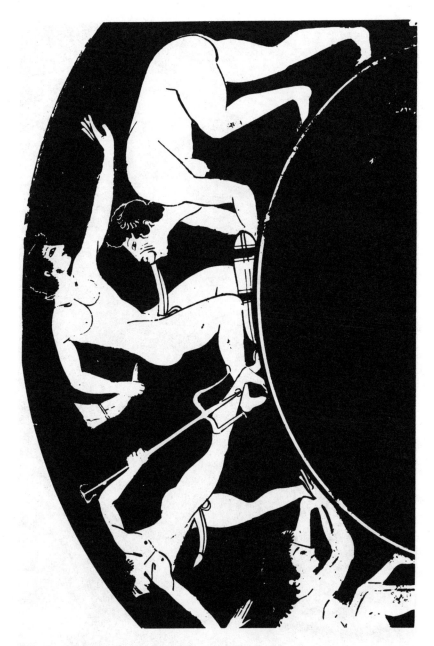

Abb. 1
Ein heterosexuelles Paar, bzw. auf derselben Schale auch Dreiergruppen, beim (sexuellen) Verkehr miteinander abgebildet. Jetzt in Paris, Louvre. Eine Schale des Pedieusmalers.

Abb. 2
Darstellung einer betrunkenen Alten, jetzt in Rom, Museo Capitolino. Der naturalistische, aggressive Ausdruck des Originals wurde vom Kopisten abgemildert.

Abb. 3 + 4
Beide Statuetten sind aus Südrußland, jetzt in Leningrad, Eremitage.
3 Eine gut frisierte Alte mit unbekleidetem Oberkörper, deren Geste der Hand Geschwätzigkeit charakterisiert und die einen überproportionierten Napf hält.
4 Eine völlig nackte Alte, was eine ungewöhnliche Darstellung für Terrakotten dieser Art ist, hantiert mit einem Lederphallos.

Abb. 5
Terrakotta-Statuette (H: 14,2 cm) einer alten Amme mit zwei Kindern. Die komische Amme war im ganzen hellenistischen Kulturkreis eine bekannte Witzfigur. Jetzt in München, Staatl. Antikensammlung.

Abb. 6
Marmorstatue (unterlebensgroß; H: 126 cm) einer alten Frau mit Früchten und Federtier auf dem Weg zu einem dionysischen Fest. Eine Augusteische Kopie der 2. Hälfte des 2. Jhd. v. Chr., nach hellenistischem Original. Jetzt in New York, Metropolitan Museum.

Die Bibel – neu entdeckt

Michael Tilly
So lebten Jesu Zeitgenossen
Alltag und Frömmigkeit im antiken
Judentum
144 S. Kt. ISBN 3-7867-2030-4

Diese aktuelle Einführung in Zeit und Umwelt Jesu vermittelt solide, umfassende und erstaunliche Informationen über Alltag und Religiosität im Palästina des 1. Jahrhunderts. Zeittafeln und Graphiken machen aus dem Band ein Arbeitsbuch, das sowohl für theologische Erstsemester als auch für den Religionsunterricht und für alle, die mehr über die Bibel wissen wollen, geeignet ist.

Marie-Louise Gubler
Wer wälzt uns den Stein vom Grab?
Die Botschaft von Jesu Auferweckung
96 S. Kt. ISBN 3-7867-1903-9

Wie glaubwürdig sind eigentlich die Zeugnisse von der Auferstehung Jesu? Marie-Louise Gubler zeigt, wie die Ostererzählungen, die Erscheinungsberichte und das leere Grab zu verstehen sind und wie die unerhörte Botschaft von Jesu Auferweckung auch heute noch alles verändern kann.

Matthias-Grünewald-Verlag · Mainz

Feministische Exegese

Helen Schüngel-Straumann
Denn Gott bin ich, und kein Mann
Gottesbilder im Ersten Testament –
feministisch betrachtet
144 S. Kt. ISBN 3-7867-1904-7

Den einen Gott der Bibel – und schon gar den männlichen – gibt es nicht. Die Autorin zeigt die unterschiedlichen Gottesvorstellungen in den verschiedenen Texten des Ersten Testaments. Zahlreiche Anregungen und Vorschläge für den Umgang mit biblischen Texten machen das Buch zu einer hervorragen Grundlage für Bibelarbeit und Religionsunterricht.

Silvia Schroer
Die Weisheit hat ihr Haus gebaut
Studien zur Gestalt der Sophia in
den biblischen Schriften
176 Kt. ISBN 3-7867-1951-9

Feministische Bibelwissenschaftlerinnen haben auf die faszinierende Gestalt der Weisheit aufmerksam gemacht – ist sie doch ein einzigartiges Zeugnis eines weiblichen Gottesbildes. Mit diesem Band liegen die gesammelten Studien von Silvia Schroer zur Sophia vor. Eines der wichtigsten Bücher Feministischer Exegese!

Matthias-Grünewald-Verlag · Mainz